淮北师范大学文学院中国语言文学博士点立项建设学科组稿

古典文献学术论丛

第七辑

主编 王政
副主编 冀运鲁 任荣

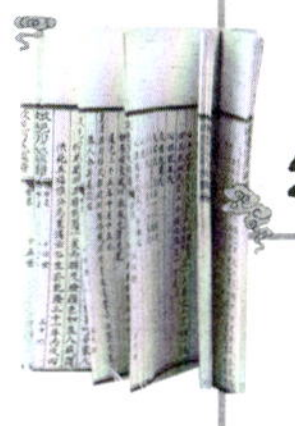

全国百佳图书出版单位
时代出版传媒股份有限公司
黄山书社

图书在版编目(CIP)数据

古典文献学术论丛. 第七辑 / 王政主编. — 合肥 : 黄山书社,
2019.7

ISBN 978-7-5461-8326-8

Ⅰ. ①古… Ⅱ. ①王… Ⅲ. ①古文献学–文集
Ⅳ. ①G256.1-53

中国版本图书馆 CIP 数据核字(2019)第 152261 号

古典文献学术论丛(第七辑)　　　王　政　主编
GUDIAN WENXIAN XUESHU LUNCONG DIQIJI

出 品 人　王晓光
责任编辑　周振华
责任印制　李　磊
装帧设计　陈　强
出版发行　时代出版传媒股份有限公司(http://www.press-mart.com)
　　　　　黄山书社(http://www.hspress.cn)
　　　　　官方直营书店(http://hsssbook.taobao.com)
　　　　　营销部电话:0551-63533768　　63533788
地址邮编　合肥市蜀山区翡翠路 1118 号出版传媒广场 7 层 230071
印　　刷　合肥锐达印务有限责任公司
版　　次　2019 年 8 月第 1 版
印　　次　2019 年 8 月第 1 次印刷
开　　本　700mm × 1000mm　1/16
字　　数　500 千字
印　　张　22
书　　号　ISBN　978-7-5461-8326-8
定　　价　78.00 元

服务热线　0551-63533706
销售热线　0551-63533761
官方直营书店(http://hsssbook.taobao.com)

目　　录

名家专栏

文献考辨与补遗

文学研究

学术争鸣与评介

名家专栏

清代诗文杂考三题

赵杏根

1982年春,笔者有幸师从钱仲联先生,研究清代诗文。当时,这一领域,颇为寂寞。放眼今朝,该领域早已是大家名家林立,成果丰硕,可喜可贺。几十年来,在清代诗文研究领域,本人出版了《乾嘉代表诗人研究》一书,也发表了一些论文。近年则拟结合通俗文学乃至民间文学,对清代诗文作些实证研究,暂冠以《清代诗文杂考》这一总名,陆续发表,希望得到专家、读者的指正。此文三题,皆以皖人为内容者。

明遗民诗人沈士柱之死考

沈士柱(?—1659),字昆铜,号惕庵,后期别字寄公,安徽芜湖人。明御史沈希韶之长子。贡生。少负气倜傥,豪贵自矜,以文章节概雄长坛坫间。崇祯十一年(1638)八月,吴应箕、黄宗羲、陈子龙、冒襄、陈名夏等复社人士一百四十三人,作《留都防乱公揭》,声讨阉党余孽阮大铖罪恶,沈士柱是其中的骨干。南明弘光朝,马士英、阮大铖复得势,残酷打击复社人士,甚至欲加以捕杀,沈士柱避左良玉军中幕府,得免。入清,顺治三年(1646),阮大铖死,沈士柱作《祭阮大司马文》,抨击阮大铖,传诵一时。文见黄宗羲《明文海》卷一百四十。沈士柱忠于明王朝,参与复明活动,在顺治年间被捕杀。其所著有《土音集》等。其诗歌被选入陈济生《启祯两朝遗诗》、朱彝尊《明诗综》、张豫章《四朝诗》之《明诗》、卓尔堪《明遗民诗》等。

黄宗羲《南雷诗历》卷一《哭沈昆铜》之二,有"此曰党人宜正法,彼云华士又加诛"之句①。柴德赓《史学丛考》载《明季留都防乱诸人事迹考上》据此云:"昆铜必死于党狱。"②明季党争,确实延续到清朝,可是,主要是朝臣之间的相

① 黄宗羲《南雷诗历》,《清代诗文集汇编》本,第33册,上海古籍出版社2009年版,第392页。

② 柴德赓《史学丛考》,中华书局1982年版,第49页。

争,例如陈名夏、冯铨等人,范围不大,在野士人,极少卷入其中,像沈士柱这样的高蹈之士,几乎不可能卷入其中而被杀头。黄宗羲诗中"此曰"云云,乃是回忆明末党争,即当年阮大铖等把沈士柱作为党人,列为捕杀对象。"彼云"云云,指清廷当局又以民族矛盾杀沈士柱。黄宗羲的政治立场,在明而不在清,故以"此"指在明而以"彼"指在清。这两句诗,也是说"昔日"和"今日",沈士柱都在被杀危险之中,我们看不出有"必死于党狱"之意。

那么,沈士柱是因为什么事情,在什么地方、什么时候被杀的呢?本文将予以考证。

或云,沈士柱死于杨昆事。查继佐《鲁春秋》云:"原副将杨昆,潜走云南,怀有空印敕数百道,密招各省,使内乱。至江上,事败,同难者七十三人。"①昆字崧云,原名国柱,江宁人。明末,他初以副将从督师卢象升,故称。他从南明桂王那里得到许多空白的委任状,到江南等地,委任反清人士,组织反清力量。某次,杨昆一行过安庆关的时候被查获,其妻急中生智,迅速烧毁联络名册,但是,他们一行的被捕,还是导致七十三人被捕被杀。《鲁春秋》说,其中就有沈士柱。后来,此案又进一步株连,又导致四十四人被捕被杀。

杨昆案发生在顺治九年壬辰(1652),结案并且杀害涉案者七十三人,是在次年。查继佐《罪惟录》卷二十一云:"壬辰,永历六年,春正月。主在安龙。原任参将杨昆,先是间走南宁,奉空勑,潜号召三吴两浙之间,至是事败。"②全祖望《鲒埼亭集外编》卷十一《李杲堂先生轶事状》云:"癸巳,黄冈万佥事允康来吾乡,及别去,先生饯之。座客为佥事筮易,得睽之三,见舆曳其牛,掣其人,天且劓,皆大骇。先生因固请佥事且潜身甬上,佥事不可。行至吴中,杨昆之变作。先生终身痛之。"③张岱《石匮书后集》卷二十三《杨卓然传》云:"有杨昆者,自称从永历所来,怀敕印,阴结义士,遍招摇,亦及卓然,加本兵衔联络吴越兵马钱粮等事。事败,逮至江南。……已癸巳之十二月,与万曰吉等七十二人同日遇害。"④癸巳为顺治十年,即1653年,但此年十二月,应该是1654年了。沈士柱如果是在该案被杀,那么,也是死于此时了。

可是,沈士柱之死,不在顺治十年,而是在顺治十六年。黄宗羲《南雷诗历》卷一《哭沈昆铜》云:"传死传生经二载,果然烈火燎黄琮。胸中毕竟难安帖,此世终于不可容。"⑤从这些诗句看,此诗当作于黄宗羲刚知道沈士柱刚被杀的时

---

① 查继佐《鲁春秋》不分卷,《丛书集成续编》本,第24册,上海书店1994年版,第938页。

② 查继佐《罪惟录》,四部丛刊三编本。

③ 全祖望《鲒埼亭集外编》,清嘉庆十六年(1811)刻本。

④ 张岱《石匮书后集》,《续修四库全书》之史部,第320册,第564页。

⑤ 黄宗羲《南雷诗历》,《清代诗文集汇编》本,第33册,上海古籍出版社2009年版,第392页。

候,而其编年,则在顺治十六年己亥。施闰章《学余堂集》之文集卷十七《三烈妇传》云:"于湖沈子,坐海上事见法。妻妾自杀者三人。妻方氏,知书通大义,无子。有妾汪、俞、鲍三氏。方遽引谢,不当夕。顺治己亥三月乙巳,沈死江宁。"汪、鲍自缢而死,方氏绝食十天死。"俞故多智能,有口辩。鲍且死,属以怀中三岁女。俞受而哺之,为三氏经纪棺殓。籍其家,惟俞氏抱一乳女。吏疑有匿漏,穷讯再四。俞痛哭曰:吾主人实无子,必欲拷索,妾惟并此女毕命以殉!由是吏不能难,沈氏之族以免。而俞自髡为尼,卒不辱。"[①]此文中所云"沈子",就是沈士柱。施闰章就是当时人,他怕直接写明"沈士柱",会带来麻烦,故仅仅云"沈子"。黄钺《壹斋集》卷七《于湖竹枝词》有云:"湖上贞魂骨未尘,湖边游女曰如云。娇憨似解当时事,笑问谁家节妇坟?"自注云:"明沈士柱死,三妇同日殉节。坟在沈家坳,陈明府重修之。"[②]先著《劝影堂词》卷上《减字木兰花·题沈昆铜土音集》自注,也说沈士柱死于己亥年,一妻二妾从死。可见,沈士柱不是死于杨昆案,而确实是死于顺治十六年己亥三月,应该是被卷入别的案件。

或云,沈士柱死于李大生案。黄宗羲《思旧录》云沈士柱"以李大生一案受祸。昆铜收禁南都大内一年有余"[③]。李大生何许人也?陈田《明诗纪事》辛签卷六下"李之椿"条云:"之椿,字大生,如皋人。天启壬戌进士,除行人,迁吏部主事。福王立,起尚宝司卿,督粮浙东。顺治中被收,死南京狱中。有《霞起楼集》。"又引《五山耆旧集》云:"大生解官,自浙东归,而难作。以藏故明敕印未缴,论流。顺治六年诏旨:胜国初亡,人人有故主之心,况居官食禄者乎?凡顺治五年以前犯者,勿作叛论。罪既雪,即担簦入武夷山。后中蜚语,絷之石城狱中,遂绝粒,勺水不入口,积十四日而死。"[④]他这样的人物,即使不自杀,也是很难保全的。

李之椿的资格,比沈士柱老得多。在明末党争中,他也站在阮大铖、马士英的对立面。屈大均《皇明四朝成仁录》卷六《二镇死事传》云南明弘光朝,"当徐泗既陷,上召廷臣计议。士英请亟御左兵。姚思孝、李之椿等请亟备淮扬。士英厉声指诸臣,奏曰:'此皆良玉死党,为之游说!臣已调良佐渡江矣。宁可君臣皆死于敌,不可死于良玉。'"[⑤]徐鼒《小腆纪传》卷十四列传第七《姚思孝传》、张岱《石匮书后集》卷四十八、邹漪《明季遗闻》卷三、杨陆荣《三藩纪事本末》卷一,亦有相类似的记载。总之,李之椿和沈士柱都是复社一派的,且都和左良玉

---

① 施闰章《学余堂集》,《清代诗文集汇编》本,第67册,上海古籍出版社2009年版,第155页。
② 黄钺《壹斋集》,《清代诗文集汇编》本,第428册,上海古籍出版社2009年版,第298页。
③ 黄宗羲《思旧录》不分卷,《丛书集成续编》本,第28册,上海书店1994年版,第626页。
④ 陈田《明诗纪事》,上海古籍出版社1993年版,第2940页。
⑤ 屈大均《皇明四朝成仁录》,《广东丛书二集》本,第204页。

有较好的关系。

入清后，李之椿曾经屡次入狱。陈鼎《留溪外传》卷一忠义部上《许德溥传》云，顺治二年扬州破，许德溥以不肯剃发被仇人告发入狱，当时，李之椿也在狱中①。

那么，李之椿最后一次入狱，是在什么时候？所谓"蜚语"，又是什么事情？怎么会把沈士柱也牵连进去，丢了性命？这些，都和李之椿之子李元旦有关。杨凤苞《秋室集》卷五《书李元旦事》云，元旦的娈童谢庭兰，"与元旦嬖妾通。李觉而毒杀其妾。庭兰逃身京师，鬻于内府，为银工，制杯斝之属，镂刻极精"，乃向朝廷告发："臣江南人，习知海寇事，皆内地人为之响应，四处联给，故猝未能下耳。即臣所知者，扬州有前礼部侍郎李之椿，同子元旦，出没海上，赍札敛饷。有某某等皆授伪职，此其一也。"于是，之椿被逮捕，入江宁狱中，"入见总督郎廷佐，曰：'身为前朝大臣，国亡，应死久矣。儿子受国厚恩，死亦恨晚。若其所言不足信。'遂默不一语。下狱七日，不食死。与元旦同僇者四十八人，皆庭兰所举发也"②。杨凤苞《秋室集》卷四《沈简讨传》云，简讨，名荣，字仁叔，一字尘外，本姓严，归安石冢人，为乌程沈尚书演假子。尚书卒，兄子棨嗣。入清，"李元旦御史之狱起，辞连二沈，执至江宁。慷慨对簿，曰：'五世相韩之痛，夙所盟心。事皆有之，何必问？'重熙先毙狱中。己亥三月，简讨死于西市"③。与上引沈士柱被杀的时间相对照，"与元旦同僇者四十八人"中，很明显，除了沈荣以外，沈士柱也在其中。沈士柱也是被李元旦牵累、被谢庭兰告发的。

沈士柱死于杨昆案之说，是如何而来的呢？这也是事出有因的。余谊密、鲍寔《民国芜湖县志》卷四十六云："明亡，士柱流离江楚，比三载归，寓南湖。又别字寄公。耿志阔视，尘埃金玉，食客不遗屠钓。资忌者口，株连逮鞫，事白寻释。归而好客益无厌，古冠大带，故自若也。祸复起。己亥清明日，溅颈血死"④。可见沈士柱入清后，确实被捕过一次，只是"事白寻释"。那么，这次被捕，是不是因为杨昆之狱呢？屈大均《皇明四朝成仁录》卷十二言沈士柱部分云："南京既失，破家结客，座上言兵者尝十数人。癸巳，以通西宁王李定国，连牵被执，寻得脱归。丁酉，复被执，囚于南京者三年，作《故宫词》以见意。己亥，延平王赐姓成功将帅舟师至南京，敌以士柱与交通，杀之"⑤。温睿临《南疆逸史》卷四十五《列传》第四十一《沈士柱》所载略同。"癸巳，以通西宁王李定

① 陈鼎《留溪外传》，《丛书集成续编》本，第30册，上海书店1994年版，第526页。

② 杨凤苞《秋室集》，《清代诗文集汇编》本，第448册，上海古籍出版社2009年版，第463页。

③ 杨凤苞《秋室集》，《清代诗文集汇编》本，第448册，上海古籍出版社2009年版，第453页。

④ 余谊密、鲍寔《民国芜湖县志》，《安徽府县志辑》本，凤凰出版社2010年版，第208页。

⑤ 屈大均《皇明四朝成仁录》，《广东丛书二集》本，第204页。

国”,正是杨昆之狱,和上引查继佐《鲁春秋》的记载,可以相互印证。可见,杨昆一案,沈士柱也确实被捕的,但侥幸得脱。又,据此,沈士柱因李之椿父子案被逮捕,是在顺治十四年丁酉,到顺治十六年被杀,跨时三个年头。他们三月中被杀,和《民国芜湖县志》所云“己亥清明日,溅颈血死”相一致。郑成功是年五月就进攻南京。但是,说当局以郑成功将要进攻南京,恨沈士柱他们为郑成功通情报,才把他们杀害,这不是事实。因为,郑成功进攻南京,是袭击,清当局明显是不可能知道的。

屈大均云,士柱狱中多著作,散佚不存,存者有《土音集》。钱谦益《牧斋有学集》卷十二东涧集上有《寒夜记梦题昆铜土音诗稿》诗,作于康熙元年壬寅(1662)。康熙年间的先著《劝影堂词》卷上有《减字木兰花·题沈昆铜土音集》。然今《土音集》已不可见。其《故宫词》亦为狱中所作,论者多所征引,然亦不见全豹。

卓尔堪《遗民诗》卷三有沈士柱《闻有长流之信拟出塞曲》,其一云:“子甫十三龄,一女尚襁褓。闻我将远行,啼哭彻昏晓。向平毕婚嫁,游岳苦不早。驱驰适异邦,安问筋骨老。搔首长白颠,濯足鸭绿岛。一览尽荒域,黄尘吹未了”①。此亦当是其狱中所作,但不知是因杨昆案入狱,还是因李之椿父子案入狱。由“子甫十三龄”云云,我们可知沈士柱尚有一子,而施闰章《三烈妇传》中其妾云他只有一三岁女儿。这是为什么呢?沈士柱自己说有十三岁的儿子,这当是事实。如果这诗是在他因李之椿父子案被被捕的时候所作,他儿子是十三岁,那么,他被杀的时候,儿子应该是十六岁了。如果这诗是他因杨昆案被捕时所作,那么,他被杀的时候,他的儿子就更加大了。如果当局罚及子孙,年满十六岁的儿子,流放乃至杀头,都是很有可能的。沈士柱的家人或亲友,为了给他留个儿子,所以向当局隐瞒了这个儿子。据《民国芜湖县志》卷四十六记载,沈士柱有一子,名铚,字孝瑟,能世其家学。士柱孙延陵,以事被逮捕,病亡。此后,沈士柱的世系,就断了。

沈士柱被杀后,他的好友,冒着风险,写诗哀悼。除了上文所引黄宗羲所写之诗外,还有汤燕生所作《思悲翁十首》,见卓尔堪《遗民诗》卷一。中有“从死不独妻,请命亦有弟”之句。上句言其妻妾三人自杀为殉,下句言其弟士尊。士尊字天士,号五盐,《民国芜湖县志》卷四十九有传。汤燕生为安徽太平人。徐孚远作《闻沈昆铜变感赋》《重哭蒙难诸贤》七古二首,皆见其《钓璜堂存稿》卷七。徐孚远为沈士柱复社同志,也是在《留都防乱公揭》上签名的人。

总之,沈士柱是被卷入李之春、李元旦父子案而被人告发,入狱后,在顺治

① 卓尔堪《遗民诗》,《四库禁毁书丛刊》,集部第21册,北京出版社1997年版,第487页。

十六年三月被杀于南京的。他的死,和明末的党争,完全没有关系。

"汤鹏铁画"题材作品考论

汤鹏是个铁匠,而能够以铁作画。梁同书《频罗庵遗集》卷一《铁画》诗,其自序云:"芜湖铁工汤鹏,字天池,锻铁草虫花竹及山水屏障,精妙不减画图。山水大幅,非积岁月不能成。其流传者不过径尺小景。以木范之,若琉璃屏状。或合四面以成一灯,亦名铁灯。每幅数金,一时争购之。炉锤之巧,前代所未有也。汤亡十余年,其法不传。今间有效之者,已如张铜黄锡之失其真矣"①。《中国民间故事集成》之《江苏卷》②载溧水民间故事《铁月亮》云,汤鹏乃明朝溧水明觉乡汤村人,二十岁时跟师傅杨元胜在当涂打铁。后来,他和弟弟汤鸿到安徽芜湖开了家铁匠铺。

汤鹏怎么会开创铁画艺术的呢?有不同的说法。或云汤鹏受到刺激后发愤而成其艺。梁同书嗣子梁玉绳《清白士集》卷二十六《蜕稿二》之《铁画歌》自序云:"芜湖铁工汤鹏,字天池,居与萧尺木邻,数往观画。萧呵之,汤曰,子谓我不能?遂发愤以铁写生,炉锤精妙,古所未有"③。徐澄卓《观斋脞录》引颐道居士《墨林新咏》云:"汤与画师萧尺木为邻,暇辄往观作画,为萧所呵,乃发愤曰:尔谓我不能画耶?于是锻铁以作山水花鸟屏障,惟妙惟肖,萧亦叹服焉"④。安徽芜湖人韦谦恒《铁画歌》的序言所言,也是如此,只是没有提萧尺木的名字,仅仅说相邻的画师而已。李调元《雨村诗话》也据此记录。此说当可信。汤鹏喜欢观看萧尺木作画,说明他对绘画艺术有浓厚的兴趣。他开始去看萧尺木作画的时候,萧尺木很可能觉得他仅仅是一个普通的铁匠,和绘画艺术距离遥远,不加提防,而让他观看作画。作为卓有成就的画家,时间一长,萧尺木应该觉察到,汤鹏对绘画艺术的专注和天赋,觉得他已经窥得了他绘画艺术的一些门道,于是,出于保护自己技术不使外传的目的,不许汤鹏来观看,也在情理之中。汤鹏那句"尔谓我不能画耶",正是显露了他对绘画艺术的信心,说明他确实已经窥得了萧尺木画画的许多门道。他将这些门道和他的专业也就是铁匠工艺结合起来,于是成功地开创了铁画艺术。

萧尺木(1596—1673),名云从,尺木其字,一字默思,安徽当涂人,崇祯十二

---

① 梁同书《频罗庵遗集》,《清代诗文集汇编》,第353册,上海古籍出版社2009年版,第13页。

② 《中国民间故事集成》之《江苏卷》,中国ISBN中心出版,1998年版,第480页。

③ 梁玉绳《清白士集》,《清代诗文集汇编》,第410册,上海古籍出版社2009年版,第664页。

④ 钱仲联《清诗纪事》,第九册,江苏古籍出版社1989年版,第5510页。

年己卯副贡生,入清不仕。后移家金陵,晚年称钟山老人。他是著名画家,也是诗人,和沈士柱、王士禛等著名人物有交往。王士禛《感旧集》卷三选录其诗。汤鹏既然从萧云从那里得到启发而创为铁画,那么,他也应该是明末清初人。因此,溧水民间故事《铁月亮》说他是明代人,也是可以说得通的,毕竟他应该出生在明代,入清后也没有做过官。

或云汤鹏得到神助而能铁画,但有不同的传说。黄钺《壹斋集》卷七《汤鹏铁画歌》自序中叙述其颠末云:"鹏字天池,钺乡人。幼闻先父言其事甚详。初,赁屋于先曾祖,贫甚,技亦不奇。有道士乞火于炉,炉灭,诘之,曰,月余未锻也。道士击其灶曰:今可矣!径去。后觉心手有异,随物赋形,无不如意。第惜山水未能也。后诣萧尺木,求其稿。今所见,萧画也"[①]。这段记载,尽管出自和汤鹏房东的曾孙黄钺,也不尽可靠。其事涉及高深莫测的道士,颇为奇幻,明显不可能是事实。不过,说汤鹏铁画中的山水出自萧尺木画,可知汤鹏铁画和萧尺木绘画艺术之间的联系,证明汤鹏确实得到了萧尺木绘画艺术的门道。黄钺,字左田,安徽当涂人,乾隆五十五年庚戌(1790)进士,官至户部尚书,谥勤敏。如果汤鹏真的是黄钺的"乡人",那么,他应该是安徽当涂人。

《中国民间故事集成》之《江苏卷》[②]载溧水民间故事《铁月亮》云,汤鹏二十岁时跟师傅杨元胜在当涂打铁。冬天,汤鹏挑了煤进一土地庙躲雨。一手脚生疮的老乞丐刚在热水里洗脸,邀请汤鹏也洗。汤鹏为了不拂对方的一番好意,就硬着头皮洗了手。从此,汤鹏就能够打出精美的铁画。后来,汤鹏和弟弟汤鸿到芜湖开铁匠铺,左边是一家裱画铺,经常有画匠来作画。汤鹏常去观看画匠作画。某日,画匠取笑汤鹏:"铁匠不去打铁,天天装斯文来看画。你懂画吗?"汤鹏听了生气,说:"你用笔画在纸上,有什么了不起,我用铁打出的画比你的好看。"于是,他就用零碎的铁料打画,就此成功。这个故事中,捏合了以上两种说法,但具有民间故事的鲜明特色。"道士相助"之说中,在这个过程中,汤鹏几乎是无所作为,并没有体现任何值得神人相助之处,因此,这样的情节,仅仅是突出其技艺来源的神奇而已,有宣传其铁画艺术的广告作用,但是,看不到有社会道德导向的作用。"乞丐相助"情节中,则是汤鹏的仁义之心,获得了乞丐的相助,这不仅具有宣传其铁画艺术的广告作用,且也有提倡仁义、善待乞丐等社会弱势者的道德导向在。"萧尺木呵之"说中,体现的是画家对其绘画艺术的保护。"画匠取笑"说中,体现的是脑力劳动者对体力劳动者的歧视,社会层次稍高者对社会层次稍低者的歧视,这对大众而言,是非常敏感的现象。汤鹏作为社会底层的普通铁匠,能开创出铁画艺术,有力地回击画匠的取笑,这让同样

① 黄钺《壹斋集》,《清代诗文集汇编》,第428册,上海古籍出版社2009年版,第295页。

② 《中国民间故事集成》之《江苏卷》,中国ISBN中心出版,1998年版,第480页。

处于社会底层而难免因此受到取笑的大众,吐了一口气。因此,这样的情节,比"萧尺木呵之"来,有更加深广的社会意义。

除了《铁画》诗外,梁同书《频罗庵遗集》卷一又有《后铁画歌》。清代中叶及后来以此为题材的诗歌还有不少。除了以上提到的外,还有官员兼画家、诗人王凤仪所作《铁画诗并序》,邵嗣宗所作《铁画》,杭州朱文藻所作《汤鹏铁画歌》,韦谦恒所作《铁画歌》等。朱筠《笥河诗集》卷十一癸巳《交河道中观锻偶作》中,也提到"近日江南铁画精绝"①,应该也是指汤鹏铁画。潘衍桐《两浙輶轩续录》卷四十四载曹寿铭《汤鹏铁画歌》,潘衍桐《两浙輶轩续录》卷四十九载马赓良《汤鹏铁画歌并序》,也是咏汤鹏铁画的。这些诗歌,大抵赞美汤鹏铁画艺术之精妙,价值之高,被时人追捧之甚,其中也有由此发挥艺术思想的,因为这些诗人中,如梁同书等多位,都是书画艺术的高手。

《中国民间故事集成》之《江苏卷》载溧水民间故事《铁月亮》中,对汤鹏铁画艺术的夸张赞美,具有民间故事的特色。说是汤鹏得到神奇乞丐的帮助后,五月端午,师兄弟上街游玩,他在铁匠铺用碎铁打了些小鱼小虾,放入水中,这些鱼虾活了起来。师傅问这些鱼虾,汤鹏说是池塘里抓的。师傅命人把这些鱼虾做汤,结果发现是一锅碎铁。汤鹏只好告诉师傅实情。打铁生意清淡,师徒没有钱过年。汤鹏乃打了个铁月亮到当铺当钱。当铺账房知道是宝贝,当给汤鹏 500 两银子。师傅把这些钱分给了徒弟们,让他们回家过年。次年二月二,汤鹏和弟弟汤鸿筹备开铁匠铺,乃到当铺赎铁月亮。当铺老板本不知道这铁月亮是宝贝,把以巨款收下这铁月亮的账房解雇了。这时他已经知道了铁月亮的秘密,因为汤鹏来当铁月亮的时候,是农历十五,铁月亮是圆的,而来赎铁月亮的时候,是初二,铁月亮只有一点点了,于是他明白,这铁月亮是和天上的月亮一起变化的,这当然是宝贝了。经过交涉,老板又给了汤鹏 100 两银子,买断了铁月亮。汤鹏和弟弟汤鸿,以这些银子为本钱,到芜湖开了铁匠铺。这些情节,在写画家技艺高超的民间故事中,是常见的。和诗人们所作诗歌中对汤鹏铁画艺术的赞美相比,这些情节,更为有趣,更为引人听闻。

汤鹏生活在明末清初,可是,他的铁画,在当时的诗文笔记中,难以找到相关的记载。清代中叶,由于社会经济的发展,以及当局对知识分子的钳制等原因,休闲文化得到了迅速的发展。铁画艺术被追捧,汤鹏的铁画艺术,几乎成了诗歌创作的一个热点,有那么多诗歌写这样的题材,且篇幅大多不短,这正是当时休闲文化盛行的明证。这一民间故事的流传,又说明士大夫阶层的休闲文化,对普通百姓的影响。

① 朱筠《笥河诗集》,《清代诗文集汇编》,第 366 册,上海古籍出版社 2009 年版,第 193 页。

姚鼐集外诗文辑考

姚鼐无疑是清代最为重要的诗文作家之一。中国书店 1991 年版《惜抱轩全集》和上海古籍出版社 1992 年版《惜抱轩诗文集》,都是根据清代刊本整理而成。这两个版本所没有收录的姚鼐的诗文作品,就是姚鼐的集外诗文。近人在搜集姚鼐的集外诗文方面,已经做了不少工作,例如,《绥化学院学报》2010 年第三期载江曦《姚鼐集外文考证》,《科技风》2013 年第二十二期载葛志勇《惜抱轩集外文两则述略》,《中国韵文学刊》2014 年第三期载温世亮《姚鼐集外诗歌辑补 53 首》。我们长期从事清代诗文的研究,也搜集到了姚鼐的其他一些集外诗文。

1.《简斋年七十五,腹疾累月,自忧不救,邀作豫挽诗》诗一首

袁枚四十多岁的时候,尚未有儿子。相士胡文炳说他六十三岁才有儿子,到七十六岁去世。袁枚六十三岁的时候,果然有了儿子,于是心以为神。七十五岁那年冬天,袁枚腹疾累月,又有感于相士之言,以为自此不起,乃作《腹疾久而不愈,作歌自挽,邀好我者同作焉,不拘体,不限韵》,见其《小仓山房诗集》卷三十二,紧接此诗的,是其《诸公挽幛不至,口号四首催之》,可见其病中雅致。此诗后附录姚鼐所作七绝五首。其中第四首不见于姚鼐《惜抱轩诗集》中,为集外诗。此诗云:“起行抛杖坐吟诗,岂是膏肓不可治。自此但留贞疾在,也堪谈笑却熊罴”①。其余四首见之于《惜抱轩诗文集》之《诗集》卷九《简斋年七十五,腹疾累月,自忧不救,邀作豫挽诗》。

袁枚自挽诗,编年在庚戌。其《随园诗话》之《补遗》亦云,其事在庚戌冬。此“庚戌”为乾隆五十五年(1790),袁枚生于康熙五十五年(1716),庚戌年是七十五岁,姚鼐诗中所云是也。值得注意的是,给袁枚写预挽诗的人很多,可是,袁枚在自己诗集中收录的,只是姚鼐和赵翼给他写的预挽诗。

2.《岳云诗钞序》

《清代诗文集汇编》第 401 册朱福田《岳云诗钞》,前有姚鼐序,全文云:

> 李太白之诗,诗之仙也。唐时所谓仙人,若施肩吾、吕洞宾之流,其诗

① 袁枚《小仓山房诗集》,《袁枚全集》本,江苏古籍出版社 1993 年版,第 801 页。

亦颇传于世,然其词顾平甚,真仙人之诗,乃大不逮谪仙诗耶?江宁羽士朱岳云,其人固将学仙者也,而平生好为诗,仰希太白。夫以真仙之道,兼谪仙之诗,此古所未有者,而今乃觊得之,其可乎?吾谓人之为仙,与诗之为仙,皆有道。使其胸中荡荡乎无纤豪流俗之意存,超然其与天为徒也,则人之仙与诗之仙可以兼至。虽不敢谓必得其事,而不可谓无其理矣。余尝以斯言告之岳云,岳云不谓余言之妄也。将奉是说而日进其学焉,其所就乌可量也哉。嘉庆庚午,岳云钞其平生诗为一集视余,余既善其所已能者,而又美其志之方进,因以此题诸编首。时端午前二日也,桐城姚鼐书。①

原文为手书体,结尾有“姬传”篆体印章。刘瑗《国朝画征补录》:“道士朱福田”条云:“朱福田,字岳云,金陵道士,能诗,精画理,与承恩寺诗僧鹰巢为文字交,金陵谚云,‘文房之妙,一僧一道’。”②郭麐《灵芬馆诗话》之《续诗话》卷三云:“有以金陵羽士朱福田《岳云诗钞》见示者,卷首有先师惜抱先生一序,谓其平生好为诗,仰希太白。阅之,清超不俗。”③郭麐还摘录了其中的许多佳句。可见,这道士的诗,也是不错的,姚鼐毕竟有眼光,不然,他怎么会轻易写这序言呢?郭麐是姚鼐的学生,姚鼐的观点、文风乃至书法,他应当是比较熟悉的。

3.《双佩斋文集序》

《清代诗文集汇编》第401册王友亮《双佩斋文集》,前有姚鼐序,全文云:

言而有益于当世者,言之上也,文章之美,其次也。婺源通政副使王葑亭先生以文有名于乾隆间,余昔尝为铭墓纪其生平矣。今其家将以其《葑亭集》雕版,复请论订。余覆读之,内《正师》《正友》两篇,最为卓然名论,大有益于世教。设世有录本朝文如吕东莱之录宋文者,则此二篇宜亟采入。其余诸作,大体清幽不俗。余曩志称其似程渔门者,尽之矣。余本因渔门而知世有通政,卒未与通政见,而今顾得序其集,而渔门集为其门人谢编修持去,今莫知所在。世尚有收藏为雕版者否?余感思旧游,题葑亭之编,又不能不太息于此云。嘉庆庚午九月廿一日桐城姚鼐。④

王友亮,字葑亭,安徽婺源人。乾隆四十六年(1781)辛丑进士,官至通政司

① 朱福田《岳云诗钞》,《清代诗文集汇编》,第410册,上海古籍出版社2009年版,第407页。

② 刘瑗《国朝画征补录》,清道光刻本。

③ 郭麐《灵芬馆诗话》,嘉庆二十一年(1816)刻本,二十三年增修本。

④ 王友亮《双佩斋文集》,《清代诗文集汇编》,第401册,上海古籍出版社2009年版,第605页。

副使,著有《葑亭文集》《双佩斋诗集》等。他在当时的文坛,有一定的声誉。"嘉庆庚午"为嘉庆十五年(1810)。

4.《爨余诗草序》

《清代诗文集汇编》第382册徐步云《爨余诗草》,有姚鼐所作序言,全文如下:

> 辛未秋九月,中书舍人徐君礼华寄书垂问,并诗文稿见示,且命其子竹芗以诗就质,乞言于余。余与舍人别四十年矣。忆昔余出都门,题句长新店壁,未署名。后舍人过驿见之,告诸同人曰,必姬传作也。严冬友侍御曾为余言。然则舍人之于余,相知何如哉!数十年中,旧游零落殆尽。梦楼、简斋,近又相继下世,独舍人与余并浙之山舟学士犹善饭,观书作字,目不昏眊,未始非得天之厚也。舍人中年以事谪伊犁,壬辰赐环。后稍有著作,亦随手散去,所存稿仅十之三四耳。余读舍人诗,气息纯乎香山,文则宗法庐陵,故不事矜奇,而低回往复,自能味于言外。仆诗学久辍不言,近以散体文颇见许于当代巨公,然公羊卖饼,对左氏大庖,则爽然自失矣。雏凤声清,裒然成集,尤令人击节称快。谨识数言,以当问讯。愚弟姚鼐拜题于金陵钟山书院。①

此"辛未"为嘉庆十六年(1811)。徐步云,字蒸远,号礼华,江苏兴化人。乾隆壬午举人,官内阁中书舍人。他善诗古文词,尤其擅长书法。乾隆三十三年(1768),朝廷拟查办两淮盐运使卢见曾,籍没其家产。当时,身为内阁中书的徐步云,得到了这个绝密计划,因为他认卢见曾为老师,就给卢见曾通风报信。卢见曾得到这个消息,就作了相应的准备,例如转移财产等等。东窗事发,向卢见曾通风报信的人,如纪昀、王昶、赵文哲、徐步云,都受到了惩罚。徐步云因此遣戍伊犁。这些,相关的古籍中,多所记载。姚鼐此文中所云"舍人中年以事谪伊犁",就是指这件事情。"壬辰赐环",指朝廷在乾隆三十七年(1772)让徐步从伊犁回原籍兴化。姚鼐退出官场后,长期在南京钟山书院教书,南京和兴化相距不远。文中"雏凤声清"云云,乃就步云之子竹芗而言。就姚鼐此序文看,徐步云尽管受到过很大的磨难,但晚年身体很好,且享高寿。

5.《听莺居文钞序》

《清代诗文集汇编》第466册翁广平《听莺居文钞》,前有姚鼐序,全文云:

---

① 徐步云《爨余诗草》,《清代诗文集汇编》,第382册,上海古籍出版社2009年版,第675页。

庚午之秋,吴江翁子海村来游金陵,携其文数十万言,衣敝衣,芒鞋布袜,见余于钟山书院,貌恂恂然,执礼甚恭。与坐谈,出入经史百子、象纬舆地、六书韵学,与夫山海之经,殊方异域之志,莫不淹贯。余异其人,亟读其文。议论宏肆,反复驰骋,而不乖于法。纪传序事诸作,洋洋数千言,自出炉锤,熔铸伟辞,无剽窃模拟之迹。翁子盖安贫力学之士也。癸酉复来金陵,其贫如故,其文益富。所撰《吾妻镜补》三十卷,《金石集录续》《松陵文献》各若干卷,《听莺居文钞》三十卷。有《上西庄先生》二书,与友人论文九则,颇能穷文章之原委。其《万里寻亲记》,刻入鲍渌饮《知不足斋丛书》。《札朴》一序,桂未谷于数千里外属其冠于集之首者。翁子虽贫穷,其文章辞章,未尝不遇知音也。古人云,非穷愁不能著书,又曰文章憎命达,即以吴江一邑论之,如潘稼堂、徐虹亭,以博学鸿儒科入词垣,不久落职。吴汉槎以科场事遣戍,计甫草以奏销案被斥,他若朱愚庵、周草亭、王寅旭、陈长发辈,亦皆终老于江乡,然其遗集,至今流布人间。盖天欲困厄其一身,正所以畀之千古也。今翁子继稼堂诸君而起,著作之富,未肯稍让,而处境有极人世之难堪者。然翁子自著作外,若不以穷困动其心。翁子,真安贫力学之士也!翁子羁身馆谷,不获常至金陵,余又年老多病,恐不复与翁子论文。顾翁子两过余,谆谆以文钞请序,余固未暇属草也。甲戌,复取翁子文读之,卷尾录吴兴徐子雪庐跋语并赠诗,有"虹亭致旖旎,绛云舒秋空。稼堂气雄杰,巨刃磨霜锋。君起执金鼓,独出偏师攻。才力两不让,造化归陶熔"之句。徐子盖深于文者也,宜深于知翁子之文者也。余即以徐子诗意序翁子之文而归之。嘉庆十有九年岁在甲戌冬桐城姚鼐拜撰。①

文中"庚午",乃嘉庆十五年(1810)。冯桂芬《(同治)苏州府志》卷一百七云,翁广平,字海琛,江苏吴江平望人。诸生,道光元年举孝廉方正,卒年八十二。广平学问广博,著作不少。姚鼐此序文中关于"穷愁著书"之说,不仅为翁广平这样的寒士而发,也是为包括姚鼐自己在内的当时许多在官场不得意、无法建功立业而退出官场的士人而发,观其举潘耒等的例子可知。乾嘉时期,盛年退出官场而以著书为务的士人有一批,袁枚、赵翼、钱大昕、王鸣盛、彭绍升、全祖望等等,都是如此。因此,姚鼐此说,不是简单重复司马迁的"发愤著书"之说,而是有现实意义和深切的集体体验在。

① 翁广平《听莺居文钞》,《清代诗文集汇编》,第466册,上海古籍出版社2009年版,第131页。

6.《选人后集》题识

《清代诗文集汇编》第429册师范《选人后集》,前面“弁言”部分,法式善识语后,有姚鼐语,全文云:

以轩爽之笔行骏快之气,不假苦索,自得奇丽,此其长也。卷内佳句,除法祭酒所举外,如《途次感事》之“魂埋落叶空山外,人在梅花夜月间”;《镇远朱氏楼》之“两岸人烟山色里,一楼灯火水声中”;《浦市》之“远天似雾粘帆白,春水如苔贴舵青”;《大梁》之“山横嵩岳千重翠,河接昆仑万里黄”。皆精警可诵。而五言及绝句亦各有佳者。此所谓才子之诗。若其使才太过,则又仆所不敢妄誉者耳。壬戌三月,桐城姚鼐识。①

“壬戌”为嘉庆七年(1802)。据道光十年刻本张维屏《国朝诗人征略》卷四十三所载,师范,字荔扉,云南赵州人。乾隆三十九年举人,官知县。有《金华山樵集》。

7.《陶山诗前录题辞》

《清代诗文集汇编》第437册唐仲冕《陶山诗前录》,前有姚鼐题识,行书墨迹,全文云:

诗家以性情为贵,陶山先生真是诗人性情,故下笔每得古人诗境深处。此二卷乃其中年以前之作,最佳者语意警绝,得未曾有。次者亦各有一种情趣,要不愧为雅人之咏也。嘉庆辛未冬姚鼐题。②

结尾有“臣鼐私印”阴文方印章。“辛未”为嘉庆十六年(1811)。据张维屏《国朝诗人征略二编》卷四十八记载,唐仲冕,字六枳,号陶山,湖南善化人。乾隆五十八年进士,历官江苏荆溪、吴县知县,海州、通州知州,苏州府知府,陕西布政使,署陕西巡抚。晚年以病乞休,侨居金陵,卒年七十五。著有《陶山诗录》。其性孝友,自以其父官平阴,贫甚,母卒,不能归葬,遂葬于肥城县故陶山之麓,因号“陶山”。当时,姚鼐主讲金陵钟山书院,唐仲冕侨居金陵,故相互往来,比较方便。

① 师范《选人后集》,《清代诗文集汇编》,第429册,上海古籍出版社2009年版,第542页。
② 唐仲冕《陶山诗前录》,《清代诗文集汇编》,第437册,上海古籍出版社2009年版,第334页。

8.《与管异之书》

《清代诗文集汇编》第532册管同《因寄轩文二集》，前有姚鼐与管同书，全文云：

> 寄来文十篇，阅之极欣快。若以才气论，此时殆未有出贤右者。勉力绩学，成就为国一人物也。爱贤今岁必是专于文大用功，故文进而诗退。有文若此，何必能诗哉？况后尚未可量耶？诸文体格已成就，足发其才。所望学充力厚，则光焰十倍矣。智过于师，乃堪传法。须立志跨越老夫，乃为豪杰耳。珍重。不具。异之贤友。姚鼐顿首。①

按，管同，字异之，江苏南京人，近代著名诗文家，为姚鼐弟子中的佼佼者。姚鼐此文，篇幅尽管很短，但内容丰富，讲到才气、学力、文体之间的关系，也讲到年轻人对学为文、学为诗的选择及其相关的观点。这些，对我们研究姚鼐的文学理论，乃至研究古代诗文作家的作品，都是有参考价值的。

9.王昶《湖海文传》载姚鼐集外文四篇

《管叔监殷说》，见《湖海文传》卷十五②。此文中姚鼐认为，汉儒关于武王封武庚于殷地，疑武庚而使管叔蔡叔监视武庚之说，是错误的。文长不录。

《斯干说》，见《湖海文传》卷十六。此文考论西周末东周初的社会政治情况。文长不录。

《媒氏会男女说》，见《湖海文传》卷十六。此文云，"仲春之月令会男女，于是时也，奔者不禁"，乃王者宽其民之法，和通常的礼法，并不矛盾。文长不录。

《孔子闲居说》，见《湖海文传》卷十六。此文乃对《礼记》中的《孔子闲居》作论述。文长不录。

以上这些诗文，涉及面比较广，对研究姚鼐乃至当时的文坛，都是有意义的。

结　语

关于沈士柱之死的考证，以丰富的资料，证实了沈士柱并非死于党争，而是

① 管同《因寄轩文二集》，《清代诗文集汇编》，第532册，上海古籍出版社2009年版，第327页。
② 王昶《湖海文传》，清同治五年（1866）版。

死于清当局对反清人士的残酷镇压,也可见顺治间江南地区反清活动的频繁和江南士人的民族气节。关于汤鹏铁画题材作品的考论,丰富了此前的相关研究,突出了文体的差别。姚鼐是诗文大家,学术界关于他的研究很多,他的诗文集也一版再版,可是,仍然有那么多集外诗文,没有引起人们的关注。可见,清代诗歌的实证研究,确实还是有必要的。

(作者简介:赵杏根,1956年生,江苏江阴人,文学博士,苏州大学文学院教授,博士研究生导师。主要研究领域为清代文学。)

文献考辨与补遗

《植物名实图考》版本发微

李　凡

在中国传统的植物学、名物学、医学领域,由清代状元固始吴其濬所作的《植物名实图考》一书具有重要地位和价值。吴其濬,字瀹斋,一字季深,号吉兰,别号雩娄农,河南光州固始县人。嘉庆二十二年一甲一名进士,先侍直、儤直南斋。后历任湖北、江西学政,湖南、云南、福建、山西巡抚,署理湖广、云贵总督,"服官中外垂三十年,宦迹半天下"。今存著述有《植物名实图考》《植物名实图考长编》《滇南矿厂图略》《滇行纪程集》《瀹斋诗稿》等作。其中以《植物名实图考》最为世人所知。但是目前对该书的研究尚有偏差。这主要表现在该书版本流传、本书成书情况和内容性质几个方面。学界论及此书,除率从中华书局出版说明所见的版本归纳内容外,对其性质则断为医学代表著作。目前为止,有张瑞贤《植物名实图考校释》一书由中医古籍出版社出版和侯士良、崔瑛、贾玉梅、冯志毅《植物名实图考校注》一书由河南科学技术出版社出版,几乎与商务印书馆前言所述各种版本信息相似。实际上吴氏作此书的初衷并非是从医药学的角度出发的,而学者看法的偏误也是可以从文献学角度究其原因。故对该书的版本情况进行梳理与论述,对于明确本书的性质、内容和价值等都有重要作用。

一　存录情况

目前,对于该书的着录者并不多,而且归类也不统一。目前将所见到的诸家目录的存录情况列举如下:

《清史稿·艺文志·子部谱录类·植物动物之属》:《植物名实图考》

三十八卷,吴其濬著。①

李慈铭《越缦堂读书记·植物名实图考条》:固始吴瀹斋中丞其濬著,蒙自陆稼堂中丞应谷校刻,有道光二十六年陆所作序。图绘极精,考亦援证博雅。其三十八卷以上,分谷蔬、山草、隰草、石草、水草、蔓草、芳草、毒草、群芳、果木十二类;以后为长编,别为卷数,分类如前。光绪己卯八月十二日。②

孙殿起《贩书偶记·子部·谱录类花木虫鱼》:《植物名实图考》三十八卷《长编》二十二卷,固始吴其濬撰,道光二十八年刊。③

《续修四库全书总目图要·子部·农家蔬果花木类》:《植物名实图考长编》二十二卷,《图考三十八卷》,光绪六年刊本。清吴其濬撰。其濬,固始人。嘉庆进士,官至山西巡抚,生平宦迹半天下,事迹详见《清史稿列传》。此为其濬就所至之地,精孳博考而成者。每至一地,考其农产,辨其土宜,识其方物,察其形性,绘图立说,以证诸今,是为《图考》。复于所读之书,苟有涉于水陆草木者,皆条分而札记之,积有所得,排比诠订,以考诸古,是为《长编》。《长编》凡二十二卷,所列植物八百三十八种。《图考》凡三十八卷,所列植物千七百十四种。其分类曰谷、曰蔬、曰山草、曰隰草、曰石草、曰水草、曰蔓草、曰芳草、曰毒草、曰群芳、曰果、曰木,都十二门。《长编》缺"群芳",仅十一门。岂以有群芳谱专书,此遂付阙如耶?《图考》之图绘刻,均极精审。而《长编》二十二卷发明尤多,其取古人遗籍以刊存之者,亦不少焉。如乐休《园菊谱》、薛凤翔《牡丹八书》、柳贯《打枣谱》,虽或存之,于业书间而绝少见也。……是书无其濬序,其濬卒后二年,蒙自陆应谷校勘于太原。其濬殆未观厥成,故未弁一言耶!案植物一事,夙所箴视,其名昉于《周礼》,其实载在《本经》,其后《别录》《图经》屡有增益,要仍以《本草纲目》一书为该焉。其书兼收治剂,昧暗艺植,抑且动植并陈,无所区别。求其专谱草木,未之有也。④

《元明清中州艺文志简目》:《植物名实图考长编》二十三卷,本编三十八卷(太原刻本、商务印书馆排印本、日本本)。⑤《中州艺文录校补》同。

《静嘉堂文库汉籍分类目录》:《植物名实图考》三十八卷,清吴其濬

① 赵尔巽《清史稿》,中华书局 1977 年版,第 4356 页。

② 李慈铭《越缦堂读书记》,中华书局 2006 年版,第 497—498 页。

③ 孙殿起《贩书偶记》,中华书局,1959 年,第 226 页。

④ 续修四库全书委员会《续修四库全书总目提要》第 32 册,齐鲁书社 1993 年版,第 135 页。

⑤ 郑州大学中文系资料室《元明清中州艺文简目(征求意见稿)》,郑州大学中文系藏本,1984 年,第 465 页。

撰,小野悫校,明治一六刊,四十八册,四十五函,七十三架。[①]

从以上各家书目著录的情况来看,大致上分为“谱录类动植物之属”和“农家”两类,近年以来,学界研究吴其濬及此著作,多定性为“医药学”之类。所据多是本书所辑录的植物名称及有关农业种植和药材加工、方剂配制等内容。实际上,《清史稿·艺文志》的分类尚属合理,因为本书名为《图考》,中有插图,归入“谱录类”,亦无不妥。而本书之主旨,却并不是与医药或农业有关,而是重在“名实”考证,这可以通过全书体例等方面可以看出来。

二 版本特征

在此之前,为了便于对《图考》进行系统的研究,需要对该书的在不同时期的版本进行梳理。在中华书局出版《图考》书前的《出版说明》中,列举了道光二十八年太原府署本、光绪六年山西浚文书局本、民国四年云南图书馆本、民国八年山西官书局本、日本明治年间本、民国八年商务印书馆排印本[②]。在对于各丛书综录进行查阅以及对“学苑汲古”网站上的信息进行查阅之后,发现此列并不全面,现就《图考》各版本叙述如下:

1.道光二十八年(1848)山西太原府署陆应谷序刻本。根据北京大学图书馆藏本著录,本书线装二十六册,九行二十四字,白口,四周双边。全书分为总目,各卷首又有目录。序文书口上题序,下题页数;总目书口上题书名,中题“总目”二字,下题页数;各卷目录书口,上题书名,中题“目录”,下题类别与卷数;各卷上题书名,中题植物名,下类别与卷数。每条前有图,后有文。每一植物名皆另起一页专门编定,随字出格,无字则无格。北京大学图书馆藏有钤印“韩侯曾经校读”“德福寿安宁署周氏珍藏书”“福海春藏之署”。中山大学图书馆(33066)、北京大学图书馆(北大 X/570.03/2642/C4,北大 X/570.03/2642/C2,北大 X/570.03/2642/C3)、吉林大学图书馆(子 0576K)、南开大学图书馆(R375.9/433-01)有藏。

2.光绪二年(1876)覆刻本。与道光本基本相同。并《长编》线装 46 册,单叶 9 行 24 字,白口,单鱼尾,四周双边。《郭嵩焘日记》:“(同治十一年)吴瀹斋先生所著《植物名实通考》,板存太原府署中”[③]。又“(光绪二年)二月十九日,

---

① 佚名《静嘉堂文库汉籍分类目录》,东京单氏印刷株式会社 1930 年版,第 502 页。

② 吴其濬《植物名实图考》,中华书局 1963 年版,第 IIV 页。

③ 郭嵩焘《郭嵩焘全集》第九册,岳麓书社 2012 年版,第 515 页。

以银二两托之锡清弼大令,带山西代刷吴瀹斋中丞《植物名实考证》一书。往曾托之鲍花潭,而云其板已不在太原府署,花潭乃亦有此诳语耶?清弼不肯受银,所见出佐潭之上远矣。"①又"(光绪二年)三月廿九日。继绍庭持锡清弼家信见示,知吴瀹斋先生《植物名实通考》已代觅得,交鲍花潭觅便寄京。因便致花潭一信,属早寄我。即交绍庭寄山西"②。由此可见,《图考》自付梓以后,很快脱销,但是颇受欢迎,所以郭嵩焘有意访书求购,即出钱请人"代刷"该书。同治十一年始觅而未得,光绪二年得之,自前文来看,郭嵩焘觅书乃是重新印刷而非购买,故可知光绪二年有复印之事。

3.光绪六年(1880)山西浚文书局曾国荃刻本。线装三十八册,并《长编》一共六十册,同。扉页题名"植物名实图考"栏左下题"山西浚文书局藏板"。四周双边,白口,单鱼尾,全书分为总目,各卷首又有目录。序文书口上题序,下题页数;总目书口上题书名,中题"总目"二字,下题页数;各卷目录书口,上题书名,中题"目录",下题类别与卷数;各卷上题书名,中题植物名,下类别与卷数。每条前有图,后有文。根据曾国荃序可见:"板存太原府署,散失板片五十有二,芝岑商于余,从印本叶摹刊如每数,依次补入,工费无几,庶几是编得称全书,使如数千百十板,不致终为爨下物,诚善举也。议甫定,适余奉命督师山海关,防御海疆,朝廷即以芝岑代余抚晋,于是芝岑所商于余所者,遂以专属之。芝岑考是编为吴瀹斋先生手着,未及刊行而陆稼堂先生刊行之,今书板散失,又得芝岑为之刊补"③。可见此次刊刻"从印本叶摹刊如每数",对原版的缺漏进行刊补。中国人民大学图书馆藏(PG39/3)著录:"书名取自总目端。又总目端下、各卷目录端下镌"固始吴其濬著　蒙自陆应谷校刊"。《图考》道光二十八年陆氏序(署"题于太原府之退思斋")言刻书事。"淳"字不讳。参北大著录北京师范大学图书馆藏(570.4/435-02,570.4/435-48)、清华大学图书馆(丙803/7559)、华东师范大学图书馆(愚/子/1007)、南开大学图书馆(R375.9/433-02)、南京大学图书馆(11185)有藏。

4.光绪十八年(1892)刊本。此为覆刻光绪六年本,版本形制与前者相同。河南大学图书馆(580.951/W473/1,580.951/W473/2,580.951/W473/3,580.951/W473/4,580.951/W473/5)有藏。

5.民国八年山西官书局刻本。五十册,书签题"植物名实图考",牌记框中题"民国八年秋山西官书局重印",总目及各卷目下题"固始吴其濬著,蒙自陆应谷校刊",书中避讳"淳"闲作"涫"。前影写有陆应谷序文和阎锡山序文,撤去

① 郭嵩焘《郭嵩焘全集》第十册,岳麓书社2012年版,第17页。

② 郭嵩焘《郭嵩焘全集》第十册,岳麓书社2012年版,第25页。

③ 吴其濬《植物名实图考》,浚文书局1880年版,第1—2页

曾序,阎序后有“阎锡山印”“佰川”两枚影刻印章。本书单叶9行24字,白口,单鱼尾,四周双边。北京大学图书馆藏(北大X/570.03/2643.6/C2 北大X/570.03/2642/C3,)著录:“清光绪六年据道光二十八年陆应谷刻板补修,民国八年复据光绪六年书版补修刷印。书前阎锡山、曾国荃序。”本书据光绪六年本补刻重刻。中国人民大学图书馆(PG39/3)、厦门大学图书馆(580.3/364)、北京大学图书馆(北大X/570.03/2643.6)、南开大学图书馆(R375.9/433-02)有藏。

6.民国八年商务印书馆万有文库本。宽16cm,高22.5cm,铅印本二册。《图考》与《长编》分别印行,附在《图考》之后,为万有文库第二集第七百种。全书半叶为上下两栏,正文十六行二十一字。先文后图,图中题植物名。前有例言及陆应谷序。这样的体例形式为后来中华书局点校本所承。此书为排印本,进行标点校勘。书后附有索引一卷。本书序例谓:“吴卒后二年,陆应谷刊其书于太原,其后板多残缺,原书遂不可多得。日本自输入兰学后,以西洋自然分类法治本草学,名家辈出。考订名物,大率取订是书。近年欧美学会遣派专家,考查吾国动植物者日伙,是书渐为世界学者所注目,声价日重,而原书既不易得,翻刻亦复罕见。本馆为利便学者,计觅得原本,重校付印。谨附缀例言于后”①。可知出版目的是出于本书流传不广而市场需求较多,故而整理出版。《万有文库》本流传较广,各大图书馆基本上多有收藏。

7.日本明治十七年奎文堂刊本。线装四十六册,宽12cm,高18.6cm。四周双边,无行格,单鱼尾,半叶十二行三十字,有句读点。各卷卷首题名处有藏书印章,为后人挖剔,不能辨识,从形状上看,隐约可见为两方藏书印章。可辨识者有“克绍箕裘”印章一方。书口上题“植物名实图考”,鱼尾下题各词条与页数,并各卷名目,如:“谷类卷之一,奎文堂印行”。扉页左栏上书:“清吴其濬原撰。”下并排三行书:“日本伊藤圭介校阅、小野职悫重修、冈松瓮谷句读。”右栏以隶书题名“植物名实图考”。牌记:“日本明治十六年癸未十月刊行,奎文堂。”书前有陆应谷序,序文同中国各本一样,都是覆刻道光二十八年版书刻字。但较之中国各本,陆序书法显得硬瘦,体现出日本对于书法的偏爱也影响版刻书风。在第四册前有伊藤圭介楷字序文,并有“锦窠真迹”“明治十七年我龄七十有二”印章。从文字上看,应当是刻工仿照光绪本前序照刻复制一版而成。各卷首题名,加“重修”二字,为双行小字,下附卷数,如“重修植物名实图考卷之一”等。次一行所书如扉页左栏相同。次行为本卷目录,凡是首出汉字,皆在其右附着日文小字,用以训读字音。全书共三十八卷,其中卷帙较大者,又分为“天册”“地册”“人册”。本书各卷卷首均有目录,目录之后正文,则先存图画,

① 吴其濬《植物名实图考》,商务印书馆1919年版,第1页。

每一图画，皆有中文楷字题名，为日本图谱类书籍编辑之习惯。后为文本，皆以正规汉字排印，凡是中国各本中讹误字、避讳字等，都予以校正。其中各条目植物名词，以纲目体形式存录，与原书不差，所不同者，将《长编》与《图考》合并为一书，凡是《长编》内容，皆以纲目从之，附在《图考》正文之后，也是与中国各本的最大区别。各卷结束之后，书责任者，比如："小森赖信校订、平野师应校字、酒井舍彦缩图、水子善治雕图、大日本农会印刷厂印刷"。根据伊藤圭介作序："文堂主人得竹添公使所藏本，将聚字揭百本以传于世，又虑其卷帙重大，改为小册，携带已便，价亦甚贵。"又根据凡例所见："此书在彼邦亦少流传。初，圭介伊藤先生见鲁斯学士布列斯奈杜论彼邦植物小册子，初知有此书，因属独逸人剌因购之燕京。实为传入于我之始，距今盖不过十许年矣。自兹厥后，人渐知其为佳书，至今藏而有之者，盖有一二家。顷者竹添公使之在天津得燕京某氏所藏二本，余因与奎文堂主人谋请其一，亟聚字折之，以传于学者，应得以辅昭代学术之盛也"①。由此可知该书形制大为缩小，类似巾箱本，目的是便携。日本改书尺寸形制乃至装帧形式都是比较常见的，根据梁从国的调查，该书是自1883—1889年陆续出版的②。此书见藏于京都大学图书馆、名古屋大学图书馆、北海道大学图书馆、关西学院大学图书馆等。

8.根据梁从国对日本明治时期《重修植物名实图考》的版本调查所见："竹添进一郎编辑《评注历代古文抄：汉书抄》(卷四)一书广告页中印有'奎文堂藏版自明治十七年四月'，下列书目中有'清吴其濬原撰 日本小野职悫重修 植物名实图考 贰拾圆 四十八册(东京：奎文堂，1885年)'。高木怡庄编辑、冈松瓮谷校正的《万国地志要略》(第1卷)广告页上也印有同样信息，不过奎文堂藏版书目的时间改为'明治十八年九月(东京：博施舍，明治十二年八月新镌)'。它表明至少在1884年4月时奎文堂已经有藏版48册《重修图考》的书单了。而山口县立图书馆的藏书搜索网页也显示，该馆藏有1887年版的《重修图考》。限于条件，笔者不知这一版本的确切信息，例如它与1883—1889年版本之间是何关系，伊藤圭介的序放在哪一卷上，所涉的校订、校字、缩图、雕图及印刷厂等信息又是怎样的"③。

9.民国四年云南图书馆影刻本。现存云南省图书馆，版本情况未知。由云龙序："甲寅秋有丛书之役，复与同学友张君君翔道及此书，共忆昭通张仲康君

---

① 吴其濬《植物名实图考》，东京奎文堂1883年版，第1—2页

② 梁从国《日本明治时期〈重修植物名实图考〉版本考述》，《或问》，2014年总第25期，第31—42页。

③ 梁从国《日本明治时期〈重修植物名实图考〉版本考述》，《或问》，2014年总第25期，第31—42页。

有购自日本者,仲康已物故,乃驰书姜君勉之,得邮寄来省,发函展视,叹其工致,盖犹明治初年木刻者也。……爰请以馆赀,先付石印,借以保存,为将来订正再版之计”①。由此可见,云南图书馆是根据日本奎文堂本以石印形式影印的,故可知其全书体例大致与之相当,而本书之作者、责任者等或与不同。其具体情况,尚需有机会目验。

以上所见的各版本,都是以道光二十八年太原府署陆应谷刻本为祖本的,其下同治五年覆刻本、光绪六年浚文书局本一脉相承。而日本奎文堂刊本,是来华日本人购买了光绪六年本带回之后,由奎文堂主持进行整理,与中国本所不同的是:首先校勘异体字、避讳字而用较为常用的汉字;其次是将《植物名实图考长编》与《图考》合为一书,循《图考》书中的纲目体例附在各名词之后;最后对于不常见的字词加注日本假名用以训读。该本以排印巾箱本的形式印行。云南图书馆又依据自日本购回的明治魁文堂本加以石印。《图考》的版本系统即以道光二十八年太原府署刻本为祖本,中国各本一脉相承,而日本的本字子为道光本的子版,经过改版又回流中国,其流传过程如下:

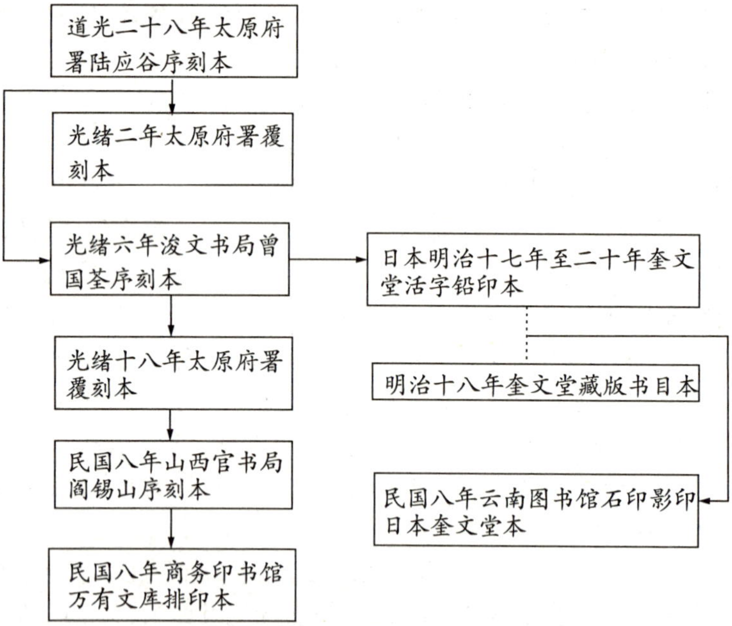

以上所见皆系民国及以前的版本,这其中,道光二十八年本为现存的最早的本子,同治年间尚有覆刻,后来因为书版损坏,又加以修缮覆刻,即后来的光绪六年浚文书局本,以及覆刻光绪十八年的本子,这其中以光绪六年浚文书局

① 张瑞贤《植物名实图考校释》,中医古籍出版社2007年版,第5页。

本相对最好。应当指出的是,各版本的刊刻目的也不一样。道光二十八年太原府署本和日本明治十六年奎文堂本是为了流传本书,以服务学术为主,而浚文书局、山西官书局则是以市场需求为主。两个系统最大的区别就是是否将《图考》与《长编》合为一书。

三 成书情况

关于《图考》研究的另一个问题就是成书情况,其刊刻时间为道光二十八年,根据陆应谷序文所见:"瀹斋先生具希世才,宦迹半天下,独有见于兹,而思以愈民之瘼。所读四部书,苟有涉于水陆草木者,靡不剬而缉之,名曰《长编》。然后乃出其生平所耳治目验者,以印证古今。辨其形色,别其性味,看详论定,摹绘成书,此《植物名实图考》所由包孕万有、独出冠时,为本草特开生面也"①。由此可见该书的大致成书过程,是吴其濬读书记录所涉水陆草木植物,勒为《长编》,然后对植物名加以考证辨订,是为《植物名实图考》。但是就全书内容来看,该书体例并不统一,内容混杂。如中华书局《出版说明》所见:

本书材料的繁简是很不均匀的,虽然有些植物,附有连篇累牍的考证;但也有许多条,仅有寥寥两三行的文字,而且是从前人著作中抄录下来的。

无名植物十八种,这些条都有图文而无名字。

作者除了《图考》以外,另有《长编》,乃是原始材料的汇集,该书将诸家说法按条罗列,体例与《图考》迥殊。我们在整理时发现《图考》有几处,可能是《长编》羼入。

卷二十三蔓草及毒草之间,忽夹入芳草十一种,颇为混乱。这十一种植物,按本书体例,应并入卷二十五。

卷一湖南稷子之末,自《乌台笔补》以下至"所收当何如耶"一百五十字,全是关于稻的记载,应列稻条之后。卷二十三辛夷,自"余由豫章泝湘"起,至"亦不尽知其为族类也"一百余字,全是讲得茶花,与本条无关,当是误入。

以上的缺点,有一部分固然当由作者负责,但也有一部分应该归咎于整理人的粗心。这部书是在作者逝世后的第二年,由陆应谷代为刻印,吴其濬本人并未能看到它的出版。因此本书是否为吴氏的定稿,还是一个疑

---

① 吴其濬《植物名实图考》,中华书局1963年版,第1页。

问的。倘使原稿能由作者亲手作最后的整理,以上的错误应该可以避免或减少。①

由此可见,该书存在的问题,主要是体例不统一,内容由混杂羼入的现象。整理人固然有责任,因为从出版的内容来看,整理者以及后来的出版者都没有对其进行校改更正。在这里同时又有一个问题,即《图考》究竟是吴其濬的定稿,还是陆应谷的整理稿。虽然后世学人多倾向认为是陆应谷整理稿,但言之不详,总是悬而未决。从曾国荃序文和《续修四库全书目录提要》可见,前辈学者已经考订出该书非吴氏手定本,但是未将考释内容进行具体解释。其实,这从原书内容上就可以看出来。

余再至南安,时已冬深(蚊子树)
余以十月后莅赣南(寄生)
余由豫章泝湘,经黔,抵滇。(辛夷)
余使粤时,尚未闻有番荔枝(番荔枝)
余使岭南及江右……抚湖南……及来滇(蒟酱)
余初归里时(芫)
余莅江右……莅湘南……山西葫芦峪缠术甚肥壮。(术)

吴氏大半生,号称"宦迹半天下",所经地方很多,在相对安定的时间里,则着手《图考》的写作。其中文字又多涉回忆性质,从以上引文可见,吴氏在湖南、云南和山西之时,都曾较集中的整理编写《图考》。考之全书,提及湖南、山西等地者多于其他地区。《固始吴宫保公奏议》有道光二十六年闰五月十五日《查阅大同情形折》②。《植物名实图考·第七卷·甘草》:"余以五月按兵塞外,道傍辙中,皆甘草也。"十二月初十《假满病未痊愈恳请开缺折》自言夏间感冒引发旧疾请假开缺③。则夏月至十二月,修养未出。整理文稿事,当在近期。未及完稿而卒。

吴氏卒后,书稿未完,由太原知府陆应谷校刊,实际上陆氏也对全书进行整理与编排。陆氏因为不甚了解全书体例,故而如上所见,将《长编》内容羼入《图考》。不仅如此,陆刻杂搜吴氏手稿中与植物有关之文字,造成杂乱不合体例之情形。比如见于国家图书馆藏吴晋昌辑《固始吴氏文存》收《念余阁文》,其中

① 吴其濬《植物名实图考》,中华书局 1963 年版,第 3—4 页。
② 吴其濬《吴宫保公奏议》卷四,苏州金阊节署活字本 1880 年版,第 34 页。
③ 吴其濬《吴宫保公奏议》卷四,苏州金阊节署活字本 1880 年版,第 45 页。

有《王不留行赋》《夏枯草赋》《千里及赋》《王不留行赋》《桑上寄生赋》，河南省图书馆藏《念余阁诗钞》有《芜菁歌》《小青歌》《葎草歌》《射干诗》等①，说明这些文字本不属于《图考》，只是其内容与《图考》都是与植物有关。② 又湖北《恩施县志》收录吴氏《草木诗》九首，不见于《图考》，则此诗是其早期之文，而且也可见吴氏文章自有章程，本不与该书混同，陆氏盲目收录，故在书中显得不合体例。另外就是书中所见的附录文字，除了《犟经堂文集》《通艺录》外，尚有吴氏《蜀黍即稷辨》《橡茧识语》也是专门论文性质的文字。如果编纂《吴其濬文集》，这些都是可以辑录出来的。

同时，《图考》中存在的大量插图，也值得注意。如书中所见：

余竟不能睹其左右三七之实，惜矣。因就半萎之茎而图之。（三七）

余遣采访，多不识名，偶逢樵牧，随其指呼，姑记形状，以俟将来。（癞蛤蟆）

臣备员湘抚，绘“草木图”，敬述斯事。……俱如志所述，因俾画手补绘。（仙人掌）

《唐本草》……存原图以俟访。（女萎）

今滇南亦有白药，主治马病，未知是《图经》何种，不敢并入。兹从《图书集成》绘存原图一种，其余治症各方，录于编中以备考。（白药）

余曾其遣人绘川贝母图。（半夏）

通过吴氏的文字，可见本书的插图来源有三：从已有书中插图临绘而来、吴氏亲自绘图、遣画手绘图。据“仙人掌条”所见，吴氏图画之后，又俾画手补正。当代著名植物学家吴征镒先生认为书中的插图非吴氏所作③，实际上是站不住脚的。吴其濬父亲吴烜，字鉴庵，在乾隆时期与翁方纲往来密切，而且在《翁方纲日记》中也见到鉴庵先生数次为翁氏作画④。吴氏有此家学，而且从插图上看，白描线条有着隶书意味，而画手所画则不甚明显（如下图）。这与吴氏书风以及学书经历有很大的近似，更可以佐证这一点。加之吴氏在《图考》一书中，不止一次的说明自己绘图写生，则此问题当不必疑。

---

① 吴元炳《固始吴氏文存》，光绪六年（1880）固始吴氏家刻本。

② 吴元炳《固始吴氏文存》，光绪六年（1880）固始吴氏家刻本。

③ 周肇基《〈植物名实图考〉的特色与成就》，《吴其濬研究》，1991 年，第 97—112 页

④ 沈津《翁方纲年谱》，台湾研究院文哲研究所 2002 年版，第 391 页

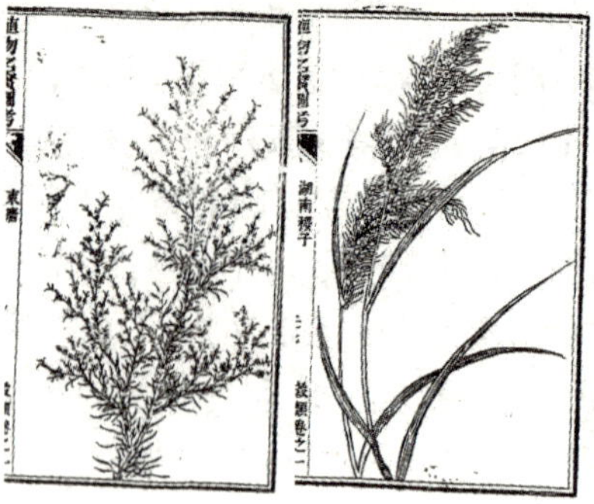

吴氏手绘

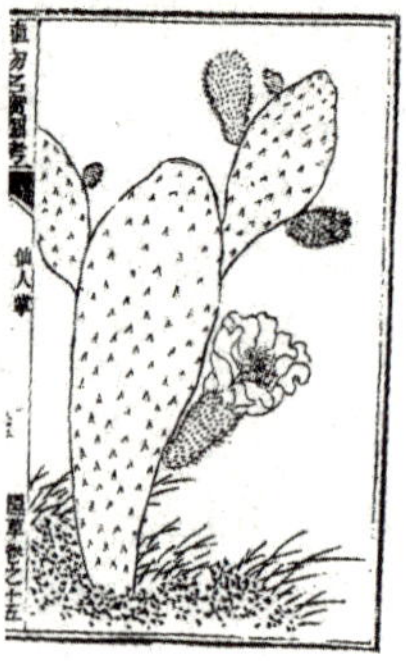

画手补绘

四　结语

以上主要是对《图考》的版本系统、成书体例等进行考述，通过这样的考述，对于一些问题可以更加一目了然。首先是对该书的版本及流传首次进行梳理，就算是新近出版的《植物名实图考校注》一书也不曾做到全面系统。其次是纠正学界对本书有失妥当的定位。本书是以辑录植物名实为主要目的的，虽然其中记录了不少农事活动以及医药方剂，实际上从行文来看，吴氏是因为心系苍生，关注实务，才会辑录这些，而其主旨实际上还是借着植物来阐发自己的思想观念与认知。故而此书列为子部谱录类是没有问题的，至于后来曾国荃复刻之时，将其与医药之属书相提并论，《续修四库全书总目提要》又归入农家，则今天的学者研究该书，就只是从农学或者医学的角度展开，实际上制约了对该书的认识。最后，通过对版本系统的流传以及各目录收录情况，也可见对于该书性质认知偏差的原因。作为清代朴学之中的一个比较特殊的代表，后世学人理应给予关注和重视。对本书各版本的梳理，正也可为吴其濬研究、清代植物学乃至学术思想史的研究做好基础工作。当然仓促之间，本文尚显错讹，伏乞方家不吝赐教。

(作者简介：李凡，1990年生，男，河南固始县人，华东师范大学中国语言文学系博士研究生。)

《皇明政要》作者、版本考及其整理工作

刘泰廷

一、作者考及其成书与刊印

《皇明政要》二十卷，历来目录题录此书作者时有三种情况。一题为娄性，如高儒《百川书志》卷四、焦竑《国史经籍志》卷一、祁承㸁《淡生堂藏书目》等；二为娄谅，如罗振常《天一阁藏书经见录》卷上[①]、《江苏采辑遗书目录简目》[②]、阮元《文选楼藏书记》卷一[③]等；三为储巏，如《明史·艺文志》、孙殿起《贩书偶记》卷五[④]等。今之学者亦不乏从后两说而误题者，故略作辨析。

书中所附娄性上表一篇，自叙著书之始起于其父娄谅"照《贞观政要》格式立定四十篇目"，"令臣将各书依类编集，思图裨充，以罄余忠，臣编集十一年余年，方得成帙"。又云："浼先任南京吏部考功司郎中，今升太仆寺少卿储巏校正字画差讹。"则娄谅仅厘定了四十篇章的题目，而每篇的具体内容皆为娄性所作，储巏则对书稿进行过校正。所以此书真正的作者应该是娄性。

娄性，史无传，《四库全书总目》卷五三《史部·杂史类存目》载其经历云："成化辛丑进士，官至南京兵部武库司郎中"[⑤]。现代学术资料所辑娄性信息几无溢出其外者。考娄性上表中有"臣年将六十"之语，末云："弘治十六年(1503)十月初一日原任南京兵部武库清吏司郎中冠带闲住臣娄性谨上表。"若将"年将六十"理解为五十五至五十九岁之间，则可推知其生年的范围为1444年十月初一日之后到1448年十月初一日之前。1986年12月上饶县灵溪乡出土的《南京武库清吏司郎中致仕进阶朝列大夫娄君墓志铭》[⑥]为我们提供了宝贵的信息，其开篇即云"正德五年六月甲午，上饶娄君元善卒"，则可知娄性卒年为1510年。碑文又有"予与原善举进士同年，又生同甲子"，则知性生于甲子

① 罗振常著、周子美编《天一阁藏书经见录》，华东师范大学出版社1986年版，第131页。

② 吴慰祖校订《四库采进书目》，商务印书馆1960年版，第214页。

③ 阮元撰，王爱亭、赵嫄点校《文选楼藏书记》，上海古籍出版社2009年版，第29页。

④ 孙殿起著《贩书偶记》，上海古籍出版社1982年版，第114页。

⑤ 永瑢等撰《四库全书总目》上册，中华书局1965年版，第478页。

⑥ 今碑藏于上饶市博物馆，本文所引碑文据陈定荣、林友鹤撰《娄妃之父辩》文末附录，载《江西师范大学学报》1991年第1期。

年,检陈垣《二十史朔闰表》知在上文测定的范围中,只有 1444 年为甲子年[①]。综上,娄氏的生卒年为 1444—1510 年。兹结合传世文献与墓志,简述娄性事迹如下:

娄性(1444—1510),字原善,号野亭,江西上饶人。父娄谅、弟娄忱,皆有学名[②]。明宪宗成化十七年(1481)进士,起家南京职方主事,后任南京兵部武库清吏司郎中,弘治三年(1490),协户部侍郎白昂治水[③],弘治五年(1492),与南京守备太监蒋琮相讦,连数百人,坐除名[④]。弘治十年(1497),为江西提学佥事苏葵延请,主白鹿洞书院事,与学者五百余人[⑤]。撰《白鹿洞学田记》[⑥]。著有《野亭诗稿》《皇明政要》,另集释娄谅所著《心学要语》,名为《心学要语集释》。

《皇明政要》后序云:"因遵臣父所定四十篇目,博采群书,依类编录四百五十二条,亦分为四十篇。盖自正心修身以至于平天下。类编成帙;倣吴竞之意僭题曰'皇明政要'。"则知写作此序时书稿已成。序末题云"弘治辛亥二月丁未,南京兵部郎中臣娄性顿首谨识",则该书初稿写成于弘治四年(1491),是时娄性仍未遭罢黜,故题名为"南京兵部郎中"而不像上表时题"原任南京兵部武库清吏司郎中冠带闲住"。表云:"臣编辑一十余年方得成帙。"则其编辑工作至迟于 1481 年已经开始。

该书初稿既然成于 1491 年,那何以十二年后(1503)才向天子献书?原因有二:一、初稿成后由储巏进行修订,表云:"浼先任南京吏部考功司郎中,今升太仆寺少卿储巏校正字画差讹。不意臣父物故。"《明儒学案》记娄谅逝于弘治辛亥(1492)五月二十七日[⑦]。是其时书稿仍在校对过程中,我们可以推测,在漫长的十二年里,娄性自己可能也对书稿进行过修订,所以 1503 年所献的《皇明政要》则是经过娄性与储巏重新整理的校订稿。二、这也与作者谨慎及担心

① 陈垣《二十史朔闰表》,商务印书馆 1956 年版,第 166 页。

② 古今著书常混淆娄性与其弟娄忱,如《明史》卷二百八十三《娄谅传》云娄忱女"为宁王宸濠妃"(第 7263 页),根据墓志可知为宁王妃者实是娄性之女。再如《上饶市志》载娄性著述有《先天图解》《河图解》二书(萧洪泰主编《上饶市志》,中共中央党校出版社 1995 年版,第 515 页)检《同治上饶县志》卷二十三知两书皆为娄忱之作。(《中国地方志集成·江西府县志辑 22》,南京:江苏古籍出版社 1996 年版,第 608—609 页)又可参《同治广信府志》卷十一《艺文志》,《中国地方志集成·江西府县志辑 21》,第 650 页。

③ 张廷玉等撰《明史》卷八十三《河渠志》,中华书局 1974 年版,第 2021 页。

④ 《明史》卷一百八十七《马中锡传》,页 4951。

⑤ 毛德琦《白鹿书院志》卷三,《续修四库全书》720 册,第 385 页。《上饶市志》将此处系为弘治十一年(第 635 页),待考。

⑥ 收于李东阳《白鹿洞书院新志》卷六,李才栋,熊庆年编撰《白鹿洞书院碑记集》,南昌:江西教育出版社 1995 年版,第 61—63 页。

⑦ 黄宗羲著《明儒学案》卷二,中华书局 2008 年版,第 44 页。

为物议所非的心态有关。表云:"臣父从事理学辛动四十馀年。其所得如此,臣不敢隐昧,屡欲具其所学并前二书上达讲惟,以效野人献曝之诚,未感轻易。兹臣年将六十,筋力向衰,痰气时作,已成痼疾,难堪任使,故不以干进为嫌。"

《皇明政要》的首次刊行当在献书四年之后,于正德二年(1507)由建阳刘洪慎慎独斋刊印,流传甚广,正德年间(1506—1521)提学副使刘瑞有感杭州府学藏书不够充盈,请以刑金购求书籍,杭州府学尊经阁遂入藏一部三册《皇明政要》①,当即此本。

二、版本叙录与源流辨证

《皇明政要》的版本今知有以下五种:

1.南京图书馆所藏正德二年慎独斋刻本(以下简称慎独斋本)。计三册,四周双边,有界,半叶 8 行,行 18 字,黑口,双鱼尾。书影公布于《南京图书馆珍本图录》与《江苏首批国家珍贵古籍名录图录》②。《四库全书存目丛书》与《中国野史集成续编》所收入的《皇明政要》,皆据此本影印③。

2.嘉靖五年戴金刻本(以下简称戴刻本)。国家图书馆、南京图书馆皆有藏。四册,四周双边,有界,半叶 9 行,行 22 字,黑口,双鱼尾。天一阁旧藏此本。尝为孙成温修文堂所收,郑振铎亦曾寓目④。《续修四库全书》本即以南图所藏为底本影印。

3.明金台岳世瞻文会书舍刻本(以下简称岳刻本)。题作"新刊皇明政要"。据《北京图书馆古籍善本书目》知此本旧藏于原国立北平图书馆⑤。王重民《中国善本书提要》著录现藏地为北图⑥,实误。杜泽逊《四库存目标注》云此本今藏于台北故宫博物院⑦。四册,四周单边,有界,半叶 12 行,行 20 字,白口,双鱼

① 顾志兴著《杭州藏书史》,中国社会科学出版社 2011 年版,第 195 页。

② 南京图书馆编《南京图书馆珍本图录》,江苏人民出版社 2007 年版,第 49 页。江苏省文化厅,江苏省古籍保护中心编《江苏首批国家珍贵古籍名录图录》,凤凰出版社 2008 年版,第 117 页。

③ 杜信孚著《明代版刻综录》第 6 册(扬州:江苏广陵古籍刻印社 1983 年版)误录此本信息为"正德十二年,行二十八字"(第 46 页) 陈昭珍《七编总目明代书坊之研究》(花木兰文化出版社 2008 年版)亦从云此本刻于"正德十二年"(第 98 页),今正。

④ 郑振铎著、陈福康整理《郑振铎日记全编》,山西古籍出版社 2006 年版,第 340 页、347 页。

⑤ 北京图书馆编《北京图书馆古籍善本书目》,书目文献出版社 1987 年版,第 336 页。

⑥ 王重民撰《中国善本书提要》,上海古籍出版社 1983 年版,第 106 页。

⑦ 杜泽逊《四库存目标注》第 2 册卷十六,上海古籍出版社 2007 年版,第 619 页。检《故宫博物院善本书目》(台北故宫博物院,1968 年)、故宫博物院编《故宫博物院善本旧籍总目》(台北故宫博物院,1983 年)、《故宫博物院普通旧籍目录》(台北故宫博物院,1970 年)皆无著录,待考。

尾。天头偶有批注,当为后世藏者所书。大体为正文之缩略与提示文字,价值不大。中国国家图书馆所编《原国立北平图书馆甲库善本丛书》、文海出版社《元明史料丛刊》第3辑皆影印此本收入。

4.北京大学藏明抄本。原为李盛铎所藏,可见氏著《木犀轩藏书题记及书录》①。后捐赠于北京大学,见录于《北京大学图书馆藏李氏书目》②。两册,黑格棉纸抄本。未公布书影,亦未影印,北大图书馆电子检索系统中亦无此书,仅见于《北京大学图书馆藏古籍善本书目》③。笔者托友人代为查找,得到答复为此书正在修复中,不予调阅。其上题"南京兵部郎中臣娄性谨编,南京吏部郎中臣储巏谨校"。若非抄手乱题,而其源有自,那么从官名可以看出时娄性尚未罢官,而储巏亦未升迁,则此本盖存稿本原貌,极具价值,俟考。

5.张四维校刻本。张四维《条麓堂集》卷二十收《皇明政要重刻序》一文,自叙重刻缘由云:"历岁既久,板刻寖讹,恐滋豕亥鲁鱼之病,具官臣某遂校正而重刻之"④。则知有明一代尚有一刻本,乃张四维校补而刻,今不获见。

以上五种版本今仅存其四,最后一种不知存佚,笔者志于此亦冀天壤间尚有存者,可资考证。上文简述各本版式,它们的编录顺序与题款等处仍有差异,兹以下表揭之:

慎独斋本	戴刻本	岳刻本
皇明政要纲目	皇明政要新刻序	新刊皇明政要前序
臣储巏谨校	皇明政要表	新刊皇明政要纲目
目次+正文	皇明政要目录	臣娄性谨编 臣储巏谨校
上表(无标题)⑤	臣储巏谨校	目次+正文
皇明政要后序	目次+正文	新刊皇明政要后序
	皇明政要后序	

从上表可以看出,最早的慎独斋本是将后序与上表放到书的末尾,且表无标题,而戴刻本和岳刻本皆将表提到了书前,前者冠以"皇明政要表"之题,后者名为"新刊皇明政要前序"。除此之外,三个版本的编排顺序大体一致。慎独斋本与戴刻本皆于纲目(目录)下题"臣储巏谨校",岳刻本则增出"臣娄性谨编"五字,慎独斋本与岳刻本皆用"纲目"一词,而戴刻本则改用"目录",从这些细

① 李盛铎著、张玉范整理《木犀轩藏书题记及书录》,北京大学出版社1985年版,第109页。
② 北京大学图书馆编《北京大学图书馆藏李氏书目》,北京大学出版社1956年版,第29页。
③ 北京大学图书馆编《北京大学图书馆藏古籍善本书目》,北京大学出版社1999年版,第80页。
④ 张四维《条麓堂集》,《续修四库全书》1351册,第576页。
⑤ 括号内容为笔者所加。

节上无法判断三者的从出关系，笔者在比勘三本后认为：

戴刻本及岳刻本皆与慎独斋本存在亲缘关系，戴刻本是重校后的版本，修改了许多慎独斋本出现的谬误，而岳刻本与慎独斋本出于同一系统，与戴刻本并无从出关系。

下面将慎独斋本与戴刻本比较如下，并以所异之处对比岳刻本，用□表示与慎独斋本同，△表示与戴刻本同，并注以卷数及其于《四库全书存目丛书》史部第46册中所在的页数及位置，方便读者核检：

	慎独斋本	戴刻本	岳刻本	出处
卷一	1.舟车所至，人力所通	居	□	页196，上
	2.一且得于梦寐间，遂相与讲学论道而功被当时	旦	□	页201，下
卷二	3.无他嗜好	上无他嗜好		页206，下
	4.惟蓄经籍法书甚富	诸	□	页206，下
	5.命以虎送光禄	光禄寺	□	页207，下
	6.苟见其未至，反损人君之明	有	□	页208，上
卷三	7.仁宗曰：君民一体	曰	□	页215，下
卷四	8.诏以大牢祀先师孔子于国学	太	□	页217，上
	9.尔礼部其以朕意晓谕天下学者	晓天下	□	页218，上
	10.昔商中宗、祖申、周文王皆享国绵远	甲	□	页220，下
卷五	11.大监兴安崇信释教	太	△	页221，上
	12.惟曰：允执其中	九	□	页222，上
	13.太祖谓皇太子曰	大	□	页225，上
	14.延四方明儒教太子诸王	上	□	页225，下
	15.盖善，天鉴之，不善，天必监之	天必鉴之	□	页226，下
卷六	16.一人孝而众人皆趋于孝	其	□	页231，下
	17.太宗将诣	谒	□	页232，上
	18.遣太监牛玉入禁谕其意	大	□	页234，上
	19.若今远役，则父母不免失所	父母失所	□	页238，下

续表

	慎独斋本	戴刻本	岳刻本	出处
卷七	20.此所以盛也	为盛	□	页241,上
	21.上曰:但依之则悦	若	□	页241,上
卷九	22.宣宗时朝臣无贪者	祖	□	页259,下
卷十一	23.近闻军卫科敛	士	□	页269,上
	24.则尔罪均	则尔罪惟均	□	页272,下
卷十二	25.今大学诸生中年长学优者	太	□	页274,上
	26.今天下成平	承	□	页276,上
卷十三	27.正治得失	政	□	页281,下
卷十四	28.刑不宜大繁	大	□	页287,上
	29.曰户婚	尸	□	页290,上
	30. 因锦衣卫指挥所行江西戈阳王败伦事涉虚	弋	□	页293,上
卷十五	31.群臣皆顿首受命	受	□	页295,下
	32.与郡臣计议行之	群	□	页296,上
	33.官奏事	百官	□	页299,上
卷十六	34.多方洱格,致朝廷失信于民稷	沮	□	页305,上
卷十七	35.已采之木,随处堆积	集	□	页309,下
	36.启颍州及颍卫军民缺食	颍州	□	页311,上
	37.然民命危在且夕	旦	△	页312,上
卷十八	38.达则专主中军,策励群师	帅	□	页316,上
	39.逃十人者,全不给,降克总旗	充	□	页317,下
	40.四十人,降克总旗	充	□	页317,下
	41.即以与诸将渡江	而	□	页319,下
	42.驻兵大平	太	□	页319,下

续表

	慎独斋本	戴刻本	岳刻本	出处
卷二十	43.秩恐王下喻	不	□	页 335,下
	44.皆已向化	以	□	页 336,上
	45.克总兵官,镇守广西	充	□	页 336,下
	46.太学士杨荣从容进言	大	□	页 337,上

由上表可以发现,戴刻本所改动处多为慎独斋本讹脱之处,而岳刻本几乎全部踵承慎独斋本之误,只有两处与戴刻本相同(第 11、37 条),由是可知,岳刻本与慎独斋本具有从出关系,而与戴刻本则非属同一系统。

戴刻本刻印时娄性已谢世十六年之久,故而重校工作绝非娄性亲为,很可能是戴金在刻书时也如张四维一般"反复兹编,校仇舛伪",故可多所厘正。需要指出的是,戴刻本亦有误者,如第 1 条"舟车所至,人力所通"系《礼记》成语,戴本作"居"非是;第 7 条脱"仁宗"二字;第 9 条脱"谕"字;第 14 条"王"讹作"上";第 16 条"于"讹为"其",第 31 条脱"命"字等。其中有手民之误,亦可能存在因刊本漶漫不清而缺字的情况(疑第 7 条即是),由此可知尽管戴刻本为重校本,但慎独斋本仍然存在校勘价值。

岳刻本刊刻年代不详①,由冠名之"新刊"字样及版本样貌,可推测它的刊刻时间当在慎独斋本之后。每卷下皆题"金台后学岳氏世瞻考订梓行",则其为北京岳世瞻考订之本,然舛误甚多,不可信据,仅举其第一卷谬误如下(体例同上表):

	慎独斋本	岳刻本	出处
卷一	1.上契冲漠	土	页 194,上
	2.曰敬曰仁	田	页194,上
	3.此心若存	北	页194,上
	4.则动静合道	治	页194,上
	5.太宗览之至再	太祖	页195,下
	6.若心能静虚	皆	页 195,下

① 一些研究著作误将娄性的上表时间(弘治十六年)当作此本的刊刻时间,如龚平如《江西出版纪事》,江西人民出版社 1994 年版,第 25 页。杜信孚、杜同书《全明分省分县刻书考》,线装书局 2001 年版,第 12 页。今正之。

续表

	慎独斋本	岳刻本	出处
	7.太宗谓皇太孙曰	太祖	页195,下
	8.敕曰:渴望来仪	湿	页196,上
	9.极蒙宠赉	谷	页196,上
	10.速于置邮而传命	吏	页196,上
	11.召赞善刘三吾曰	白	页198,下
	12.一章一部大学皆具	二	页199,下
	13.亦由积学所致	精	页199,下
	14.永乐二年七月,仁宗在东驾	太宗	页200,上
	15.于此恐无储贰之说	谁	页200,上
	16.士奇因举程子云	用	页200,上
	17.又举王昭素对	文	页200.下
	18.辑此书有益学者	比	页200,下
	19.宣德九年十二月	元	页202,上
	20.出御书洪范篇 及御制序文示之	歹	页202,上

尽管岳刻本谬误很多,但也具有一定的参考价值。(详后)

三、《皇明政要》的史料价值及整理意见

《皇明政要》本为娄性私家修撰,然自献书、刊印后广为流传。张四维《皇明政要重刻序》云此书"固已贡在秘府,布诸海隅中外臣民家传而人诵之者"①。文献中亦有关于明代士人手抄与记诵此书的记录②。甚至当时臣子在奏疏中也常称引该书③。由是知《皇明政要》在明朝绝不仅仅是一般杂史性的资料汇编,而是作为权威的历史档案进入官方的话语体系中,被知识人视作可靠的本朝历史进行记忆与言说。从这个角度来看,无论《皇明政要》所记载的五朝"圣明天子"的形象是否真实,都对思想史的研究大有裨益。

由于此书所记皆明朝天子学古善政之事,故不为清廷所重,在《四库全书》中只能入存目一类,渐为世所忽略。在现代史学标准确立后的今天,自当重新审视该书的价值。是书积娄性十年之功,体例严谨,史料丰富,著录天子语录、典策制诰,君臣奏对,臣子疏表等,并系有年月及事件的前因后果,涉及朱明五朝帝王的治国理念、性格旨趣、国家的制度兴废、水旱灾害、人民生活,外交策略种种方面,其间如诸帝对休咎征应的态度;明太祖所定四十以上始听出家的法制;太宗对释道的打压、对屯田制的推崇;君臣对安南陈氏自立的心态与应对策略,永乐二十一年直隶、山东的水旱灾害等等皆颇有可观者。举一事即可窥此书的独特价值:卷十三记载了洪武三年青州孙古朴的叛乱,此事亦可见于《(嘉靖)青州府志》、李贤《明一统志》《明史》等文献,但所有记载都遗漏了一条重要信息,即他们自号"黄巾",唯独《皇明政要》有录,这对我们考察这次叛乱的性质及其与民间信仰、秘密社会间的联系具有重要的提示作用。总的来说,此书可为明史研究者之一助,具有一定的史料与文献价值。

尽管已有三个版本影印出版,但在使用它们时要格外小心。就以重校后的戴刻本言之,虽然改正了许多慎独斋本的谬误,但仍然不免误字与脱文。由于

---

① 张四维《条麓堂集》,《续修四库全书》1351册,第576页。

② 黄洪宪《本朝立国规模纲目何如》有"尝庄诵《皇明皇明》"之语,收氏著《碧山学士集》卷二十一,《四库禁毁书丛刊》集部第30册,第473页。陆深有《奉训大夫尚书礼部精膳司署郎中唐君行状》,谓其友唐祯"尝借予《皇明政要》,手抄未毕而卒云"。《俨山集》卷七十八,《钦定四库全书》第1268册,第498页。

③ 如王宪《袭替犯堂疏》,收于黄训《名臣经济录》卷三十二,《钦定四库全书》第444册,第3页;屠侨《黜异端以隆圣治疏》,孙旬《皇明疏钞》卷十一,学生书局1986年版,第887页;谭希思《隐忧当杜忠言当纳恳乞采择疏》,吴亮《万历疏钞》卷二,《四库禁毁书丛刊》史部第58册,第158页。

南京图书馆藏的戴刻本多有渗墨之页,道致通行的《续修四库全书》影印本出现看似为正文,实为渗墨所透背页之文的现象。更需要注意的是,虽影印本于缺页处皆有注明,然尚存错页而未加标明者,如《续修四库全书》424 册第 61 页(卷九"审兴替第十七")。

基于以上原因,笔者建议重新整理此书。戴刻本曾据慎独斋本校改了许多刻误,但仍有上文提到的诸多问题,慎独斋本虽然有近四十处谬误,且有缺页,然品相为诸本中最佳,二者皆不可独立充当底本,当通校两本,择善而从。(据笔者所校,二者所缺之页皆可互相补充。)岳刻本在三本中属最下乘,但仍然具有参考价值:一、可补慎独斋本漶漫、缺页之处。如慎独斋本卷四:"太宗曰:'朕所用治天下者五经耳,道经何用?'□去之。"(第 291 页,下)□为阙文处,据岳刻本可补"斥"字。再如卷五:"对曰:'已举礼部侍郎仪智,然议尚□□。'"据岳刻本可补"未决"两字。故可以岳刻本为参校本。以上是笔者对《皇明政要》的整理意见,企望可以早日见其校本出版,以惠学人。

(作者简介:刘泰廷,南京大学文学院博士生。)

马寿龄及其《说文段注撰要》版本考述

李晓春

关于许慎及《说文解字》的整理和研究向被称为"许学"或"说文学"。自《说文》问世以来，虽唐五代以前对其重视程度不及后世，但相关研究一直未曾间断。清乾嘉时期是中国传统小学的黄金时代，《说文》研究至此蔚为大观，达到高潮。其间名人辈出，研究之作不绝如缕，令人眼花缭乱。据近代丁福保所著《说文解字诂林》一书的粗略统计，从清初到罗振玉、王国维为止，研究《说文》者共二百零三人，论著一百余种。后《说文解字研究文献集成》(作家出版社 2007 年)又补录 86 种。其中最著名者有段玉裁、桂馥、朱骏声、王筠四大家，而段玉裁则为当中翘楚。段氏所著《说文解字注》，被学术界公认研究《说文》最具权威者。王念孙在《说文解字注·序》中更誉之为"盖千七百年来无此作矣！"王筠则云："苟非段懋堂力辟榛芜，与许君心心相印，天下亦安知所谓《说文》哉！"二王的意思是段氏书前无古人，可以直追许慎之书，段氏可称得上许氏的功臣。故段注一经面世，即广受学者的推崇和重视，研究者众，清代马寿龄就是这研究大军中的一员，其研究成果即为《说文段注撰要》。

马寿龄是清代著名诗人、说文家。关于其一生行迹，现只存其大略，详情难考，材料少且不说，还比较零散，获取不易。今欲了解马氏，大致可通过以下四种渠道：一是《说文段注撰要》的前后《序》《跋》；二是相关史料、文献。如《清儒学案》《贩书偶记》《中国近代史资料丛刊》《中国近代史料学稿》及《近代中国史料丛刊》等；三是地方志。如《安徽通志》《(光绪)续纂江宁府志》《盋山志》《民国当涂县志》及《民国东台县志稿》等；四是辞典词条。如《四库大辞典》《安徽人物大辞典》《太平天国大辞典》等。尽管这些资料大多语焉不详，且有不少重复，甚至说法不一，但据此，仍可对其生平与著述有一个基本的了解。马寿龄(？—1870 年)字鹤船，安徽当涂人(怀宁后学马征麟在《撰要·序》中称其为"姑孰学博"，恐不确。马氏尝为山阳范以煦《淮壖小记》作序，尾署"当涂鹤船马寿龄"，可证)。侨居江宁。初以廪贡生试用训导，后升颍州教谕。道光二十八年(1848)就读江宁惜阴书院，受学于晚清思想家、散文家及小学家冯桂芬(著有《说文解字段注考证》和《说文解字均隶》)和被誉为清代"礼学三胡"之一的胡培翚(著有《仪礼正义》)，为其得意门生。马氏为人忠义孝烈，豪宕尚义气，面折人过，退无私毁。不喜与人酬酢，以诗文交友，四方从游者众。他博闻宏览，朴茂渊雅，倜傥有才气，所作诗文律赋"纵横荡泱，有万马蹴阵，同云蔽空之象,雄厚不可及也”①。曾作诗《三少年行》,一时争相传诵。咸同时期,淮扬、东台一隅集合大批文人以诗词相酬唱,形成淮海词人创作群体,马寿龄为其中坚。他汲汲于功名,却宦途不顺,一生潦倒,自谓“铁中铮铮一穷士”。马氏生平踪迹遍布南北,经历坎坷曲折,以诗名闻世,又以书生而践戎马之场。咸丰三年(1853 年),值太平天国起义,马寿龄出任清军江南大营文书,三年春,太平军攻克江宁,因其父年老,又有疝疾艰于行,城门把守益厉,故未得出城。期间“贼令草伪诏”,誓死不从,并以“千二百金募土豪”,谋为官军内应,结果事败被下之狱。咸丰四年夏,卒以计智免以出。后入主帅向荣幕府,为其所倚重,积军功保举为知县。马氏作为封建时代士大夫,受自身阶级局限,难免对清王朝怀有不切实际的幻想,对太平军抱有极大的阶级偏见,甚至仇视态度。故将其困居金陵城内一年多所亲历义军之事,撰为《金陵癸甲新乐府》50 首,痛诋其短;待其出城后,又目睹清军种种腐败及丑恶行径,幻想破灭,留下《金陵城外新乐府》30 首,对其进行无情揭露和批判。这两组共 80 首纪实诗,既具很高的文学性,又有重要的史料价值,为后代学者研究太平天国历史及中国近代史提供了非常宝贵的第一手资料。这些诗后被收入《怀青山馆集》(集中所录于其毕生创作不过吉光片羽尔)正式刊行。马氏曾先后主讲金陵钟山、镇平县青阳、东台县西溪三书院,以经史辞章教授生徒,尽心训迪,士论翕然。

马寿龄平生矻矻著述,卷帙甚富,这与其为学勤苦、“服习精敏”是分不开的。其于学广涉,所涉皆有所成。据现存《惜阴书舍课艺》记载,马氏在惜阴书院曾随冯桂芬习赋、诗、骚、策、序、颂、论、铭等多种文体,课业名列前茅,多有作品传世。工于诗文,“所为诗、古文、词直窥汉魏六朝之奥”,“精深华妙”(胡恩燮《撰要·跋》中语)。同治年间(1862—1874),参与纂修《安徽通志》,援古证今,尤称渊博。故乔松年在《撰要·序》中赞之“淹博宏通,文为士则”。马氏不仅文学一门为人称许,还“尤精小学”。他“夙究许学,服膺段氏”(见马征麟《撰要·序》),既私塾段玉裁,又承晚清说文家冯桂芬名师点拨,最终写成《说文段注撰要》一书。

《说文段注撰要》原名《读段札记》,刘恭甫为校遗稿付刊,因有感于其“书减于原注,而注中征引古谊,毕萃于是”(见胡氏《跋》语),故易之。书成未刊,马寿龄便已去世,其本人生前从未提及此书,因此,关于这部书及其小学成就也鲜为人知。与其“订忘年交”的胡恩燮亦“不知先生小学贯通,研穷段学若是深且密也”(同上),而马征麟也是在与其子(字阳宾,为廪贡,亦有文誉,诗与古文、辞为学政祁世长所赏识,同治末年校刊《安徽通志》)“相晤语”之后才“知其

① 蒋启勋、赵佑宸修,王士铎等纂《续纂江宁府志》,《中国地方志集成·江苏府县志辑》,江苏古籍出版社 1991 年版。

邃于许学,渊原有自”(见马征麟《序》)。

段注博大精深,卷帙浩繁,其体例散见于书中而不宜把握。马氏有感于“今学者读段氏书,鲜不望洋而叹者”,故对其“分条晰缕,提要钩元”[①],析其义类为九:一曰“误字”,二曰“讹音”,三曰“通用字”,四曰“《说文》所无字”,五曰“俗字”,六曰“假借字”,七曰“引经异字”,八曰“引经异句”,九曰“异解”,故成《说文段注撰要》九卷[②]。其主要特点有五:1.重新归类;2.高度概括;3.适度删削;4.博采众长;5.精心校勘[③]。乔松年说它“亦可为段氏之羽翼”(见《序》),胡恩燮评之“足为从事段学者示以津梁”(见《跋》),意谓此书可为初学《说文》和段注者,指点入学的门径。正是由于《撰要》具有这样重要的价值,所以获得同时代学者的高度评价,如马征麟在《撰要·序》中称许道:“得先生是编为之梯航,庶从事小学者乐其易易。由是以求六艺之精蕴,不惟小学借以亙畅,将经学因以昌明,岂特为功于段氏而已哉!”也就是说,段注如汪洋大海,不易掌握与应用,而《撰要》则汇总其精华,给初学者以导航作用。《撰要》虽无法与段注同日而语,甚至也不及其他段注研究论著名声大,但其于段注发凡起例,爬梳剔抉,不止为段氏的功臣,更对说文学的传承与弘扬,以及传统小学乃至经学的振兴和昌隆起到极大的助推作用。因此,安徽古籍办曾将其列为首批整理出版的重要工具书之一,足见对其重视程度。

《撰要》书成后,未能及时付梓,历经周折,始得于光绪九年(1883)付之剞劂。其间,胡恩燮、刘恭甫、张炳翔及马征麟甚有功焉。乔松年为该书作《序》是在马氏死后二年(1868),到最终得以刊印出版,前后绵延十数载(其出版过程等可详参拙作《淹博宏通,文为士则》一文,此不赘述)。自《撰要》问世后,曾先后入选《清史稿》《续修四库全书总目提要》《许学丛书》等书中。百余年来关注未断,不时被论及,已取得一定的研究成果,但论述文字多限于一般评介性质,尚缺乏专门、系统的研究。目前所知,新中国成立后,较早关注此书并加大力推介者主要有胡朴安、周祖谟等人。进入上世纪80年代,研究者渐多,如张其昀、赵丽明等人都分别在其论著中提及此书。此外,刘长桂和武芳等也曾发专文探讨,但对于该书的专书整理工作还未见有人着手。《撰要》迄今无标点,极不便研习与推广;而且旧式印刷,颇多讹误,亟待整理研究。

《撰要》写成后,先由马氏之子阳宾(也作“旸宾”)于清同治甲戌年(1874)刊刻行世,是为家刻本,以为家塾课读,然传习不广。而最早正式公开发行本则

① 徐世昌等编纂,沈芝盈、梁运华点校《清儒学案》第四册,中华书局2008年版,第3683页。

② 李晓春《淹博宏通 文为士则——马寿龄及其〈说文段注撰要〉说略》,《淮北师范大学学报》2012年第5期。

③ 刘长桂《马寿龄及其〈说文段注撰要〉述略》,《古籍研究》1987年第2期。

为"光绪九年仲春之月金陵胡氏愚园开雕",即胡恩燮于1883年为之刊行的本子,共九卷四册,16行17字小字双行,上下分栏,但此本缺总目录。其后依次有:

1.清光绪十一年(1885)刻本,九卷六册,9行20字小字双行,长洲张炳翔仪鄦庐辑《许学丛书》。

2.清光绪十六年(1890)石印本,九卷四册,16行17字小字双行,上下分栏。

3.王云五主编《丛书集成初编》(影印本)(五册)上海商务印书馆1936年版。

4.王云五主编《丛书集成初编》(影印本)(五册)中华书局1985年版。

以上数种版本中,金陵胡氏主持开雕本虽为早出,然印行既少且多夺讹,概因马氏原稿非清本而校又不审所致。长洲张氏刻本于初校时,对其讹误处曾略为补正,后因夺误错乱甚多,又未见原本,"臆为添改,恐反失真,因仍其旧"(见《跋》)。至于《丛书集成初编》本因较为晚出,故在汲取前者校勘成果的基础上,又对原本一些明显的错误做了必要的修正,是目前较为通行的一个本子;然勘对段注原书,仍有不少讹夺。其中八十年代版丛书本较为易得,颇便使用。

(作者简介:李晓春,学士,淮北师范大学文学院副教授)

〔项目:本文为2016年度安徽省高校人文社科研究重点项目(SK2016A0804)"马寿龄《说文段注撰要》校点及相关问题研究"阶段性成果。〕

宋濂集外诗文辑释

蓝 青

宋濂(1310—1381),初名寿,后更名濂,字景濂,号潜溪、龙门子、无念居士、金华居士,谥文宪,浦江(今浙江金华)人,元末明初著名的思想家、政治家和文学家,被誉为明代“开国文臣之首”。宋濂一生交游广泛,创作宏富。1999年,浙江古籍出版社出版了罗月霞先生主编的《宋濂全集》(全4册)[①],该书广搜宋濂作品,整理校点,成为研究宋濂及浙东文学的必备参考文献。近年来,又有学者陆续发现了宋濂的一些佚作,如陈葛满《宋濂佚文》[②]、颜建华《〈宋濂全集〉、〈刘基集〉集外文补辑》[③],为宋濂研究提供了新的资料。2014年,人民文学出版社出版了黄灵庚先生主编的《宋濂全集》(全5册)[④],该书较此前版本新增佚诗文626篇,成为迄今为止收录宋濂作品最为完备的集子。然而,宋濂交游广泛,所作题赠诗文甚多,辑佚殊为不易,偶有遗珠之憾,实属难免。笔者近来觅得宋濂佚文4篇、佚诗2首,这些作品均未被《宋濂全集》及有关宋濂辑佚之作收录。故抄录标点如下,略加考释,以供学者参考。

(一)《〈刘崇明诗集〉序》

诗何物也?人声之精者、为言之精者、为文之精者为诗。情发于声,三进而至于诗,易言乎哉?而其为体又不一。随世而变者,风气之所移;随人而异者,才品之所囿。今有人焉,情性之所形,感遇之所触,动发于诗。自騷乐府,下至近体,自苏、李、陶、谢,下杜、黄、陈,通风气于一时,合才品于一己,慷慨激烈,温厚婉娈,无所不有,不由其学所成者乎?崇明州牧刘侯伯序二稿是也。敬诵终日,不能释手。而侯自礼局之官所,索去甚急,故书其卷末,以识爱慕之意云。

洪武元年春翰林侍讲学士中顺大夫知制诰同修国史兼太子赞善大夫金华宋濂撰。

---

① 宋濂著、罗月霞主编《宋濂全集》(全四册),浙江古籍出版社1999年。

② 陈葛满《宋濂佚文》,《宋濂漫论:外二种》,中国文史出版社2010年版,第136—142页。

③ 颜建华《〈宋濂全集〉、〈刘基集〉集外文补辑》,吕立汉、李飞林主编《刘基文化论丛(3)》,延边大学出版社2012年版,第338—343页。

④ 宋濂著、黄灵庚编辑校点《宋濂全集》(全五册),人民文学出版社2014年版。

按:此序作于洪武元年(1368),见刘秩《听雪篷诗集》卷首,明洪武二十年(1387)王仲本刻本,国家图书馆藏。卷首除宋濂序外,尚有董彝、胡行简、朱善之序。

刘秩,字伯序,号观海翁,江西丰城人。早年师从李行简学《春秋》,屡试不第,遂"移其绪于学诗"①。吴元年(1367)投朱元璋,授典签,寻命检阅经史,出为徐州同知。洪武初,升崇明知州,奏免租课,民立祠祀之。未几,以诬被谪。事白后弃官归家,愈肆力于诗,"其诗道益昌,其声名之流于人益远"②,著有《听雪篷诗集》7卷。董彝序其诗集曰:"其旨平实而不过雕刻,其言婉丽而不失之跌宕。必尚其体,必归于正,不以事窒,不为俗迁"③。朱善评其诗曰:"律如唐选,如魏乐府,如张籍、王建;歌行如李白、杜甫。或短章清婉,或大篇春容,体无不备,音无不谐,信江右士林之翘楚也"④。

(二)《〈草阁李先生诗集〉序》

诗之体制虽始于《三百篇》,历代作者递加缘饰,至李唐而后大备。其五、七言律及绝句,既前此所未有;古风歌行、乐府诸作,往往上过建安黄初。盖诗道之盛,至是斯极矣。当是时也,惟杜子美、李太白为冠绝古今,虽以韩子之才,而犹称二公之文光焰万丈,则其非人所及,可知矣。自是以来,能诗之士代不乏人,终其莫能追踪李杜。其间有能悉心探索、竭志模拟者,则亦各自名家,流传不泯。盖二公之天才力学,所以自得之妙固未易深契,然其律吕可按矩度可寻,故学之者真积力久,未有不自成以至可传者也。钱唐李君宗表善为诗,精熟清新,气雄而辞畅,一出李、杜二家机轴。其友天台徐一夔常称其缘情括事,机动籁鸣,无穷搜苦索之态,而语皆天出,不烦刻雕,不渝盛唐之家法。识者以为的论。君初居钱唐,少从进士永嘉郑公僖学。僖可其才,以女妻之。学成,结草阁,居北关门外,若将老焉。后避兵金华,翱翔东阳、永康二邑间。有司常举上考功,奏补国子助教,未几以病免,卜筑永康,开门授徒,与其邑之人士咏觞酬倡以相乐。其殁也,胡伯弘既葬之魁山之下,而其子辕又以琼州宜伦县丞殁于官,君之诗犹是多散佚。徐孟玑与伯弘及其友生陈公明相与裒辑,得古今诗四百余篇,唐仲暹编为七卷,将锲诸木以传,而征余为序。余既喜公之诗,又多诸友之义,故书此以见。君之诗得其师法而用力非浅,信有可传者焉。君名晔,宗

① 董彝《刘崇明诗集序》,刘秩《听雪篷诗集》卷首,国家图书馆藏明洪武二十年王仲本刻本。
② 朱善《刘崇明诗集序》,刘秩《听雪篷诗集》卷首,国家图书馆藏明洪武二十年王仲本刻本。
③ 董彝《刘崇明诗集序》,刘秩《听雪篷诗集》卷首,国家图书馆藏明洪武二十年王仲本刻本。
④ 朱善《刘崇明诗集序》,刘秩《听雪篷诗集》卷首,国家图书馆藏明洪武二十年王仲本刻本。

表其字，学者称为草阁先生。辕，字公载，为诗能继其家，不幸早死，士林惜之。

楚府长史致仕金华宋濂序。

按：此序录自李晔《李草阁诗集》卷首，清抄本，国家图书馆藏。据徐一夔《国子助教李君墓志铭》，李晔卒于洪武十四年（1381）二月三日。据郑楷《翰林学士承旨宋公墓志》及朱兴悌、戴殿江《宋文宪公年谱》，宋濂卒于洪武十四年（1381）五月二十日。通过序中“胡伯弘既葬之魁山之下，而其子辕又以琼州宜伦县丞殁于官”，可推出此文当作于洪武十四年二月至五月间。

李晔（1314—1381），一名昱，字宗表，号草阁，钱塘（今浙江杭州）人。少从郑僖学，僖奇其才，以女妻之。乡试不售，遂筑草阁于北关门外，取未读之书尽读之，“有毅然直追古人之意”①。元末避乱金华，往来东阳、永康两邑间。明洪武间，以荐授国子监助教，不久以病免归，卜居于永康，讲学授徒，“与诸诗人唱酬为乐，略不以贫窭介意”②。李晔酷嗜诗歌，“隆寒盛暑，卷不去手”③，著有《草阁诗集》6卷、《草阁文集》1卷。苏伯衡称其诗曰：“草阁诗多合乎《三百篇》，格律与李、杜不远。”④清代四库馆臣评其诗曰：“古体长篇大抵清刚隽上，矫矫不群；近体亦卓荦无凡语。虽为高、杨、张、徐诸人盛名所掩，实则并驾中原，未定孰居先后也。”⑤李辕，字公载，号筠谷，钱塘人，李晔长子。明初，官琼州宜伦县丞。有诗名，能继其家学。不幸早卒，为士林所惜。著有《筠谷诗集》1卷，附载于其父《草阁诗集》之后，诗风与其父相近。

（三）《题〈太玄本旨〉卷首》

易之为道，与天地准。而扬雄氏作玄以拟易之，何哉？玄固失矣。而司马光氏作虚以拟玄，又何哉？夫易数生于一，玄之数则主于三，虚之数则主于五。吾闻一者为万化之宗矣，未闻三之与五可以总夫万化也。好异之弊，其一至于此乎？虽然，司马氏未易訾也。其气体性名行命之说，实发前人之所未发，而况于玄乎？玄之覃思浑天，举摹而四分之，极于八十一，旁

① 徐一夔《始丰稿》卷十二，《文渊阁四库全书》集部第一六八册，台湾商务印书馆1986年版，第346页。

② 过庭训《本朝分省人物考》卷五二，《续修四库全书》第五三四册，上海古籍出版社1996年版，第428页。

③ 徐一夔《始丰稿》卷十二，《文渊阁四库全书》集部第一六八册，台湾商务印书馆1986年版，第347页。

④ 朱彝尊辑录《明诗综》第二册，中华书局2007年版，第527页。

⑤ 永瑢等《四库全书总目》下册，中华书局1965年版，第1475页。

及三摹九据,极于七百二十九赞,亦自然之道也,其不合于易者盖寡矣。区区末学,又安敢至品评于其间哉。栝苍叶君世杰博学而多闻,近著《太玄本旨》凡九卷,其晦者显之,其涩者通之,其讹者证之,其有悖于易者序以辩之,可谓扬雄氏之忠臣也。一日见予于金陵,且请题其卷首,会临史事严,不遑细议,姑略摭所见而并及于潜虚之学者。如此,世杰其在所取乎?在所弃乎?予皆不得而知之也。

洪武二年夏六月十有六日前起居注金华宋濂谨题。

按:此文作于洪武二年(1369),见叶子奇《太玄本旨》卷首,正德九年(1514)刘斐刻本,国家图书馆藏。卷首除宋濂序外,尚有盛景季之序及叶子奇自序。

叶子奇,一名琦,字世杰,号静斋,又号草木子,浙江龙泉人,元末明初著名学者。少颖悟,专心学问,师从里人王毅,受“理一分殊”之旨。元至正十年(1350)署县事。元末乱世,隐居龙泉槎溪著书立说。洪武初参加廷试,授巴陵县主簿。洪武十一年(1378),因他事被株连下狱,狱中“以瓦研墨,遇有所得即书之”[①]。事释家居,著书不辍。著有《太玄本旨》9卷、《草木子》4卷、《静斋文集》20卷、《静斋诗集》16卷等。叶子奇学问淹贯,博古通今,凡天文、地理、岁闰、音律之书无不涉猎,且多有造诣。林有麟称其:“词简而理当,旨玄而味隽。”[②]苏遇龙评其:“说理透宗,多发先儒未发之精蕴。”[③]

(四)《丹崖先生画像赞》

中若无所蕴,而泛滥停滀者不可测;言若不能文,而怪怪奇奇者不可穷。置之山林,则众惜其偃蹇;置之朝著,则世幸其显融。而斯人者,未尝不随而从容也。

按:此文录自唐肃《丹崖集》附录,明祁氏淡生堂抄本,上海图书馆藏。

唐肃(1331—1374),字处敬,号丹崖居士,山阴(今浙江绍兴)人。元至正二十二年(1362)举人,授杭州路皇冈书院山长,后改授嘉兴路儒学正。明洪武三年(1370),以近臣荐召修礼乐书,擢应奉翰林文字,以失朝罢归,再召入乃谪佃临濠。洪武七年(1374)卒于谪所。唐肃少与上虞谢肃齐名,时称“会稽二肃”。寓居吴县时,与高启、徐贲、张羽等称“北郭十友”。唐肃“生有异质,敏而克

① 叶子奇《草木子自序》,《草木子》卷首,中华书局1959年版,第5页。
② 林有麟《草木子序》,叶子奇《草木子》附录,中华书局1959年版,第96页。
③ 苏遇龙《草木子序》,叶子奇《草木子》附录,中华书局1959年版,第97页。

勤”,喜博极群书,“兼通诸经,旁及子史,阴阳、医卜、书数之学,无不研究”[①],著有《丹崖集》8卷。申屠衡序其文曰:“放言高论,驰骋上下,感事触物,一见乎辞。如风樯阵马,快意适情,冒风涛,历坡坂,极其所诣而卒趣于安流坦道而后已。”[②]苏伯衡称其:“为古文简洁而雅奥,律诗步骤盛唐,乐府古诗浸淫汉魏,场屋之文,特其余事。”[③]宋濂与唐肃曾同任职翰林院,“朝夕同论文甚欢”,宋濂自称“爱玩处敬之文日不释手”[④],尝为唐肃诗文集作序,对其文章推崇备至。

(五)《题青山白云图》

失脚红尘岁几经,抱琴行处梦初醒。
白云似解高人意,放出危峦朵朵青。

按:此诗录自张丁《白石山房逸稿》附录,笔者所见为《四库全书存目丛书》影印南京图书馆藏清乾隆十四年(1749)承启堂刻本[⑤]。附录除此诗外,尚存有宋濂《张孟兼字辞》《修元史目录记》《送部使者张君之官山西宪府序》《跋张孟兼文稿序》《衢州刺使怀仁先生墓碑铭》《元故一乡善士张府君墓铭》《叶夫人墓碣铭》,均为《宋濂全集》收录。

张丁(1338—1377),字孟兼,以字行,浙江浦江人。元末筑书斋于白石山中,放情泉石,肆志烟霞。洪武初,征为国子监学录,参与编修《元史》。历任礼部主事、太常司丞,出为山西按察司佥事,迁山东按察司副使。张丁为官“廉劲疾恶”[⑥],以执法不阿,为吴印所诬讦,被逮至南京弃市。张丁与刘基、高启、杨基、贝琼等人多有往来,著有《白石山房文稿》20卷。张以瑨评其诗文曰:“发为文词,古秀雄杰,雷霆走其精锐,风云同其变化。即其平易似不经意之处,皆非浅人可到。”[⑦]张德行序其集曰:“联吟草堂诸什,沉博大类昌黎;阅所传记,简严又似王介甫,而清刚过焉。”[⑧]明太祖尝与刘基论一时文人,刘基称宋濂为第一,己居其次,又其次即张丁。张丁与宋濂为同里,曾共师闻人梦吉。二人交谊甚

---

① 苏伯衡《苏平仲集》卷十二,《四部丛刊正编》第七二册,台湾商务印书馆1979年版,第154页。

② 申屠衡《息未稿序》,唐肃《丹崖集》卷首,上海图书馆藏明祁氏淡生堂抄本。

③ 苏伯衡《翰林应奉唐君墓志铭》,《苏平仲集》卷十二,《四部丛刊正编》第72册,台湾商务印书馆1979年版,第154页。

④ 宋濂《宋学士文集》卷七,《四部丛刊正编》第七一册,台湾商务印书馆1979年版,第72页。

⑤ 张丁《白石山房逸稿》,《四库全书存目丛书》集部第二六册,齐鲁书社1997年版。

⑥ 方孝孺著,徐光大点校《方孝孺集》下册,浙江古籍出版社2013年版,第796页。

⑦ 张以瑨《白石山房遗集序》,张丁《白石山房逸稿》卷首,《四库全书存目丛书》集部第二六册,齐鲁书社1997年版,第160页。

⑧ 张德行《孟兼先生遗文序》,张丁《白石山房逸稿》卷首,《四库全书存目丛书》集部第二六册,齐鲁书社1997年版,第165页。

厚,时常相聚谈诗,如洪武五年(1372)秋,宋濂、宋璲父子与张丁等人于成均“秉烛对坐”①,品茗联句为乐。

(六)《访天竺竺隐法师》

存翁古禅伯,尔我久忘形。
一笑空前梦,千秋悟独惺。
楼虚云自入,月白露先零。
扰扰炎途客,谁能为解酲。

按:此诗录自释广宾纂《杭州上天竺讲寺志》卷 14,笔者所见为《四库全书存目丛书》影印上海图书馆藏清顺治刻康熙增修本。该书卷 9 尚存有宋濂《东溟日法师塔铭》,已为《宋濂全集》收录,题名《上天竺慈光妙应普济大师东溟日公碑铭》。

释弘道(1315—1392),俗姓沈,法名弘道,字存翁,号竺隐,吴江人。少颖悟,“日记千言”②。见人诵《法华经》,过耳成诵。宿根所种,慧解日生,遂舍俗出家青墩之密印寺。洪武九年(1376)主持杭州上天竺寺,注释《楞伽经》。后与释楚石同被召入京,任僧录司左善世。洪武二十四年(1391)告老还乡,未几跏趺而逝。著有《竺隐诗文集》。徐象梅称其:“目无不见之书,淹贯既极,郁为菁华,下笔作文,新警弘深,居然作者。诗尤清丽,无酸馅气。”③

〔作者简介:蓝青,1988 年生,女,山东济南人,文学博士,中山大学中文系(珠海)副研究员,研究方向:明清文学。〕

① 宋濂《宋学士文集》卷十六,《四部丛刊正编》第七一册,台湾商务印书馆 1979 年版,第 144 页。

② 潘柽章《松陵文献》卷十一,《北京图书馆古籍珍本丛刊》第十九册,书目文献出版社 1995 年版,第 698 页。

③ 徐象梅《两浙名贤录》外录卷八,《续修四库全书》第五四四册,上海古籍出版社 2002 年版,第 360 页。

《入蜀记》称引唐诗考论

谭子玮 徐慧颖

陆游，字务观，号放翁，南宋著名的诗人。陆游一生笔耕不辍，创作诗歌近万首，与尤袤、杨万里、范成大并称“南宋四大家”。除了诗词，陆游的散文创作成就也很高，有《渭南文集》五十卷传世，其中包含《入蜀记》六卷。《入蜀记》是我国古代首部长篇游记，它以日记的形式，记录了陆游自山阴（今绍兴）赴任夔州（今天重庆奉节）通判五个多月行程经历，内容比较复杂，有对自然风光、名胜古迹的描绘和鉴赏，也包含着史事杂录、辩证考据、诗文评论等，行文夹叙夹议，语句自然流畅。

值得一提的是，陆游在写《入蜀记》的过程中，称引了前代许多诗文，或抒发感慨，或印证史实，或借以叙事，不仅彰显了深厚的文化底蕴，也增加了作品艺术表现力。《入蜀记》所称引内容多出自唐宋诗词，而其中对唐诗的称引尤多，这充分说明唐诗对宋人创作的深远影响，值得我们加以关注。

以下将对《入蜀记》中引用唐诗的情况进行梳理并做一定的分析。

一

从文本功能来讲，《入蜀记》称引唐诗一般有即景忆诗、借诗抒情、文献考证及地理考辨四类，这四类称引都是直接引用原句，与上下文错综成篇。

1.即景忆诗

游览之时由眼前景物而忆起往昔与之相关的诗词则为“即景忆诗”，这一类诗歌引用在《入蜀记》整篇中占比很大。陆游本出生于江南藏书世家，博览群书，所以在写作过程中诗词、典故可信手拈来。

①李白《登瓦官阁》：“钟山对北户，淮水入南荣。”（卷三）[①]

诗人登临金陵城西崇胜戒坛寺，看见秦淮河浩浩荡荡从寺旁流过，不禁联想起数百年前李白对寺中巍峨的瓦官阁的描写，古今对比，地势依旧，而人事多变迁，遂不胜感慨。

---

① 蒋方《入蜀记校注》卷二，湖北人民出版社 2005 年版，第 68 页。按：本文所引《入蜀记》文字如不另加说明，均据此本，仅标卷数，不一一交代页码。

②刘禹锡《历阳书事七十韵》:“望夫人化石,梦帝日环营。”(卷三)

诗人途经历阳,联想起刘梦得曾于此地任职并借咏望夫石寄托哀思。此时的陆游仕途失意,为养家之计,拖着病弱之体千里跋涉,其心境与刘氏可谓异代同调。

③李白《铜官山醉后绝句》:“我爱铜官乐,千年未拟还。”(卷三)

诗人到达繁昌县,在与游龙寺的老道人交谈后,听僧言隔港便是铜陵界,望见“远山崭然”,不觉感叹李白于数百年前对铜官山的宏大描绘,至今仍觉壮观天地间,令人流连忘返。生性豪纵的陆游,对李白“千年未拟还”极度夸张的情感表达产生了强烈的共鸣,但“恨不一到”,不免遗憾。

2.借诗抒情

陆游在入蜀途中,因远离故居、贬谪之遭,内心感悟颇多,引用前人诗歌来抒情在《入蜀记》中屡屡可见。

①张继《枫桥夜泊》:“夜半钟声到客船。”(卷一)

陆游到达平江(今苏州)枫桥寺后,以唐人张继之诗谓心中隐忧。这种情感与其曾抒怀的《剑南诗稿》卷二《宿枫桥》如出一辙:“七年不到枫桥寺,客枕依然半夜钟。风月未须轻感慨,巴山此去尚千重。”[①]看似仕途较之前段时间有所好转,实则依然壮志难酬。诗中所谓“风月未须轻感慨”者,恰是心中感慨至深的表现。整首诗看起来闲散,读来却能隐隐感受到不平之气,亦体现思乡之情。

②李白《出妓金陵子呈卢六四首》:“南国新丰酒,东山小妓歌。”(卷一)

陆游于立秋日过丹徒新丰镇,借李白之诗说明此新丰非彼(长安)之新丰,但同样有好酒,只是“对君君不乐,花月奈愁何”[②],难免有悲秋之意。

③李白《登金陵凤凰台》:“三山半落青天外,二水中分白鹭洲。”(卷二)

李白曾在金陵(今南京)凤凰台留下一篇登临怀古之名作,而诗人游历时“已废为大军甲仗库”,器物的更替让诗人发出对时代无常变化的感叹。

④杜甫《次空灵岸》:“幸有舟楫迟,得尽所历妙。”(卷三)

陆游在蜀途中有内心忧虑的叹息,也有对沿途风光的喜爱惊叹。深秋之烽火矶的“怪奇万状”“色泽莹润”也让诗人忆起杜甫所描绘的“沄沄逆素浪,落落展清眺”之境[③]。

---

① 钱仲联《剑南诗稿校注》卷二,上海古籍出版社1985年版,第137页。

② 李白《出妓金陵子呈卢六》,见王琦注《李太白全集》卷二十五,中华书局1977年版,第1197页。

③ 杜甫《次空灵岸》,见仇兆鳌注《杜诗详注》卷二十二,中华书局1979年版,第1964页。

3.文献考证

陆游于入蜀途中，除吟诗抒情外，也有引用诗词对前人诗歌的来历、内容进行考证和校勘等。这一引诗方式在整篇中也较为常见，例如：

①《姑熟十咏》（卷二）[①]

《姑熟十咏》咏颂了姑孰县境内姑孰溪、丹阳湖、谢公宅、凌歊台、桓公井、慈姥竹、望夫山、牛渚矶、灵墟山和天门山，共十个代表性景观，一般认为是李白之作，但也有质疑者。如《苕溪渔隐丛话》卷五中即有此语："东坡云：'余尝舟次姑孰堂下，读《姑孰十咏》，怪其语浅近，不类太白。王平甫云：'此李赤诗也。赤见柳子厚集，自比李白，故名赤，后为厕鬼所惑以死。今观其诗止此，而以太白自比，则其人心疾久矣，岂厕鬼之罪也。'苕溪渔隐曰：'东坡此语，盖有所讥而云。'"[②]陆游显然是认同苏轼的观点。

②《湖阴曲》（卷三）

陆游认为该诗的作者"飞卿盖误读也"（卷三），并引用宋人张耒之观点："晋王敦反，屯于湖阴，帝微行至其营，故乐府有《湖阴曲》。按《晋书·地志》有于湖无湖阴，《本纪》云敦反，屯于湖。予顷游芜湖，问父老湖阴所在，皆莫知之也。然则帝至于湖，当为断句，乃作《于湖曲》以遗之，使正其是非云。"（《于湖曲》序[③]）例证唐人温庭筠所作《湖阴曲》中"湖阴"应为"于湖"。

③韩愈《除官赴阙至江州寄鄂岳李大夫》（卷四）

诗人在从江州至武昌的路上，"溯流，虽日得便风，亦须三四日"（卷四），而当联想到韩愈所作的"盆城去鄂渚，风便一日耳"一句，陆游则认为其"未尝行此路也"，因为明显与实际不符。"纸上得来终觉浅，绝知此事要躬行。"这正是陆游所一贯倡导的亲身实践之学风。

4.地理考辨

陆游自闰五月十八日晚从山阴动身，搭船由运河、长江水路行进，经今浙、苏、皖、赣、鄂、渝六省市，经历一百六十日，于十月二十七日早晨到达夔州。既为学识广博之士，陆游对所到之处的一些地理地形、人文渊源等也通过引用前人诗文进行了一定考辨。例如：

①"白狗到黄牛，滩如竹节稠。"（卷一）

"言自峡州以西，滩不可胜计。"诗人在到达镇江后的第三日，与友人相见闲

---

① 《姑熟十咏》现一般作《姑孰十咏》。

② 王仲闻点校《诗人玉屑》卷十四，中华书局2007年版，第424页。

③ 张耒《柯山集》卷三，商务印书馆《丛书集成初编》本，第25页。

语时联想起唐人白居易《发白狗峡次黄牛峡登高寺却望忠州》之诗句,恰与其友人之说相符,从而佐证了该地地形之特色。

②“芦苇晚风起,秋江鳞甲生。”(卷二)

至采石镇之际,诗人咏出刘禹锡之《晚泊牛渚》,“江面比瓜洲为狭”,“然微风辄浪作不可行”,恰与“芦苇晚风起,秋江鳞甲生”之句吻合。

③“万里南迁夜郎国,三年归及长风沙。”(卷三)

诗人过长风沙时,忆起李白《江上赠窦长史》、梅尧臣的《送方进士游庐山》等诗,与诗人当时的“行舟之利”并不相同,诗人对长风沙、罗刹石的历史进行了梳理,认为史载“旧最号湍险”“疏支流十里以避之”等与其所提到的诗歌皆是吻合的,于此详细地解说了长风沙及罗刹石的演变历程。

④“楚水清若空”(卷五)

诗人离开鄂州路上,看见沿途船行处“水色澄澈可鉴”,于是自然地咏出李白《江夏别宋之悌》“楚水清若空”,佐证了楚地水质清澈透亮的特色。

此外作者还有以下诗句对所涉及地理进行了一定分析,这些诗句基本上来自李白的作品。如:“维舟至长芦,目送烟云高。”(《送当涂赵少府赴长芦》)“两岸青山相对出,孤帆一片日边来。”(《望天门山》)“秋浦长似秋,萧条使人愁。”(《秋浦歌》)“两鬓入秋浦,一朝飒已衰。猿声催白鬓,长短尽成丝。”(《秋浦歌》)“早晚下三巴,预将书报家。相迎不道远,直到长风沙。”(《长干行》)“巉绝称人意”(《江上望皖公山》)“万舸此中来,连帆过扬州。”(李白《经乱离后天恩流夜郎忆旧游书怀赠江夏韦太守良宰》)“谁道此水广,狭如一匹练。江夏黄鹤楼,青山汉阳县。大语犹可闻,故人难可见。”(《江夏寄汉阳辅录事》)“颇闻列仙人,于此学飞术。一朝向蓬海,千载空石室。”(《望黄鹤楼》)“山随平野尽,江入大荒流。”(《渡荆门送别》),只有一句源自杜甫《夔州歌》“长年三老长歌里,白昼摊钱高浪中”。在南宋初期江西诗派影响尚在及文人普遍崇杜的社会背景之下,陆游似乎有意无意间忽略杜甫的相关作品,反而对李白作品青睐有加,个中原因很值得人深思。

二

从称引的形式来看,《入蜀记》所引唐诗基本上都是双句(或一联),单句及三句以上较少,也有点到为止,只提诗集名或篇名而不称引具体诗句的。

1.称引唐诗两句(或一联),在文中有以下诗句:

“南国新丰酒,东山小妓歌。”(李白《出妓金陵子呈卢六四首》,卷一)

“再入新丰市，犹闻旧酒香。”（陈存《丹阳作》[①]，卷二）

“白狗到黄牛，滩如竹节稠。”（白居易《发白狗峡次黄牛峡登高寺却望忠州》，卷一）

“维舟至长芦，目送烟云高。”（李白《送当涂赵少府赴长芦》，卷二）

“三山半落青天外，二水中分白鹭洲。”（李白《登金陵凤凰台》，卷二）

“钟山对北户，淮水入南荣。”（李白《登瓦官阁》，卷三）

“一风三日吹倒山，白浪高于瓦官阁。”（李白《横江词》，卷二）

“芦苇晚风起，秋江鳞甲生。”（刘禹锡《晚泊牛渚》，卷二）

“两岸青山相对出，孤帆一片日边来。”（李白《望天门山》，卷三）

“望夫人化石，梦帝日环营。”（刘禹锡《历阳书事七十韵》，卷三）

“我爱铜官乐，千年未拟还。”（李白《铜官山醉后绝句》，卷三）

“秋浦长似秋，萧条使人愁。”（李白《秋浦歌》，卷三）

“万里南迁夜郎国，三年归及长风沙。”（李白《江上赠窦长史》，卷三）

“幸有舟楫迟，得尽所历妙。”（杜甫《次空灵岸》，卷三）

“浔阳欲到思无穷，庾亮楼南湓口东。”（白居易《初到江州》，卷三）

“庾亮镇浔阳，经始此楼。”（张芸叟《南迁录》，卷三）

“西塞当中路，南风欲进船。”（李白《送弟之江东》，卷四）

“平生睡足处，云梦泽南州。”（杜牧《忆齐安郡》，卷四）

“烈火张天照云海，周瑜于此败曹公。”（李白《咏赤壁》，卷四）

“万舸此中来，连帆过扬州。”（李白《经乱离后天恩流夜郎忆旧游书怀赠江夏韦太守良宰》，卷四）

“盆城去鄂渚，风便一日耳。”（韩愈《除官赴阙至江州寄鄂岳李大夫》，卷四）

“孤帆远映碧山尽，唯见长江天际流。”（李白《送孟浩然》，卷五）

“至今芳洲上，兰蕙不忍生。”（李白《望鹦鹉洲悲祢衡》，卷五）

“长年三老长歌里，白昼摊钱高浪中。”（杜甫《夔州歌》，卷五）

“山随平野尽，江入大荒流。”（李白《渡荆门送别》，卷五）

“地旷吕蒙营，江深刘备城。”（杜甫《泊公安》，卷五）

“水烟通径草，秋露接园葵。”（杜甫《移居公安敬赠卫大郎》，卷五）

“沙村白雪仍含冻，江县红梅已放春。”（杜甫《留别公安太易沙门》，卷五）

“买薪犹白帝，鸣橹已沙头。”（杜甫《送王十六判官》，卷五）

“沙头樯干上，始见春江阔。”（刘禹锡《荆州歌二首》，卷五）

---

① 此句作者有争议，一说为朱彬所作。

“巴人泪应猿声落,蜀客船从鸟道回。”(刘禹锡《松滋渡望峡中》,卷五)

称引唐诗一联在文中最为常见,据统计,一共出现了31次。其中以称引李白、杜甫的诗句居多。以即景生情为多。从中可以看出,陆游的人生经验十分丰富,每过一处就有自身独特的体验,加以修饰加工成文或者用前人诗句表达,不仅可以精确表达自身情感,同时可以增添文章韵味。如李白《秋浦歌》:“秋浦长似秋,萧条使人愁。”这句诗是陆游到池州时,想到李太白往来江东,在此州所赋尤多而想起的。“《秋浦歌》云:‘秋浦长似秋,萧条使人愁。’又曰:‘两鬓入秋浦,一朝飒已衰。猿声催白鬓,长短尽成丝。’则池州之风物可见矣。”陆游称引李白此句,不仅让读者自然联想到诗句所表达的意境,也能更好将池州风物展现出来。引诗及情,文章韵味得以增添。

2.称引唐诗四句及以上,这种称引在文中较为少见,都是李白的作品,主要有以下几处:

“两鬓入秋浦,一朝飒已衰。猿声催白鬓,长短尽成丝。”(《秋浦歌》,卷三)

“早晚下三巴,预将书报家。相迎不道远,直到长风沙。”(《长干行》,卷三)

“谁道此水广,狭如一匹练。江夏黄鹤楼,青山汉阳县。大语犹可闻,故人难可见。”(《江夏寄汉阳辅录事》,卷五)

“颇闻列仙人,于此学飞术。一朝向蓬海,千载空石室。”(《望黄鹤楼》,卷五)

“三朝上黄牛,三暮行太迟。三朝又三暮,不觉鬓成丝。”(《上三峡》,卷六)

这五处称引在文中多为地理考辨,也有就着眼前景色回忆起诗句的称引。我们知道,陆游有“小李白”的美誉,他胸怀壮志,却因时乖命蹇,志向难以实现。于是,他常借幻境、梦境表达现实生活中无法实现的壮志豪情。放翁之诗,诗风豪健,字词间雄壮广阔、流程爽朗,这与李白的飘逸奔放有着相似之处。从文中的屡屡称引,可见陆游对李白诗句的熟悉至深及对其诗风的推崇,究其原因,不仅因其个性气质与李白相吻合,更因为他们二人有相似的人生经历。

3.称引唐诗一句:

“半夜钟声到客船。”(张继《枫桥夜泊》,卷一)

“巉绝称人意。”(李白《江上望皖公山》,卷三)

“开帆入天镜。”(李白《下寻阳城泛彭蠡寄黄判官》,卷三)

“浔阳紫极宫。”(李白《浔阳紫极宫感秋作》,卷三)

“殿脚插入赤沙湖。”(杜甫《岳麓道林二寺行》,卷四)

“西塞山前白鹭飞。”(张志和《渔歌子》,卷四)

“头陀云外多僧气。”(李白《江夏赠韦南陵》,卷四)

“楚水清若空。”(李白《江夏别宋之悌》,卷五)

"数月憩息此县。"(杜甫《晓发公安》,卷五)

"江色绿且明。"(李白《荆门浮舟望蜀江》,卷五)

"白帝夔州各异城。"(杜甫《夔州歌》,卷六)

这种称引在文中一共有11处。"半夜钟声到客船",今一般作"夜半钟声到客船",可看作适当变换字序。"巉绝称人意",出自李白的《江上望皖公山》,陆游在文中说,"巉绝"二字,不刊之妙也。陆游曾著《南唐书》,对南唐史事熟悉至深,临此地而忆其史,想到南唐李璟畏逼迁都之事,感叹其国势衰微,顿有沧桑变幻的悲凉感。由历史而映射现实,也表现出陆游对南宋国势的关切。"江色绿且明",当时陆游与儿辈登堤观蜀江,亲临其境,对诗感悟尤深,乃知太白此句为善状物也。

4.称引诗集名(篇名)或只提作者

《入蜀记》中提及文集名有《松陵倡和集》(卷一),只言作品名称而不引文的有《登三山望金陵》(卷二)、《十咏》《归来乎》《笑矣乎》《僧伽歌》《怀素草书歌》(卷二)、《湖阴曲》《九华山》《青溪》《白笴陂》《玉镜潭》《公安送李晋肃入蜀余下沔鄂》(卷五)、《登舟将适汉阳》(卷五)、《送石首薛明府》(卷五),只提作者的有王摩诘(卷一)。

这些提到的诗集现多具诗学文献价值。如皮日休、陆龟蒙二人自结交后,所为诗皆互相唱和,尝自编其唱和之诗为《松陵唱和集》。他们的诗,诗风清秀平淡,多题咏风物之作,于晚唐诗坛别成江湖隐逸一派。《入蜀记》曰:"(吴江)县治有石刻曾文清公《渔具图》诗,前知县事柳楹所刻也。《渔具》比《松陵倡和集》所载,又增十事云。"(卷一)曾文清即曾几,他是南宋江西诗派代表人物之一,有《茶山集》传世。陆游所引《渔具图》已失传。陆龟蒙有《渔具》《和添渔具五篇》共二十首,皮日休有《奉和渔具十五咏》《添渔具诗》计20首。据此判断,曾几所写《渔具图》诗应为三十首。陆游曾从曾几学诗,交往密切。曾几死后,陆游应其子之请作《曾文清公墓志铭》。据此文,曾几文集为三十卷,现存《茶山集》仅为八卷,三十首的《渔具图》全部失传,也就不难理解了①。文中拿此与《渔具图》诗相对比,即景而忆,有诗学考证和文献整理考辨方面的价值。

至于《十咏》《归来乎》《笑矣乎》《僧伽歌》《怀素草书歌》,陆游文中说"太白旧集本无之,宋次道再编时,贪多务得之过也",可见其非李白所作。但总的来说,这几首诗对文献考辨具有一定价值。

另外,《公安送李晋肃入蜀余下沔鄂》是杜甫大历三年秋末冬初将要告别湖北公安并南下至洞庭时写的送行诗。这首诗不仅有助于我们了解杜甫的经历

① 胡传志《陆游〈入蜀记〉引据诗文的价值》,《安徽师范大学学报》(人文社科版)2017年第7期。

和思想,而且是后世考察李贺家世的重要作品。蔡梦弼《杜工部草堂诗笺》在《公安送李二十九弟晋肃入蜀余下沔鄂》题注中即指出:“晋肃,即李贺之父,韩退之尝为贺作《讳辩》。”[①]此后,王应麟《困学纪闻》、清代仇兆鳌《杜诗详注》,浦起龙《读杜心解》,均倾向于这种说法。由此看来,杜诗说的李晋肃为李贺之父是无疑的。李贺本人,除有二百多首诗歌传世,其他如书信、文章,一概无存。如要研究李贺家世,除李贺在《金铜仙人辞汉歌》序里曾自称“唐诸王孙”,在其他诗中多次说到自己是“宗孙”“宗人”外,迄今尚无第一手资料[②]。文中提及此诗,为我们考察提供了一些线索。

5.称引作者和篇名

这种称引在文中仅出现两次,也都属于李白之作,一篇是《姑熟十咏》,一篇是《黄山凌歊台送族弟泛舟赴华阴》(卷二)。

现存《姑熟十咏》解为李白的组诗作品,歌咏的为姑孰县境十个代表性景观,前文中已提及。在当涂姑熟溪中,陆游记载了其族伯父彦远曾说苏轼认为《姑熟十咏》非李白作,读之抚手大笑曰:“赝物败矣,岂有李白作此语者!”文中的记载和推论,给后世研究李白提供了可供参考的资料,且穿插东坡与郭功父故事,饶有趣味。

三

《入蜀记》中称引了大量前代诗文,对这一情况的统计和归纳有助于对《入蜀记》进行更深入、全面的探究,从而挖掘其丰富的文史价值。现仅对《入蜀记》引据唐诗的情况进行梳理与分析,得出以下结论:

1.陆游《入蜀记》中引用前代诗文总计 126 处,其中引用唐诗共 58 处,占所有称引诗文的 46%;在引用的唐诗中,李白之诗句最多,达 32 句,占所有称引唐诗的 55%;杜甫次之,达 12 句,占所有称引唐诗的 20%[③]。《入蜀记》引用的唐诗多为名家名句,其中许多诗句至今仍是人们传诵的经典名句。陆游有“小太

---

① 鲁岩编次,蔡梦弼会笺《杜工部草堂诗笺》卷三十六,《丛书集成初编》本,第 1074 页。

② 刘衍《关于李贺的家世——读杜甫〈公安送李晋肃〉》,《文学遗产》1982 第 3 期。

③ 称引唐诗作者及次数如下(包括提及以及直接称引作者诗句的):李白 32 次;杜甫 12 次;刘禹锡 4 次;白居易 2 次;韩愈 1 次;杜牧 1 次;张芸叟 1 次;温庭筠 1 次;张志和 1 次;张继 1 次;王维 1 次;皮日休、陆龟蒙 1 次。

白”之称①,作诗风格有奔放飘逸的一面,神似李白,其引用李白诗句最多,往往是不假思索,脱口而出。

2.《入蜀记》中称引诗文的形式多样,最为频繁的是引用一联诗句,引用一句诗或提及唐诗诗集名亦为多数。陆游在抒写心中所感时并不拘泥于一种固有形式,如此多样的称引方式也值得对其进一步深入研究。

3.陆游在《入蜀记》中引用的唐诗可分为“眼前所见”和“心中所思”两大类别,亦可概括为写景与怀古两种,陆游在每日行途中有所感想时便拿诗句加以佐证②,情感丰富深刻,也使其观点的可信度更高。其中陆游对于山水地理的记录、古代文献的考证对于当今文史研究领域仍有不小的价值。

(作者简介:谭子玮、徐慧颖,湖北民族大学文学院传媒学院研究生。)

(本文是湖北民族学院大学生创新创业训练计划项目阶段性成果,编号:2016CX041,指导教师:熊碧。)

① 据明毛晋《隐湖题跋·跋剑南诗稿》记载:“(孝宗)问周益公(必大)曰:‘今代诗人,亦有如唐李太白者乎?’益公以放翁对。由是人竟呼为‘小太白’。”见国家图书馆编《国家图书馆藏古籍题跋丛刊》第1册,北京图书馆出版社2002年版,第552页。

② 祁海洋《〈入蜀记〉文史通融的写作模式初探》,《文化与传播》2015第2期。

读《史记》献疑二则

沈相辉

《史记》虽易读,却不易懂。太史公作《史记》,本以继《春秋》,故往往有所谓笔法存焉,此其难懂之一也。又年代邈远,世系难明,此其难懂之二也。昔读此书,有疑处辄记之于书页之上。倏忽数岁,仍有不能解者。故摘录两则,以求教于大方。

一、吕后身份

《史记》:"吕太后者,高祖微时妃也。"①按,《史记》所谓"妃",有指正妻者,亦有非正妻者。称吕后为妃,恐属后者。

其一,高祖约四十娶吕后,此前恐已娶妻。《高祖本纪》:"(十二年)四月甲辰,高祖崩长乐宫。"②皇甫谧云:"高祖以秦昭王五十一年生,至汉十二年,年六十二。"③吕公嫁女,在高祖为泗水亭长之时,而高祖送徒骊山在大泽乡起义前不久。起义事在二世元年,时高祖四十六岁。《惠帝纪》:"秋八月戊寅,帝崩于未央宫。"④臣瓒曰"帝年十七即位"⑤,则高祖四十五岁时生惠帝。鲁元虽长于孝惠,然相差当不甚大。故高祖当在四十左右娶吕后。古人娶妻极早,故疑吕后之前,高祖已有妻。高祖本为投机主义者,吕公既为沛令贵客,富于财货,高祖自然乐意为之,停妻娶妻,不足为奇。

其二,刘肥或曾是高祖嫡长子。《齐悼惠王世家》:"齐悼惠王刘肥者,高祖长庶男也。其母外妇也,曰曹氏。"⑥刘肥之母曹氏,事迹不详。刘肥为庶子,其母则为庶妻。是高祖先有庶妻、庶子而后娶正妻生嫡子。古代宗法,正妻之子曰嫡子,嫡子正妻所生之子曰嫡孙。《史》《汉》皆称刘肥之子刘襄为高祖嫡长孙,如《吕后本纪》:"齐悼惠王高帝长子,今其嫡子为齐王,推本言之,高帝嫡长

① 司马迁《史记》卷九,中华书局1982年版,第395页。
② 司马迁《史记》卷八,第392页。
③ 司马迁《史记》卷八,第392页。
④ 班固《汉书》卷二,中华书局1962年版,第92页。
⑤ 班固《汉书》卷二,中华书局1962年版,第92页。
⑥ 司马迁《史记》卷五十二,第1999页。按,《汉书》所载同。

孙,可立也。"[①]《齐悼惠王世家》:"琅邪王刘泽既见欺,不得反国,乃说齐王曰:'齐悼惠王高皇帝长子,推本言之,而大王高皇帝嫡长孙也,当立。'"[②]刘襄若为高祖嫡长孙,则其父刘肥自当为高祖嫡长子,而非所谓庶子。据《史》《汉》所载,吕后数欲鸩杀刘肥,盖与刘肥曾为高祖嫡子有关。

迁、固虽皆良史,然为汉臣而作汉史,恐于高祖之事仍时有隐讳。称吕后为"妃",盖"曲笔"乎?

二、鬻熊子事文王

《史记》卷四十《楚世家》云:"周文王之时,季连之苗裔曰鬻熊。鬻熊子事文王,蚤卒。其子曰熊丽。熊丽生熊狂,熊狂生熊绎。"[③]"鬻熊子事文王"一句,三家注皆未言,而后世学者多生异说。

或释"鬻熊子"为鬻熊之子。宋人邓名世云:"熊,出自芈姓,祝融曾孙鬻熊为周文王师,其子事文王,早卒。曾孙熊绎以王父字为氏,成王封为荆子,后僭号楚王。"[④]邓氏认为"鬻熊子"即鬻熊之子,并言熊绎乃鬻熊曾孙,则"鬻熊子"与熊丽为兄弟关系,二人同为鬻熊之子。杨燕起等人之译文云:"鬻熊的儿子事奉过周文王,早死了。"[⑤]是亦将"鬻熊子"释为鬻熊之子。但其翻译下一句"其子曰熊丽"时则说"他的儿子叫熊丽",据文意,"他"字即是鬻熊之子,故熊丽为鬻熊之孙,依此推之,熊绎乃鬻熊玄孙。

或以为"鬻熊子"即鬻熊,其主要根据在《楚世家》载楚熊通之言曰:"吾先鬻熊,文王之师也,蚤终。"[⑥]此与"鬻熊子事文王,蚤卒"一句颇为吻合[⑦]。故其翻译为:"鬻熊侍奉文王,早死。"[⑧]王叔珉亦以鬻熊子即鬻熊,其举《北堂书钞》

---

① 司马迁《史记》卷九,第411页。

② 班固《汉书》卷五十二,第2002页。

③ 司马迁《史记》卷四十,第1691页。

④ 邓名世《古今姓氏书辩证》卷一,《四库全书》本。

⑤ 司马迁著、杨燕起注译:《史记全译》贵州人民出版社2001年版,第1850页。其他诸家可参见李杰主编《白话史记》,哈尔滨出版社2003年版,第419—420页;墨香斋编译《白话史记》,中国纺织出版社2015年版,第126页。

⑥ 司马迁《史记》卷四十,第1695页。

⑦ 也有人可能会认为"子"字为爵号,或男子之通称。但据《楚世家》:"熊绎当周成王之时,举文、武勤劳之后嗣,而封熊绎于楚蛮,封以子男之田,姓芈氏,居丹阳。"可知熊氏封子爵始于熊绎,故不可能以子爵称鬻熊。若是通称,则何不径称"鬻子"?又季连、熊丽、熊狂又何以不称"子"?可见这样的说法经不起推敲。

⑧ 台湾十四院校六十教授合译《白话史记》,岳麓书社1987年版,第390页。

《艺文类聚》所引《史记》并作"鬻熊事周文王,早卒"为证。龙川资言《史记会注考证》校文亦云:"《艺文类聚》引史无'子'字。"[①]然二书所引《史记》文字俱非全文照录。《北堂书钞》所引为:"粥熊事周文王,早卒,成王时举文武勤劳者,封其后于楚。"[②]《艺文类聚》所引为:"鬻熊事周文王,早卒,当成王之时,举文武勤劳之嗣,乃封其后熊绎于楚。"[③]与《史记》原文相较,可知二者皆有不同程度之改动,此亦类书常见之特点,故不能据二书所引无"子"字,便言《史记》原本亦无"子"字。遑论目前所见《史记》诸本,皆有"子"字。

退言之,纵使"鬻熊子"即鬻熊,仍有一难以回避之矛盾,即文献中多言鬻熊高寿,此与《史记》"蚤终"或"蚤卒"说不合。宋人罗泌云:"世有《鬻子》书,云文王初见鬻子,年已九十,王曰'老矣',对曰:'君若以臣逐麋则老矣,坐策国事,臣年尚少。'《史记》及《释例》云鬻熊子早卒,缪。"[④]罗泌以为"鬻熊子"即鬻熊,而《史记》及杜预《春秋释例》言鬻熊早卒,均误。清人梁玉绳则与罗氏不同,其云:"《路史》后纪八注据《鬻子》书'九十见文王'之语,以史言早卒为谬,非也。今《鬻子》是伪书,故有封康叔及三监、曲阜事,而贾子《修政》载成王六岁往鬻子之家问道,恐亦难信。"[⑤]梁氏不信《鬻子》,且亦不信《新书》,故以为不可轻疑《史记》。另一清代学者马骕因此而不置可否,其云:"诸书言鬻子见文王,年已九十,而《鬻子》书有康叔守殷,贾谊书言成王见于鬻子,寿何长也?史云鬻熊蚤卒,而成王之所封,乃其曾孙也。事颇乖异,姑阙之以俟考。"[⑥]马氏既未定《史记》之是非,或因《鬻子》之外,贾谊《新书》亦载成王见鬻子之事。《新书·修政语》历叙文王、武王、成王问政于粥子之事[⑦],"粥子"即鬻子也。梁玉绳以《新书》与《鬻子》皆不可信,马骕盖不敢如此,故阙疑。其后,严可均氏为调和《史记》与《鬻子》之矛盾,另辟新说,其云:"蚤卒蚤终,谓不及受封先卒耳,非不寿之谓也。"[⑧]。然其说虽新,却不合《史记》体例。除《楚世家》外,《史记》言"蚤卒"者五[⑨],"蚤夭""早夭"各二[⑩],"蚤终""早卒"者各一[⑪],皆作早死解,无一例作不及受封解。可见严氏之说有待商榷。

---

① 龙川资言《史记会注考证》(肆),上海古籍出版社2016年版,第2082页。
② 虞世南撰《北堂书钞》卷第四十七封爵部中,学苑出版社2015年版,第353页。
③ 欧阳询撰《艺文类聚》卷五十一功臣封,上海古籍出版社2013年版,第1402页。
④ 罗泌《路史》卷十七后纪八,文渊阁《四库全书》本。
⑤ 梁玉绳撰,贺次君点校《史记志疑》卷二十二,中华书局1981年版,第1006页。
⑥ 马骕撰,王利器整理《绎史》卷二十一,中华书局2002年版,第343页。
⑦ 见贾谊撰,阎振益,钟夏校注《新书校注》,中华书局2000年版,第369—373页。
⑧ 严可均《全上古三代文》卷九,河北教育出版社1997年版,第116页。
⑨ 分别见《周本纪》《三代世表》《孔子世家》《外戚世家》《楚元王世家》。
⑩ "蚤夭"见《五宗世家》《伯夷叔齐列传》;"早夭"见《三王世家》《货殖列传》。
⑪ "蚤终"见《鲁周公世家》,"早卒"见《外戚世家》。

近又有一说，解“子事”为以子道事奉。而“子道”二字又可释为两种，一为儿子之道，故安研方译文曰：“鬻熊如同儿子般侍奉文王，早死”[①]。一为臣子之道，故原昊云：“‘子事’应是以臣子之身份侍奉周文王。”[②]先论第一说之不可信。前引熊通之言曰“吾先鬻熊，文王之师也”，《西南夷列传》太史公亦曰“楚之先岂有天禄哉？在周为文王师，封楚”[③]，此明言鬻熊为文王之师。又《周本纪》曰：“伯夷、叔齐在孤竹，闻西伯善养老，盍往归之。太颠、闳夭、散宜生、鬻子、辛甲大夫之徒皆往归之。”[④]《集解》引刘向《别录》曰：“鬻子名熊，封于楚。辛甲，故殷之臣，事纣。盖七十五谏而不听，去至周，召公与语，贤之，告文王，文王亲自迎之，以为公卿，封长子。”[⑤]鬻子与伯夷、叔齐并列，年又七十五，岂能以子道侍文王乎？纵使鬻子能行此卑礼，善养老之文王岂肯受之乎？至《太平御览》所引《鬻子》佚文，则言“鬻子年九十见文王”[⑥]，更可知鬻子以子道侍文王之说荒谬不经也。此论第二说之不可从。《史记》中凡言臣子之道，多作“臣事”，如《史记·黥布列传》“北乡而臣事之”“夫北面而臣事人者”[⑦]，《淮南王传》“吾宁能北面臣事竖子乎”[⑧]之类。或直言“事”，不书“臣”，如“事周武王”“事晋文侯”之类。而《史记》中“子事”连言之“子”，除“天子”“太子”及人名外，皆作“儿子”或“公子”解，未见解作“臣子”者。如《晋世家》狐突曰：“臣子事重耳有年数矣，今召之，是教之反君也，何以教之？”[⑨]此处之“子”乃指狐突之子狐毛、狐偃。《魏世家》云“魏武子以魏诸子事晋公子重耳”，“诸子”之“子”即公子。故以“臣子”释“鬻熊子事文王”之“子”与《史记》体例不合。

综考诸家之说，窃以为“鬻熊子”乃鬻熊之子之说更为合理。《史记》凡言世系，先言始祖，次则历叙传承。此种传承通常以父子单线叙述为主，但亦有特例，即若嫡子未能嗣业而早卒，则或兄终弟及。《三代世表》：“帝外丙，汤太子。太丁蚤卒，故立次弟外丙。”[⑩]此即兄终弟及之反映。《楚世家》先言“鬻熊子事文王，蚤卒”，次又言“其子曰熊丽”，下句之“其”，仍指鬻熊。其意谓鬻熊他子侍奉文王，早死，故另一子熊丽继承其业。据清华简《楚居》：“穴酓迟徙于京宗，

---

① 杨钟贤、郝志达主编《全校全注全译全评史记》第三卷，天津古籍出版社 1997 年版，第 91 页。相似的翻译亦见杨燕起、陈焕良等译《白话史记》，岳麓书社 1994 年版，第 456 页

② 原昊《出土文献对〈世本〉谱系源流的补益》，《古籍整理研究学刊》，2018 年第 3 期，第 4 页。

③ 司马迁《史记》卷一百一十六，第 1997 页。

④ 司马迁《史记》卷四，第 116 页。

⑤ 司马迁《史记》卷四，第 116 页。

⑥ 李昉撰《太平御览》卷第三百八十三人事部二十四，《四部丛刊》三编景宋本

⑦ 司马迁《史记》卷九十一，第 2600 页。

⑧ 司马迁《史记》卷一百一十八，第 3085 页。

⑨ 司马迁《史记》卷三十九，第 1656 页。

⑩ 司马迁《史记》卷十三，第 494 页。

爰得妣湛,逆流载水,厭状聂耳,乃妻之,生侸叔、丽季。”[①]穴酓即是鬻熊。故原昊据此言:“这里清晰地记载除了作为末子而称‘季’的熊丽之外,鬻熊还有一子,即侸叔。”[②]而熊丽称“季”,即老四,鬻熊有数子。以此推论,清华简所记“侸叔”,应即司马迁所说“鬻熊子”之一。司马迁不书其名,或因侸叔排鬻熊第三,前应有两兄,兄终弟及,熊丽三兄皆曾事文王,又皆早死。又或太史公未详鬻熊诸子事迹,故书作“子”。此说若能成立,则熊丽乃鬻熊之子,而非鬻熊之孙。

释鬻熊子为鬻熊之子,虽可使《楚世家》开篇“蚤卒”二字得一合理解释。然《楚世家》下文熊通所言“吾先鬻熊,文王之师也,蚤终”一句之“蚤终”,仍与《鬻子》《新书》等相矛盾,颇不可解。

以上二条,余百思不得其解。故示诸同好,博雅君子,幸以教我!

(作者简介:沈相辉,北京大学中文系博士研究生,主要研究发现为先秦两汉文学与文献学、中国经学。)

① 清华大学出土文献研究与保护中心编《清华大学藏战国竹简》(一),中西书局2010年版,第181页。

② 《出土文献对〈世本〉谱系源流的补益》,第4页

重修本《考槃余事》增益条目辨正

黄 睿 秦跃宇

《考槃余事》四卷，题为明代屠隆撰，首见于明万历三十四年(1606)沈德先、沈孚先兄弟所刻《尚白斋镌陈眉公订正秘笈》(简称“尚白斋本”)。明万历、泰昌间(1620)《宝颜堂秘笈》四卷本(简称“宝颜堂秘笈本”)，与“尚白斋本”属同一系统，差异甚微。相较而言，明末《广百川学海》十七卷本(简称“广百川学海本”)、清代世德堂重刊乾隆五十九年(1794)石门马氏大酉山房《龙威秘书》四卷本(简称“龙威秘书本”)，以及光绪十三年(1887)重刊《忏华庵丛书》十七卷本(简称“忏华庵本”)，皆有增窜删改，属重新编刊之本。具体而言，“广百川学海本”由原来的四卷本衍变为十七卷本，条目数量从最初的573条调整至587条，增加34条，删减20条；“龙威秘书本”虽复为四卷，但条目数量调整为593条，其中增加23条，删弃3条；“忏华庵本”又厘定为十七卷，条目数量达到597条，增加37条，删汰13条。三个重修本所增条目不在少数，故较之“尚白斋本”，重修本的最大优势即所谓“全本”。然而，重修本所增条目皆重见于他人之作，因此，增益条目是否为作者原文颇有可疑。

根据“广百川学海本”著录情况，可知该本《考槃余事》十七卷中间杂有高濂《山斋笺》①一卷，该卷卷首题“古杭高濂辑，屠本畯重订”，其余十六卷卷首则皆题“东海屠隆著”。经考，《山斋笺》是汇辑高濂《遵生八笺》卷七《居处建置》《高子书斋说》《高子花榭诠评》而成，“广百川学海本”将其辑入《考槃余事》，虽署高濂之名，却成为向传屠隆所作《考槃余事》十七卷之一卷。此后传刻之版本，更是直接将《山斋笺》作者易为屠隆，淆乱于《考槃余事》。除此之外，较之“尚白斋本”，“广百川学海本”其余十六卷内容亦有增加，具体来源如下(卷次依“尚白斋本”)：

卷一所增《献售》《刻地》《印书》《书直》《雠对》：〔明〕胡应麟《经籍会通》。
卷二所增《造葵笺法》《染宋笺色法》《染纸作画不用胶法》《造捶白纸法》《造金银印花笺法》《造松花笺法》：分别出自〔明〕高濂《遵生八笺》卷十五《造葵笺法》《染宋笺色法》《染纸作画不用胶法》《造捶白纸法》《造金银印花笺法》《造松花笺法》。

① “广百川学海本”目次作“山斋笺”，正文却作“山斋志”。

续表

卷二所增《笔经》《古制墨法》《朱万初墨》《玉泉墨画眉墨》《松墨》《香与墨同关纽》:分别出自〔明〕杨慎《升庵集》卷六十六《笔经》《古制墨法》《朱万初墨》《玉泉墨画眉墨》《松墨》《香与墨同关纽》。
卷三所增《炉灰》《香炭墼》《香都总匣》:分别出自〔明〕高濂《遵生八笺》卷十五《炉灰》《香炭墼》《香都总匣》。
卷三所增《留宿火法》:〔明〕高濂《遵生八笺》卷八《留宿火法》。
卷四所增《书斋》《煴阁》《清闷阁》《观雪庵》《松轩》《茅亭》《花榭》:分别出自《遵生八笺》卷七《高子书斋说》《煴阁》《清闷阁》《观雪庵》《松轩》《茅亭》《高子花榭诠评》。
卷四所增《衣匣》《叠桌》《提盒》《提炉》《备具匣》《酒樽》、四幅玩物器具图:分别出自《遵生八笺》卷八《衣匣》《叠桌》《提盒》《提炉》《备具匣》《酒樽》、四幅玩物器具图。

"广百川学海本"新增34个条目,皆重见于他人之作,其中采自《遵生八笺》者23条,约占68%,这与"尚白斋本"取材情况基本相似①。然细加检视,"广百川学海本"所增条目与"尚白斋本"原条目之取材情形又有明显差异。《考槃余事》可考知出处之条目,按照其与被抄录者的关系,大致可分为两种情形:其一,内容与被抄录者相似,但名目不同;其二,内容、名目与被抄录者皆相同(讹误、脱落、异文忽略不计)。其中最值得关注的是第二种情形,即照搬原书者。"尚白斋本"虽以《遵生八笺》为主要参考对象,但通常不会照录原书条目,而是对其进行一番"改造",主要表现为截取拼凑、增窜删削、变乱顺序及改换字句等,这一点欧贻宏在《〈遵生八笺〉与〈考槃余事〉》一文中已有总结。在这种编纂原则下,"尚白斋本"照搬原书者共7条②,仅占可考知出处之条目的3%。

相较而言,"广百川学海本"新增条目之编选则显得颇为随意。首先,该本新增34个条目中,标题、内容与被抄录条目完全一致者竟有27条③,约占79%,与"尚白斋本"情形大相径庭。剩余7个条目中,有5个出自《经籍会通》,《经籍会通》原文不立标题,故"广百川学海本"新增条目不得不自拟标题;另外2条则是由原来的"高子书斋说""高子花榭诠评"易名为"书斋"和"花榭",此举显然是为隐藏"高子"即高濂原作者身份的权宜之计。

---

① "尚白斋本"《考槃余事》共237条,可考知出处者214条,约占全书条目的90%,其中取自《遵生八笺》者183条,约占全书条目的77%。

② 分别是卷二《古琴色》,卷三《笔船》《蜡斗》《短榻》,卷四《文履》《云舄》《茶效》。

③ 27条分别是《造葵笺法》《染宋笺色法》《染纸作画不用胶法》《造捶白纸法》《造金银印花笺法》《造松花笺法》《笔经》《古制墨法》《朱万初墨》《玉泉墨画眉墨》《松墨》《香与墨同关纽》《炉灰》《香炭墼》《香都总匣》《留宿火法》《煴阁》《清闷阁》《观雪庵》《松轩》《茅亭》《衣匣》《叠桌》《提盒》《提炉》《备具匣》《酒樽》。

其次，“广百川学海本”个别新增条目有删改迹象，但却因过于草率而弄巧成拙，反露出刻意增补之痕迹。例如《提盒》一条，《遵生八笺》原文首句作“余所制也”，新增条目删之；《备具匣》一条，《遵生八笺》原文首句作“余制”，新增条目删之。与此相类者，《花榭》原文首句“高子曰”、《书斋》原文首句“高子曰”与末句“无虚高斋者得观此妙”皆被删弃。由此可见，新增条目为掩饰抄袭痕迹，确实在一定程度上承袭了“尚白斋本”的编写原则，即删汰“余制”“高子曰”等特殊评点口吻。然而，增补者仅对新增条目之首尾句进行了删改，对中间内容却不甚在意，致使《印书》《造捶白纸法》《朱万初墨》《玉泉墨画眉墨》《花榭》《酒樽》中留存“余制”“余收”“余谓”“余意”类字样。相反，“尚白斋本”并未出现这类习惯用语，甚至无一“余”字。

再次，“广百川学海本”所题校阅人有悖于史实和情理，可作该本增益条目乃后人补撰之佐证。《广百川学海》题冯可宾编，然《四库全书总目提要》与《续修四库全书总目提要》认为此书盖托言出于可宾。冯可宾，天启二年(1622)进士，《广百川学海》是否为冯可宾所辑尚待查考，但即便托名冯氏，亦当于天启二年(1622)后辑成。该本《文房器具笺》《起居器服笺》《盆玩品》《金鱼品》皆题高濂校阅，然按徐朔方先生推断，高濂去世时间参见徐朔方《高濂行实系年》(《晚明曲家年谱·浙江卷》，浙江古籍出版社1993年版)当在万历三十五年(1607)到万历三十六年(1608)间，故“广百川学海本”《考槃余事》编刊时，高濂早已亡故，其校阅者署高濂之名为妄题明矣。并且，《考槃余事》内容基本是抄录自高濂所著《遵生八笺》，故“广百川学海本”之校阅人署高濂之名亦于情理不合。由此可见，“广百川学海本”确实存在作伪现象，其增益条目之可靠性自无须多言。

另外，按照文献学研究的一般规律，早出之版本相对较为可信。退一步来说，即使“广百川学海本”另有所据，其所据底本也不可能早于“尚白斋本”，因为“广百川学海本”内容分类与顺序均比“尚白斋本”合理。如果《考槃余事》最初是依照“广百川学海本”之分类原则进行编排，那么后人将其打乱并改编为“尚白斋本”之面貌的可能性微乎其微，因为几乎不会有人去变更一个原本合理严整的分类和顺序。事实只能是，“尚白斋本”最接近《考槃余事》原貌，而“广百川学海本”则是后人出于对类别的强调而重新编排之结果。盖明刻四卷本内容可划分成十七类，条目数量却不足以拆为十七卷，故增补者在发现《考槃余事》与《遵生八笺》颇有渊源之情况下，于后者中摘录大量同类条目编入《考槃余事》，以伪充足本。

“龙威秘书本”虽复为四卷，然亦有窜入之辞。具体而言，除因袭部分“广百川学海本”增益条目外，“龙威秘书本”卷四《帐》后又新增《纸帐》，出自高濂《遵生八笺》卷八《纸帐》;卷四《养水》末窜入一段文字,出自屠本畯《茗笈·品泉章》;卷四《注汤》末亦窜入一段文字,出自屠本畯《茗笈·点瀹汤》。丁以寿《明代几种茶书成书年代再补——兼答张如安先生》(《农业考古》2009年第5期)考证《茗笈》最早刻于万历三十八年(1610),时屠隆去世五年,《考槃余事》也已行世四年,故“龙威秘书本”出自《茗笈》者实乃后人附入而绝非原书所有。至于《纸帐》一条,虽然从理论上来说,有可能是《考槃余事》原文,但由于“龙威秘书本”序跋皆未谈及其翻刻底本,加之该条目未被此前诸本所收,故《纸帐》是否为原书内容亦颇有可疑。

光绪年间,宋泽元仅将此前诸本内容悉数编入《忏华庵丛书》,并未做新的增补。遗憾的是,《考槃余事》至此已然错杂散漫,故即便宋泽元悉心参订,亦未能恢复该书之本来面貌。至此,原本相对可信的“尚白斋本”《考槃余事》,在经过重重修订后,几近成为一个新的文本而通行世间。

《考槃余事》自刊行以来,一直受到世人青睐,流布广远,但也正是由于该书为世人所乐用,故参与整理者众多,增窜删改处比比皆是,难以厘清。迄今所见《考槃余事》的两个整理本,即2011年浙江人民美术出版社陈剑点校本与2012年金城出版社赵菁主编本,均将重修本增补条目编入了正文。诸如樊嘉禄、张秉伦《造金银印花笺法实验研究》(《中国印刷》2002年第7期),陈芳《晚明的游具设计研究——以〈考槃余事〉为例》(《装饰》2011年第4期),李亦文《明代苏作家具原型体系研究》〔《南京艺术学院学报(美术与设计)》2014年第5期〕等研究也都建立在重修本《考槃余事》增补条目之上。事实上,“尚白斋本”内容当最为接近作品原貌,理应成为《考槃余事》整理研究之首选版本。“广百川学海本”所增诸篇乃坊肆妄附,由于增补者在一定程度上承袭了原书编写准则,致使后人不察,讹误至今。辨析重修本《考槃余事》增补条目,有助于恢复该书之本来面目,廓清自“广百川学海本”衍生出来的种种讹误,更为关键的是,“广百川学海本”增益条目之存在也清楚地表明,所谓相对可靠的“尚白斋本”《考槃余事》实际也是伪托之作。

尽管前人多认同《考槃余事》为屠隆著作而加以引证研究,但此说还颇具争议①,迄无定论,兹略从最为直观的文本方面予以探讨,以说明“广百川学海本”的重要版本价值及“尚白斋本”实系伪托之事实。首先,从取材情况来看,“尚白斋本”《考槃余事》内容大多已经重见于前人之作,尤以出自《遵生八笺》者为

① 参见[英]柯律格著、高昕丹、陈恒译《长物——早期现代中国的物质文化与社会状况》,第38页;向谦《〈考槃余事〉的编撰者及不同版本比较研究》,《浙江艺术职业学院学报》2016年第1期,第27页;屠隆著,汪超宏主编:《屠隆集·点校说明》,浙江古籍出版社2012年版,第1页;吴国钦:《简评〈屠隆集〉》,《中文学术前沿》(第七辑),浙江大学出版社2014年版,第172页。

甚。在编排方式上,《考槃余事》只对抄录对象进行了简单的截取拼凑、变乱顺序和改换字句,甚至还出现了与原始材料完全一致之段落,即卷二《古琴色》,卷三《笔船》《蜡斗》《短榻》,卷四《文履》《云舄》《茶效》。更为关键者,上述7条文字中,有6条出现在第三卷和第四卷,这可能是后期仓促成书的一种疏懒行为。尽管明代汇抄性作品并不罕见,但在伪盗之风盛行的背景下,这种编纂方式实有伪造之嫌。尤为值得注意的是,高濂在创作《遵生八笺》时使用了"高子曰"这一对儒家经典进行戏拟的极具个人色彩之口吻,强调了自己原作者的身份,而《考槃余事》虽在一定程度上保留了高濂作为见闻者或手工技艺者的原作者身份(某些器物描述后注有"武林高深甫"字样),却通过改换字句、模糊出处等方式隐去了其作为文本原作者之身份。准确来说,这种改换已非抄撮,而更近似剽窃。再者,《考槃余事》只对不常援引之书目偶有著录,而对主要参考对象《遵生八笺》却只字不提,这种举措很可能是作伪者有意为之,其之所以敢于著录少数内容之出处,就是为了使人乍见之时相信其余内容皆为新创。

在此基础上,"广百川学海本"又新增23个取自《遵生八笺》之条目,尽管前文已证该本所增条目乃后人增补之作,但其于《遵生八笺》中摘录大量同类条目编入《考槃余事》,以伪充足本之举,恰好证明"广百川学海本"编者应该是"尚白斋本"作伪之知情者,同时也是继续作伪的策划者和实施者,唯有使新增条目在类别、出处、文风等方面与"尚白斋本"条目保持一致,才不致由于编选标准与原书相抵牾而被人识破。

总而言之,"尚白斋本"《考槃余事》内容大多已经重见于前人之作,且其变乱原书体例、巧加连缀、模糊出处等举措乃有意作伪。"广百川学海本"之编者发现其中玄机,欲照旧例增补条目以伪充原书足本,却因为草率粗疏而使该本妄续之破绽昭然若揭,"尚白斋本"实系伪书也因此得到印证。此外,"尚白斋本"文本内部还存在诸多悖于逻辑和情理之处,与屠隆文风绝然不类。并且,就可检及之文献材料来看,屠隆本人也缺少收藏赏鉴之条件与趣尚。合此数端,基本可判定"尚白斋本"《考槃余事》应是伪托无疑。不过,这并不意味着《考槃余事》研究价值及以往研究成果的丧失,只是部分结论需重作探讨,对该书抄录对象《遵生八笺》也应有新的认识。

(作者简介:黄睿,1994年生,女,鲁东大学文学院中国古典文献学硕士研究生。秦跃宇,1977年生,文学博士,鲁东大学文学院副教授、硕士生导师。)

(项目:山东省社会科学规划重大委托项目"《庄子解》等子书整理",项目编号:12AWTJ08。)

南菁书院藏书刻书考

丁耀桩

一、兴学藏书　救时之弊

江阴南菁书院，始建于光绪八年(1884)，九年(1885)六月，院舍落成，十年秋，书院正式开课，课艺分经学、古学两门。

书院由时任江苏学政黄漱兰体芳倡议创立，因江阴乃江苏学政驻节之地，学子来往甚多，为使全省学子接受更全面的教育，"救时文之弊"，故起意兴办书院。

> 清光绪八年(1884)，江苏学政瑞安黄公漱兰督学江苏，驻节江阴学辕。科举时代，常州府八县童生齐集江阴会考，公余退息，必来江阴，故在江阴之时期特长，倡议设立书院，调取全省高材生肄业其中，专课古学、经学，以求(当为救)时文之弊。①

两江总督左宗棠，慷慨解囊，并倡议其他同僚共襄此举，助黄学政成功。《民国江阴续县志》(卷六)记载：

> 南菁书院在邑城内中街，本长江水师京口游记署故址，光绪十年(1884)甲申，江苏学政黄体芳捐廉议创是院，专课经学、古学，以补救时艺之偏。两江总督左宗棠助成之。②

① 赵统编著《南菁书院志》(初稿)，《百廿南菁丛书》，江阴南菁高级中学，2002年，第6—7页。

② 陈思等修，缪荃孙等纂《民国江阴续县志》(影印本)，台北成文出版有限公司。

南菁书院方位图

左宗棠光绪九年(1883)上朝廷奏折中记载:

> 臣以学臣倡建书院,系为嘉惠士林起见,用意深远……黄体芳夙负文名,劬学攻苦,一时人望攸归,尤宜量为佽助,以慰士情。臣比捐廉一千两,佐书院工料之费,并札两淮运司在淮北票盐项下提银二万两,解由学臣饬交江阴县发商生息……①

① 王先谦等编辑《光绪朝东华录》(影印本),中华书局1984年版,总第1636页.

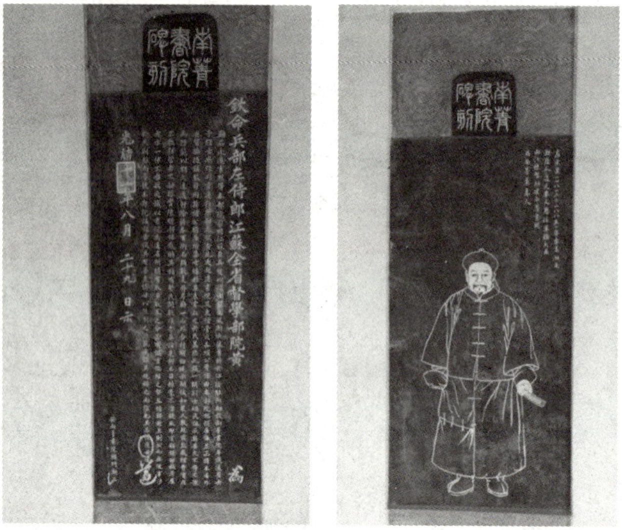

光绪帝准奏创办南菁书院谕旨(左)与两江总督左宗棠(右)

黄体芳并取朱子《子游祠堂记》中“南方之学,得其菁华”之义,来命名书院为“南菁”。

光绪二十四年(1898),光绪帝下谕旨全国书院一律改为中西兼习之学堂。南菁书院由于集中全省高材肄业其中,故时任学政瞿鸿禨奏请改南菁书院为高等学堂,至此,南菁书院历史迈入近代学堂的时代。

书院藏书以建院之初各省书局征集而来的官刻经籍为基础,历经二十余年不断购备扩容,加之王先谦学政开办南菁书院书局,刊刻经学巨著,藏书楼中的藏书量,卓荦可观。这也使得肄业南菁的学子得以利用这里丰富藏书,因书究学,从南菁书院走向政治、教育、学术大舞台,成为各个领域之翘楚,因此也足以充分反映出书院藏书的重大价值。

二、裒集众典 因书究学

书院创办之初,书院创始人之一的江苏学政黄体芳就意识到典籍对于书院士子课艺攻读助益之重要性,故书院筑有藏书楼。左宗棠奏请各省书局调取所刻书籍,藏于其中,以供翻阅。

> (书院构造)第一进三楹为头门。第二进三楹为讲堂,堂后东西相对,各七楹。第三进五楹均为课生斋舍。第四进楼房五楹,楼上贮藏调取各省

局(所)刊书籍,中间设神庵,供郑、朱两先儒栗主,掌教率诸生朔望行礼。楼下为会客所……①

除了从官书局征集图书之外,书院也不断购置图书,书院创立之后,通过自购扩充藏书量,《江阴文史资料集萃》中有记载"(书院)历年收藏古今中外书籍有二万余卷"②,仅略为提及此事,并未作详细考述,殊为可惜。

《南菁书院志》中收录的《江苏学政李殿林奏南菁书院遵改学堂并拟章程折》中亦提及:

学堂旧有藏书楼一所,兹将旧度新购各图籍编刻书目,俾诸生检用,仪器并附。

书院由建院之初的数万卷,到书院创办十年后藏书十万卷,自购自备,也是重要来源之一。且南菁书院课士主要以自修为主,书院庞大的藏书量,为这种教学模式提供有力保障,也让士子自由求知,培养独立思考的学术意识成为可能。

此外,南菁书院藏书另一重要来源即为书院自刻书。这主要得力于后来任江苏学政的王先谦在南菁书院开办书局,刊刻解经著作,让书院中的藏书迅速增添了许多新成员。

同时,书院为筹备刻书,也陆续补入许多藏书,一方面可以供学子翻阅研讨,另一方面,在刻书时,也可以用作校雠的备用书籍。这些补入的图书,自然也成为书院藏书的一部分。

《南菁书院志》中节录王先谦《劝学琐言》的部分文稿,为学子读书提供了指南,也间接指出书院需要购备哪些典籍,以便于学子进一步扩充视野,精进学问。

《尔雅》为群经枢辖,国朝邵晋涵《正义》、郝懿行《义疏》,大畅经旨,然待订正者犹多。臧庸辑汉注,黄奭辑古义,翟灏《补郭注》……并资参究(《书目答问》板本略具,甚便初学,诸书可依购求,若藏书不多,先求易购者访求考索,勿得因循,亦慎毋得少自足,不思博观。)

《说文》之学,近代为盛……乾嘉诸儒,总据《韵会》以求小徐之真,复

① 陈思等修,缪荃孙等纂《民国江阴续县志》(影印本),台北成文出版有限公司出版。

② 江阴市政协学习文史委员会编《江阴文史资料集粹》,上海古籍出版社,2004年版,第449页。

据唐本蜀本以正二徐之失,立说纷纭。①

所谓“书不校不读”,不得众本互相参校,取其真本、善本,势必不能获得真知灼见。读书治学,首要是获得精校真善之本,错讹少,才不至于为伪书劣书所误导。由此,王先谦颁布《劝学琐言》可视为其在南菁书院开设书局,刊刻《经解》一事的前奏。广集众本,一方面可供书院学子翻阅,以广见闻;另一方面,刊刻汇集众说的“解经”之作,首要鸠集群书,再经过精心雠校,去粗取精,才可确定最终“可供缮写”的善本,这也是前人整理文献的不二法门。因此,这些偶见于王先谦文集的书单,看作书院购藏清单应当是合理的。

《劝学琐言》正文部分,是王先谦倡导治学需要采纳典籍的范围和方法,注释(括号中部分)是丁福保后来为《琐言》所做的注释。每举一种书,必先罗列众本,如某氏“正义”,某氏“注疏”,某氏“集解”,是治某书时必须参阅的,他提倡治学视野要开阔,不可局限于一域而自足。如此不厌其详,目的是使学子得以考镜源流。南菁学子之所以出色,也很大程度上得力于历届江苏学政和书院山长或掌教,对扩充藏书,不因循自足的教育精神。

三、体例滋大 规模罕见

书院创立之初所藏书籍,以从各省官书局征集来的为主。如清同治年间所刻金陵局本《史记》(一百三十卷)当属次列。此时藏书,虽未寻检到书目,但通过史料记载推证,其藏书总数至少有二万卷。从倡议创办书院的江苏学政黄体芳为藏书楼所题楹联,也可窥知一二。

东西汉,南北宋,儒林文苑,集大成于二先生,宣圣室中人,吾党未容分两派;

十三经,廿四史,诸子百家,萃总目之万余种,文宗江上阁,斯楼应许附千秋②。

首先,“十三经,廿二史,诸子百家”,可以得知书院最初藏书,经史子集一应收纳,广聚四库之书。“萃总目之万余种”,虽非确指示,但可推知书院藏书体例,是规随官家四库全书的藏书方式,概与镇江金山寺中“文宗阁”相似。

---

① 赵统编著《南菁书院志》(初稿),《百廿南菁丛书》,江阴南菁高级中学,2002年,第41—44页。

② 赵统编著《南菁书院志》(初稿),《百廿南菁丛书》,江阴南菁高级中学,2002年,第10页。

书院创办之初，因经费不足，黄体芳还曾向两江总督左宗棠求援，左宗棠慨然允诺，并号召各省书局，将所刊刻书籍，捐置于南菁书院，以供士子研习之用。这也是南菁书院藏书事业的开端。

文献资料中，也有有关南菁书院藏书的诸多珍贵记录。今逐一考究其细节，或可推知书院昔日藏书之数量及其所藏书籍之内容。

南菁书院开办以来，二十余年之内，先后肄业其中的课生多达一千多人，其中不乏近现代历史上的诸多名人。据赵统编纂《南菁书院志》中的"南菁学人表"统计，肄业南菁课生，后活跃在"政治、教育、学术、外交、新闻出版、实业"等领域者，不乏其人。仅举其中最具代表性的著名人物，有九十人之多。如著名版本目录学家丁祖荫（1871—1930），著名教育家唐文治（1865—1954），著名教育家蒋维乔（1873—1958），著名学者丁福保（1874—1952），还有曾任民国财政次长的赵椿（应为"桩"）年（1868—1942），曾任民国国民政府秘书长、江苏省政府主席的钮永建（1870—1965）等等，他们都曾经在文集或书信中对南菁书院藏书有过片段记录。兹举丁福保为例。

丁福保曾于光绪二十一年（1895）和光绪二十四年（1898），先后两次入南菁书院求学。在第一次肄业南菁时，他曾看到书院藏书之后，欣喜若狂。在他自己所编《畴隐居士自订年谱》中，有如是记录：

> 见院中藏书甚富，如入二酉之岩，适五都之市，可以荡目遨魂，披发吾十年聋瞽，狂喜无已。①

"二酉"语出《太平御览·荆州记》（卷四九）："小酉山上石穴中有书千卷。"后借指藏书之富；"五都之市"喻藏书琳琅满目，如走入繁华都市，使已眼界大开。从中可以看出书院藏书数量庞大。

丁福保孜孜不倦地研读书院藏书，用心究学，同时也暗暗立志，待境况宽裕，必尽购众书，以精进学识。

> 手钞院中藏书目一册，而私自祝曰："他日果能处境稍裕，必照此书目尽购之。"豫算拟买各书约数千元。②

笔者多方寻访书院时期的藏书书目，无果。那么，"数千元"图书是什么体量呢？偶见到《安徽于湖中江书院尊经阁记》（附：募捐书籍并藏书规条）中有

---

① 丁福保编著《畴隐居士自订年谱》，苏州大学藏本，第十一至十二页。
② 同上。

这样一条记录：

> 史汉三国及各种类书，只准偶尔翻查，不准借出。四史局价甚廉(金陵书局史记钱叁串贰百，两汉钱陆串，三国钱壹串捌百)。①

查考《皇清续文献通考·钱币考》中所记载的同治五年时期的钱币兑换汇率，足银一两约可兑换制钱一千文到两千文(概因市场流通制钱是否通胀，确定兑换涨跌，若附值 M 为不同货币间兑换汇率符号，则 M 靠近 1/1000 是通缩，反之，M 靠近 1/500 是通胀，当时一串制钱以一千文为单位)。

上述“金陵书局史记”价值“叁串贰百”，也就是约等于足银三两二钱。同时，制钱与银元的兑换汇率，是根据银元的涨跌所决定。银元又称“番银”，其初是由洋人发行(以墨西哥银元为代表)用来掠夺我国金银储备的金融工具。它们之间的兑换汇率，是随着我国与彼国贸易关系所决定。据《皇清续文献通考·钱币考》记载，同治四、五年间，银元(番银)仅与足银兑换价值相仿：

> 一圆兑足银七钱三四分。

一块银元兑换足银不到一两，而后又记录：

> 其银番钱一元亦只换钱一千零数十文，与内地(此处所记录乃广东沿海的汇率)相仿子母相权。②

也就是说，银元的兑换汇率与官方足银汇率相差不大。当时金陵书局所刊印的《史记》，一套(制)钱三串二百，约值银元三元二，《两汉》一套(制)钱六串，约值六元，《三国》一套(制)钱一串八百，约值一元八。丁福保所说的“拟买各书约数千元”，照此估算，至少可购买约一千套《史记》，(或五百套《两汉》，或三千套《三国》)。加之，南菁书院建院之初的书，是从左宗棠奏请从各省书局借调而来，后续购入藏书，若也按上述方法折算，若“拟买各书”需九千元，可知书院藏书，逾万卷是不成问题的。

另外，蒋维乔在其《因是子自传》中提到，南菁书院有藏书楼，有“十万卷藏书”。蒋维乔与丁福保均于光绪二十一年(1895)考入南菁书院。蒋维乔的记录

---

① 李希泌、张淑华编《中国古代藏书与近代图书史料》(春秋至五四前后)，中华书局 1982 年版，第 71—72 页。

② 刘锦藻编纂《清朝续文献通考》(第一册)，《钱币考》，商务印书馆，总第 206—208 页。

可与丁福保年谱中的记载相互参照。众所周知,《四库全书》体例庞大,所收书也仅七万九千三百九卷(不包括存目卷数),若按照蒋维乔的说法,南菁书院藏书已经超过《四库全书》所收的总量,几可与南宋魏了翁在蜀地所创明道书院的藏书等量齐观。由此可见,黄体芳为藏书楼所撰楹联中所言"萃总目之万余种",绝非夸耀之辞,而书院创办十年后,藏书量可能远远超过"萃总目之万余种"的规模。

四、后书院时代 藏书掠影

南菁书院藏书的命运,亦如中国历代藏书所遭受的一样,聚散无常,而在如此跌宕的藏书历史中,直至抗日战争时期,遭受日军炮火尽毁之前,书院藏书的规模体制,一直为世人所惊叹。

据谢元震回忆,一九二五年,自法国学成归来的刘半农博士和赵元任博士曾一同到访南菁中学(昔日南菁书院)。其中,赵元任博士到江阴调查地方方言,走访当时南菁中学藏书楼,楼上尚有书院时期部分藏书。

> 正厅进去为藏书楼,楼上有书院时期古籍,绝大部分为木刻本,分别藏于双层大木柜中,大柜不下一百数十只,柜门粘有书目,记得是薛晓升老师用工整小楷书写。[①]

一九二五年,距离江阴南菁书院奏改学堂,已过去二十余年,改制一新的南菁中学,仍然完善保存着书院时期藏书。谢元震所记录的这一条书院藏书信息证实,书院时期的一部分藏书仍存放于当时的南菁中学,并未全部流入各大图书馆或流失于海外。其中"木刻本",说明其中可能包括王先谦刊刻《皇清经解续编》,但不是全部。因为《皇清经解续编》全帙,据确切记载,共有一千四百三十卷,三百二十册。加上南菁书院书局先后所刻图书,包括《杨氏全书》〔覆刻,每部十册(未言明共几部)〕、《南菁札记》(二十三卷,六册)、《南菁讲舍文集》(九卷,四册)、《南菁文钞二集》(六卷,四册)、《南菁文钞三集》(十六卷,六册)、《清嘉初集》(五卷,五册)、《清嘉二集》(四卷,四册)、《清嘉三集》(三卷,三册)《江左制义辑存》(三册)、《四语汇编》(二册)、《劝学篇》(二册)、《南菁书院丛书》(一百四十四卷),再算上黄体芳任学政之时,虽在"南菁"设书局之前,

---

① 江阴市政协学习文史委员会编《江阴文史资料集粹》,上海古籍出版社2004年版,第552页。

也曾刻过书,据记载:“至少有二种:《江左校士录》和叶适《习学记言序目》(书院志 101—104)”前后共计刻书约四百余册。“大柜子不下一百数十只”,区区四百余册木刻书,显然不足以填充所有。由此可见,当时赵元任先生所看到的书院时期藏书,不仅只是存留下的刻书,也应包括书院历来所藏书的一部分。

南菁书院的藏书除了部分留存在书院藏书楼,先后为后来的南菁高等学堂、南菁中学继承,其他则流向江苏、上海等各地方图书馆,也有一部分流布到海外成为欧美各大图书馆的藏品。然而,遗憾的是,留存在书院藏书楼这一部分藏书,最后见于史料记载的时间定格在 1925 年。随后,在抗日战争期间,该部分藏书遭受战火,几乎损毁殆尽。仅有包括《皇清经解续编》在内的一小部分藏书,因流布广泛,得以不亡,后人还可以一睹其真容。

五、晚清经学 粹集刊行

王先谦与其主持刊刻的《皇清经解续编》

章先朴撰文《江苏省南菁中学百年简史》,其中对南菁书院所刻“经解”有如此:

(光绪十一年)是年黄体芳卸职,后任江苏学政湖南长沙人王先谦奏准在南菁书院设刻书局。经编撰及镌版、印刷工人三年的努力,于光绪十四

> 年(1888),晚清经解巨著——《皇清经解续编》装订成册,颁行全国。[1]

是知,这部经解巨作,体例庞大,收录完全。其中"编撰及镌版、印刷共三年",而"宝文堂"的刻印工作,"费时达半年之久",也即是说编辑整理该丛书,耗费近两年半的时间,足见编撰者用力精审,非同一般。该丛书一经问世,就产生了巨大影响力,直至今日,在欧美各大图书馆尚珍藏有这一部宏编巨帙。

宝文堂的后人王德育撰文记录这一段典故,为南菁书院刻书的辉煌历史,提供了进一步佐证:

> 光绪十一年(1885),湖南长沙人王先谦继黄体芳为江苏学政,向朝廷奏准在南菁书院设立书局,刻版印刷。宝文堂书房曾于光绪十四年(1888)承接南菁书院书局印刷业务,其中《皇清经解续编》一书,1430卷,即曾雇工百余名,精心印刷出版,费时达半年之久。[2]

《经解续编》刊印完毕后,书院又着手刊刻了助益书院学子课艺之用的其他书籍,如:《南菁书院丛书》,由缪荃孙、王先谦辑,全书共一百四十四卷;《南菁讲舍文集》,黄以周辑,全书六卷;《南菁札记》,时任江苏学政溥良辑,共二十一卷。

南菁书院开办书局以来,究竟刊刻多少书籍,对此,《南菁书院志》中有详细统计,如下:

> 《皇清经解续编》,共有一千四百三十卷,三百二十册
> 《杨氏全书》(覆刻,每部十册)
> 《南菁札记》(二十三卷,六册)
> 《南菁讲舍文集》(九卷,四册)
> 《南菁文钞二集》(六卷,四册)
> 《南菁文钞三集》(十六卷,六册)
> 《清嘉初集》(五卷,五册)
> 《清嘉二集》(四卷,四册)
> 《清嘉三集》(三卷,三册)
> 《江左制义辑存》(三册)
> 《四语汇编》(二册)
> 《劝学篇》(二册)

① 同上,第523页。
② 同上,第478页。

《南菁书院丛书》(一百四十四卷)①

附黄以周任学政时亦曾主持刻书,有明确记载的至少有两部,分别为《江左校士录》和叶适《习学记言序目》②。

六、结语

南菁书院从光绪十年正式开课,至光绪二十四年"遵改学堂",前后历经十四载春秋,书院藏书由最初的向官书局征书,到自购自备,再到开办书局刻书。藏书由最初的逾万卷,到鼎盛时期的十万卷,容量不断扩充,它们为一代又一代南菁学人提供了厚实的文献资源,也为后人留下了宝贵的文化遗产。

(作者简介:丁耀桩,男,苏州大学硕士研究生。)

① 赵统编著《南菁书院志》(初稿),《百廿南菁丛书》,江阴南菁高级中学 2002 年,第 100 页。
② 同上。

南朱北王书籍往来考

崔晓新

南朱北王之目乃指清初秀水朱彝尊与新城王士禛。朱彝尊(1629—1709),字锡鬯,号竹垞,清初著名学者,词人,著有《经义考》《日下旧闻》《曝书亭集》等。王士禛(1634—1711),字子真,号阮亭、渔洋山人,康熙朝名臣,诗人,号为"一代正宗",有《带经堂集》《池北偶谈》《渔洋诗话》等传世。

朱彝尊与王士禛同为康熙一朝文坛名宿,生当同时,成就相当,时人及后世论及清初文坛时,常以朱彝尊、王士禛并举,即所谓南朱北王,《四库提要》即云:"内廷彝尊文章淹雅,初在布衣中已与王士禛声价相齐"①。朱王二人多有交集,且在交往起初存在微妙关系,笔者另有专文探讨。笔者在考察朱彝尊、王士禛交游的基础上发现,图书借阅、借抄与互赠是朱王交游的一项重要内容。对于二人图书往来的考察是揭示二人交往原因的重要一环,并且是深入研究二人藏书与治学的重要内容与线索。

一、图书往来是朱王交游的重要内容

与今人利用众多的公共图书馆及丰富的网络资源相比,古人读书治学多依赖私家藏书。朱王二人均出自书香门第,同为宰辅之后,家中藏书皆曾盛极一时,然历经明清鼎革之变后,藏书遭遇了散亡的命运。朱彝尊尝云:"先太傅赐书,乙酉兵后罕有存者。"②王士禛亦言:"至司马、方伯二公,藏书颇具矣,乱后尽毁兵火。"③在这一点上,二人有着相同的家庭背景。且二人均为爱书嗜读之人:朱彝尊"客游南北,必橐载十三经、二十一史以自随"④。王士禛"自幼小,凡博弈诸戏,一无所好,惟嗜读书,虽官户部侍郎、刑部尚书最繁剧之地,下直亦手不释书卷也"⑤。因此二人于购求图书不遗余力:朱彝尊"凡束修之入,悉以买书"⑥,尝以二十金购求项氏万卷楼残帙,通籍后购求抄录图籍约三万卷,归田后

① 永瑢等《四库全书总目》,中华书局1965年版,第732页。

② 朱彝尊撰,王利民、胡愚等校点《曝书亭全集》,吉林文史出版社2009年版,第417页。

③ 王士禛《居易录》,见《四库全书》第869册,上海古籍出版社1987年版,第472—473页。

④ 钱仪吉、缪荃孙、闵尔昌、汪兆镛《清代碑传全集》,上海古籍出版社1987年,第239页。

⑤ 王士禛撰,张世林点校《分甘余话》,中华书局1989年版,第9页。

⑥ 《曝书亭全集》,第417页。

续收四万卷,又得李延昰赠二千五百卷,最终"拥书八万卷"①。王士禛同是"俸钱所入,悉以购书"②,康熙四年自扬州归,所携"惟图书数十簏而已"③;康熙四十年五月,请假归里迁葬,亦是携带图书数车,禹之鼎因之绘《载书图》,传为美谈;尝自言曰:"宦游三十余年无长物,唯书数千卷。"④朱王二人亦均有求书相关的趣闻佳话流传,此不赘述。

朱王二人对于藏书有较为一致的理念,即不为鉴赏把玩,不唯宋元本是贵,保存、流传文献与治学是二人藏书的主要目的。朱彝尊编辑有《经义考》三百卷、《明诗综》一百卷、《日下旧闻》四十二卷、《词综》三十六卷等多部大部头书籍,丰富的藏书是其基础。王士禛明言"今人但贵宋槧本,顾宋板亦多讹舛,但从善本可耳"⑤,可见王氏藏书非"佞宋"一派,而最注重善本,"斤斤于字句之是非"⑥,王氏纂有《历代诗话》,亦是利用其五代、两宋史传及说部的藏书而成⑦。

然而古人对于图书的购藏与今时相较,在难度上不可同日而语,主要原因是彼时图籍多传本较少,又加流通不畅。尤其宋元旧刻,更是物以稀为贵,即便财力允许也难获原本。故而大量图书"仅存于水火劫夺之余,借抄本流传"⑧。朱王二人于图书购藏亦是如此,除购买图籍外,借抄了大量图书。朱彝尊"中年好抄书,通籍以后,见史馆所储,京师学士大夫所藏弆,必借录之"⑨,"借抄于史馆者有之,借抄于宛平孙氏、无锡秦氏、昆山徐氏、晋江黄氏、钱唐龚氏者有之"⑩。王士禛亦是"自始仕至今,目耕肘书,借观辄录其副"⑪,"每闻士大夫家有一秘本,辄借钞其副"⑫。

由于朱王二人藏书理念颇为相符,又二人藏书互相利用的情况较多,相互借阅、抄录、赠予图籍时有发生。笔者根据排查钩沉发现图书往来是朱王二人交游的重要内容:朱彝尊向王士禛借抄图籍 3 部,王士禛向朱彝尊借抄、借阅图籍 13 部,朱彝尊赠予王士禛图书 3 部。对图书往来的考察不仅是揭示二人交往原因的重要一环,并且是深入研究二人藏书与治学的重要内容与线索,论文

---

① 《曝书亭全集》,第 417 页。
② 《曝书亭全集》,第 650 页。
③ 《居易录》,第 473 页。
④ (清)王士禛《池北偶谈》,中华书局 1982 年版,第 6 页。
⑤ 《居易录》,第 323 页。
⑥ 陈乃干《重辑渔洋书跋》,中华书局 1958 年版,第 1 页。
⑦ 蒋寅《王渔洋与康熙诗坛》,凤凰出版社 2013 年版,第 145 页。
⑧ 《曝书亭全集》,第 650 页。
⑨ 《曝书亭全集》,第 448 页。
⑩ 《曝书亭全集》,第 417 页。
⑪ 《曝书亭全集》,第 650 页。
⑫ (清)王士禛《带经堂集》,见《续修四库全书》第 1414 册,上海古籍出版社 2002 年版,第 683 页。

对涉及的19部图籍一一钩稽，历数其体例内容，探究其版本源流，冀有些许裨益于相关研究者。

二、朱王图书往来情况详考

(一)朱彝尊借抄王士禛图籍

朱彝尊尝云"将寻先生之书库，借钞所未有者"①，明言归乡后将借抄王士禛池北书库中自己未有者，有明确文献可考的有：

1.《太平寰宇记》

《太平寰宇记》二百卷，宋乐史撰。地理名著，记宋代版图疆域、州县沿革，上溯周秦，下迄宋初。《四库提要》称："其书采摭繁富，惟取赅博，于列朝人物一一并登。至于题咏、古迹，若张祜《金山诗》之类，亦皆并录。后来方志必列人物、艺文者，其体皆本于史。"②

康熙二十二年朱彝尊自王士禛池北书库抄得此书，跋云："《太平寰宇记》二百卷目录二卷，宋朝奉郎太常博士乐史撰。康熙癸亥抄自济南王祭酒池北书库，阙七十余卷，后二年复借昆山徐学士传是楼本缮写补之，尚阙河南道第四卷、江南西道第十一至十七卷。"③王士禛于此事亦有记载："《太平寰宇记》一百二十卷，宋乐史撰。世无刊本，予家有写本，阙七十余卷，竹垞尝借钞之，又借徐氏藏本，补足六十余卷，尚阙第四卷及百十三卷至百十九卷，仅阙八卷，闻金陵焦氏有宋刻本，今归昊庐泽宏侍郎。"④二人所记可相印证。

此书宋代初刻流传极少，至明代已不见记载，明末清初刊本不一，然已非完本。毛晋汲古阁藏抄本缺卷四、卷八十二、一百十一至一百十九。乾隆年间纂修四库全书，所据底本为汪启淑所藏，亦缺八卷。乾隆五十八年万廷兰依玉溪活字版参校，将陈兰森从地理引文补辑之作补入书中，凑足二百卷之数。光绪八年金陵书局以乾隆五十八年崇仁乐氏刻本为底本，参以万廷兰本及朱彝尊影抄旧本。同年杨守敬于日本发现宋椠残本，将其中不见于国内刊本的五卷半刊印于《古逸丛书》中，到此，此书尚缺河南道第四、江南西道第一百十九二，以及一百十四卷尾数页，计缺两卷半。

---

① 《曝书亭全集》，第650页。

② 《四库全书总目》，第595—596页。

③ 《曝书亭集全集》，第483页。

④ 《居易录》，第455页。

2.《玉壶清话》

《玉壶清话》,北宋僧文莹撰,载五代后期至宋熙宁间君臣行事、礼乐文章、四海见闻。文莹自序云:“其间神道碑、墓志、行状、实录及奏议、碑表、野编小说之类,倾十纪之文字,聚众学之醇郁。君臣行事之迹,礼乐宪章之范,鸿勋盛美,列圣大业,关累世之隆替,戒四海之见闻。惜其散在众帙,世不能尽见,因取其未闻而有劝者,聚为一家之书。”①

康熙二十七年二月十七日朱彝尊向王士禛借阅《玉壶清话》,王氏《北征日记》有云:“竹垞见借宋僧文莹《玉壶清话》十卷。”②

康熙四十二年十二月嘉定张大受入京,朱彝尊托其将书归还王士禛,其《答刑部王尚书论明诗书》有云:“邮便奉报《摭言》《吴越备史》《玉壶清话》三书附上。”③

3.《归愚集》

《归愚集》十卷,宋葛立方撰,为其诗文集。

王士禛《归愚集》跋文云:“葛侍郎常父,谥文康胜仲之子,谥文定邲之父也。按:《国史经籍志》有《归愚集》二十卷,此佚其半矣。文定公南渡贤相,史称有《文集》二百卷、《词业》五十卷,不知传于世否,当访之。”④此跋文《居易录》亦有著录,文字稍异。

王氏此本后归黄丕烈,黄氏《荛圃藏书题识》宋刻《归愚集》条云:“后于海盐家椒升处见一旧抄本,首尾悉同,中多乐府一卷,但书卷第,不标数目。前有王阮亭朱竹垞题识……”⑤黄氏所录王士禛跋文与《居易录》《蚕尾集》所载皆略有差异;录朱彝尊跋文云:“竹垞娱老斋成,展读一过。时康熙丁丑八月二日。”⑥

此本后又归陆心源,现存日本静嘉堂。陆心源《皕宋楼藏书志》有云:“侍郎葛公归愚集十卷,旧抄本,池北书库旧藏。”⑦

综上,此本为王士禛藏书,而朱彝尊借读并题跋,或王氏后归朱彝尊,亦有可能。

---

① 文莹撰,郑世刚、杨立扬点校《玉壶清话》,中华书局 1984 年版,卷首。

② 《王士禛全集》,第 1730 页。

③ 《曝书亭全集》,第 397 页。

④ 王士禛《带经堂集》,见《续修四库全书》第 1414 册,上海古籍出版社 2002 年版,第 693 页。

⑤ 黄丕烈《荛圃藏书题识》,见《国家图书馆藏古籍题跋丛刊》第 8 册,北京图书馆出版社 2002 年版,第 54 页。

⑥ 《荛圃藏书题识》,第 55 页。

⑦ 陆心源《皕宋楼藏书志》,见《续修四库全书》第 929 册,上海古籍出版社 2002 年版,第 261 页。

(二)王士禛向朱彝尊借抄图书

朱彝尊藏书宏富,而王士禛亦是爱书之人,从朱彝尊借阅、誊写了不少图籍:

1.《蜀鉴》

《蜀鉴》十卷,旧题李文子,实为南宋郭允蹈撰。卷首方孝孺云:"自秦取南郑至宋平孟旭,上下千二百年事系乎蜀者,为书十卷。凡国统之离合,地势之险易,贤才之盛衰,攻守之得失,与夫忠顺致福之效,逆乱取祸之原,莫不毕举而详之,名曰《蜀鉴》。"①

康熙二十九年王士禛于朱彝尊借阅《蜀鉴》,事载《池北偶谈》:"是书予壬子入蜀时,购之不可得,康熙癸亥乃借之朱简讨锡鬯。朱好写书,多未刻秘本。"②

2.《唐摭言》

《唐摭言》十五卷,五代王定保撰③,"是书述有唐一代贡举之制特详,多史志所未及,其一切杂事,亦足以觇名场之风气,验士习之醇浇。法戒兼陈,可为永鉴,不似他家杂录,但记异闻已也"④。初以抄本流传,南宋嘉定四年郑昉宜春郡斋付刻,明万历间被收入《稗海》丛书,仅一卷,删削过甚,之后抄本外少见流传。朱彝尊获之慈仁寺,于《唐摭言跋》中云:"是编一十五卷,获之京师慈仁寺,集乃定本也。卷尾有柯山郑昉跋,称嘉定辛未刊于宜春郡。"⑤

王士禛曾向朱彝尊三借《唐摭言》。

康熙二十六年王士禛致书朱彝尊,借《唐摭言》足本。《王士禛行楷二通》云:"《摭言》足本如得,即付来,感甚,感甚。"⑥康熙二十七年二月十五日朱彝尊携《唐摭言》前去拜访王士禛,王氏记录云:"携示《唐摭言》足本,凡十五卷,宋嘉定中柯山郑昉刻也。"⑦

康熙三十年王士禛再借朱氏《唐摭言》。王氏云:"唐王定保《摭言》足本凡十五卷,宋嘉定中柯山郑昉刻于宜春。竹垞有写本,予戊辰辛未于京师两借

① 郭允蹈《蜀鉴》,巴蜀书社1984年版,卷首。

② 《王士禛全集》,第3238页。

③ 按:《四库全书》本《居易录》,《王士禛全集》本《居易录》中"唐摭言"词条均将作者误作"王保定";杜泽逊、程远芬《山东著名藏书家》王士禛部分有"借阅王保定《唐摭言》"语句,亦误。

④ 《四库全书总目》,第1186页。

⑤ 《曝书亭全集》,第548页。

⑥ 葛嗣浵《爱日吟庐书画别录》,见《续修四库全书》第1088册,上海古籍出版社2002年版,第644页。

⑦ 《王士禛全集》,第1730页。

观。"[1]《四库全书》本《唐摭言》后有王士禛跋,内容与此稍异,云:"《摭言》足本十五卷,从朱竹垞翰林借抄,视《稗海》所刻多什之五。唐人说部流传至今者绝少,此书洎《封氏闻见记》皆秘本,可贵重。当有好事者共表章之。"[2]

康熙四十二年王士禛三借《唐摭言》。此时朱彝尊已离京归家,故借阅过程略显曲折:康熙四十二年八月王士禛致书宋至,托其促成,书云:"前书与竹垞,欲借《吴越备史》《摭言》足本二书,统一询之促之。"[3]未果,十一月又致书宋荦云:"近欲得《吴越备史》《摭言》足本二书,有所考证。竹垞藏书中皆有之,希为鼎致慨借。明年二月必返璧也。"[4]十二月朱彝尊将回札《答刑部王尚书论明诗书》与《唐摭言》《吴越备史》二书托入京的张大受以付王士禛,书有云:"邮便奉报《摭言》《吴越备史》《玉壶清话》三书附上。"[5]

3.《吴越备史》

《吴越备史》四卷《补遗》一卷,旧题宋范坰、林禹撰,实为宋钱俨撰,编年体史书,记载五代时吴越国创建兴起消亡的具体过程,涉及吴越国、唐王朝、宋王朝等政治、军事、外交、经济、文化各个方面。

康熙四十二年王士禛向朱彝尊借阅《吴越备史》,其过程及往来书札已见前《唐摭言》条,此不赘述。

4.《元丰九域志》

《元丰九域志》十卷,宋王存等编,北宋中期地理总志。

朱彝尊《跋元丰九域志》云:"曩见宋槧本于昆山徐氏,失四京第一卷,次卷亦多阙文,特府州军监县均有古迹一门,盖民间流行之书。而此则经进本也。……宋槧字小而密,斯则格纸轩朗,便于老眼览观,极为可喜,抄而插诸架。"[6]知朱氏所藏乃据元丰间经进原本所抄。

王士禛尝欲治乡邦方志,见所据《元丰九域志》多有阙文,恰朱彝尊亦有此书,故致书问询,其云:"《九域志》,宋王存撰,徐亦有钞本,第二卷以下尚完,其第一卷京东东路及序多阙轶,正吾乡齐淄青等州也,惜无从考证之……朱太史竹垞彝尊向有此书,当寄问之。"[7]

5.《兰亭博议》

《兰亭博议》十二卷附一卷,宋桑世昌撰。辑王羲之《兰亭序》150余种版

---

① 《居易录》,第499页。
② (五代)王定保《唐摭言》,见《四库全书》第1035册,上海古籍出版社1987年版,第808页。
③ 《王士禛全集》,第2464页。
④ 《王士禛全集》,第2438—2439页。
⑤ 《曝书亭全集》,第397页。
⑥ 《曝书亭全集》,第484页。
⑦ 《居易录》,第656页。

本，是最早研究《兰亭序》版本之著作，为研究宋前《兰亭序》流传的重要资料。

康熙二十九年王士禛于朱彝尊处借阅《兰亭博议》，未及抄录，载于《居易录》，云："宋桑世昌《兰亭博议》，予庚午岁曾借之朱竹垞太史，旧刻甚精妙，惜匆匆还之，未及钞写。"①

6.《宝刻丛编》

《宝刻丛编》二十卷，南宋陈思编。"是书搜录古碑，以《元丰九域志》京府州县为纲。其石刻地理之可考者，案各路编纂，未详所在者，附于卷末，兼采诸家辨证审定之语，具著于下"②。朱彝尊跋称其"颇中条理，金石文跋，借其会粹"③。此书至清已不见刊本流传，仅有抄本，且不易得。

王士禛《香祖笔记》卷九云："南宋人陈起有《宝刻丛编》，尤为该洽。尝从朱竹垞彝尊见写本，未暇钞录。"④

7.《未备五经注疏》

《未备五经注疏》一卷，王士禛抄自朱彝尊，有《跋未备五经注疏》"此《未备五经注疏》一卷，乃抄自朱竹垞太史者，太史手抄经学书多至百种，此盖较西亭王孙《授经图》所载而未备者，然亦可谓博矣"⑤。

8.《疑狱集》

《疑狱集》三卷，五代后晋和凝、和㠓父子编撰，为史传体狱案汇编中的发轫之作。"所记皆平反冤滥抉摘奸慝之事，俾司宪者触类旁通，以资启发。虽人情万变，事势靡恒，不可以成法，而推故迹举一反三，师其意而通之于治狱，亦不无裨益也"⑥。

吴寿暘《拜经楼藏书题跋记》云："《疑狱集》三卷，前二卷和凝编，后一卷子㠓续，首有㠓序及杜震序。此抄本乃吴氏太初所录，有其图记。太初书后云：'此册乃余友鲍以文得于石仓吴氏，前页有朱检讨手书：'竹垞抄本，康熙戊子闰月奉寄池北书库。'盖录以寄渔洋山人者也。"⑦陆心源《仪顾堂题跋》卷六《疑狱集跋》亦云："此本三卷，凡六十六条，为朱竹垞抄以奉王渔洋者。"⑧

① 《居易录》，第604页。

② 《四库全书总目》，第737页。

③ 《曝书亭全集》，第481页。

④ 王士禛《香祖笔记》，上海古籍出版社1982年版，第173页。

⑤ 《带经堂集》，第418页。

⑥ 《四库全书总目》，第849页。

⑦ 吴寿暘《拜经楼藏书题跋记》，见《国家图书馆藏古籍题跋丛刊》第9册，北京图书馆出版社2002年版，第410—411页。

⑧ 陆心源《仪顾堂题跋》，见《国家图书馆藏古籍题跋丛刊》第17册，北京图书馆出版社2002年版，第505—506页。

9.《能改斋漫录》

《能改斋漫录》十八卷,南宋吴曾撰。书为笔记著作,分事始、辨误、事实、沿袭、地理、议论、记诗、记事、记文、类对、方物、乐府、神仙鬼怪十三门,涉及朝野掌故、名物制度、风物人情、车服宴饮、文学艺术、方言俗语等,内容庞博,考证精详。《四库提要》称其“在南宋说部之中,要称佳本”①。

《能改斋漫录》编刊于绍兴二十四至二十七年间,孝宗隆兴初因仇家告讦,遂被禁毁。至光宗绍熙元年始重刊版,“自元初以来,刊本久绝”②。明人从内阁抄出残本,阙首尾二卷,“焦竑家传写之本,遂以第二卷、第十七卷各分为二,以足其数,实非完帙”③,焦氏之本为清多数版本之祖。

康熙二十二年冬王士禛从朱彝尊借阅《能改斋漫录》。是书《四库全书》本卷末附王士禛跋云:“曾此书援据该博,文辞尔雅,周弁阳一流。然在当时,郑显文者尝赴御史台论其事涉谤讪,有旨:曾与显文各降两官,赖臣僚檄奏。孝宗明圣,显文黜逐,其子亦编管汀州,后京仲远受其书,始获版行,著书之难如此。康熙二十二年癸亥冬日,偶从竹垞太史借此本,因题”④。

10.《研北杂志》

《研北杂志》二卷,元陆友撰,多记元以前之佚文琐事,间及古碑篆隶、琴材砚石、钟鼎彝器,言之娓娓,考之详确。

王士禛尝于京师借阅朱彝尊所藏《研北杂志》,甚是喜爱。朱彝尊罢官归里后将此书寄赠于王士禛。王氏记录云:“《研北杂志》上下二卷,说部之佳者。卷末有陈仲醇跋,而正、续《秘笈》不载此本。在京师,假之朱竹垞太史。太史以余爱之,既归禾中,三千里外驰书相寄。开缄抚卷,重念故人,怃然者久之。”⑤

11.《鉴诫录》

《鉴诫录》十卷,后蜀何光远撰。《四库提要》云:“其书多记唐及五代间事,而蜀事为多。皆近俳谐之言。各以三字标题,凡六十六则……所载轶事遗文,往往可资采掇。”⑥

是书有宋刻巾箱本,明代项元汴天籁阁曾藏有一部,清康熙年间入归朱彝尊,王士禛见而誊录一部,朱彝尊《书鉴诫录后》云:“《鉴诫录》十卷,后蜀何光远辉夫撰……是册犹宋椠,卷首书‘重雕足本’,惟刘序失之。吾乡墨林项氏藏

① 《四库全书总目》,第 1018—1019 页。
② 《四库全书总目》,第 1018 页。
③ 《四库全书总目》,第 1018 页。
④ 吴曾《能改斋漫录》,见《四库全书》第 850 册,上海古籍出版社,1987 年,第 851 页。
⑤ 《带经堂集》,第 698 页。
⑥ 《四库全书总目》,第 1187—1188 页。

书也。济南王先生贻上见而爱之,曾手录一部。”[①]王士禛亦留有“王士積阮亭甫假观,手录一通,因较正讹谬数十字”[②]一跋[③]。

此书于朱彝尊后又先后经徐七来、顾广圻、程世铨、黄丕烈、汪士钟、翁心存等收藏,又因留有王士禛、曹寅、黄丕烈等多家名人题跋,价值巨大,为宋版传世仅存孤本。蒋寅云:“《鉴诫录》[④]传世仅朱彝尊所藏宋刊本,直到鲍廷博刻入《知不足斋丛书》方流行于世,在清初珍秘可知。”[⑤]

12.《马石田集》

《马石田集》十五卷,元马祖常撰。“其文精赡鸿丽,一洗柔曼卑冗之习,其诗才力富健,如《都门壮游》诸作,长篇巨制,迴薄奔腾,具有不受羁勒之气。”[⑥]

康熙二十八年冬王士禛访朱彝尊,见钞本《石田文集》,即借去。其《居易录》有云:“元马祖常伯庸《石田文集》十五卷,至元五年江北淮东道肃政廉访司奉旨刊行,弘治中都御史熊翀重刊本……康熙己巳冬杪于竹垞寓斋得睹此本,留旬日而归之。”[⑦]

朱彝尊抄本《马石田集》现藏中国科学院图书馆,前有后至元五年牒文,又至元己卯王守诚、苏天爵、陈旅序,又弘治癸丑李东阳序,又张颐序,王士禛跋。

13.《傅与砺诗集》

《傅与砺诗集》八卷,元傅若金撰。傅氏诗文生前未有刊本,身后元至正间其弟傅若川刊刻其集,名为《清江集》,后毁于壬辰兵乱。而后又有明洪武刻本、弘治刻本、明刻残本、诗文合刊本、潘是仁选本等。

王士禛《居易录》云:“元傅汝砺若金诗集八卷,有范德机、揭曼硕序,洪武壬戌刊本,歌行颇得子美一鳞片甲,七律亦有格调,视南宋俚俗之体相去远甚。时借朱竹垞钞本宋元人集十数种,如行黄茆白苇间,忽逢嘉树美箭,为之眼明。”[⑧]知王氏尝于朱彝尊借阅宋元人集十余种,《傅与砺诗集》为其中之一,并知朱氏所藏为明洪武壬戌刊本。

朱彝尊不仅藏书宏富,著述亦丰,朱彝尊还将自己著作赠与王士禛,本文亦将其归为朱王图籍往来范围,踵前序号,胪列于末:

---

① 《曝书亭集全集》,第548页。
② 黄裳《春夜随笔》,安徽教育出版社2006年版,第153页。
③ 按:此跋黄裳判定“是王士禛的亲笔”,今从黄说。
④ 按:原误为《诫鉴录》。
⑤ 《王渔洋与康熙诗坛》,第141页。
⑥ 《四库全书总目》,第1440页。
⑦ 《居易录》,第325—326页。
⑧ 《居易录》,第316页。

14.《日下旧闻》

《日下旧闻》四十二卷，康熙二十五年夏朱彝尊捃拾典籍及金石遗文更年而成。书分星土、世纪、形胜、宫室、城市、郊垧、京几、侨治、边障、户版、风俗、物产、杂缀一十三门。是当时北京最大的地方志，乾隆年间于敏中、窦光鼐等奉敕纂修的《钦定日下旧闻考》即以朱氏《日下旧闻》为原本。

王士禛《居易录》云："朱检讨彝尊著《日下旧闻》，毕写寄之。予得观览焉。"①

15.《经义考》

《经义考》三百卷，朱氏"仿鄱阳马氏《经籍考》而推广之，自周迄今，各疏其大略，微言虽绝，大义间存，编成《经义考》三百卷"②。康熙二十五年始辑，康熙三十八年蒇功。乾隆赞云："自汉迄今说经诸书存亡可考，文献足征。编辑之勤，考据之审，网罗之富，实有裨于经学。"③

康熙三十八年书成后，朱彝尊将书之十六卷寄予王士禛。王氏《居易录》云："朱检讨竹垞书来，寄所著《经义存亡考》十六卷。云此书已成，凡三百卷。今所寄者才《连山》《归藏》《周易》，止于北宋，则全书之浩博可知已。"④

16.《明诗综》

《明诗综》一百卷，朱氏收录有明一代诗歌，"上自帝后，近而宫壶宗潢，远而蕃服，旁及妇寺僧尼道流，幽索之鬼神，下征诸谣谚，入选者三千四百余家。或因诗而存其人，或因人而存其诗，间缀以诗话，述其本事，期不失作者之旨"⑤。

康熙四十一年，朱彝尊将已成的《明诗综》十八卷托张大受转送王士禛。《竹垞老人尺牍》记云："日下抄撮明人诗，名曰《诗综》。体虽唐宋元杂陈，而附以诗话，颇足以订国史之误。谨先以样本一十八卷，托张孝廉日容赍呈，倘有必当芟削者，老先生不妨涂抹示改也。"⑥

(作者简介：崔晓新，1983 年生，女，辽宁铁岭人，满族，古典文献学博士，鲁东大学文学院讲师，研究方向为古典文献学、古代文学。)

(项目：本文系山东省高校人文社会科学项目"朱彝尊交游研究"，编号：J14WL04 研究成果。)

① 《居易录》，第 488 页。
② 《曝书亭全集》，第 397 页。
③ 朱彝尊《经义考》，中华书局 1998 年版，卷首。
④ 《居易录》，第 701 页。
⑤ 《曝书亭全集》，第 423 页。
⑥ 《曝书亭全集》，第 1003 页。

清车王府曲本中“乱弹”剧目考

谢实东

1955年，刘烈茂先生率先提出整理“车王府曲本八百种”的设想，并获得全国高校古籍整理研究工作委员会的立项资助，但由于种种原因进展缓慢。2004年，该项目由中山大学黄仕忠教授主持，前后历经十八年，最终由中山大学出版社出版了《清车王府藏戏曲全编》（以下简称《全编》）。该书收录戏曲与影词两部分，戏曲部分主要包括昆腔、高腔、皮黄、乱弹四类。《全编》中共收录乱弹剧六十八种，其中二十八种为余治的劝善戏，因学界研究余治劝善戏已有丰富的研究成果，所以本文不再对其进行研究，仅以前四十种为主要研究对象。本文主要是针对这四十种乱弹剧进行剧目考证，并对其中一部分戏曲与相关剧本做一个梳理，前后比较，见出不同。

1.《卖饼子全串贯》

一名《魏虎发配》，取《宝莲灯》中一折。叙演魏虎即南学塾师，因沉香打死秦官宝逃走，受累下狱，被发配广东，途中所遇与王三姐打诨之事。为讽刺性闹剧。《燕兰小谱》花部类有《卖脖脖》一剧，据《燕兰小谱》卷二载王桂官“演《卖饽饽》一出甚佳”。可见，《卖脖脖》即为《卖饽饽》。《扬州画舫录》卷五云：“杨（八官）、郝（天秀）复采长生之秦腔，并京腔中之尤者，如《滚楼》《抱孩子》《卖饽饽》《送枕头》之类，于是春台班合京、秦二腔矣。”因此，京剧亦有此剧。《春台班戏目》、燕京本无名氏《花部剧目》《京剧剧目初探》均有著录。《俗文学丛刊》第324收录《卖饽饽》。双红堂文库藏清道光间陈福喜钞本《卖饽饽》，为王三姐脚本。

2.《百草山全串贯》

一名《王大娘补缸》。乾隆五十年，《燕兰小谱》问世，该书载有“吴下传来补破缸，低低打打柳枝腔”。可见，这出戏约在乾隆时就已传入北京。1986年，《明清戏曲珍本辑选》（中国戏剧出版社1986年版）收录了明万历庚申（四十七年）戏曲抄本《钵中莲》，此是《百草山》故事的本源。《百草山全串贯》共四场：第一场演小生王德兴离家辞父，入京赶考；第二场演花旦山狐幻化人形，强逼王德兴成婚遭拒，于是现出原形，掳走王生；第三场演土地公奉玉帝之命化身为补缸匠人，由山狐手中骗回神缸并将之打破；第四场为众天将下凡降妖。京剧《锯大缸》乃是据第三场所编。这出戏又名《大锯缸》《大补缸》《百鸟朝凤》，亦有以《百草山》为名，不过不普遍。演出可分两大部分：前半以花旦、小丑为主的玩笑小戏;后半则以武戏为主。一般演出多带有武戏的成分,但也有只演前半至砸碎缸、二人吵闹为止的。只演锯缸情节的和车王府《百草山全串贯》第三场情节相同,带有武戏成分的则正是《百草山全串贯》第三、四两场。《百草山全串贯》前两场的剧情在后来京剧演出中均未详细涉及,只简化为"王家庄出现妖怪、借宝物神缸作乱"。《钵中莲》第十四出《补缸》,就是今本《锯大缸》。其中"王大娘、出绣房,忽然门外叫补缸。双手开了门两扇,那边来了补缸匠"和"王大娘、进绣房,打开云鬓巧梳妆"等曲文唱词都和今本大致相同。《百草山》可视为万历抄本《钵中莲》的流传改编,摆脱了首尾俱全的传奇模式,以"前半二小戏、后半大开打"的表演架构确立了全剧的演出方向。稍后《王大娘补缸》传入宫廷。嘉道年间,和聚堂的高记著有《歌样曲儿》,其中便载有【钉缸】【王大娘】等曲调;道光四年,《庆生平班戏目》收有退庵居士藏《百草山》一剧;同治七年(1886),余治《得一录》卷十一"禁唱曲"条收有《王大娘补缸》一剧;光绪十四年,蕃月明记抄有《修缸》一剧;光绪三十年,嘉兴吴澄甫《丝竹小谱》下卷收有《大补缸》一剧;宣统二年,郭仲文《三弦谱》收录《锯缸》;民国刘复等人编《中国俗曲总稿》著录《锯大缸》。《补缸》叙贴旦殷凤娇幻化成人形,来到人间补缸,碰到补缸匠顾老头,顾老头虽年过半百,却仍爱风流,故与殷氏调情,因被"俏娇娘"美色所迷,失手打碎了殷氏的缸,顾老头被现出原形的殷氏吓得仓皇逃走。《百草山全串贯》则叙演王德兴上京赶考,被狐妖掠走。土地化身补缸人,将缸从狐妖手中骗走,并打碎。之后天神下凡,降服狐妖。在人物形象上,《百草山全串贯》将顾老头改成土地,增添了王德兴一角,并保留了狐鬼的形象;在语言上,少了原剧本的淫秽之气。此剧在演出过程中,神魔色彩逐渐淡化,逐渐演变成一出生活小戏。有昆腔本流传,湘剧无全本,仅此一折。《俗文学丛刊》第341册收录钞本两种。祁剧、辰河戏、常德汉剧、荆河戏、巴陵戏、京剧、汉剧、楚剧、川剧、桂剧、秦腔、豫剧等剧种均有此剧目。

3.《查关全串贯》

故事取材于秦腔《吉星台》、京剧《查头关》,叙汉文帝太子刘唐建巡查边关,与边疆少数民族公主相遇并彼此爱慕的故事。之后有《宿关》《逃关》《二关》,演太子刘唐建奉太后懿旨追驾回朝,路遇胡兵,逃回本国,途中被镇守尤家关之胡女大姐尤春风擒住,强逼成婚;刘盗抢马逃走,又被二关的尤春风擒住,刘又逃往三关。《吉星台》有尤春风、春风姊妹争嫁刘唐建事。京剧《查头关》,又名《幽界关》,为传统戏。清道光四年(1824),《庆升平班戏目》有记载,见《戏考》第十册。此剧亦单称《头关》,系《赶三关》之一。除京剧外,河北梆子有《查关》,昆曲有《宿关》。《查关全串贯》讲述的是:汉代王昭君出塞以后,元帝刘奭又娶了昭君妹妹赛昭君为妃,生子名刘唐建。刘巡边,行至幽界关,一时不辨方向。人困马乏，乃在关外小憩。番将苏里烟觉其形迹可疑，报知公主尤春风。春风见刘相貌英俊，心生爱慕之情，故意将他唤醒，命苏里烟加以盘查，苏看破公主心意，从中撮合，终使二人订婚。刘鹜即刘唐建之原型，后为汉成帝。《缀白裘》第十一集卷四收录，题【宿关】，正史未见此事。燕京本无名氏《花部剧目》《庆再平班戏目》亦著录。“缩礼燕”又作“苏里烟”“唆啰宴”，是满人名字的译音，他是尤春风手下的一员将官。此剧未见著录，有旧抄本，存北京大学图书馆。一般只演前半部分，即《查关》。

4.《分家》

一名《打皂分家》，京戏有《紫荆树》。本事见南朝梁吴均《续齐谐记》，载：“京兆田真，兄弟三人，共议分财，生资皆平均，惟堂前一株紫荆树，花叶美茂，共议欲破三片，明日就截之。其树即枯死，状如火然，真往见之，大惊。谓诸弟曰：‘树本同株，闻将分斫，所以憔悴，是人不如木也。’因悲不自胜，不复解树，树应声荣茂，兄弟相感，合财宝，遂为孝门。真仕至太中大夫。”故事见冯梦龙《醒世恒言》卷二《三孝廉让产立高名》篇首诗：“紫荆枝下还家日，花萼楼中合被时。同气从来兄与弟，千秋羞咏豆萁诗。”《分家》剧分【打皂】与【分家】两出，在戏剧中，作者增添了【打皂】环节，并塑造了李三春的形象，故事结尾兄弟三人最终分家。原型是一则教化故事，在戏剧中则演变成一出生活小戏。《俗文学丛刊》第341册收录百本张钞本，题【打皂】，文字相同。《京剧汇编》第四十八集、《京剧丛刊》第四十集、《戏考》第十五册、《国剧大成》续第一集亦有收录。

5.《献连环全串贯》

一名《连环计》《凤仪亭》。本事见《三国演义》第八回《王司徒巧使连环计，董太师大闹凤仪亭》。元杂剧有《连环计》，作者不详。其名曰《锦云堂暗定连环计》，载王允与蔡邕设美人连环计，以貂蝉先许吕布，后送董卓，令布怒而杀允。剧中所述之事虚实各半。后人撰写《连环计》，均以此为底本据以改编，情节大致相同，语言互有差异。明王济有《连环计》传奇，其《拜月》《赐环》两出，后衍为折子戏，此剧即据此改编。明初旧刻《连环计》，作者不详。故事以元人《连环计》为稿本，据以改编，情节关目互相转换，此剧更符合正史中的记载。元剧以一貂蝉两用之，故曰《连环计》；此剧则是王允以玉连环赠予貂蝉，并与之密谋，故曰《连环计》。《献连环全串贯》与明初旧刻《连环计》相同，叙演貂蝉与王允在后花园相遇，两人定下美人计，以离间董卓、吕布二人。王允以连环赠貂蝉，望其为汉室江山除害。《故宫珍本丛刊》第687册收录，题作【赐环】。《戏考》第十七册、《京剧丛刊》第十五集、《国剧大成》第三集亦收录，题作【连环计】。蒲剧经常单独演出《小宴》一折。蒲剧著名小生贾王女、黄鸿才、彭福奎、舒明贵、齐俊美等人，演出中表演的翎子功技术堪称一绝。徽剧、豫剧、粤剧、汉剧、秦腔、川剧、河北梆子、同州梆子均有此剧目。

6.《龙凤配全串贯》

又名《油漆匠嫁女》《龙凤呈祥》《一两漆》。故事见《龙凤配》传奇。演北魏元文钦家贫,投亲不遇,困卧青石。有油漆匠普庆云见蛇钻其七窍,料其必贵,乃唤起询问,邀回家中,命女儿与之成婚。并以一两漆及银一两七之谋,戏弄权充媒婆的鲍姓稳婆与冒充傧相的苟姓阴阳生。亦说作朱元璋事,《戏考》第十八册收录,题【油漆匠嫁女】,别题【龙凤呈祥】和【一两七】,《京剧汇编》第二集收录,题【一两漆】。此二本文字基本相同,背景均作朱元璋时事,演及普胡子见朱元璋卧寝时蛇躜七孔,断定其此后必富贵。此剧是北方昆弋班传统剧目,是艺人据民间故事编撰而成,原本无存。剧中《街遇》《请媒》《说亲》《洞房》等四出折子戏,为近代北方昆弋班常演剧目。《京剧剧目辞典》789 页著录,上引诸种别题,归入元代。汉剧有《七钱七》,湘剧、秦腔、评剧均有此剧目。《俗文学丛刊》第 343 册亦收录。

7.《双心门总讲》

本事见《西游记》第五十六回《神狂诛草寇,道昧放心猿》至第五十八回《二心搅乱大乾坤,一体难修真寂灭》。《真假美猴王》,一名《双心斗》,与此故事情节略有出入。清宫廷连台大戏《升平宝筏》第七本有《双心斗》剧,其中"鹿耳麋猴"与小说同,均作"六耳猕猴"。《双心门》中作"鹿耳麋猴",其他情节相同。徽剧有《双猩斗》,秦腔同另名。"六耳猕猴"事在《京剧剧目初探》中亦有涉及,老四喜班演出,结尾有所不同。

8.《盘丝洞总讲》

清佚名作,本事见《西游记》第七十二回《盘丝洞七情迷本,濯垢泉八戒忘形》。嘉庆七年所演《盘丝洞》是依据《升平宝筏》原本。清末,《盘丝洞》剧情较原本有所改编,原本中蜘蛛精中有名号者仅月霞仙子一人,其他六人均无。至升平署本,则为蜘蛛精增添了紫、黄、蓝、白、青等名号。又增添月霞仙子与唐僧成亲、孙悟空幻化成假唐僧与月霞嬉闹、请金眼神鹰杀妖等情节,原本《盘丝洞》中无此情节。改编后的《盘丝洞》剧本,进一步将其他蜘蛛精依次命名为碧霞、云霞等;黄花观的百眼大仙改成千眼大神,情节变为孙悟空等不敌众蜘蛛精,遂请观音菩萨带领众天兵天将,设天罗地网,擒得众妖。荣椿科班有乱弹本《盘丝洞》,其中蜘蛛精的名号被改编成定情仙子、痴情仙子等,情节为定情仙子幻化成八戒,诱唐僧入洞,孙悟空等搭救不力,亦被擒。后有飞云洞壁虎大仙访结义妹定情仙子,因观看网中的悟空,致使孙悟空脱网而逃。之后悟空乃请观音率众天将收服众妖。方问溪认为此本是由四喜班改定而成,事实上,此本《盘丝洞》与中国艺术研究院戏研所藏《耿藏剧丛》一集第 336 册中的《盘丝洞》剧本的故事情节是一致的。可见此本亦是由宫中流传并改编而成。《京剧剧目初探》载:"《盘丝洞》旧以吹腔为主。梅巧玲演出,荀慧生改为皮黄。有的演出本偏重色情,秦腔有此剧目。"《今乐考证》注谓有"写本",疑是清人《升平宝筏》传奇中之一段。《俗文学丛刊》第304收录别埜堂钞本,《大煤山庄书目》《西谛书目》均有此剧目。京剧《盘丝洞》与此情节相同,结尾是金头仙与悟空交战,悟空战败,拜求黎山老母,请得昴日星官,方将众妖灭除。该剧1944年由筱丹桂为主演的丹桂剧团首演于上海老闸戏院。《车王府曲本》中的《盘丝洞总讲》结尾是孙悟空借助二郎神之力,降服妖怪。

9.《盗魂铃总讲》

一名《二本金钱豹》《八戒降妖》。此剧所演西游戏并非《西游记》中之情节。只因精彩的内容和表演,逐渐被观众接受,最终成为"西游戏"的有机组成部分。据周明泰《都门纪略中戏曲史料》载,光绪年间,同庆班的黄小山演《盗魂铃》,可见此剧演出时间至少可推至光绪时期。《盗魂铃》剧本有四种,其中三种为北京故宫博物院存内廷藏本,另一本为清车王府藏曲本,皆为乱弹剧本。故宫博物院所藏三本几乎全同,无大差异,其中一本题名"平顶山",实际上是《盗魂铃》误名。清车王府本较之故宫所藏,角色有所改变,剧情更为复杂,曲词宾白有较大出入,但主要情节相同。该剧讲述青石大王与玉面仙姑盘算擒获唐僧,想吃唐僧肉长生不老;玉面仙姑幻化成少女,路遇八戒巡山,八戒受诱惑被骗至山洞,捡到铜铃,与妖斗法;悟空见八戒不回,前来寻找与妖打斗。此剧情节与上述相同,其中"玉面仙姑"作"白衣仙姑","青石大王"作"青、黄、赤、白、黑大王"。清《升平宝筏》第七本亦演及盗金铃事。《故宫珍本丛刊》第673册收录,系取《升平宝笺》改编而成。《京剧汇编》第99集、《戏考》第十五册、《国剧大成》第六集均收录,文字相异。谭鑫培曾演出,仿照《戏迷传》,专为反串,卖弄噱头,无故事情节。据艺人谈,另有老本情节不同,疑系本原书盗紫金铃,降犼事。秦腔有此剧目。

10.《红梅山总讲》

一名《金钱豹》。演孙悟空、猪八戒降金钱豹事。《西游记》中无此故事情节,乃是据民间西游记故事虚构而成。《红梅山》,又名《金钱豹》,现藏乱弹剧本三种:两种藏台湾研究院历史语言研究所傅斯年图书馆;另一种为清车王府藏曲本。台湾研究院本有史语所抄藏车王府曲本。三本十分相似,差异微小。昆剧剧本所见四种:一存北京故宫博物院,其曲词皆配工尺谱;一存中国社会科学院文学研究所;中国艺术研究院戏曲研究所存两种,一名《红梅山》,一名《金钱豹》。昆曲剧本与乱弹剧本情节相同,曲词宾白亦有很多相似之处。此剧昆曲曲谱见一种,北京故宫博物院藏。与同馆藏昆曲剧本对勘,曲谱中唱词不见于昆曲剧本中,当属另一版本。该剧现存提纲两种,皆藏故宫博物院。其一题《红梅山》,全剧共12场,演员48人,另一题《金钱豹》,全剧共分10场,涉及演员29人。此剧情节未见于《升平宝筏》。昆腔演及此事,《故宫珍本丛刊》第664册昆腔单出戏类收录,与此剧情节相同,文字有异。乱弹当是在昆腔的基础上改编而成。《俗文学丛刊》第三十册收录,文字相同。底本原仅开头标【头场】,余本标场次,今据参校补本。傅惜华曾从清宫太监手中购得的《耿藏剧丛》藏有《红梅山》一册,为清升平署钞本,不见于小说。《京剧汇编》第99集、《戏考》第十三册、《国剧大成》第六集亦有收录,题【金钱豹】情节、文字较此剧简略。据齐如山《京剧之变迁》记载,此剧最初"乃孙悟空之正戏,后由俞菊笙重排,将金钱豹加重,遂变成金钱豹之戏,因此即将戏名亦改成《金钱豹》"。

11.《刺目总讲》

郑元和、李亚仙故事,唐代已广泛流传,本事见唐白行简小说《李娃传》。宋代有《李亚仙》话本(佚);元代有高文秀《郑元和风雪搭瓦罐》杂剧,全剧已佚,仅存残曲九支;元代石君宝和明初朱有燉有同名杂剧《李亚仙花酒曲江池》;后徐霖又创作了《绣襦记》传奇;明传奇《绣襦记》第33出《剔目劝学》,后衍为折子戏《剔目》,清钱德苍《缀白裘》第十二集卷三收录,乱弹据折子戏改编。中唐时民间话本《一枝花话》中的"一枝花"、元稹诗《李娃行》、白行简小说《李娃传》中的李娃,是李亚仙的最初原型。《剔目记》,无名氏作,今无传本。《八能奏锦》选《元和卖仆》,《乐府菁华》选《元和访妓》,均题《剔目记》;《大明春》选《劝戒元和》,题《刺瞽记》。《大明春·劝戒元和》亦写郑元和、李亚仙之事,与明传奇《绣襦记》第33出《剔目劝学》情节略同,而曲牌、曲文均异,可见两者并非同一剧目。近世,各地均有据此改编的地方戏,如京剧《绣褥记》,秦腔《刺目劝学》,河北梆子《刺目》和滇剧《白天院》等。劝学情节,唐亦有之,各种版本均有不同:《李娃传》写李娃指点郑生从书肆买书,陪读,诫骄多勉,终使郑生得以一次高中;石君宝《李亚仙花酒曲江池》中,则以"多亏李亚仙留我在家,劝我苦志攻书,遂得一举成名"一笔带过;明传奇《绣襦记》始出现"剔目劝学"情节,文载亚仙"自剔一目"劝夫为学;川剧《李亚仙》则在此基础上,把亚仙之"眼"作为戏曲的关目,设计了"刺目劝学"的情节。宋、元、明各代改编故事的结局都采纳了《李娃传》的大团圆式结尾,即郑元和科举成名,父子和好,李亚仙夫妇团圆,皇帝赐封。川剧《李亚仙》却以皇帝拒婚,郑元和、李亚仙分离,生死恋情不能善终的悲剧取代大团圆。《李娃传》中,荥阳生是一个聪明、意志薄弱而又财大气粗的富家子弟形象。到元杂剧《李亚仙花酒曲江池》中,由"父子相见"一出可见郑元和的性格中带有反叛的意味。《绣襦记》中,郑元和的性格基本沿袭了元杂剧。川剧《李亚仙》,郑元和被塑造成重情义的至情书生。

12.《百花咏总讲》

有《百花诗》剧目，本事见唐《开元天宝遗事》，此剧演前半部之事，属于京剧剧目。剧情见《京剧剧目初探》第九章隋唐故事戏提要。《前北平国剧学会剧目》中载此剧目，《俗文学丛刊》第307册收录，文字基本相同。此剧为陕西中路秦腔本。陕西西路、南路及甘肃秦腔有同目。河南梆子、山东曹州梆子亦有此剧目。今存版本：①新疆段文奇藏有1957年新疆维吾尔自治区戏曲会演获奖改编本；②一九五八年长安书店刊行整理本；③《陕西传统剧目汇编·秦腔》第八集书录本。

13.《回煞全串贯》

故事见明郑之珍《目连救母劝善戏文》中卷《刘氏回煞》与武英殿刻本《劝善金科》第六本第十三出《返家庭一灵托梦》。《刘氏回煞》有川北灯戏和川剧两种，川剧《刘氏回煞》与此剧情节相同。灯戏《刘氏回煞》主要在刘氏同鬼神的调侃上做文章，人物形象较川剧有很大的改编，主要展示刘氏的机智和巧言善辩，让我们清楚地看到门神与鬼卒之间的尔虞我诈。在门神处理上，川剧《刘氏回煞》中的门神刚正不阿，而灯戏《刘氏回煞》中的门神却是精通人情世故，既贪婪，又善良。【回煞】，古代以为人死后若干日内会变为煞，回归故家，遇者不祥，故家人应回避。袁枚《新齐谐》卷九：“江佚林”：“通俗：人死二七，夜裂死者衣衾于柩侧，举家躲避。言魂来附尸，名日‘回煞’。”

14.《打樱桃总讲》

京剧有此剧。故事见明史槃《打樱桃》传奇第十一出《打桃》、十三出《见诗》、第十五出《假病》，此剧当据此传奇改编而成。《燕兰小谱》卷四“四喜官”条云：“尝演《打樱桃》，口吐胭脂颗颗，愈增其媚。”史槃（1531—1623），字叔考，会稽（今绍兴）人，历史不详，所作曲属于沈璨一派。王国维《曲录》记有“史槃，字叔考，会稽人”。黄宗羲《思旧录》云：“史槃，字叔考，徐文长门人。……长于填词，为《鹣钗》《合纱》《梦磊》诸院本，皆盛行于世。”据祁彪佳《远山堂曲品剧品》、王骥德《曲律》所载，其所撰之传奇计有《檀扇记》《青蝉记》《双鸳记》《唾红记》《朱履记》《鹣钗记》《合纱记》《琼花记》《樱桃记》《孪瓯记》《梦磊记》《双串记》《忠孝记》《焚书记》等十四种。《樱桃》，全名《樱桃记》，题有“爱娟女全本”五字，凡二卷。题会稽史叔考编，萧山张季传订。共三十六出，插图二幅。上卷题：“慢卷珠帘飞燕子，且向金鹅打樱桃。”下卷题：“幸喜黄巢将军力，却似织女渡银河。”《故宫珍本丛刊》第675册收录，文字略有出入。《故宫珍本丛刊》第667册、《国剧大成》续第一集、《春台班戏目》、燕京本无名氏《花部剧目》《永禁淫戏日单》亦有收录，文字颇异。

15.《送亲》

一名《送亲演礼》《打牙巴骨》。元关汉卿《邓夫人哭存孝》杂剧，有存孝妻邓氏为其诉冤情节。《故宫珍本丛刊》第679册收录《送亲演义总本》,邓九公妻为陈氏,演存孝患病,其母为之娶妻冲喜,陈氏送亲,因与傧相预演全套礼数,滑稽可笑。《国剧大成》续第二册收录《送亲演义》,内容与故宫藏本相同,惟女儿飞云作飞英。历史上,李存孝确有其人。《旧五代史》卷五十三有《李存孝列传》:“本姓安,名敬思。少于俘囚中,得隶纪纲,给事帐中,及壮,便骑射,骁勇冠绝,常将骑为先锋,未尝挫败”,李克用以为子,“每战无不克捷”。《新五代史》云:“存孝代州飞狐人也。本姓安,名敬思。太祖掠地代北得之,给事帐中,赐姓名,以为子,常从为骑将……猿臂善射,身被重铠,櫜弓坐稍,手舞铁挝,出入阵中,以两骑自从,战酣易骑,上下如飞……”后被李克用杀死。《五代史平话》《残唐五代史演义传》均无存孝娶妻事。邓飞云即邓瑞云,嫁李存孝,属闹剧。河北梆子、徽剧有此剧目。

16.《裙边扫雪》

又名《无影剑》《吴荣反江东》《扫雪》,秦腔有《裙边扫雪》,为汉代故事戏。有说故事见《前汉书·列传第十》《史记·秦本纪》,经考证并无记载。《前汉书·景帝纪第五》有相关记载。汉景帝的姐姐刘嫖希望将女儿嫁给太子刘荣,不料遭到栗姬的反对。刘嫖遂在汉景帝面前诬陷栗姬,于是汉景帝对栗姬彻底失望,后废刘荣太子之位,传给刘彻。笔者猜测此剧应是据此改编。京剧《东宫扫雪》叙汉景帝宠爱奸妃唐凤高,正宫吴后谏奏不听,反遭处斩。太子盘龙抚尸义愤填膺,大骂奸妃。唐凤高复与太监沈祥合谋,捆盘龙于芭蕉树上,欲致冻饿而死。正值此时大雪忽降,土地神急报东宫周太贞搭救盘龙,并令其用裙边扫雪,销没足迹。后盘龙赴江东外爷处搬兵,清除君侧,整饬朝纲。《裙边扫雪》叙演太子彦真大骂西妃,被西妃杀之,抛尸皂河。因彦真乃紫薇大帝转世,遂被龙王所救。皇后赵素娘闻报,遂赶至皂河营救彦真,因怕被西妃发现,遂用裙边扫雪掩盖行迹。之后出于无奈,只能让彦真隐姓埋名,暂避他乡。栗姬即是唐高风、西妃等人之原型,刘彻即盘龙、彦真之原型。在故事情节上,由盘龙被绑芭蕉树乃至冻死演变成彦真因毒药而死。在故事结尾,戏曲对史书做了虚构,不同的是,《东宫扫雪》中,太子盘龙搬得救兵,清君侧,整治朝纲,而在《裙边扫雪》中,太子彦真则是隐姓他乡。《俗文学丛刊》第309册收录,文字相同。《戏考》第二十五册收录,题【东宫扫雪】,剧情相近,文字颇异。

17.《打刀》

又名《打钢刀》《吴衍能》,京剧有此剧目。演赵匡胤打刀,后杀吴衍能夫妻试刀之事。此剧演赵匡胤微贱时故事,与传统赵匡胤戏剧相比,此戏剧中赵匡胤的光辉形象中的杂质越来越浓厚,注重渲染赵匡胤的残忍。《日下看花记》卷三“四喜”条云:其“《打刀》之妙,谁堪继响”。根据五代时小说记载赵匡胤用棍而不用刀,故有“一棍打成四百座军州”的谚语。所以《打刀》一剧,大约随意构造,并无史实根据,属于民间虚构而成,纯以插科打诨为主,不可听信。《俗文学丛刊》第309册、《故宫珍本丛刊》第676册、《京剧汇编》第二集、《戏考》第三十册、《春台班戏目》均有收录。

18.《荷珠配》

本事见明冯梦龙《喻世明言》卷十一《赵伯升茶肆遇仁宗》,讲述赵旭考取功名,不幸名落孙山,后偶遇皇帝,加官拜爵,衣锦还乡。后世传奇、小说均据此改编,如《珠衲记》传奇。《荷珠配》叙员外赵德义家中失火,家产全无,流落街头。仆人赵旺沿街乞讨,遇金榜题名归来的赵琼,归家发现夫人是丫鬟何珠,何珠央求赵旺不要揭穿,并接员外过府。适金凤遇救,亦来相会,责丫鬟何珠。在赵旺的劝说下,赵琼取二妻,赵员外亦认赵旺为子。在戏曲中,“赵旭”作“赵琼”,娶妻丫鬟何珠和小姐金凤为虚构环节,小说中并无此情节。明无名氏《衣珠记》传奇第25至27出演此事,皮黄据此传奇改编而成,杜璟藏有清初抄本。《俗文学丛刊》第34册收录《荷珠配》《何珠配》钞本各一,文字相同。《京剧汇编》第二集、《京剧丛刊》第39集、《国剧大成》续第二集亦有收录。中山大学图书馆藏有过录本《何珠配全串贯》,文字相同。

19.《双钉记全串贯》

关于“双钉案”故事,据孙楷第考证,即元无名氏杂剧《包待制勘双钉》,此剧据《今乐考证》《剧说》记载,已佚。元陶宗仪《南村辍耕录》卷五“勘钉”载有姚忠肃公断双钉案,孙楷第考证此案出自姚忠肃公神道碑,碑文所云与陶宗仪所言吻合。演刘义兄刘成被妻阿李伙同奸夫杀害;县令丁钦断案不得,其妻韩氏曰:“恐顶囟有钉,涂其迹耳。”县令验之,果然。姚忠肃疑,察之,断明韩氏亦杀前夫之凶手。姚忠肃即姚天福,此剧在当时甚为有名,且自汉以来便有。北宋《太平广记》卷一七一著有陈寿《益部耆旧传》有同类故事。明余怀《东山谭苑》考:“杂剧有《案中案》,考《益都耆旧传》:‘严遵为扬州刺史,行部,有蝇数头遮于前,驱之不去,乃随之行,闻道旁女子哭而不哀,问之,曰:“夫遭焚死。”遵饬吏与尸验之,得铁锥贯顶。考问女予,乃供以淫杀夫,坐大辟。’小说《龙图公案》,附会其事,属之包希仁,以青蝇遮首为一布商越货杀人;铁锥贯顶杀夫为又一案,一事也,而故二之,此盖杂剧所本。”唐代段成式《酉阳杂俎续集》卷四、五代和凝《疑狱集》卷一,这两条所记,一是汉朝严遵,一是唐朝韩滉,剧情都是因闻夫人哭声不哀生疑,以苍蝇破案,但都属于单钉案。到了南宋郑克《折狱龟鉴》卷五“察奸门”,记张咏事,才变成双钉案。《龙图公案》第十八回《白塔巷》,取材于“哭夫不哀型故事”,亦是以天福事演包公,又掺杂些旧的传说加工而成。旧本钓金龟,据唐英《双钉案传奇》记载,为梆子腔。焦里堂《剧说》卷四云:“村中演剧,每演包待制勘双钉事,一名钓金龟。"勘双钉剧始于元人,明人传奇著录未见此本。据唐、焦二人所言,钓金龟一剧至少在雍乾之前就已经开始流行。《勘双钉》一剧加入"钓金龟"关目,应是明清时之事。明代《百家公案》第 76 回《阿吴夫死不分明》和第 77 回《判阿杨谋杀前夫》演及此事,故事情节相同,人物名称作陈尚、刘十二等。清唐英有《双钉案》一剧,原名为《钓金龟》,是根据旧有双钉案传奇改编而成。从情节来看,所改仅为曲白,并新增南华道人、冤魂托梦、订婚、团圆等情由,案情由"奸情"一条线索发展为"奸情"和"仇杀"两条线索,其余和旧本一样。京剧有《钓金龟》,情节与唐英传奇相同,其中"江芸""江芋"分别改为"张宣""张义"。近时演张义得宝与行路哭灵二折,谓王氏用钢钉将张义钉死,与传奇相同,但勘钉情形如何,是否同时有相似奸杀一案,如传奇所讲苟氏事,今不得知。据阆仙师所言,二十年前通行双钉记剧,为二黄调,演吴能手被其妻白氏联合奸夫贾有礼杀害,包拯命仵作验尸,无果。仵作之妻告知仵作验天门心,果然。包拯对仵作之妻心生疑虑,审之,断明其为杀害前夫之凶手,遂破两案两钉。此剧正是车王府藏曲《双钉记全串贯》之剧情,沿用了两个奸情的案子情节,可见,此剧早于京剧《钓金龟》演出。以上勘双钉故事,自魏晋讫宋代有传说,到元代始有真案,之后便演化成双钉记杂剧,剧本已佚。明朝有《白塔巷》小说敷衍此事,后有旧本《钓金龟》,未传。乾隆间至唐英改订本,名《双钉案》,亦标有"钓金龟"关目,现在仍有京剧《钓金龟》演唱。同治三年刊本《都门纪略》载:奎官演包公,旺儿演白金莲。又据《菊台集秀录》《燕尘菊影录》《京剧二百年之历史》,杨朵仙、杨小朵、秦稚芬、路三宝、王克琴、罗百岁、田桂凤等均工此戏。《故宫珍本丛刊》第 669 册收录《双钉记》八出,是昆弋腔,演及此事。地方唱本有《新造包公判双钉记全歌》(亦名《金龟记全歌》,潮州义安路李万利出版,暨南大学图书馆藏)。《太和正音谱》《元曲选目》《曲录》均有此剧。川剧、秦腔、河北梆子、湘剧都有《包公判双钉》。

20.《五花洞全串贯》

一名《三矮奇闻》《真假潘金莲》。"三矮"者,真假武大郎与县官吴大炮是也。据齐如山、翁偶虹讲,此戏是从秦腔《搬场拐妻》一剧中汲取了武大郎的故事,又加入了《混元盒》中五毒(分别是蜈蚣、蝎子、壁虎、蛤蟆、毒蛇)作祟的内容,二者糅合而成。此戏为春台班张喜子、胡喜禄、王长桂(或王长寿)所编。另有一庞姓先生编此剧,还加有"双包案""双天师"的情节。齐如山称此戏旧为六场,最后两场与现在面貌一致,一为"搅闹告官",一为"天师降妖",与故宫博物院藏《五花洞》戏画一致。《俗文学丛刊》第 315 册收录残本《五花洞》,文字与此相近。《车王府藏曲本》收录昆腔本。《五花洞》中武大郎和潘金莲搬家遭遇与《搬场拐妻》的故事情节重复。但相较于《搬场拐妻》,《五花洞》所述搬家拐妻内容缩小，如搬家关目，省略了大量武大郎与潘金莲的念白。拐妻关目只写潘金莲与驴夫将武大甩开，在七圣庙中偷情，武大郎追至后将驴夫赶走，与潘金莲继续赶路，省略了宋江戏曲角色的出现。对比《搬场拐妻》和《五花洞》，《搬场拐妻》体量小，仅有搬场、拐妻两个关目，《五花洞》体量大，戏剧关目包含赵文科纳妾、赵氏大妻将潘金莲许配与武大郎、武大郎夫妇搬家、五花洞众妖作乱、张大师降伏妖怪等。清末民初时期，梅兰芳、尚小云、荀慧生、程砚秋四大名旦分饰真假潘金莲演出《五花洞》，“各唱一句西皮慢板，很有特色”。关于《搬场拐妻》与《五花洞》的联系，齐如山在《〈五花洞〉今昔谈》论述道：“此外另有一剧，名曰《搬场拐妻》，也是演潘金莲、武大郎事迹。前半场与现在之《五花洞》一样，后半情节是驴夫把潘氏拐走，武大郎追赶，但力不敌驴夫，幸遇到宋江，才帮助武大把潘氏追回”，指出了《五花洞》融合了《搬场拐妻》的情节内容。清中叶，民间小戏《搬场拐妻》在清末文献记载消失，笔者认为应与京剧《五花洞》的流行有关联。车王府另收录《五花洞总讲》一剧，情节与此相同，其中武大郎搬家一事改编为因饥荒而投奔武松。此剧传为春台班演员张喜儿从吹腔改编而来，胡喜禄将梆子中的【十三咳】运用其中。

21.《十字坡》

一名《武松打店》。关于“十字坡”事，本事见《水浒传》第27回《母夜叉孟州道卖人肉，武都头十字坡遇张清》，叙武松发配露宿十字坡，遇孙二娘卖人肉馒头，后上梁山事。明沈璟《义侠记》传奇第二十三出《释义》沿袭了这一故事模式，与小说相比，《释义》情节较为简单，语言有异同，结尾无武松上梁山情节。清宫廷戏《忠义璇图》第四本第十九出《母夜叉当垆鸩客》、清唐英《十字坡》杂剧，故事情节相同。此两剧较为接近小说原貌，语言差异甚微。关于“调戏孙二娘事”，小说与传奇《释义》都无此情节；而《母夜叉当垆鸩客》、唐英《十字坡》、车王府藏曲《十字坡》都增添此情节，所不同的是，唐英《十字坡》中作“货郎”，车王府中作“弹棉花匠”。车王府藏曲《十字坡》叙孙二娘在十字坡开店，棉花匠见孙二娘貌美，遂调戏孙二娘，后被孙二娘杀死。此故事情节与小说、传奇差异甚大，此剧中武松、张清、衙役都没有出现，语言较通俗、俏皮。剧情与唐英《十字坡》前半部相类似，应是据此改编而成。清代戏曲著录书目无此戏相关记载，直至王国维《曲录》，方始见著录。该剧现存版本有二：一为清嘉庆间唐氏古柏堂刻本，书名标为《十字坡》，次行署“蜗寄居士填词”；二为傅惜华《水浒戏曲集》第一集本，据刻本标点校印。《缀白裘》收梆子腔《杀货》《打店》二出，《京剧汇编》第108集、《京剧丛刊》第23集亦有收录，文字略异。《故宫珍本丛刊》第664及677册收录《十字坡》，均演武松与孙二娘事，与此本不同。此剧为盖叫天代表作，川剧、汉剧、湘剧、清平剧、秦腔、河北梆子、大弦子戏均有此剧目，同州梆子亦有《武松打店》。

22.《快活林总讲》

一名《醉打蒋门神》,本事见《水浒传》第29回《施恩重霸孟州道,武松醉打蒋门神》。明沈璟《义侠记》传奇第25出《取威》《缀白裘》第十一集卷二《闹店》《夺林》两折和清宫廷戏《忠义璇图》传奇第五本第二出《醉打蒋忠还旧业》,均有类似情节。在开场方式上,各有不同:小说以施恩向武松抱怨蒋门神抢占其地盘开始;《取威》以蒋门神宾白开场;《闹店》《夺林》以蒋门神之妾赛西施开场;车王府藏曲《快活林总讲》以蛮子唱【引子调】作为开场。在人物设置上,小说与《取威》都以施恩、武松、蒋门神为主;《缀白裘》中《闹店》《夺林》二折,增设扬州人、山东客、张清、孙二娘等角色,相比较小说与传奇而言,人物较为复杂;在《快活林总讲》中,扬州人、山东客分别作蛮子、老西,酒店小二命名为陆怀。在情节上,传奇与戏曲都偏重于小说后半部情节;《取威》中,人物对话较为简便,省略了打斗的情节;《闹店》《夺林》二折中的打斗情节也较为简便,不如小说中描写的细致,但相比其他文本,较为详细的描写了武松与赛西施的打斗环节;《快活林总讲》中,武松打蒋门神并非因为施恩的恳求,而是由店小二陆怀的挑唆造成的。在结尾处,除《快活林总讲》中无武松要求蒋门神答应三件事的情节,其他均有此。《故宫珍本丛刊》第675册、《国剧大成》第九集均收录,文字略异。《故宫珍本丛刊》第664册收录《快活林》为昆腔本,文字不同。《京剧丛刊》第23集收录。有的京戏演此戏加以《十美跑车》,作为蒋姬妾,卖弄舞蹈,与剧情无关,后演出已删去。川剧、汉剧、湘剧、秦腔有此剧目,徽剧有《快活岭》,河北梆子有《打酒馆》。

23.《蜈蚣岭全串贯》

清乾隆年间无名氏作,作者无考,原本已失传。本事见《水浒传》第31回《张都监血溅鸳鸯楼,武行者夜走蜈蚣岭》至第32回《武行者醉打孔亮,锦毛虎义释宋江》。清宫廷戏《忠义璇图》第五本第十三出《蜈蚣岭窗前露丑》《缀白裘》第十一集卷三《上坟》《除盗》两折,均有类似情节。在人物设置上,《蜈蚣岭窗前露丑》《上坟》《除盗》两折和高腔本《蜈蚣岭全串贯》中的人物名称均作武松、王飞天与张凤琴,唯乱弹本《蜈蚣岭全串贯》中作和尚、张桂琴;此外,与小说相比,传奇与戏曲都新增了老仆人一角;在情节上,传奇与戏曲均取小说后半部改编而成,与之相比,传奇与戏曲新增上坟环节。车王府收录《蜈蚣岭全串贯》有高腔、乱弹两本,高腔本应是根据《缀白裘》改编而成,故事情节相同,语言略有异同;乱弹本所演之事应取自高腔本后半部,情节大致相同,省略了武松杀张都监满门,张青夫妇帮助武松上梁山的环节。《俗文学丛刊》第319册收录抄本两种,归入京剧类,其中第二种与此剧文字相同。《京剧剧目初探》载:"自

《打虎》至《蜈蚣岭》有连演者，总名《武松》，又称《武十回》，盖叫天代表作。”1954年，中国戏曲研究院有整理本，同州梆子有此剧目。明清曲家书目未见此戏著录，演武松事，残存。《故宫珍本丛刊》第664册收录、《戏考》第28册、《国剧大成》第九集、《京剧丛刊》第23集亦有收录。

24.《神州擂全串贯》

一名《大神州》《燕青打雷》。《中国曲学大辞典》“神州擂”条目载有此传奇，演李逵、燕青事，存佚不详。故事见《水浒传》第74回《燕青智扑擎天柱，李逵寿张乔坐衙》。“黑旋风寿张乔坐衙”事，《浾函》第十卷《杂剧乐府》著录，为北曲杂剧，本事不详，剧本佚。元杨显之《黑旋风乔断案》、明无名氏《乔坐衙》杂剧以及明李开先、张岱《乔坐衙》杂剧均为同一题材。清宫廷戏《忠义璇图》第九本第六出《泰安州燕青打擂》演及此事。《缀白裘》第十一集卷二收录《神州会》中《缴令》《遣将》《下山》《擂台》《大战》《回山》六折。第六集卷四收录《过关》，与此剧《过关》情节一致。清乾隆间《百本张》抄本《高腔戏目录》载此剧目，《春台班戏目》《庆升平班戏目》著录。嘉庆十四年(1809)九月十五日，山西“广霓园”于青莲寺中佛殿题壁有《神州会》戏目。全剧五折:《缴令》《遣将》《下山》《擂台》《大战》，唱［批子］、［吹腔］及［点绛唇］等曲牌。本事为《后水浒》第74回及《神州擂》传奇。叙演神州总制王宏令勇士任原摆下擂台；宋江派燕青、李逵下山打擂，花荣、林冲等接应；燕、李打死任原，王宏领兵追赶，被花荣用箭射死。余治《儒先论今乐跋》云:“乃遍察今日看戏之人，则异口同声，无人不笑陈元之败绩而快梁山之得胜者。”《神州擂全串贯》剧情与此前半部相同，无王宏领兵追杀梁山好汉事。《俗文学丛刊》第320册收录，文字相同。《京剧汇编》第81集收录王连平藏钞本，文字略异。《国剧大成》第九集、《戏考》第20册收录，题【燕青打擂】，亦分六折。《故宫珍本丛刊》第677册收录。汉剧、湘剧、秦腔、河北梆子都有此剧目。

25.《三世修》

一名《三世记》，清初人作，姓名不详。故事见宋天台法空大师《金刚经正果·三世修行王氏白日升天》。明人有《三世修黄氏宝卷》(又名《黄氏女宝卷》《三世修行黄氏宝卷》等)，叙宋朝时，黄氏女三世修行，功德圆满，白日飞升之事，其中桂香替父受刑为第二世。《黄氏女卷》，即《黄氏女宝卷》，又名《三世修行黄氏宝卷》等。由于许多方言中“黄”“王”读音不分，所以又称《王氏女宝卷》。明万历年间《金瓶梅词话》第74回，吴月娘请薛姑子宣讲宝卷，即是此情节。后有目连戏演及此事，为【花目连】中的一种，如辰河高腔目连戏第五本即演此事。清代前期有传奇剧本《三世记》。《曲海总目提要》卷四十三著录无名氏《三世记》传奇，情节略异，作者不详。《戏考》第38册、《国剧大成》续第一集收录有《三世修》，情节简略，文字颇异。《今乐考证》亦有著录。罗清《正信除疑无修证自在宝卷》“化贤人劝众生品第六”中有：“无极祖来托化黄氏贤女，临命终离别哭劝化众生。”湖南江永一带，有“女书”体说唱本，名为《王氏女》，专为妇女所唱；在云南白族中，此剧被改编为大本曲《黄氏女对金刚经》，为白族民间叙事诗之代表作。

26.《武当山总讲》

一名《洪武打擂》，本事见《英烈传》第七回《贩乌梅风留龙驾》。《武当山总讲》演陈也先与妹秀英在武当山设百日擂台。朱元璋路遇刘伯温、胡大海、常遇春、沐英、郭英等人，同往打擂。朱元璋击败陈也先，陈逃至真武庙，朱至烧庙，杀陈也先，之后朱元璋被陈秀英击败。真武大帝显圣，助朱元璋杀死陈秀英。朱许真武以将来重修庙宇。与小说相比，邓愈、汤和、郭兴、吴良等人改为刘伯温、胡大海、常遇春、沐英等，并新增陈秀英、桃花女、真武大帝等人。在故事情节上，戏曲主要演朱元璋与众人打擂，杀陈也先、放火烧庙之事，省略了小说中因大风众人相遇之事。在故事结尾的处理上，小说中，陈也先逃遁，并未被杀；而在戏曲中，陈也先被杀，并增设朱元璋答应真武大帝重修寺庙之事。总体来说，戏曲较小说而言，故事情节更为复杂，人物形象更为丰富，并有神话因素的介入。《故宫珍本丛刊》第668册收录《英烈传》，亦演此事。徽剧、河北梆子亦有此剧目。此剧系武旦、武生武打戏。蒲县柏山庙舞台题壁载：光绪五年三月，襄陵祥顺班演出此剧。山西临汾蒲剧院存有抄本。

27.《香莲帕总讲》

一名《儿女巧合配》。故事见《大保国全串贯》，此源自《香莲帕》鼓词，以明神宗万历年间为背景。后有全本皮黄戏《香莲帕》演出，《香莲帕总讲》即此全本戏的前半部。《香莲帕》存有三种版本：第一种是“头段《香莲帕》”，时间大概是道光、咸丰时期；第二种是“三本《忠义传·香莲帕》”与“四本《忠义传·香莲帕》”；此两本有较多的删改痕迹，曲词多被涂改，字迹凌乱。光绪年间，升平署曾将《香莲帕》改编为《忠义传》；第三种是“《忠义传》”从第九本至末本（共十七本），共计九本，均为誊写之后的本子；第九本《忠义传》书页最末一行标注：“光绪十年十二月二十日立”。由此可见，此本应是在光绪十年十二月修改。王芷章《清升平署志略》在《忠义传》下注释：“系《香莲帕》翻乱弹后之改称，共十七本，计演一次。”《俗文学丛刊》第330册收录《香莲帕》钞本两种，为第四本至第八本故事情节，属昆弋腔，文字有异同。同册收录三尺玉脚本五种、众云使脚本各一种，内容与此剧相同。《故宫珍本丛刊》第670册昆弋本戏类收录《忠义传》《忠义香莲帕》两种，皆不全，剧情相同，文字颇异。同本第689册收录《忠义传》《香莲帕》两种，皆非全本，文字与此剧相异。

28.《五人义全串贯》

一名《反苏州》。“五人义”是历史上真实发生的事件，天启六年（1626），魏忠贤派爪牙抓捕周顺昌，苏州市民义愤填膺，奋起反抗，以颜佩韦为首的五位义士为保护群众，英勇就义。此后关于“五人义”的故事均是以此历史事件为原始依据。崇祯元年（1628），明人张溥撰写了《五人墓碑记》，记录了这一真实的历史事件。此文议多于叙，且情节方面尚有出入。明末清初时期，张潮著《虞初新志》收录《五人传》小说，故事情节、人物名称均与真实历史相同。明末清初，李玉著有《清忠谱》传奇，详细叙述了整个事件发生的始末，其中第十折《义愤》、十一折《闹诏》、十三折《捕义》、十八折《谬义》则主要讲述了五位义士从奋起反抗到英勇就义的过程。清唐英著《古柏堂传奇》收录《清忠谱正案》、车王府藏曲《五人义全串贯》、京剧《五人义》等均以此题材演绎其事。在人物设置上，小说、传奇、戏曲基本上都以历史真实人物命名，《五人义》保留了《清忠谱》中的人物，唯车王府《五人义全串贯》中，“颜佩韦”作“颜佩”，省略了诸如王节、刘羽仪、和尚等人物。此外，该本还将“毛一鹭”一角设置为好官，其余各本则是沿袭了历史事实，均作魏党走狗处理。情节上，以周顺昌被抓，五位义士奋勇救助为主线；结尾的处理上，《五人墓碑记》《五人传》《清忠谱》《五人义》等，都以周顺昌及五人英勇就义为尾，而《五人义全串贯》中则以毛一鹭愿意替周顺昌及五人申报朝廷，重新审理作结，无周顺昌等人就义情节。值得一提的是，清唐英所编《清忠谱正案》剧情与上述版本均不同。《清忠谱正案》亦是以周顺昌及五人为主题，但其所写乃是周顺昌等人死后魂归地狱，后被封为姑城城隍庙，魏忠贤等一干人等被东斗星官摄取魂魄，在阴曹受周顺昌等人审理，并一一处决。此事应是据《清忠谱》第二十四折改编而成，新增东斗星君、炼形使者等人物，具有较多的教化意义。关于“五人义”之事的相关记载还有计六奇辑《明季北略》：“殁后，五人为神。苏人有疾，必祭赛之。毛一鹭，严州遂安县人，一日，在家对客读邸报，忽见五人来追，默然入内，客讶之。已而闻内哭声，一鹭大叫一声而死。”清代宋荔裳《鹊桥仙》：“扬旗击鼓，斩蛟射虎，头颅碎黄麻天使。专诸匕首信豪雄，笑当日一人而已。　　华表崔巍，松杉森肃，壮士千秋不死。从来忠义出屠沽，惭愧杀干儿义子。”现有“五人之墓”，据传是东林党人文震孟书写，其墓门额云“义风千古”，据传出自杨廷枢笔。

29.《花鼓子全串贯》

明周朝俊《红梅记》传奇第十九出《调婢》，演及打凤阳花鼓情节，后衍为折子戏《花鼓》，独立演出。叙曹悦与丫鬟朝霞在花园相遇，朝霞正在为小姐采摘染指甲的凤仙花，遭到曹悦的调戏。正在这时，一对花鼓艺人出现，被引去为小姐打花鼓，却引发小姐的伤感。京剧有《打花鼓》，与《红梅记》有较大差异。清代《太古传宗》收录《花鼓》,乾隆间钱德苍选编的《缀白裘》六集也收录有《花鼓》杂剧,情节相同。其中“曹越”作“曹月娥”,丫头都名朝霞。清宫廷戏有《花鼓》剧,曲文较之前有较大改变,如改变了【凤阳歌】的歌词。宫廷戏剧目《穿戴题纲》有“昆腔杂戏剧目”类,录有《花鼓》一剧。《内学昆弋戏日档》《昆弋腔杂戏日录册》收有《花鼓剧目》。乾隆五十年(1792),叶堂著《纳书楹曲谱补遗》卷四“时剧类”录有“花鼓”,为昆曲,有曲无白,剧情不详。广东、湖北均有汉剧《打花鼓》,剧情相同。周朝俊,字夷玉,或仪玉,生卒年不详,约明代万历(1573—1619)前后在世,所作传奇有《红梅记》《李丹记》《香玉人》《画舟记》等十余种,今仅存《红梅记》一种。《红梅记》取材于明瞿佑《剪灯新话》中的《绿衣人传》。剧中所唱《凤阳歌》,有“出了一位朱皇帝”之语,据此将之归为明代戏。《俗文学丛刊》第324收录,题【花鼓子】,文字基本相同。《京剧汇编》第31集亦有收录,题作【凤阳花鼓】。

30.《打花鼓》

源自《花鼓子全串贯》一剧,情节相同,文字略有差异。余治《得一录》卷一五之三引高予(高攀龙)《宪约》云:“花鼓淫戏,诲淫实盛。”徐珂《清稗类钞》云:“是以市井猥亵之谈,状家室流离之苦。”前曾在《中国和冲绳的“打花鼓”》中认为,目前此剧最早的版本应是收录于乾隆三十五年(1770)刊印的《缀白裘》之中。《戏考》第三册、《国剧大成》续第一集、燕京本无名氏《花部剧目》《永禁淫戏目单》《缀白裘》第六集均有著录。《太古传宗弦索调时剧新谱》《纳书楹曲谱·补遗》将之列为时剧,唱【梆子腔】【凤阳歌】【花鼓曲】【高腔急板】等曲调。

31.《连升三级总讲》

一名《王名芳连升三级》,为讽刺喜剧,最早应产生于道光年间。京剧《连升店》与此剧情节相同,叙秀才王明方入京考试,入住连升店,店主对其百般嘲讽。次日,王明方连升三级,店主又对其谄媚逢迎、阿谀奉承,尽显小人之态。清道光二十二年(1842),《梦华琐簿》云:“乡会试场后,各园及堂会必演《王名芳连升三级》,花面演说题解,以为笑乐。”《故宫珍本丛刊》第675册收录《连升三级总本》两种,此剧与后一种相近。《俗文学丛刊》第343册收录《连升店》店家脚本,文字相近。双红堂文库藏有钞本《连升三级总本》,《国剧大成》续第二集、《京剧丛刊》第26集亦收录有《连升店》。陶君起《京剧剧目初探》载:“昆腔、高腔、河北梆子均有此剧目。”宣统年间,北方昆弋安庆班演有《连升三级》。从河北梆子在北京盛行的年代考查,梆子剧演出应在同光年间。现有高甲戏《连升三级》,但完全是另一题材,故事不同。

32.《烧锅全串贯》

此剧为民间生活小戏,叙演穷汉邹大哥靠打柴度日,家中缺衣少食,甚是清苦。某日，邹大哥因卖柴误时归家已晚，其妻不满，二人口角不休。邻居王代赶来劝解，同情他们，送来米面菜肉。剧本流传情况不详。

33.《探亲全串贯》

又名《探亲相骂》《探亲家》《胡妈妈探亲》。此剧产生于乾隆时期，应是据清代时俗编写而成。扬州乱弹剧目有《乡城亲家》，据《清稗类抄·戏剧门》载，清乾隆年间，该剧使用【吹腔】演唱，应属于扬州乱弹中杂曲小调。后扬州徽班、京剧和扬州花鼓戏、维扬戏均演出此剧。徐柯《清稗类钞·戏剧类·演探亲相骂》云："《探亲相骂》一剧，原为昆曲中之梆腔杂剧，虽京戏亦演之，然悉仍其旧。盖道、咸之际，乐风渐变，趋重京剧，自后内廷传唱，常例皆京昆并奏，故率将昆曲阑入，各地伶人遂已相沿成习，意谓亦在京戏范围。实则此剧纯用吹腔，固犹是昆曲之面目也。惟服装做工，则因时会有迁移，间有不相沿袭者。而唱白腔调，悉与《缀白裘》同，调门悉用【银绞丝】曲。中有不合者，殆为沿讹。惟依昆曲原本，尚少末后与男亲家相遇、重延解劝、两亲母和好如初之一段，大率为演京剧者所删矣。至其剧情，则为乡间亲家母胡妈妈背布袋骑驴入城，探其名野花者之女也。先是，女见母诉苦，旋与亲家母相见，则一郫一俏，无不相形见绌，且谈吐之时，每被奚落。旋以语及野花之傻，一则苛求，一则迴护，遂至争执相骂，不欢而别。"乾隆三十二年(1767)，《时兴雅凋缀白裘新集四编》"平集"选入《探亲相骂》一剧，并标为"梆子腔"，是梆子腔最早踏上昆腔舞台的剧目之一。《缀白裘》第六集有收录，题材未见出处，应是据现实市井生活虚构。全剧二折：《探亲》《相骂》，唱【银绞丝】小曲。通场用"银钮丝"唱法。昆腔、高腔具有《探亲》，汉剧有《看亲家》，秦腔有《亲家打架》，楚剧、湘剧、河北梆子亦有此剧目。《霓裳续谱》录有《乡里亲家我睄睄亲家》，亦演此事。中山大学图书馆另藏过录本《探亲》，《俗文学丛刊》第342册收录，题作【探亲家】，文字相同。燕京本无名氏《花部剧目》《戏考》第六册、《戏典》第二集、《国剧大成》续第一集亦收录。

34.《眼前报总讲》

为民间生活小戏，叙演白瞎子算命为生，娶妻王氏。王氏生性风流，趁白瞎子出门算命，与炳大爷勾搭成奸。不料白瞎子生意惨淡，提前归家。炳大爷情急之下藏于屋内。王氏哄骗白瞎子在屋外睡觉，自己与炳大爷调情行奸。白瞎子惊觉，愤怒之下，起身搬凳拦于门外捉奸，却误捉跑堂伙计。白瞎子知王氏有奸情，情急之下，居然双眼睁开能视。剧本流传情况不详。

35.《探监全串贯》

一名《鸡人血》，叙演河南登丰人蓝芳草，外出收账，归家时被乡人告知，其妻许氏状告儿媳王氏谋杀小叔蓝季子，已认罪入狱。芳草大惊，赶往狱中探视，媳妇王氏向他申诉冤屈,并将在狱中产下的婴儿,交芳草带出抚养。本事见《花子叫街全串贯》,此剧出自《双富贵》,又名《小三叫衡》《蓝季子讨饭》,与《探监全串贯》故事不同。清焦循《花部农谭》著录"双富贵",称"《双富贵》之蓝季子,以母苦甚嫂,潜代嫂磨麦。又潜入都为嫂寻兄,行李匮乏,赤身行乞,叫花于街。观之令人痛哭。"豫南花鼓有《鸡人血》,汉剧有《双富贵》,越剧有《双贵图》,秦腔有《血孝衫》。《俗文学丛刊》第342册收录,文字相同。

36.《庆安兰全串贯》

《庆升平班戏目》著录,清佚名有《庆安澜》传奇二卷,今存,此剧取其一段改编而成。叙演李忠之甥张春考上解元,李忠甚为欣慰,请张春到家设宴庆贺。张春与表妹春红见面,男才女貌,二人一见钟情。天上的火龙、草龙私下凡间,分别变成张春、春红模样,诱惑春红、张春。二郎神等奉上帝差遣,下凡收伏火龙、草龙。并恭庆佛祖的安兰盛会。《俗文学丛刊》第343册收录百本张钞本,文字相同。《京剧剧目辞典》1170页考据《莲花塘》为:"据陈墨香《梨园外史》:此剧原名为《拿火龙》,曾在宫中演出。沈小庆重排,今改名。"由此论断"《拿火龙》即《莲花塘》,《庆安兰》即《莲花塘》"。王清辉《名剧多遗误 考释病粗疏——〈京剧剧目辞典〉管锥(四)》一文认为,《辞典》中此考据不具有可信性,理由有三:一是《莲花塘》中无'火龙'一事,而是水龙;二是《剧本选集》(中国艺术研究院戏曲所藏)第一集第46册、第72册,分别是《莲花塘》《庆安兰》,可排除一剧三名;三是《拿火龙》乃是"和春班"班主何耕畬在狱中所编,后改名为《庆安阑》,与《莲花塘》无关。由此可见,《庆安阑全串贯》应与《拿火龙》同,并增设了草龙一角。

37.《风月禅总讲》

本事见《初刻拍案惊奇》卷六《酒下酒赵民媪迷花,机中机贾秀才抱怨》。该剧据小说后半部改编而成,演恶霸卜良垂涎贾秀才之妻巫素莲貌美,遂勾结甘露寺恶尼赵某骗素莲到寺礼拜,以饼食迷倒素莲,淫污其身。观音菩萨托梦英杰,令其即速归家。英杰至家问清原委,与素莲定下计策,咬断卜良的舌头,并状告知州。卜良主仆被抓入狱,刑讯之下,卜良被迫招供,真相大白。素莲见大仇已报,又愧对丈夫,遂自杀而死。素莲阴魂下到地府,原来她本是瑶池玉女,因小过谪下尘世孚芒,死后回归仙位。与小说相比较,戏曲中"贾秀才"作"贾英杰","巫氏"作"巫素娘"。在结尾的处理上,巫素娘自杀,死后升仙,而小说中,巫氏并没有自杀。《俗文学丛刊》第342册收录《风月禅》卜良、赵民、婺州脚本,文字相同。

38.《一匹布全串贯》

一名《借亲记》《一匹布》,清代乱弹剧目,作者不详,为讽刺性闹剧。乾隆五年(1740),郑燮题序的《扬州竹枝词》载有“一出传神借老婆”,此剧为乱弹戏班演出剧目。可见,乾隆年间,该剧就已流行。唐英《古柏堂传奇》中《天缘债》演此事,全剧共二十折。在戏曲结尾:《一匹布全串贯》中县官赏张古董三十两银子,让他再娶;而《天缘债》结尾则是李成龙中举拜官,途经天津,救下流落在外的张古董,并助其与喇叭花完婚,以报前恩。《缀白裘》收《借妻》《回门》《月城》《堂断》四折,此剧乃据以改编。川剧有《借妻配》,滇剧有《借亲配》(《老少配》),湘剧有《张古董》(又《卖棉纱》),汉剧、楚剧、桂剧具有《张古董借妻》,徽剧、河北梆子亦有此剧目,同州梆子有《瓮城子》,所演情节相似,风格各异。《俗文学丛刊》第340收录百本张钞本,文字相同。《戏考》第十七册有《张古董借妻》《京剧汇编》第二集、《京剧丛刊》第五十集、《故宫珍本丛刊》第678册、687册均有收录。《今乐考证》《曲考》《曲海目》《曲录》亦著录,本事未详。石本张《子弟书目录》亦有《一匹布》鼓词,注云《借妻》四回。未知与戏曲题材有无关系。

39.《大香山总讲》

一名《妙善出家》《白雀寺》《观音得道》。妙善出家,即观音修行故事。印度佛教传说中,观音本为男像。传入中国后,中国的信徒为其创造了妙庄王三公主妙善割手、挖眼救父的故事。北宋元符二年左右,有石碑《香山大悲菩萨传》已载其事。明代《香山宝卷》(《观音菩萨本行经》)叙此事甚详。明人有《香山记》传奇,明万历年间作,二十六年戊戌,有罗懋登序:“二南里人,盖陕西人。”疑此是其所撰。《观世音菩萨修道姻缘》一剧与《海潮音》稍有同异。讲述大士成道,为众宣讲《妙法莲华经》《观世音菩萨普门品》,指出应以女身得度,此是关于菩萨女人身的说法。藏经有妙庄王之号,未有菩萨为王女之说。经又云观世音菩萨与南阎浮提女身有缘,是故诸女身,于观世音菩萨尤加敬信。剧以菩萨在香山竹林寺成道,故曰《香山记》,亦以此为题材。《听春新咏》徽部“连喜”条谓其演《香山出家》“连座承趺,霜纨映肉,风清弦索,香溢氍毹”。同书西部“双凤”条云:“西部《香山》与徽部稍异。徽部服饰庄严,西部则上穿背甲。”可知秦腔、徽戏均有此剧。秦腔此剧演兴隆国三公主妙善出家,至香山修行。舍手眼治愈父庆王病,佛祖封妙善为救难观音菩萨。《春台班戏目》著录《香山》,中山大学有过录本《香山》一种,与此剧文字相同。《俗文学丛刊》第342册收录,题【香山寺】,文字一致。《大香山总讲》叙演妙庄三公主割手、挖眼救父,并劝其父母出家修行。情节相同,文字与此剧有重合处。此外,《梨园集成》第五集、《绘图山陕梆子调》戌集、《改良绘图京都三庆班京调》戌集、《戏考》第36册、《国剧大成》续第二集等亦收录。汉剧、秦腔、河北梆子都有此剧目。

40.《小放牛总讲》

一名《杏花村》,叙演牧童郊外放牛,遇一村姑前来问路。牧童与村姑对歌,此问彼答,互相唱和,尽兴而别。本事见清乾隆间抄本《牧羊记》传奇,讲苏武牧羊的故事。《曲海总目提要》卷十四载:“明时旧本,不知谁作。”《牧羊记》第三出《沙堤》有【回回曲】,与《小放牛总讲》中民歌对唱的第一段曲词出自同一首民歌,却是另一种文本。《小放牛总讲》以唱为主,说白为辅,为山陕秧歌道情一类戏曲。齐如山认为:“《小放牛》,乃是山陕一带乡间小孩在野地所演的玩意儿,并未上过台,俊山到京,才排出来的。”又言:“光绪年间,有一位唱小花脸的名刘七,皮黄梆子,唱工各极其妙。能戏极多,常以丑表功,《拾金》《百莲寺》《小磨房》《逛灯》《打灶》等戏演大轴子。又常与侯俊山同班。《小放牛》一戏,最初排演乃是俊山、刘七二人。后刘七去世,俊山才教与王长林。”其中,侯俊山原先是蒲剧艺人,艺名十三旦,清代同治、光绪年间在北京演出,名声很大。川剧、滇剧、湘剧、徽剧、秦腔、同洲梆子、晋剧、河北梆子、豫剧、梨园戏、云南花灯均有此剧目。《俗文学丛刊》第340册收录宝文堂刊本,文字基本相同。《京剧丛刊》第二十一集、《戏典》第一集、《戏考》第四册、《国剧大成》续第一集均有收录,事同文异。荀慧生、小翠花均擅演。1955年,徐玉川在世界青年联欢节演出获奖。

(作者简介:谢实东,1992年生,男,淮北师范大学文学院2016级研究生。)

〔项目:本文系 国家社科基金重大招标项目“《全清戏曲》整理编纂及文献研究”子项目“花部戏整理与研究”(编号:11&ZD107)阶段性成果。〕

孔尚任佚文与秦生镜生平考论

王亚楠

孔尚任的《桃花扇·本末》中所提及的秦光仪与“桃花扇”故事的流传和该剧的创作过程有密切关系，但他并非袁世硕先生所认为的孔尚任的岳父。通过分析孔尚任的两篇佚文《创修秦氏家祠记》和《〈止园集〉序》，并结合相关的方志文献，我们可以确定山东邹城人秦生镜是孔尚任的岳父，他官至户部员外郎，父子三人同孔尚任有密切的联系，秦、孔两大家族间也存在密切的姻亲关系。

孔尚任在《桃花扇·本末》开篇叙述该剧的创作缘起时说：“族兄方训公，崇祯末为南部曹；予舅翁秦光仪先生，其姻娅也。避乱依之，羁栖三载，得弘光遗事甚悉；旋里后数数为予言之。”其中包括“香姬面血溅扇，杨龙友以画笔点之”的“新奇可传”之事，“《桃花扇》一剧感此而作也”①。可见秦光仪与“桃花扇”故事的流传和《桃花扇》的创作过程有密切关系。“方训公”即孔尚则，生平事迹见《阙里文献考》卷九十和《阙里新志》卷三十。孔尚任称之为“舅翁”的秦光仪却名不见经传，生平事迹无可考。孔尚任《湖海集》卷十一和卷十二各收载有一封答秦孟岷的书札，其中后一封中也提到“舅翁”②。袁世硕先生在《孔尚任交游考》中认为秦光仪是孔尚任的“岳丈”，孔尚任致秦孟岷的书札中所提到的“舅翁”也指的是秦光仪，而秦孟岷则是孔尚任的内兄③。但综合考察多种文献可以确定孔尚任的岳父并非秦光仪，而是另有其人，即山东邹县人秦生镜，秦孟岷也非孔尚任的内兄。

孔尚任后人家藏有康熙三十六年七月十九日康熙皇帝的两件敕命，其中一件封赠孔尚任为承德郎，孔尚任妻秦氏为安人。可见其岳父姓秦无疑。2015 年新发现于山东省邹城市太平镇秦河村秦氏祠堂内的数块碑刻上有孔尚任佚文一篇，题为《创修秦氏家祠记》，文末署“时大清康熙二十七年三月既望，钦差监督下河官前圣驾幸阙里召充经筵讲臣陪侍宸游奏对称旨特用国子监博士至圣六十四代孙愚孙婿孔尚任熏沐拜撰”，也可证孔尚任为秦氏之婿④。碑文由秦氏七世孙秦嘉榧书写，由秦氏五世孙秦生银暨阖族人等立于雍正十二年甲寅四月

---

① 孔尚任《桃花扇·本末》，王季思等注《桃花扇》，人民文学出版社 1959 年版，第 5 页。

② 孔尚任《答秦孟岷》，徐振贵主编《孔尚任全集辑校注评》第二册，齐鲁书社 2004 年版，第 1222 页。

③ 袁世硕《孔尚任年谱》，齐鲁书社 1987 年版，第 220 页。

④ 张现涛《邹城市太平镇秦河村发现清代圣旨碑刻，著名戏剧家孔尚任原是该村秦生镜女婿》，http://blog.sina.com.cn/s/blog_48b473f30102vnkw.html，2015—06—10。

谷旦。清代山东邹县人秦济(1652—1735)的《止园集》卷首有孔尚任所作序文一篇,撰于康熙五十一年(1711)辛卯长至日。全文如下:

> 余舅水心先生筮仕蜀吴,著有《蜀吴游草》,苍润奇秀,能肖其山川风土。余弱冠得卒读,奉为指南。惜余从事帖括,未能三复请益。及余被征出山,先生亦再起刺定武,风尘鞅掌,更失从游之愿。两内弟公楫、公霖,随侍琴鹤,亲聆风旨,各有著作,成一家言。曾寄余京邸,余惊见二陆,舌矫目眩,不敢稍有优劣也。今公楫补令狄道,行李已载矣,乃出全稿见示。其体裁不一,而皆取其精而至者:如古体,则似《十九首》;选体,则似鲍、谢、徐、庾;唐人,则似钱、刘,骎骎而入李、杜之堂;宋人,则似苏、陆;元以后及明之北地、信阳、历下、太仓,则不屑屑为矣。近人多趋新城,窃其粉泽以相服媚,而公楫犹厌薄之。故其诗淡而腴、丽而清,琴筑之音若有山水杂而和之,使人倾眉移情,不能定其何响,所谓自成一家言,而在天下附和品骘之外者也。余每握手与之论诗,公楫但俯而笑,余卑之不敢高论,恐失言也。孰知其暗修精进,已得此中三昧。今驱车出三秦,边尘猎骑,白草黄羊,唐人所咏叹塞外风物,无不历历目睹,触发雄思,仗剑长吟,其晚年诸作,必更进而大变,当非余钝笔之所序已。①

孔尚任在文中称秦济及其弟秦渥为"内弟",称秦济之父秦生镜为"余舅"。秦济也称孔尚任为"姊丈",其《止园集》卷二有诗题《和孔东塘姊丈花朝过东溪留饮话旧之作》,卷三有诗题《已卯初秋岸堂听雨与东塘姊丈夜话》。与孔尚任《创修秦氏家祠记》同时发现的,还有封赠秦生镜父母、秦生镜夫妇和秦济夫妇的敕书碑刻各一件。而上文所提及的秦嘉榧是秦济之子。由此可见,秦生镜确为孔尚任的岳父无疑。

以下据多种文献,对秦生镜父子的家世生平进行简要的考察、钩稽。

孔尚任在《创修秦氏家祠记》中说:"秦姓乃先贤秦非之后,世为鲁大族,分居滕邑。"②而齐召南在为秦济《止园集》所作序文中说秦济"以孔门高弟子丕子之远胄,生长于邹"③。子丕子,即秦商。秦非与秦商均为孔子弟子,均为鲁国人(郑玄谓秦商为楚人),后世均配祀孔庙,秦商列东庑第十二位,秦非列西庑第三十一位。孔尚任撰有《儒门圣贤像赞》三则,其中为秦冉所作的赞词谓:"圣贤七

① 孔尚任《〈止园集〉序》,秦济《止园集》,乾隆十六年(1751)刻本,卷首。

② 张现涛《邹城市太平镇秦河村发现清代圣旨碑刻,著名戏剧家孔尚任原是该村秦生镜女婿》,http://blog.sina.com.cn/s/blog_48b473f30102vnkw.html,2015—06—10。

③ 齐召南《〈止园集〉序》,秦济《止园集》,乾隆十六年(1751)刻本,卷首。

十，贤有四秦。商祖同开，冉非比伦。前后裨美，附骥亦奔。果达与共，引为同人。”[①]“四秦”，即指秦商、秦祖、秦冉和秦非，皆孔子弟子。但无论秦氏远祖为秦非或秦商，因时代相隔已十分久远，与邹城秦氏之关系已不可考。孔尚任和齐召南所言，或为附会之词。

秦氏作为鲁国大族，原居滕县，自明成化年间，族中有“自然公”者，始迁居邹县。孔尚任《创修秦氏家祠记》称自然公“以稼穑开家，艰难缔造。不及百年，而子孙繁衍，丁众满千，诗书彬雅，皆成名荐绅，列名博士弟子员者半于胶庠”[②]。秦生镜为自然公五世孙。

秦生镜祖父名东安，曾任清苑县尉；父名执中，生镜为其季子。《邹县志》卷二“选举志”载秦执中“字湛源，嗜古博学，由捐贡授博兴县训导，升直隶无极县教谕。以子生镜贵，诰赠奉直大夫”[③]。清牛运震《空山堂文集》卷七所载《武城县教谕秦公、孺人孔氏合葬墓志铭》为秦生镜次子秦渥夫妇作，其中称秦执中曾“以明经为盐运司教授”[④]。而在秦氏祠堂内发现的敕命碑文则载顺治十八年四月初九日封赠秦执中为承德郎，秦生镜母郝氏为太安人。秦生镜时任四川顺庆府通判。

秦生镜，字水心，人称水心先生。生年不详，柯愈春《清人诗文集总目提要》列于卷八“生于天启六年至崇祯三年(1626—1630)”[⑤]。据秦济《止园集》卷三《燕台杂咏》第二十七首注，秦生镜于康熙二十八年(1689)己巳十月卒于京师天宁寺。《邹县志》谓其“资性英敏，诗文过目成诵。早岁食饩，从父宦游，绰有才名”[⑥]。秦生镜曾任四川顺庆府通判、江南苏州府同知、直隶真定府定州知州，授奉直大夫。《邹县志》对其宦迹记载较详，但年份多错乱，不可据。如前所述，顺治十八年，其父母受封赠时，秦生镜任四川顺庆府通判。《苏州府志》卷五十五“职官四”载秦生镜自康熙三年闰六月任总捕同知，康熙六年十月郑(火鼎)继任该职[⑦]。而秦氏祠堂内所发现的碑刻显示秦生镜于康熙十年三月将顺治十八年封赠其父母的敕书刻石立碑，他时任江南苏州府同知。所以，他任苏州府同知的具体时间有待进一步考证。康熙二十三年九月二十四日，康熙敕书封赠

① 孔尚任《儒门圣贤像赞》，徐振贵主编《孔尚任全集辑校注评》第四册，齐鲁书社2004年版，第2571页。

② 张现涛《邹城市太平镇秦河村发现清代圣旨碑刻，著名戏剧家孔尚任原是该村秦生镜女婿》，http://blog.sina.com.cn/s/blog_48b473f30102vnkw.html，2015—06—10。

③ 娄一均修、周翼等纂《邹县志》卷二，康熙五十四年(1715)刊本。

④ 牛运震《武城县教谕秦公、孺人孔氏合葬墓志铭》，牛运震《空山堂文集》，嘉庆刻空山堂全集九种本，卷七。

⑤ 柯愈春《清人诗文集总目提要》上册，北京古籍出版社2001年版，第211页。

⑥ 娄一均修、周翼等纂《邹县志》卷二，康熙五十四年(1715)刊本。

⑦ 李铭皖等修、冯桂芬等纂《苏州府志》卷五十五，光绪九年(1883)刊本。

秦生镜及其妻孔氏,他时任直隶真定府定州知州。孔尚任也在《止园集》的序文中说:“及余被征出山,先生亦再起刺定武,风尘鞅掌,更失从游之愿。”①“被征出山”,当指孔尚任于康熙二十一年应衍圣公孔毓圻之请,结束石门山隐居生活,出而治其夫人张氏丧,继而修谱、制乐,又在康熙二十三年康熙驾幸曲阜祭孔时,因御前讲经称旨被授国子监博士。孔尚任后撰有《出山异数记》纪其事。齐召南为《止园集》所作序称《止园诗集》卷一《中山稿》为秦济“弱冠从父宦定州时著也。”②而《中山稿》所收诗第四题为《甲子秋杪自都门返中山雨中有感》,甲子即康熙二十三年(1684)。牛运震《武城县教谕秦公、孺人孔氏合葬墓志铭》谓:“康熙中,朝廷尽平三藩地,天下山川扼塞、户口图籍皆在户部,诏纂《通志》,以训一统,征天下文学掌故及工书法者充馆员,公(按指秦渥)以旧家子弟工书文与焉。当是时,水部公(按指秦生镜)改知定州,公以赀贡从任也。”③《通志》,可能指《大清会典》,康熙二十三年(1684)五月始修,二十九年四月修成。所以,秦生镜改任定州知州当在康熙二十三年。《畿辅通志》卷二十五“城池”载定州州城自万历四十七年知州沈庭英补修,“岁久倾圮”,康熙二十五年时任知州的秦生镜捐出自己的官俸,率领士绅人等“复加修葺”④。

《邹县志》称秦生镜“生平孝友、信义,工诗文词赋,善书法”⑤。秦济在《追次先君九日登高元韵》诗的小序中也记载:“先君昔自姑苏解组,高卧林泉。适值重九,偕宾朋昆仲辈登峄赏玩,为汗漫游。或临风把酒,或限韵赋诗,一时贤豪争相酬和,笑咏连日。先君又善行草,兴至辄濡墨挥毫,烟云满壁,道旁观者咸啧啧称道。”⑥《邹县志》称其著有《蜀道》《吴门》《西江》《中山》诸集。孔尚任也在为《止园集》所作序中说秦生镜“筮仕蜀吴,著有《蜀吴游草》,苍润奇秀,能肖其山川风土”⑦。今扬州市图书馆藏有秦生镜《冰玉堂集》,康熙二十八年刻本,不分卷,当为其平生诗文之结集。卷首有尤侗、宋实颖、计东所作序文。

秦生镜有妻孔氏,继妻吕氏,康熙二十三年九月分别获封宜人和孺人。

秦生镜长子秦济,字公楫,号忍庵,人称止园先生,贡生,历任江南常州府靖江县知县、陕西临洮府狄道县知县,著有《止园集》诗六卷附词一卷,现存乾隆十六年(1751)刻本,孔尚任曾参与校订。生平详见牛运震《空山堂文集》卷七《文

① 孔尚任《〈止园集〉序》,秦济《止园集》卷首,乾隆十六年(1751)刻本。

② 齐召南《〈止园集〉序》,秦济《止园集》卷首,乾隆十六年(1751)刻本。

③ 牛运震《武城县教谕秦公、孺人孔氏合葬墓志铭》,牛运震《空山堂文集》卷七,嘉庆刻空山堂全集九种本。

④ 李卫等监修《畿辅通志》卷二十五,雍正十三年(1735)刻本。

⑤ 娄一均修、周翼等纂《邹县志》卷二,康熙五十四年(1715)刊本。

⑥ 秦济《追次先君九日登高元韵》,秦济《止园集》卷六,乾隆十六年(1751)刻本。

⑦ 孔尚任《〈止园集〉序》,秦济《止园集》卷首,乾隆十六年(1751)刻本。

林郎陕西临洮府狄道县知县邹邑秦公墓志铭》。

秦生镜次子秦渥(约1654—1717),字公霖,号枕溪。贡生,曾任山东武城县教谕。生平详见牛运震《武城县教谕秦公、孺人孔氏合葬墓志铭》。其中称秦渥妻孔氏为"故大姚令孔公女。孔公,儒家,孺人尽得其父学。公自室孺人,文业日进,遂以是岁擢诸生高第"①。"大姚令"即孔贞瑄,字用六,一字壁六,号历洲,号聊园,晚号聊叟,山东曲阜人。孔子六十三代孙。顺治十七年举人,十八年中会试副榜,历官泰安教谕、济南府教授、云南大姚知县等职。究心经史,精乐律、算学,能诗文。著有《聊园诗略》《聊园文集》等。孔贞瑄为孔尚任族叔。孔尚任遭罢官归里后,曾为孔贞瑄编辑、校订其诗文,并作序,又为其《直省缩地歌》作跋。另,孔尚任《长留集》七律卷有《暮春过聊园留赠主翁,是日戏为斗花局》诗,作于康熙四十五年(1706)三月。而孔贞瑄《聊园续集》中有《东塘邀赏风折美人梅和韵》《聊园载入〈阙里名胜志〉(东塘续修)》《同东塘侄游石门》。秦生镜妻孔氏也有可能为孔子之后裔、曲阜孔氏女。可见秦、孔两家之间有着密切的姻亲关系。

由以上所述可以推断,秦生镜与秦光仪非同一人,秦光仪非孔尚任之岳父,秦孟岷也非孔尚任之内兄。

第一,秦生镜为孔尚任之岳父无疑,而目前所见记载秦生镜生平事迹的文献都未提及"光仪"二字。

第二,据孔尚任《湖海集》卷十二所收《答秦孟岷》,康熙二十七年春,其"舅翁"希望来河工办事,继续充任小吏,但因治河使臣与地方督抚意见不合,人事纷扰,治河一直没有进展,孔尚任自己都进退不决,愁闷不已,所以表示:"先用何以收趋事之员,四分何以招子来之众?""弟之行止且未卜,又何能为舅翁借一筹也"②。假若其中所说的"舅翁"即秦生镜,以他曾任定州知州、官至户部员外郎,又怎会在去世前一年请托自己的女婿,希望担任一治河小吏呢?

第三,秦生镜有三子,长秦济,次秦渥,孔尚任在为《止园集》所作序中称两人为"内弟",可见两人年岁小于孔尚任。而他在两封《答秦孟岷》中都称秦孟岷为"长兄""兄",自称"弟"。同辈朋友之间或可不分年龄长幼而互相称兄道弟,但自己与妻子的兄弟之间的称谓却不能错乱。此外,有关秦济兄弟生平事迹的文献中也都未见"孟岷"二字。

陈万鼐在《清孔东塘尚任先生年谱》中据《桃花扇·本末》和《答秦孟岷》,

① 牛运震《武城县教谕秦公、孺人孔氏合葬墓志铭》,牛运震《空山堂文集》卷七,嘉庆刻空山堂全集九种本。

② 孔尚任《答秦孟岷》,徐振贵主编《孔尚任全集辑校注评》第二册,齐鲁书社2004年版,第1222页。

称秦孟岷为孔尚任的表兄,孔尚任母姓秦,是将“舅翁”理解为舅舅[①]。但孔尚任后人家藏的敕命明确记载孔尚任父孔贞璠有两位妻子,李氏和吕氏,而吕氏为孔尚任之生母。所以《桃花扇·本末》和《答秦孟岷》中的“舅翁”如何理解、秦光仪和秦孟岷与孔尚任究竟为何关系,还有待进一步考证。

此外,秦济的《止园集》中的诗文还可以帮助我们更多了解孔尚任的生平。如康熙四十四年(1705)二月,康熙第五次南巡,视察黄河海口及沿途运河堤防。孔尚任也于本月内赴济宁州。袁世硕推测孔尚任此行“为随衍圣公孔毓圻迎驾,冀有赐环重召之遇”,但无确凿证据[②]。而秦济《止园集》卷二有《和孔东塘暮春济水恭迎圣驾作》,可以落实上述推测。

(作者简介:王亚楠,男,文学博士,郑州大学文学院副教授。)

① 陈万鼐《清孔东塘先生尚任年谱》,台湾商务印书馆1980年版,第6页。

② 袁世硕《孔尚任年谱》,齐鲁书社1987年版,第181页。

清代戏曲家龙燮家世、生平、交游考

邵殳墨

对龙燮家世、生平和交游的研究至今主要集中在陆洪非先生的《龙燮及其〈江花梦〉与〈芙蓉城〉》和陆林先生的《皖人戏曲选刊·龙燮卷》序言、《清初戏曲家龙燮生平、剧作文献新考》《试论清初戏曲家龙燮及其剧作》中。在研读前人研究成果的基础之上,笔者根据康熙《安庆府志》、乾隆《望江县志》、光绪《永新县志》和龙垓《燮公年谱》等文献资料进行补充整合,进行较为全面的研究。

一、家世考

望江龙氏源于江西永新,龙垓的《燮公年谱》载:"龙氏发源于吉安之永新,今其地不减万人,文物绅衿甚盛。邑南二十里,有盐堆山,即况公祖葬所也。"

(一)始祖龙仁夫

龙仁夫(1253—1335),字观复,号麟洲,江西永新人,为元一代名儒,官湖广儒学提举,多次充任元科举乡试考官。博学好古,潜心理道,晚居黄冈。后避乱至望江,讲学雷川,乡人筑五经台师之。著有《周易集传》《读书台集》。

记载龙仁夫的资料很多,如《元史》中《儒学》《南村辍耕录》《永新人物录》《大明一统志》、万历《湖广总志》和《永新县志》等。刘岳申《祭陕西提学麟洲龙先生》是元代流传下来关于龙仁夫生平的唯一一篇文章。其中高度评价龙仁夫"文章望古人以切切,意气陋余子之滔滔。鲸吞众口之杂杳,蝉蜕一时之老饕"①。李超的《元代文学家龙仁夫考》②是目前唯一一篇专门研究龙仁夫的论文。吴宗海《〈全宋诗〉失收吉安诗人拾补》将龙仁夫收录在内③。龙仁夫在元代的声望还是比较大的,《永新县志》载:"绝句诗至晚唐尤为精致,宋人不得其门,而入元人惟龙麟洲、范清江、虞青城得其三昧。"④黎景高撰《安南志略》为之作序者十人,多是当时的达官显贵,龙仁夫作为名儒也是其中之一,可见其声望

① 刘岳申《申斋集》卷十二,《四库全书》集部,第1204册,上海古籍出版社1987年版,第336页。

② 李超《元代文学家龙仁夫考》,《井冈山大学学报》,2010年第31卷第4期。

③ 吴宗海《全宋诗失收吉安诗人拾补》,《井冈山学院学报》,2009年第30卷第9期。

④ 萧玉春等修(同治)《永新县志》卷二十六,《杂类志》轶事,清同治十三年(1874)刻本。

之高。有关龙仁夫的逸事很多,流传较广的一是吕文焕在琵琶亭设宴招待龙仁夫事,龙仁夫在席上因不满吕文焕叛降元军作诗讽刺:“老大蛾眉负所天,忍将离恨寄哀弦。江心正好看明月,又抱琵琶过别船。”[①]另一件流传较广的事:“龙麟洲过福建,宪府设宴,命官奴小玉带佐觞”,席间宪府请龙仁夫为小玉作诗,“时先生负海内重名,雅畏清议,又不能违宪使之请,遂书一绝句云:‘菡萏池边风满衣,木犀亭下雨霏霏。老夫记得坡仙语,病体难禁玉带围。’于是举席称叹,尽欢而散”[②]。龙仁夫风致可见一斑。

(二)祖父龙之冕

龙之冕,字正元。康熙《安庆府志》载其:“幼好学,不问生产以至家道日贫。已而太息曰:‘吾安可墨守章句,令老亲缺甘脆耶?’弃举子业,后果稍裕。”[③]龙之冕通过经商成为当地的富户,经常帮助乡邻,惠其族人贫者不倦,时人以高义论之。从龙之冕开始,龙家因经商而成为了当地富户。

(三)父亲龙应鼎

龙应鼎,字禹九,号遁山。少颖异,性至孝,曾割骨愈父。乐善好施,累行修仁。康熙《安庆府志》载:“崇祯十二年,邑大饥,鼎议设粥作赈。先自鬻产籴米,以为之倡,存活逾万人。”[④]康熙《望江县志》载:“康熙十一年春大饥,时义绅龙应鼎复于所居土冈嘴三次赈济,活流殍焉!”[⑤]龙应鼎有勇有谋且为官清廉。同时,龙应鼎淡泊名利,不以功名为念。入清后,因母老挂冠,空囊归家,在家守墓,耕田捕鱼为活。应鼎在文中云:“余自海门归黑貂,敝尽,爰筑室武吕湖边,力耕捕鱼,为生活计耳,敢云鸱夷肥豚哉!”[⑥]归隐后的恬淡自足溢于言表。龙应鼎长于诗文,晚年归隐后更是以作诗自娱。可能是从龙仁夫开始,龙家世以经商为业,但受到传统轻商重仕的影响,淡于名利的龙应鼎对后代的教育和举业还是非常重视。年谱载在龙燮六岁的时候,父亲龙应鼎就聘请名士吴廷楷作龙燮和其兄的老师了。龙应鼎共有七个儿子,长子龙光和次子龙燮均入朝为官,“余子五,俱有文名”[⑦]。

---

① 刘埙《隐居通议》卷十,诗歌,《丛书集成初编》第214册,中华书局1985年版,第114页。
② 陶宗仪《南村辍耕录》卷二十二,先辈风致,中华书局1959年版,第274页。
③ 张楷《安庆府志》卷十六,笃行,康熙六十年(1721)刻本。
④ 张楷《安庆府志》卷十六,乡贤,康熙六十年(1721)刻本。
⑤ 刘天维、龙燮《望江县志》卷十一,荒政,康熙三十四年(1695)刻本。
⑥ 龙应鼎:《昌湖归隐》,刘天维、龙燮《望江县志》卷十二《艺文》,康熙三十四年(1695)刻本。
⑦ 张楷:《安庆府志》卷十六《乡贤》,康熙六十年(1721)刻本。

(四)兄长龙光

龙光(1638—1727),字二为,号茗麓,别号凌波。26岁考中康熙二年(1663)举人,30岁中康熙六年(1667)进士。先后出任山西太原同知、福建邵武知县、宁化知县、台湾同知。在任期间,励精图治,廉洁自律,多为地方人民造福。著有《元亨利贞》《游西湖集》《闽游集》等,惜未传。

龙光为官后,多次调任,走了很多地方,交游广泛。康熙十三年(1674)龙光为徐釚《南州草堂集》作序,徐釚为龙光纳姬题诗。陈维崧在其《迦陵水龙吟二十首》中提到;"安庆龙二为舍人光能知夙生事,自言盖凌波池中老龙也,魂梦往来,时常仿佛;又言生平每当凄风碎雨,则奋跃欲狂,一遇晴霁,则吻燥神枯,怏怏不乐。睦州方进士某为作传,传最详。凌波池,在西京终南山下。"①陈维崧还在《沁园春·为钱塘女史雪仪作并戏示雪持》小注载道:"雪仪妹已许字龙舍人二为。"②可见二人联系较为密切。

龙光诗文散见于方志和友人的文集中,《望江县志》有其诗,王尔纲的《名家诗永》选录了龙光多首诗,诗风壮阔豪迈,如《等□边楼 》:"雁门风劲急放秋,帷幄从来籍运筹。四塞河山谁表□,九边形势此咽喉。岂云文士无方略,须信书生有老谋。指点沙中凝故垒,雄图仿佛剑南州。"③《全清词》载其词多首。

龙燮有五个弟弟,一个兄长即龙光,二人年龄相近,只相差两岁,且同出于嫡母朱氏,两人的关系自比较亲厚。幼年同学于吴廷楷,可以想见兄弟二人一块读书考试度过相当长的一段时间,举荐龙燮应试宏博的人中王縠振、陈睿思是龙光的年友,可见龙燮能够参加宏博考试,除了自身的博学外,兄龙光的援引也是一个原因。在龙燮的诗集中多次提及兄龙光,有回忆二人幼时一块读书的情形:"童年夜读雪齐腰,何异谈王牧与樵……拥被每论千载事,二苏原自胜三尧。"有相互勉励的殷殷之语:"元亮非因米折腰,定知歌颂遍渔樵。官贫且着青衫去,秩满须乘紫马朝。"甚至因为厌倦官场二人相约归隐:"拟从芸阁求长假,莫负锺山忘久要。相约卜居白下。共采溪边薇蕨食,只今伯叔遇轩尧。"④龙燮死后,龙光为其作传。

龙燮先后娶了两个妻子,第一个是在顺治十三年(1656),龙燮十七岁时娶得黄州府同知云南施德裕之女。施氏在康熙六年(1667)生长子龙鳌,康熙八年

① 陈维崧:《湖海楼词集》卷十三,长调,《清代诗文集汇编》第96册,上海古籍出版社2010年版,第372页。

② 陈维崧:《胡海楼词集》卷十七,长调,《清代诗文集汇编》第96册,第417页。

③ 王尔纲:《名家诗永》卷六,康熙二十七年(1688)刻本,第30页。

④ 龙燮:《送家兄之官太原》其五,《和苏诗初集》,《清代诗文集汇编》第154册,上海古籍出版社2010年版,第350页。

(1669)施氏卒,二十二(1683)年秋龙鳌夭卒。第二个是在康熙十九年(1680)娶明锦衣卫都督佥事张国连之女。康熙二十六年(1687)夏张氏卒。无子。龙燮生有五子二女。分别是鳌、垓、坛、增、埙。女子名字无考。

二、生平考

龙燮的生平在龙垓的《燮公年谱》记载较为详细,笔者根据方志、诗文等相关文献资料进行挖掘和补充,将龙燮生平分为以下三个时期。

(一)弃举业前(1640—1672)

龙燮出生时就有异象,龙光的《燮公传》云:"弟将诞之夕,先淑人梦大士携一红衣儿至,又见魁光辉灿帷中。"①龙垓《燮公年谱》的记述与之大略相同。另外龙燮诗注中自述:"予将诞之夕,先慈恍惚见一老衲来托生,哺以荤乳,辄呕出之。"②或许这是龙燮后来戒杀向佛的一个原因。这些记录未必尽实,但我们可以感受到父母对于龙燮的喜爱和由衷的期望。崇祯十五年(1642),龙应鼎带着龙燮赴海门任职,顺治二年(1645),龙燮父亲弃官归里,并在这一年为龙燮聘请了名士吴廷楷作为授业老师。在吴廷楷的教导下,龙燮凭着自己的勤奋和天资聪颖,学问日长,除了《五经》制艺能熟练掌握外,诗词歌赋也能够信笔成篇。父亲经常询问两个儿子孰佳,吴廷楷回答说:"大苏含贞蕴其璞,小陆迅发逞新硎,可以定终身矣。"③把龙燮比成陆云,可见其才气。

在良师的指导下,龙燮学问打下了坚实的基础。十二岁应童子试,知府李士桢见其幼小,戏出对云:"【要孩儿】抱来应试。"龙燮对道:"【朝天子】看取同升。"④拔得首冠。十四岁考为秀才,时受知于学政即墨蓝润先生,抱置膝上说:"异日传吾衣钵者,此子也。"足见其才学之优。少年时期,龙燮在龙家良好的文学气氛中成长起来,可谓一帆风顺。年龄渐长,学问和名气也随之增,不管是家人、老师、朋友甚至龙燮自己也认为功名唾手可得,然而自顺治十七年(1660)至康熙十一年(1672),连续参加了多次乡试,都未成功,这对龙燮的打击是非常大的。尤其兄龙光先后考中举人、进士,龙燮不禁感慨道:"独为南阮惭群从,安得

---

① 龙光《燮公传》,《皖人戏曲选刊·龙燮卷》,黄山书社2009年版,第261页。

② 龙燮《和苏诗三集》,《清代诗文集汇编》第154册,上海古籍出版社2010年版,第379页。

③ 龙光《燮公传》,《皖人戏曲选刊·龙燮卷》,第261页。

④ 龙垓《燮公年谱》,《皖人戏曲选刊·龙燮卷》,第263页。以下不注出处者,均见此文。

西华慰老亲。”①亲人的失望、世人的眼光和神童的压力，让龙燮郁闷落寞到了极点。康熙八年，妻子施氏卒，十一年参加北闱，再一次落第，龙燮给友人的书中这样写道：“某四战棘闱，不获一售。今已矣，丈夫岂堪再辱也？计惟闭户山中，十年静坐耳！”遂弃举子业。专攻诗赋古文，声名渐播。龙燮在康熙二年应该名闻乡里了，年谱载：“时府君著作日富，才名借甚，一时诸名公遂致慕焉。”与龙燮往来的名儒不少，足见龙燮的诗文在当时已经很有见地了。

（二）弃举业到参加宏博考试期（1673—1678）

这时期是龙燮诗文创作的多产期，其传奇《琼花梦》和杂剧《芙蓉城记》也相继问世。龙燮虽然弃绝科考，但并有放弃为官这条道路，只是对常规科举制度已绝望。龙燮积极与当地官员文人结交，扩大其交际范围：同知县刘天维，训导张大心，教谕谈志等多有诗文来往。功名的蹭蹬，发妻的逝世，龙燮与名僧道友来往渐多，并开始戒杀。康熙十一年（1672）春撰《募设粥赈济文》，同年为知县刘天维撰《修筑西圩记》；十二年受刘天维聘撰修县志，同年著《石楼藏稿》，刘天维为其作序：“龙子抱道穷居，忧愁壹郁，其惜时感遇之意，又往往发之于歌词乐府。”②下一年受姚琅聘，撰修府志。十三年冬，龙燮在建德王氏的小楼里写出了杂剧《芙蓉城记》③。十四年夏客扬州，著《琼花梦》传奇。康熙十七年，对于龙燮来说是人生的转折点，朝廷开博学宏词科，龙燮受大学士冯溥，中翰王縠振、陈睿思的举荐，六月应诏进京。赴京年龙燮在金陵纳了小妾，侯七乘《皖江龙石楼白下纳宠索赠》写到：“君今走马长安道，莫过临邛又抚琴。”“高花红烛正催妆，忽报斑骓上雒阳。”诗注载：“时龙应召抵京。”④此外尤侗《龙石楼金陵纳姬四首》亦云：“郎上京华伴紫薇，青溪桃叶妾依依。”⑤

（三）为官时期（1679—1696）

康熙十八年（1679）龙燮取中第 48 名，授翰林院检讨。十九年续娶张氏。二十四年因父母年老离京归家，次年丁母忧。二十六年受湖光总督徐国相相邀，离家游湖北，二十七年受江西吉安宗人邀请到吉安，六月归里，丁父忧。二十八年游广东，《和苏诗初集》成。二十九年年底服阕，此后到三十六年，龙燮一

---

① 曾灿《过日集》卷十五，七律，第十四页，康熙十二年（1673）刻本。

② 刘天维、龙燮《望江县志》卷十二《艺文》，康熙三十四年（1695）刻本。

③ 陆林《清初戏曲家龙燮生平、剧作文献新考》，《文献季刊》，2010 年第 2 期。

④ 侯七乘《皖江龙石楼白下纳宠索赠四首》，《孝思堂全集》，《清代诗文集汇编》第 112 册，上海古籍出版社 2010 年版，第 256 页。

⑤ 尤侗《龙石楼金陵纳姬四首》，《西堂诗集》，《清代诗文集汇编》第 65 册，上海古籍出版社 2010 年版，第 451 页。

直在京为官。先后升詹事府左春坊左中允,改署大理寺寺正,调署刑部河南司员外,后又调工部屯田司郎中。卒于任。《和苏诗二集》和《和苏诗三集》成于此际。

这一时期,龙燮的心路历程还是比较复杂的,博学取中后,功名到手并且续娶了妻子,亲人多年的期盼有了结果,这时的龙燮是意气风发的,满怀激情向往着刚刚踏进的仕途之路。但官场的复杂多变,现实的残酷,龙燮本身为人刚正,无法面对官场的污浊,很快龙燮起了思归之心。康熙二十二秋,长子龙鳌的夭卒,对龙燮的打击非常大,思归之心更切了。仕宦的不如意,与方外人往来较为频繁,并发出"泥沙面目已非昔,胸次尚有丹元存"[①]的慨叹。终于在康熙二十四年,龙燮力请于朝,"岁暮,束装出京"。二十五年,刚到金陵,母亲朱氏去世,方志载龙燮"惊痛哀毁,几于灭性",次年五月,龙燮继妻张氏卒。二十七年夏六月,父亲龙应鼎去世。五年之内,儿子,母亲,父亲,妻子相继离世。

从康熙二十九年归京到三十五年秋龙燮离世,龙燮的职务开始了频繁的变动。从词臣到郎官,此后,龙燮一直处理着刑狱、工程、诉讼,掌管宫禁、柴薪、煤炭等经济之务。虽然为时论所惜,但龙燮还是兢兢业业。他利用闲暇时光,勤于诗文,整理诗稿,《和苏诗》二集、三集相继成书,并且改编传奇《琼花梦》,使之搬于场上。在座师冯溥和友人王士禛、赵士麟等人的帮助推动下,《琼花梦》在京城流行一时。

三、交游考

龙燮入京为官之前,在望江的时期,交游相对比较狭窄,流传下来的资料也不多。但考察这一时期的交游对研究龙燮的戏曲创作至关重要,因为其传奇和杂剧都是在这一时期成稿。步入仕途后,龙燮除了康熙二十五年(1686)至二十九年(1690)丁父母之忧的五年外,一直在京,因此,其交游范围大部分集中在京城。所交往的对象多是名流巨卿。笔者将龙燮交游分为为官前和为官后两个时期来阐述。

(一)为官前

刘天维,字卓尔,广东东莞人。顺治八年(1651)举人,康熙十年(1671)任望江知县,十四年离职。在任期间,政尚宽厚,问民疾苦,组织修筑西圩,当地人感

---

① 龙燮《宿崔道士斋》,《和苏诗初集》,《清代诗文集汇编》第154册,上海古籍出版社2010年版,第379页

其德,为其立碑。性廉介,居处饮食都极为清寒。十二年聘龙燮撰修《望江县志》。方志载有刘天维为龙燮写的《石楼四集序》,对龙燮著作推许甚高:"龙子理侯,独能以著作自任,所立言,屡满箧中……诗自大历以还,文自欧、苏以上,本末源流,无不各见其声情体法之悉合。"①根据文中"今天子优礼词臣,龙子行起而当其会。凡所为,起草明光,赋诗太液,俱不外其素习而得之者。"刘天维提到了龙燮受举荐参加博学鸿儒考试,这篇序应该是在康熙十七年参加博学考试后写的,此时刘天维早已离职,两人还有联系,足见二人相交甚厚。龙燮为刘天维撰《修筑西圩记》《邑侯刘公祠记》,均见于康熙《望江县志》。刘天维在任望江知县的四年,是龙燮戏曲创作的时期,两人交往密切,刘天维当时应该见到龙燮的戏曲作品。流传下的相关文献太少,目前还没有考证出更多的资料,刘天维对龙燮的早期创作应该还是比较了解的。

王尔纲(1643—1694),字绍李。清安徽建德(今东至人)。博通群籍,善诗歌,为名流推重。评选海内名诗,辑录成集,康熙二十七年(1688)刻《名家诗永》。不仅收录龙燮《寄怀江武子先生》《南陵石壁画马》《同李男蛾、章锡九游齐山限齐字》三首诗,还收入了龙光的四首诗。王尔纲对龙燮早期诗作比较熟悉,在《南陵石壁画马》诗尾王尔纲评说道:"瓶斋叙雷岸集,谓其宗太白,而此篇则居然子美矣。"②瓶斋即建德江桓之号。评说《寄怀江武子先生》"何其情深"。王尔纲在龙光诗后说道:"此先生晋阳怀古之作,意致遥深,兼有经济在内,谢家康乐固不让惠连也。"③王尔纲对龙燮早期诗作十分了解,且对其兄龙光也不陌生。

江桓,号瓶斋,清安徽建德(今东至人)。江桓文名甚高,方志载:"阁学孔公太宰、郑公日延誉以勋名相期许。秋浦刘城吴应箕结社湖心,独推其文行金玉。"④在江桓回给龙燮的诗《寄雷江龙石楼》"邮风传信好,梁月照颜虚……鸣幽惭一鸟,剖素得双鱼"中,可以看出二人相交甚繁,经常书信往来。江桓对龙燮的诗推许甚高:"老气凌苏李,浮华鄙庾徐。"⑤江桓康熙六年夏病剧,江桓就多有书信往来,不久就死了,死时年龄为五十五,推算下来江桓于明万历四十年(1612)出生,比龙燮大几近三十岁,二人可为忘年交,足见龙燮的诗文在当时已经很有见地了。(江桓康熙六年就已病死,其写给龙燮的诗,称其为龙石楼,年谱载康熙十一年,龙燮别号石楼。)

---

① 刘天维、龙燮《望江县志》卷十二《艺文》,康熙三十四年刻本。

② 王尔纲《名家诗永》卷十二,康熙二十七年(1688)刻本,第6页。

③ 王尔纲《名家诗永》卷六,康熙二十七年(1688)刻本,第30页。

④ 朴怀玉等纂修(康熙)《池州府志》卷十二《人物五》,《清代孤本方志》第一辑,第十三册,线装书局,2001年版,第547页。

⑤ 刘天维、龙燮《望江县志》卷十二《艺文》,康熙三十四年(1695)刻本。

谈志,字中夫,江苏武进人,康熙十六年(1677)前任望江教谕。顺治间掌教事,曾任定远县训导。是三吴名宿,博洽能文,好为文教之事。前后缮修诸多学宫,如文昌阁、名宦祠、乡贤祠等。在任期间,廉洁自律,秋毫无染指,很受百姓爱慕。后以裁缺改授丹徒教谕。《望江县志》收录了谈志的《读龙石楼文集》:"鸡坛领袖向谁呼,岸帻风流喜不孤。名震大雷龙尚伏,年齐小阮凤仍雏。七才子后推王李,八大家中见柳苏。独步江东君最早,异人宁复老菇芦。"[①]对龙燮推崇甚高。

(二)为官后

冯溥(1609—1691),字孔博,号易斋。山东益都(今青州)人。清顺治三年(1646)进士,初授编修,后擢吏部侍郎。康熙年间为刑部尚书,拜文华殿大学士,加太子太傅,卒谥文毅。冯溥为人刚直,沈德潜《国朝诗别裁集》载其"在阁不诡随,不矫激。诗以雅正为主"[②]。冯溥奖掖后进,康熙六年(1667)和十八年两次任会试考官,一大批有才之士,多因冯溥荐举而得重用。冯溥是龙燮应博学鸿词科举荐人之一。冯溥为《改庵诗》全集作序,非常欣赏传奇《琼花梦》,李嶟瑞说《琼花梦》"先是益都冯文毅公最所称赏,而高念东、施愚山、尤展成诸前辈皆有题词"[③]。并在康熙十八九年出资刊刻龙燮的《琼花梦》传奇。在赵士麟的《詹允龙雷岸琼花梦剧序》载:"雷岸告我曰:'《琼花》之梓,自益都相国。'"[④]冯溥曾撰《和高念东题龙石楼〈琼花梦〉传奇》四首:

得官得妇总堪疑,谁道书生是梦时。宝剑香闺缘并合,庸夫原不解情痴。

双蛾秀映蕃厘观,一剑雄登射柳堂。牵得红丝天上种,琼花原是大花王。

玉茗新声笔已荒,歌场三梦绝华堂。谁知后起多才思,檀板轻敲满座香。

生来仙骨本应仙,了得尘缘正可怜。连理枝成花并蒂,却教点破梦

---

① 刘天维、龙燮《望江县志》卷十二《艺文》,康熙三十四年(1695)刻本。

② 沈德潜《国朝诗别裁集》卷二选冯溥诗一首《汉文帝幸代图》,小传云:"文毅力荐魏环极为名臣。在阁不诡随,不矫激。诗以雅正为主,不争长于字句之间。"中华书局1975年版,第47页。

③ 李嶟瑞《除夕前三日集陆刑部宅公宴渔洋、山姜两先生观演〈琼花梦〉剧,明日两先生有诗纪事,同人皆和,予亦如数赋十绝句》,《皖人戏曲选刊·龙燮卷》,黄山书社2009年版,第241页。

④ 赵士麟《詹允龙雷岸〈琼花梦〉剧序》,《读书堂彩衣全集》,康熙三十五年(1696)刻本。

中天。①

龙燮传奇后来能在京城盛极一时，与冯溥最先称赏《琼花梦》是分不开的。王嗣槐《万柳堂修禊诗序》："康熙二十一年岁在壬戌暮春三日，文华殿大学士兼刑部尚书益都公冯公修禊事于万柳之堂，从游者三十有二人。"②万柳堂在京城广渠门内，乃冯溥别业，时方名士多聚于此，龙燮也在其内。冯溥逝世后多年，龙燮怀念冯溥作诗："清约原非不被寒，筵开东阁不曾难。坐中笑语淄川老，一曲《琼花》敌《牡丹》。"③对冯溥知遇之恩、感激之情溢于言表。

王士禛(1634—1711)，字子真、贻上，号阮亭，又号渔洋山人，谥文简。山东新城(今桓台县)人。顺治十五年进士，入南书房，参修《明史》，官至刑部尚书。著作有《带经堂全集》《渔洋诗话》《池北偶谈》《香祖笔记》等。

王士禛诗文造诣很高，于清初诗坛影响很大，主盟清初诗坛几五十年，和者甚众。龙燮和王士禛来往较为频繁，常结文字之会，相互品评交流。《居易录》载"驾在畅春苑，部务稍暇。五月中，与同人、诸及门间为结夏文字之会。"④龙燮在座。王士禛为《和苏诗》二集和三集作评论，并为《和苏诗二集》序而刻之。序中写到："子瞻出仕三十余年，为狱吏所折辱……文忠之和陶也，其有悔心……雷岸尝以文章受主知，官禁近十余载，其遇合不减文忠……然则雷岸之和苏也，其庶可无惭悔矣乎。"⑤可见其对龙燮的心理把握还是比较准确的。康熙三十四年龙燮整理《琼花梦》搬演于场，在陆荣登宅中演出，邀请王士禛等人观看，王士禛写下《观演〈琼花梦〉传奇柬龙石楼宫允八首》，对其极为称赏。李嶟瑞作于康熙三十四年《除夕前三日，集陆刑部宅，公宴渔洋、山姜两先生，观演琼花梦剧。明日两先生有诗纪事，同人皆和，予亦如数赋十绝句》小注中载："剧为龙雷岸宫允所填，已二十余年矣。先是益都冯文毅公最所称赏，而高念东、施愚山、尤展成诸前辈皆有题词。然士大夫谈词曲，罕有及《琼花梦》者。倾新城公及称之，始脍炙人口，梨园弟子遂争歌之。"可见正是因为王士禛的极力推崇，龙燮的传奇才得以兴于京城。龙燮在诗注中自述："剧本多于报国寺鬻之，渔洋先生与余札云：'前从慈仁寺得《琼花梦》归，读之击节唱叹，至烛屡见跋而不止，

① 冯溥《和高念东题龙石楼〈琼花梦〉传奇》四首，《佳山堂诗集二集》卷八，《清代诗文集汇编》第29册，上海古籍出版社2010年版，第742—743页。

② 王嗣槐《万柳堂修禊诗序》，《桂山堂文集》，《清代诗文集汇编》第73册，第17页。

③ 龙燮《岁暮四忆》其一，《和苏诗三集》，《清代诗文集汇编》第154册，第393页。

④ 王士禛《王士禛全集·杂录·居易录》卷二十七，齐鲁书社2007年版，第五册，第4215页。

⑤ 王士禛《和苏诗二集原序》，《和苏诗二集》，《清代诗文集汇编》第154册，第361页。

几忘五更启事。'"[①]"先生过饮于小斋,夜话甚久。"[②]王士禛与龙燮志趣相投,深夜话聊,二人关系还是比较密切的。王士禛诗集中有与龙燮唱和诗多首。

赵士麟(1629—1699),字麟伯,号玉峰,云南省澄江县人,顺治十七年(1660)庚子科中举,康熙三年(1664)甲辰科考取进士。先后任贵州省平远府推官、河北省容城县令、都察院左副都御史、浙江巡抚、江苏巡抚,康熙二十六年调回京城,官至吏部左侍郎。为官清正,多为地方百姓造福。长于诗文,著有《读书堂彩衣全集》等。

赵士麟对龙燮《琼花梦》非常欣赏,年谱载康熙三十五年(1696)赵士麟"作《江花梦》序,捐俸重刊"。其所作《宫允龙雷岸少司农王阮亭两公唱和诗后跋》载龙燮:"偶听香鬟,回忆扬州之梦;有怀玉茗,遂赓燕市之歌。艳夺琼花,人如连璧,风倾玉树,篇拟十香,洵足单行,允推敌手。"[③]《詹允龙雷岸〈琼花梦〉剧序》:"及雷岸所著《琼花梦》类文,喜时时点次而讽诵之,非昵其事也,爱其文也,非耽其词也,爱其笔灵而模拟曲肖,情真而形容尽变也。"[④]对《琼花梦》的击节称叹、喜爱之情溢于言表。并且曾召集友人于其友人赵吉士的寄园观看《琼花梦》演剧,记载见于龙燮的诗集中《澄江少宅招集诸君于寄园观演〈琼花梦〉剧即事二首》。赵士麟对龙燮传奇流传的推动作用也是巨大的,王紫沧说道:"龙雷岸西部所制《琼花梦》新成,以非先生序不足传后焉。请先生涉猎新声一过,立挥千余言,阐发作者命意,兼于小中见大义。西部率都下同志合尊延先生上坐,命歌者即歌《琼花梦》以酬先生文。"[⑤]此外赵士麟对龙燮的诗也极为欣赏,《宫允龙雷岸和苏诗序》:"夫人抱磊砢郁勃之才,而所遭不偶,蔑由大展其能,不得已托于诗,以寄其观世放志之意……雷岸从事功名之途,极意为文章,而性情恬退,机趣下疎逸,大略陶之意多,苏之意少。"[⑥]还作有《詹允龙雷岸诗序》。龙燮的诗集中也多次提到赵士麟,并在康熙三十五年为其《读书堂彩衣全集》作序。

田雯(1635—1704),字紫纶,一字子纶,亦字纶霞,号漪亭,自号山姜子,晚

---

① 龙燮《看演〈琼花梦〉剧漫书六首》其三 ,《和苏诗三集》,《清代诗文集汇编》第154册,第384页。

② 龙燮《阮亭少司农秦蜀使旋累夕集谈极欢即事有作》,《和苏诗三集》,《清代诗文集汇编》第154册,第392页。

③ 赵士麟《宫允龙雷岸少司农王阮亭两公唱和诗后跋》,《读书堂彩衣全集》卷二十,《清代诗文集汇编》第115册,第451页。

④ 赵士麟《詹允龙雷岸琼花梦剧序》,《读书堂彩衣全集》卷十三,《清代诗文集汇编》第115册,第308页。

⑤ 赵士麟《读书堂彩衣全集》,名家题辞,《清代诗文集汇编》第115册,上海古籍出版社2010年版,第41页

⑥ 赵士麟《宫允龙雷岸和苏诗序》,《和苏诗初集》,《清代诗文集汇编》第154册,第347页。

号蒙斋。山东德州人。顺治十七年(1660)举人,康熙三年(1664)进士。官至户部侍郎。诗与王士禛同具盛名。著有《古欢堂集》《山姜诗选》等。

田雯为人正直,是非分明,光明磊落,不谄媚别人。《四库全书总目提要》载王士禛神韵说大行其道时,田雯态度是“不相辩难,亦不相结纳”,既不反驳也不服从。为官能为百姓着想。康熙十五年,田雯督大通桥事务,作《大通桥行》反映百姓疾苦,在庆功宴上,以刺诗为民请命。耿介磊落的性格可见一斑。田雯为龙燮《和苏诗三集》作批点赏鉴,龙燮在《和苏诗三集》自述到田雯说其诗:“子三和苏矣,而诗亦三变,初集虽有见解,只为此公门户太大,瞻前忽后,尚未能吊臂游行也。二集则识已定,胆愈壮,骎骎乎越藩篱而入其室中。若令之三集,兴酣笔落,纵横变化,不可端倪。”①可见田雯对龙燮的诗评价还是颇为公允的。田雯还为龙燮《和苏诗三集》写了《书石楼〈和苏诗〉卷后》。在田雯诗集中,与龙燮相唱酬的诗不少。现摘录两首如下:

> 一串珠成夜若何,款冬花放傍檐阿。小伶按板无新曲,未谱蕃厘观里歌。(石楼著《琼花梦》传奇,都下梨园争演之)——《冬夜招揆哉、石楼、鲁玉、彦来、文子小饮五首》之五
>
> 乐府风流竟绝伦,谱来宫征亦清新。蕃厘观里游仙梦,羡尔嵚崎磊落人。(演《琼花梦》传奇)——《乙亥除夕前四日,偕诸子陪渔洋先生宴集陆揆哉郎中寓斋,即事漫题四绝句,先是殷子彦来以石花鱼见饷故篇首及之》之三②

可以看出田雯对于传奇《琼花梦》也是比较熟悉的。此外龙燮死后,田雯为其写挽诗追悼。在龙燮的诗集中,有与田雯唱和的诗多首。

薛柱斗,字号不详 ,陕西延安府延长县人,顺治五年(1648)拔贡,康熙九年(1670)任天津道,康熙十五年迁安徽按察使,十八年十一月迁湖南布政使,二十二年改光禄,二十三年由太常授安徽巡抚,次年建镇皖楼,二十六年迁刑部右侍郎,次年三月以衰庸革职。薛柱斗在康熙十五年到十八年任安徽按察使时,与龙燮是否已经来往了呢?在《和苏诗》二集中,龙燮在康熙三十一年(1692)写的《悼薛梁公先生》二首;

> 高谈抵掌酒杯间,疏放惟君格外原。双烛夜阑还秉对,八驺时过不闻

① 龙燮《和苏诗三集》,《清代诗文集汇编》第154册,第393页。

② 田雯《古欢堂集》,五七言绝句,卷二,《清代诗文集汇编》第138册,上海古籍出版社2010年版,第333页、334页。

喧。草堂重葺挥金助（予构山堂，公推俸助之），花梦初成教伎翻（公最爱《琼花乐府》，每召客则命优人演之）。底事青山妒黄发，向来日月为谁吞（公精于内养）。

忆发江城不可留，山妻垂死正烦忧（公北上时，亡内已疾笃，予往郡送之归，甫逾月而内亡矣）。沉绵尚促予追送，交契难逢此贵游。一自结肠多伏枕（李献吉有《结肠篇》），还期把袂共登楼。飘然白鹤乘风去，我亦将归狎海鸥[①]。

薛梁公即薛柱斗，由第一首诗，两人经常来往，把酒言欢，有时候能聊到很晚。龙燮构建山堂，薛柱斗为其助资。龙燮的山堂开始构建于哪一年，笔者没有查到。据龙燮在康熙二十七年做的诗《山堂初成》："京华旅食垂十载，归来瓦上生屋游……草堂之资果谁寄，继得孝穆居前州。谓薛徐两中丞。"[②]龙燮从京归家后，因住宅老旧，另构山堂，薛即薛柱斗。此外在《高子为予绘山堂图，觉湖山烟树宛然目中，赋答以此》夹注中写道："堂后远山亭为素君建也。"山堂在素君死前已经开始构建，素君死于龙燮归家后第二年即康熙二十六年夏五月，二十四年底龙燮出京。山堂开始构建时间大约是康熙二十五年，此时薛柱斗任安徽巡抚。次年任刑部侍郎，当为诗注"公北上时"。

龙燮所谓"花梦初成教伎翻"的时间，有两个可能；一是康熙十五六年。康熙十四年夏龙燮作《琼花梦》传奇，薛柱斗次年来安庆任安徽按察使，结识了龙燮，欣赏其《琼花梦》，每每宴请客人名优人演之；一在康熙十八九年，龙燮入京后把《琼花梦》搬之于场上，薛柱斗得知，宴客命优人演之。后者因薛柱斗当时在湖南任上，可能性不是很大。

此外龙燮有另外两首诗与薛柱斗有关：

昨公自皖之王京，集贤关外鸡初鸣。轩车若流山鸟起，旗麾似火江花明。部中我昔忝知遇，结篾不啻如王生。十年乞归蹑芒履，从游一缀西阡耕。是时追锋已载道，我为綦缟求巫彭。垂亡支榻促追送，石交此别安可轻。匆匆歧路一挥涕，还对婢妾鸠盘狞。我如鳏鱼哭长夜，公职爽鸠趋大庭。方期朝暮参密勿，济川舟楫需常经。异哉休朝厌黄发，箕舌巧托钟山鸣。拂衣常啸归亦得，长安何限公与卿。骖虬驾鹤公匆遽，太华峰头迟尚

① 龙燮《悼薛梁公先生》，《和苏诗二集》，《清代诗文集汇编》第154册，上海古籍出版社2010年版，第365页。

② 龙燮《山堂初成》，《和苏诗集》，《清代诗文集汇编》第154册，上海古籍出版社2010年版，第359页。

平。——《闻梁公司寇解官感而赋此》[①]

麻衣如雪过江寒，种种恩私欲报难。留得羊公碑一片，至今空洒泪痕丹。(右忆薛开府梁公)——《岁暮四忆》其四[②]

可以看出龙燮与薛柱斗交情之厚。

庞垲(1640—1708)，字霁公，号雪崖，又号牧翁。河北任丘人。康熙十四年(1675)举人，十八年中博学宏词，授检讨。官至户部郎中。擅诗文。有《丛碧山房诗文集》。在其诗集中与龙燮的唱和诗高达二十余首，两人同一年出生，都参加了博学宏词考试，庞垲还担任过工部水都司郎中，以词臣任郎署，两人很多相同的经历，加上志趣相投，生活上的来往很频繁，在善果寺、崇效寺，慈仁寺，碧山堂等经常聚集论文。庞垲父亲过寿，龙燮去庆贺。龙燮乔迁新居，庞垲作诗庆贺。还经常邀请对方到家里相聚。

与龙燮来往较多的官员有些共同的特点：为人正直，为官清正，擅长诗文，审断狱案简明公正、极少用刑，能为百姓着想。此外，龙燮与王顼龄、陆棻、袁佑、储方庆、毛际可、赵吉士、尤侗、陈维崧、彭孙遹、徐釚等交往比较密切。

(作者简介：邵殳墨，1987年生，女，浙江警察学院讲师，上海师范大学18级博士研究生。研究方向：戏剧戏曲学。)

① 龙燮《闻薛梁公司寇感而赋此》，《和苏诗初集》，《清代诗文集汇编》第154册，上海古籍出版社2010年版，第357页。

② 龙燮《岁暮四忆》，《和苏诗三集》，《清代诗文集汇编》第154册，上海古籍出版社2010年版，第393页。

论"雕""凋""彫"之异同

徐　浩

"雕""凋""彫"三个字在古代汉语的语境下,存在着较为普遍的语义交叉的现象。"雕"与"彫"在"刻画"上通用,如"雕刻"常写作"彫刻";"雕""凋""彫"在"凋伤"的意义上通用,"凋零"也常写作"雕零""彫零"。但是,三者之间又有着各自独特的语义特征,如"大雕"的"雕"从不写作"凋"与"彫";"凋"也没有"雕刻、刻画"的相关意义,如"雕刻"也从不写作"凋刻"。

为了更清楚地看出"雕""凋""彫"三个字在各工具书中的使用情况,拟采用表格的形式表示出来,如下:

"雕""凋""彫"在各工具书中的使用情况统计表

工具书 / 字义关系	《第一批异体字整理表》	《辞源》	《古汉语大词典》《古今汉字字典》	《古汉语常用词词典》	《当代汉语词典》	《王力古汉语字典》	《古代汉语》
假借字	—	雕凋	—	—	—	—	—
义项通用	—	—	—	雕凋彫	雕彫	雕凋	—
非异体字	—	—	—	—	—	—	雕凋彫
异体字	雕彫	—	雕凋彫	—	—	—	—

由上表可知,关于"雕""凋""彫"三者的关系,各大工具书的表述方式不一。概括下来,主要有以下几种情况:(一)把"雕""凋""彫"认定为异体字的,如《第一批异体字整理表》(1955)、《古汉语大词典》(1998)、《古今汉字字典》(2001);(二)认定"雕""凋""彫"在部分义项上为通用字的,如《王力古汉语字典》(2005)、《古汉语常用词词典》(2006)、《当代汉语词典》(2009);(三)把"雕""凋""彫"认定为假借字的,如《辞源》(1983);(四)认定"雕""凋""彫"之间不是异体字的,如郭锡良等编著的《古代汉语》(2010)就明确表示"雕""凋"

“彫”不是异体字。

《论语·子罕》的“岁寒然后知松柏之后凋也”，这句话中表“草木衰落”义的“凋”字，在古籍文献、工具书中的写法也各不相同。（一）有写作本字“凋”的，如《古汉语常用词词典》（2006）、《当代汉语词典》（2009）、《现代常用汉字溯源字典》（2010）；（二）有写作“彫”的，如《古汉语大词典》（1998）；（三）有写作“雕”的，如《辞源》（1983）、《汉字形义分析字典》（1999）、《王力古汉语字典》（2005）、《康熙字典》（2005）；（四）有写作“雕”，而又对“凋”有所说明的，比如，“《论语·子罕》：‘岁寒，然后知松柏之后雕也。’释文：‘丁条反。依字当作凋。’黄侃本作‘凋’。雕，假借字。”

各工具书中对于“凋”字不同的处理方式，反映出人们对于“雕”“凋”“彫”的具体意义以及三者之间的区别并不明晰。不同的说法，使人莫衷一是。当然，这样也不利于语言文字的规范和统一。那么，“雕”“凋”“彫”三者之间到底是什么样的关系呢？

一、“雕”与“彫”

从字音上来看，《康熙字典》这样注音：“雕，《唐韵》都聊切，《集韵》《韵会》《正韵》丁聊切，音貂；彫，《唐韵》都僚切，《集韵》《韵会》《正韵》丁聊切，音貂。”“彫”的字音与声符不谐音，《广韵》读都聊切，即读“diāo”。此外，关于“雕”与“彫”，唐作蕃等编著的《上古音手册》注音是“凋雕彫鵰（雕）鲷——幽·端·平”①。古籍文献与字典词典上，“雕”“彫”这两个字除了注音方式有细微的差别外，读音大致相同。而在现代汉语中，“雕”“彫”均念作“diāo”。由此可见，“雕”“彫”读音变化是相对稳定的，两者的古音和现代读音相同。

其次，“雕”是形声字，声符是“周”。“凋”也是形声字，声符也是“周”。“雕”的籀文字形由（周，即“雕”，刻、割）和（鸟，猛禽）组成。又有篆形文字由（周，即“雕”，刻、割）和（隹，鹰隼），表示鹰隼类的猛禽，有锥刀似的爪和喙。从“雕”的古代字形来分析，“雕”与某种鸟类相关。而“彫”，金文字形由（周，四周，全面、立体）和彡（彡，纹路，纹彩），表示立体琢刻，刻出纹彩。这样，从“彫”的古代字形来分析，“彫”与“刻画、切割”的意义相关联。

就“雕”和“彫”的本义而言，《说文解字》这样解释“雕”的，“雕，鷻也。”段

---

① 唐作藩编著《上古音手册》，中华书局2013年版。

玉裁注:"《鸡部》曰鷻,雕也。"《史记·李将军列传》有言:"是必射雕者也。"后来,因为"雕"这一猛禽的特性,引申为剽悍义。《史记·货殖列传》:"(燕)大与赵、代俗相类,而民雕捍少虑"。司马贞索隐:"言如雕性之捷捍也。"可见,"雕"的本义是一种鸟。另外,《王力古汉语字典》也明确备注出来,"雕的本义是鸟名"①。关于"彫",《说文解字》这样解释的,"雕,琢文也。从彡周声。"又有《释言》:"彫,镂也。"《广雅》:"彫,画也。"《左传·宣公二年》:"厚敛以彫墙。"《荀子·大略》:"天子彫弓。"故而,雕的本义是"彫刻,刻画、切割"。这与"雕"的本义"一种鸟名"相区别。

由此可见,"雕""彫"虽然字音相同、字形相似,但是从字义上来看,两者又有较大的区别。所以,我们不应该将"雕"和"彫"混用。当然,"雕"与"彫"在诸多语境中是相通的,二者有着众多共同的义项。例如:

(1)表"刻画竹木金石"义,"雕"通作"彫"。《论语·公冶长》:"朽木,不可彫也"。

(2)表"用彩画装饰的"义,"雕"通作"彫"。《书·五子之歌》:"峻宇彫墙。"传:彫,饰画。

(三)表"萎谢"义,"雕"通作"彫"。《论语·子罕》:"岁寒然后知松柏之后彫也";

(四)表"损伤"义,"雕"通作"彫"。《国语·国语下》:"民力彫尽,田畴荒芜"。

这里需要我们注意的是,"雕"在表示"一种鸟类的猛禽"的意思时,与"彫"字相通,可以写作"凋",但不可以写作"彫"。如:"《史记·李将军列传》:是必射鵰者也。《汉书·李广传》作'雕'。"(《辞源》,1983)、"王维《观猎》:回头射雕处,千里暮云平。"(《古汉语常用词词典》,2006)

二、"雕"与"凋"

现代汉语语境下,"雕""凋"很容易出现混用的现象。如"凋敝"常被写作"雕敝","凋零"常被写作"雕零","凋落"常被写作"雕落","凋谢"常被写作"雕谢"等。根据1955年《第一批异体字整理表》的规定,"雕""凋"古代通用,

① 王力主编《王力古汉语字典》中华书局2005版,第63—64页。

将“凋”作为“雕”的异体字予以淘汰。但是,1988年《现代汉语通用字表》又明确指出“凋”为规范字。关于“雕”与“凋”二字,郭锡良等编著的《古代汉语》却指出“雕”“凋”不是异体字,“有些字,虽然自古同音,但意义广狭不同,有相通之处,也有不通之处,因而也不能看作异体字。像‘雕’和‘凋’等也是这样”①。

我们可以发现,“雕”“凋”之间通常被定为异体字。而关于异体字,郭锡良等编著的《古代汉语》是这样定义的,“我们所说的异体字是音义完全相同,在任何情况下都可以互相代替的”。李道明在《异体字论》一文中也提出:“异体字就是形体不同,音义完全相同或相包含,可互相取代的字”②。“雕”与“凋”在“零落”“草木衰落、萎谢”“衰败、损伤”这些意义上,二者有相通之处。可是,“雕”还有一些意义是“凋”所没有的,比如表示“一种猛禽、鸟类的一属”意义,就不可以用“凋”字。所以说,“雕”与“凋”并不属于异体字。

首先,从字音上来分析,关于“雕”“凋”的古读音,《康熙字典》是这样注音的:“雕,《唐韵》都聊切,《集韵》《韵会》《正韵》丁聊切,音貂。《说文》鷻也。从隹周声;凋,《唐韵》都聊切,《集韵》《韵会》《正韵》丁聊切,音貂。”“雕”的字音与声符不谐音,《广韵》读都聊切,即读“diāo”。“凋”字音与声符也不谐音,《广韵》读郡聊切,即读“diāo”。而在现代汉语中,“雕”“凋”均念作“diāo”。不难看出,“雕”“凋”是同音字,二者古代读音和现代读音是一致的。

从字形上来分析,“雕”是形声字,声符是“周”。“凋”也是形声字,声符也是“周”。“雕”的籀文字形由(周,即“雕”,刻、割)和(鸟,猛禽)组成,篆形文字由(周,即“雕”,刻、割)和(隹,鹰隼),表示鹰隼类的猛禽,有锥刀似的爪和喙。而“凋”的金文大篆字形由和组成,形旁是“”,猜测其中的“”与水相关。“凋”的小篆字形是由和组成的。小篆字形“”表示的是冻、冰的意思。我们可以推测出,“凋”本义与衰落、零落相关联。

另外,从本义上来看,“雕”的本义是鸟类的一属,是一种猛禽。而关于“凋”字,《说文解字》这样解释的:“凋,半伤也。”段玉裁注:“伤,创也。半伤,未全伤也。”“仌霜者伤物之具,故从。”所以,“凋”的造字本意是草木零落。可见于杜牧《寄扬州韩绰判官》一诗:“秋尽江南草未凋。”后来,“凋”引申为“衰败、疲敝”义。如:《汉书·张敞传》:“吏民凋敝。”又有李白《蜀道难》:“蜀道之难,难于上青天,使人听此凋朱颜。”这里的“凋”就是“疲敝,困苦”的意思。当然,“凋”也用来比喻人员的死亡。如陆机《伤逝赋序》:“同时亲故,或凋落已

① 郭锡良等编《古代汉语》,商务印书馆2010年版,第78—83页。

② 见《〈汉语大字典〉论文集》,第114—115页。

尽,或仅有存者。”

由此可见,“雕”“凋”的字形、字音较相似,但是在字义上有着本质的区别。所以,我们不应该将“雕”与“凋”混用。另外,“雕”与“凋”有着很多共同的义项,二者在诸多语境中也是相通的。例如:

(一)表“损伤、衰败”义,“雕”通作“凋”。《左传·昭公八年》:“今宫室崇奢,民力雕尽。”

(二)表“零落”义,“雕”通作“凋”。《吕氏春秋·辨士》:“寒则雕,热则修。”高诱注:“雕,不实。”

三、“凋”与“雕”

现代汉语中,“凋”“雕”字也经常出现混用的现象,比如,表“雕刻,刻画”义,既“雕”字,又使用“凋”字,“雕刻”写作“凋刻”;表“用彩画装饰的”义,既使用“雕”字,又使用“凋”字,“雕弓”“雕梁画栋”写作“凋弓”“凋梁画栋”;表“亲、故死亡”义时,既使用“凋”字,又写作“雕”,“亲故凋落”写作“亲故雕落”。

从字音上来分析,《康熙字典》是这样注音的:“凋,《唐韵》都聊切,《集韵》《韵会》《正韵》丁聊切,音貂;雕,《唐韵》都僚切,《集韵》《韵会》《正韵》丁聊切,音貂。”而在现代汉语中,“凋”“雕”均念作“diāo”。“凋”“雕”是同音字,二者古代读音和现代读音是一致的。

其次,从字形上来看,“雕”,金文字形由(周,四周,全面、立体)和彡(彡,纹路,纹彩),表示立体琢刻,刻出纹彩。从“雕”的字形来分析,“雕”与“刻画、切割”的意义相关联。“凋”的金文大篆字形由和组成,形旁是“”,可以猜测“”与水相关。“凋”的小篆字形是由和组成的,小篆字形“仌”是冻、冰的意思。“凋”的本义应该与“衰落、零落”相关联。从这里,我们便可以看出“凋”和“雕”是两个不同的字。

由上文对“雕”的研究得出,“雕”的造字本意是“雕刻,刻画、切割”,而“雕”的本义是草木零落,与“衰落”有关。此外,《王力古汉语字典》也对此做出了较全面的说明,“雕,雕,凋,雕。雕的本义是鸟名;雕的本义是雕琢,凋的本义是凋零;雕是雕琢的专用字。在雕刻的意义上,雕可以通作雕;在凋零的意义上,凋可以作雕。其余不通”①。

“凋”“雕”虽然在字形、字音上相似,但是在字义上相区别。所以,不应该

① 王力主编《王力古汉语字典》,中华书局2005年版,第63—64页。

将"凋""雕"混用。"凋""雕"二者本义不同,具体义项不尽相同,在一些具体的语境中也是不可以互相代替的。比如,表"雕刻,刻画"义,只可以使用"雕"字,通作"雕",而不可以使用"凋"字;表"用彩画装饰的"义,只可以使用"雕"字,通作"雕",而不可以"凋"字;作为"凋"的引申义"亲、故死亡","凋"也不可以写作"雕"。

另外,"凋"与"雕"在诸多语境中是相通的,二者也有着很多共同的义项,在众多意义上相通换用。例如:

(1)表"凋零,凋残"义,"雕"通作"凋"。《左传·昭公八年》:"今宫室崇侈,民力雕尽。"

(2)表"衰败"义,"雕"通作"凋",如雕残、凋残。

(3)表"衰落,困苦"义,"雕"通作"凋",如凋敝、雕敝。

四、关于"雕""凋""彫"通用情况的概述

根据前面对"雕""凋""彫"的字音、字形、字义的系统研究,我们可以得出这样的结论:"雕""凋""雕"三者在古代和现代的读音均相同,古字形有一定的相似度,但是形旁有较大的区别。另外,从三者的字义上来看,也有较大的区别。"雕"的本义是一种鸟名,"凋"的本义是"凋零、草木零落、衰落","彫"的本义是"雕琢、雕刻,刻画、切割"。所以说,"雕""凋""彫"三者之间只是普通意义上的同音字,有部分相通义项,而并不是异体字。

为了避免"雕""凋""彫"三者的义项不清而造成的错用、混用现象,拟采用如下表格的形式,将三者的具体义项表示出来:

"雕""凋""彫"义项分析图表

义项 字	一种鸟类	雕刻刻画	损伤衰败	凋零凋残	用彩画装饰的	疲敝困苦	草木萎谢	狡诈凶猛	亲故死亡
雕	√	√	√	—	√	—	√	√	—
凋	—	—	√	√	—	√	√	—	√
彫	—	√	√	√	√	—	√	—	—

由上述图表可以清晰地看出“雕”“凋”“彫”三个字义项之间的异同。分类概括下来主要有这样几种情况：

（一）由特定单字使用的义项：表“一种鸟类”义，只可以使用“雕”字；表“亲、故”义，只可以使用“凋”字；表“狡诈，凶猛”义，只可以使用“雕”字；表“疲敝，困苦”义，只可以使用“凋”字；

（二）两个字通用的义项：表“雕刻，刻画”义，“雕”与“彫”字通用；表“凋零，凋残”义，“凋”与“彫”字通用；表“用彩画装饰的”义，“雕”与“彫”字通用；

（三）三个字通用的义项：表“损伤、衰败”义，“雕”“凋”“彫”字通用；表“草木萎谢”义，“雕”“凋”“彫”字通用。

这里，尤其需要我们注意的是第一种情况，“雕”在表示“猛禽、一种鸟类”的意思时，不可以写作“雕”字；表“狡诈，凶猛”义，只可以使用“雕”字；表“疲敝，困苦”义，只可以使用“凋”字。这启示我们在书写时要有意识地避免将“大雕”错写成“大雕”“大凋”。

另外，有许多貌似音义相同或者音近形近的组字，实际上却不是异体字。以“偕”“携”这一组字为例，两者虽然是同音字，在部分意义上也有相通之处。但是，“偕”“携”之间并非我们通常所认为的异体字，因为它们在部分语境下是无法互相代替的。比如，“偕”“携”用作“共同完成某一动作”的动词时，“携”的动作承担者既可以是一般意义上的物品，也可以是人，而“偕”的动作承担者只能是作为特定对象的人。当然，在古代汉语中，“雕”“凋”“彫”与“偕”“携”这样的组字并不在少数，如“修”与“脩”，“游”与“遊”。

五、结论

我们要清楚“雕”“凋”“彫”之间并不是异体字。其次，关于如何处理这三个词，我们应该持慎重的态度。公众所普遍认可的、权威性的字典词典，如常用的《王力古汉语字典》《现代汉语词典》《当代汉语词典》等，应该清楚地列出“雕”“凋”“彫”各自的本义、引申义、通用义项以及三者之间不同的意义，而不能简单地将它们定为通假字、异体字或假借字。特别需要注明“雕”“凋”“彫”三者各自独立的语义特征，如“大雕”从不写成“大彫”“大凋”，“凋”也没有“雕刻”的意义。

由此可见，汉字是记录与传承中国几千年文化的物质载体，已经成为中华民族所不可或缺的一部分。在现代汉语运用过程中，常见的异体字现象不可小觑。对异体字加以正确的引导和规范，使汉字向着更加规范化的方向来发展。

规范部分生僻、难写的异体字的目的是为了使汉语书写更简便,易读易认。但是,我们应该慎重地对待这件工作,掌握好异体字的概念、定义等相关知识,做好区分异体字与非异体字的文字整理工作。

〔作者简介:徐浩,1995 年生,男,江苏南通人,江苏省苏州市吴中区教师,淮北师范大学文学院学科教学(语文)硕士研究生,研究方向:汉字学、语言文字基础教学。〕

(基金项目:2014 年度安徽省高等学校省级质量工程项目“卓越语文教师教育培养计划”,项目编号:2014zjjh017。)

《逆臣录》俗语词辑释

赵永明

《逆臣录》是由明太祖朱元璋敕录而成,共计五卷,真实记录了蓝玉党人的供词,由于是供词,故该书中的语言是明代初期口语的真实记录。书中有大量的俗语词,是我们研究明代汉语的较好材料。长期以来,该书在近代汉语的研究中一直没有被充分地重视。近年来,有学者开始予以关注,张美兰首先对该书词语的概貌进行描述,尔后,刘君敬又对该书中的几则词语进行了考释,此后罕有人继续研究。今读《逆臣录》,发现其中有些"字面普通而义别"的词语十分令人关注,现把这些词语释录如下,以请方家指正。

【启发】

是蛮子不合隐藏蓝玉家栗色叫驴一匹,致被广武卫军人史迁家驴等首告,惧怕,将钞一百贯,银钗一对买求。各军不从,启发送问罪犯。(卷一)

上例中的"启发"为"动身,开始"之义,整个句子的意义为蛮子犯罪,想收买军人不予告发,但是军人没有被收买,而是即刻把罪犯送往法司部门问罪。句中的"启发"与现在的"启发"之义迥然不同。关于这种"启发"的意义,明代的其他文献用例亦可证,如明张瀚《皇明疏议辑略》卷二十七:"如蒙允臣等所请,就将三营团操军马内挑选停当,整理部伍,收拾军装什物等件,至二月中旬以后,天气渐和,启发前去兵部。"句中的"启发前去兵部"就是开始动身送往兵部。又,明黄训《名臣经济录》卷三十九:"自五月十四日到清平,至六月十四日前后,共二十日,端坐一城,称疾,不行启发。"该句中的"不行启发"就是不做发送的事情。《大词典》未收"启发"一词,可据此补录。

【发放】

1. 洪武二十五年二月初七日,有凉国公在陕西回到原籍家中,因于东板房发放:"徐大你收拾下这一百军,整齐着听候我用。"(卷一)

2. 一日,忽见本官发放言说:"你每皂隶听着,我与蓝大人商量一件大勾当,恁出入休要泄机。若事成时,久后也抬举你。"(卷一)

上例中的"发放"义为"命令,吩咐"。特别是例(2)中,"发放"与"言说"相连，语义前后呼应，“发放”之“命令，吩咐”义更加显著。明代其他文献中的“发放”用例常见，如抱瓮老人《今古奇观》卷二十三：“两个丫鬟被缠不过，强勉吃了，各不胜酒力，东倒西歪。三巧儿吩咐关了楼门，发放他先睡，他两个自在吃酒。”又如，叶盛《叶文庄公奏议》边奏存稿卷六：“王子娘子见子并毛那罕等前面，听发放说：‘要青草长时，去与阿剌忽知院厮杀’。”俞汝楫《礼部志稿》卷十五：“洪武二十八年，令靖江王庶子称王子，发放言语称：‘啇旨一应官员人等参见，并时节庆贺’。”以上三例中的“发放”皆为“命令，吩咐”之义。《大词典》释“发放”共计五义，无涉该义，可据此补录。

【首发】

1.是父常同本官议论，谋逆间不期奸党败露，将父王行问决了当。今被本县民人吴阿真首发送问。（卷一）

2.洪武二十六年正月内，不合表弟余必达根随本卫指挥侯昶前去凉国公家拜见，就同本官商议谋反，一向在家伺候出力，被军人李佛保等体知前因，首发。（卷二）

3.谋逆间，不期奸党败露，被军人张宗二等首发。（卷二）

“首”有“自首、告发”义。《晋书·艺术传·幸灵》：“窃者急遽，乃首出之。”元无名氏《神奴儿》第四折：“知情不首，杖断八十。”王云路认为“首”的“告发”义是“由伏罪、承认错误很自然地就会引申出坦白或告发之义”①。

甚确。承此，“首发”为“告发”之义甚明。

“首发”为“告发”之义的用例明代常见，《藏书》卷十九：“延年本大将军霍光吏，首发大奸，有忠节，由是擢为太仆右曹给事中。”《初刻拍案惊奇》卷二十五：“分付丫头看家，锁了房门，随着公人到了府前，才晓得于潜客人被同伙首发，将官绢费用宿娼，拿他到官。”《明神宗实录》卷三十七：“揭示其有经题封而未食禄者，许告明。未封而冒支禄者，听自首及他人首发。”这几例中的“首发”皆为“告发”义。其实，明代更加通行的表示告发的词语当为“首告”，从使用的频率上来看更加高些，但“首发”“首告”通行不悖。

---

① 王云路《释“首告”》，《语言研究》，2008年第19期，第23页。

【提取】

1.我知道了,必是我亲家靖宁侯胡党事内有我名字,差你来提取。(卷一)

2. 一招洪武二十六年三月内,差往湖广提取贾都指挥,至四月初七日,回至三山,因见王诚都督。(卷一)

以上例中的“提取”皆为“逮捕”义。关于“提取”的这一语义,明代的其他文献亦可证,如《崇祯长编》卷十六:“锦衣卫提取罪犯,必以红本赍送刑科,始发驾帖捕人。”此例中“提取罪犯”与“驾帖捕人”对应,故“提取”之“逮捕”义甚明。又,《余冬序录》卷五:“凡奉旨提取罪犯,本卫从刑科给贺帖,都察院给批差官,则一官之差,一事之行,亦未尝得专也。”《南明史料》卷四:“至于李成等是否尽系党羽,一并确讯,毋枉毋纵可也。速速。仍候两抚部院详示行,缴等因,批行到道,牌行青刑厅,遵将赵慎宽等事内一干人犯提取到官。”《殊域周咨录》卷九:“近该臣等题为外夷脱回中华军丁,蒙差刑部郎中钟蕃、锦衣百户宋鉴前来行勘,提取卢安等到官鞫问。”上述诸例中,“提取”皆为“抓捕、逮捕”之义。

【惯】

是逊禀说:“是小人卫里的,最惯厮杀,引见大人。”(卷二)

“惯”有“擅长”义,明代习见,《型世言》卷之二“心儿灵,眼儿快,惯会拿贼。”《醒世恒言》第二十三卷:“况且这些骚挞子干事,不瞒着儿女。他们都看得惯熟了,故此小小年纪,便弄出事来。”《明熹宗实录》卷之四十:“承平日久,法令尽弛,惯战宿将,久已消亡,纨绔余息,未履艰险。”《禅真逸史》第十六回:“话说教场中演武,一少年将官出马。众军视之,却是将门子弟,姓夏名景,官拜金吾卫骁骑将军,惯使长枪,武艺精熟。”《警世通言》第四十卷:“一个的道法精通,却会吞云吸雾;一个的武艺惯熟,偏能掣电驱雷。”上述诸例中的“惯”之“擅长”义甚明。至于“惯”之“擅长”义的来源,我们认为当来自“惯”所具有的“习惯”之义。《尔雅·释诂下》:“贯,习也。”唐陆德明释文:“惯,本又作贯。”《玉篇·心部》:“惯,习也。”《宋书·宗悫传》:“宗军人,惯啖粗食。”因为常常习惯于做某事,因此手熟技高,在此义基础上自然引申为“擅长”之义。

【有】

1. 一名蓝闹儿,系蓝玉长男。逐招于后:“一招洪武二十六年正月二十八日,有父请许都督、孙指挥、徐都督、周指挥的男来家饮酒议事。”(卷一)

2. 一招洪武二十六年正月二十二日，有凉国公差家人小厮定住："你去淮西家里取甲一副，刀一把、头盔一个，弓箭一副，取来我有用。"（卷一）

3. 有父言说："我自有分晓。"（卷一）

上两例中的"有"无实在的意义，把其去掉之后整个句子的语义丝毫不受影响，这种用法的"有"在《逆臣录》中出现的频率较高，除"有父"这种形式外，还有"有孙指挥""有凉国公"这种形式。《汉语大词典》对作为语助的"有"共收录了四种用法，《逆臣录》中的这种用法其实就是《大词典》所说的："助词。无义。作名词词头。"其实这种用法承自上古，清代的王引之在其《经传释词》中已有论述："有，语助也，一字不成词，则加有字以配之。若虞夏殷周，皆国名，而曰有虞、有夏、有周是也。推之他类，亦多有此。"①但是我们观察上古的这种"有"的用法，可以看出上古的"有"后的名词是普通名词。然《逆臣录》中的这两种形式为："有+称谓词""有+人名名词"，"有"后的名词已经不是普通名词了，属于明代产生的新用法，可以视为对传统"有"作为语助这种用法的发展。这种"有"在明代的文献中用例不多，有可能是当时口语中的习用词。

〔作者简介：赵永明，1972年生，男，安徽灵璧人，文学博士，淮北师范大学文学院副教授、硕士生导师，主要从事词汇、训诂学研究。〕

（基金项目：安徽省高校人文社科重点研究项目，项目编号：SK2015A93；安徽高校省级社科重点研究项目，项目编号：SK2013A170。）

① 王引之《经传释词》，中华书局1956年版，第43页。

《国朝闺阁诗钞》所辑皖籍女性诗歌选集叙要

邱瑰华

近年来,清人蔡殿齐(1816—1888)所刻的《国朝闺阁诗钞》越来越受到古代女性文学研究者的重视。此书刻于清道光二十四年(1844),凡十册,每册十卷,每卷收一位清代女性诗歌选集,计一百种。该刻本封页后首录蔡殿齐《叙》,次录《参订姓氏》。每册皆先列本册《目录》并撰者及里籍;每卷依次有作者小传、诗集名、作者里籍及姓名字号、诗作。据《目录》统计,入选的百位女性中,江苏籍最多,次为江西籍和浙江籍,安徽籍九人,居第四。这与胡文楷《历代妇女著作考》中著录的女性著者前三分别为江苏籍、浙江籍、安徽籍的比例稍有不同,或因蔡殿齐为江西德化(今属九江)人,故所选江西籍女性诗集稍偏多。《目录》中的九位安徽籍女性为当涂吴山、桐城张令仪、桐城姚德耀、休宁汪韫玉、合肥许燕珍、歙县金若兰、全椒郭芬、歙县何佩玉和蒙城张襄。

实际上,《国朝闺阁诗钞》(以下简称《诗钞》)中所辑之皖籍女性诗歌选集不止九种,因为撰者身份尚存在这样几种情况:其一,父籍与夫籍原皆为皖省而寄籍外省的。如《绿净轩诗钞》(第三册第三卷)的撰者"钱塘徐德音淑则",徐德音父徐旭龄,字元文,号敬庵,原籍休宁县,侨居钱塘,曾官漕运总督,卒谥清献,《道光休宁县志·人物·风节》有传;徐德音夫许迎年,字毅士,原籍歙县人,侨居江都(今江苏扬州),曾官中书舍人,著有《槐墅诗钞》,《民国歙县志·人物志·文苑》有传。其二,夫籍原为皖省而寄籍外省的。如《小鸥波馆诗钞》(第十册第二卷)的撰者"吴县陆韵梅绣卿",陆韵梅夫潘曾莹,字星斋,原籍歙县,侨居吴县(今江苏苏州),官至吏部侍郎,事见《民国歙县志·选举志·科目》《歙事闲谈·清代歙京官及科第》。其三,父籍原为皖省而寄籍外省的。如《青藜阁诗集》(第五册第十卷)的撰者"甘泉江珠碧岑",江珠兄为著名汉学家江藩(号郑堂),本籍旌德江村,占籍甘泉(今江苏扬州)。又如第六册所收《起云阁诗钞》(第四卷)与《清娱阁吟稿》(第十卷)的撰者"丹徒鲍之兰"与"丹徒鲍之慧",二人为姊妹,其父鲍皋,字步江,原籍歙县,侨居丹徒,许承尧《歙事闲谈·群雅集载吾歙闺秀诗》曰:"丹徒鲍氏,原亦歙产。鲍家三妹之兰、之蕙、之芬,皆有诗名,鲍征君皋女,与其母陈芷珠夫人逸仙,同著《课选楼合稿》,亦见《群雅集》中。"[①]因此,这几位女性亦可归入皖籍。

① 许承尧《歙事闲谈·群雅集载吾歙闺秀诗》,黄山书社2001年版,第228页。

本文仅就《目录》中注明为皖籍的九位女性诗歌选集作一简述，以见皖籍女性著作情况及入选女性总集情况之一斑，亦期引起古代女性文学研究者之关注。

当涂吴山《青山集》一卷

载第一册第五卷，题"当涂吴山岩子"撰。卷首附小传曰："吴孺人山，字岩子，安徽当涂县人。太平县丞江宁卞琳室。善画写意山水，工草楷书，著有《青山集》四卷。"内录诗十三题十五首。

《青山集》四卷本已佚，魏僖《青山集序》云："夫人家青山，既转徙江淮无常地，有《西湖》《梁溪》《虎丘》《广陵》诸集，最后汇次之，以'青山'名。"①以此略知《青山集》得名由来及诸卷(集)名。吴山现存诗集有《吴岩子诗》一卷，中国国家图书馆藏清顺治十二年(1655)邹斯漪鹭宜斋《诗媛十名家集》本，内录诗三十三首。另有胡文楷辑《吴岩子诗辑本》，收诗计六十四首②。

从《诗钞》中所录诗作看，吴山古今体、五七言、律绝皆工。其诗句如"一条古路分吴越，直到钱塘江岸头""木犀秋满山塘上，一路清香到虎邱"(《姑苏棹歌二首》)、"一椽傍水留新句，几担移家只旧书"(《广陵杂咏二首》)等，秀雅绝俗，无小女子气。吴山生逢明末清初，身遭世乱流离，其诗"多玉树铜驼之感。……邓孝感《题〈青山集〉》云：'江湖萍梗乱离身，破砚单衫相对贫。今日一灯花雨外，青山自署女遗民。'"③其"延伫望钟陵，眷然怅松桧。似觉古今短，徒谓乾坤大。念昔爽鸠氏，川原鲜常在"(《望钟山》)；"代往存形胜，古刹依林樾。轻风吹锦帆，今昔一明月"(《法海寺》)；"越王城边春鸟吟，忽思美人歌舞心。一朝歌舞向吴国，水犀军散剑池深"(《越城歌》)，皆直写其幽愁忧思。故前人论其诗曰："天下女子能诗者不乏人，夫人于兴旺盛衰之大故，篇什流连，不一而足，有《国风》讽刺、《小雅》怨诽之义，予读之低回泣下"④。

桐城张令仪《蠹窗诗集》一卷

载第二册第八卷，题"桐城张令仪柔嘉"撰。卷首附小传曰："张恭人令仪，字柔嘉，安徽桐城县人。大学士文端公英第三女，少詹事廷瓒妹，大学士文和公

---

① 汪启淑辑《撷芳集》卷三十一，清乾隆飞鸿堂刻本。

② 胡文楷编著，张宏生等增订《历代妇女著作考·清代三》曰："吴岩子《青山集》原书已不可得，邹斯漪《诗媛十名家选》凡诗三十三首，余从《然脂集》补得四首，《撷芳集》二十首，《伊人思》四首，《柳絮集》一首，《江苏诗征》二首，计六十四首，辑成一册。"上海古籍出版社2008年版，第298页。

③ 王蕴章《燃脂余韵》卷四，王志英主编《清代闺秀诗话丛刊》(壹)，凤凰出版社2010年版，第768页。

④ 魏僖《青山集序》，见汪启淑辑《撷芳集》卷三十一，清乾隆飞鸿堂刻本。

廷玉、礼部侍郎廷璐、工部侍郎廷瑑姊。吴兴沈湘门室。惠潮道孔钠之母,工古文,著有《蠹窗诗集》。"[①]内录诗十三首。

张令仪学问博赡,识见渊通,长于诗词文赋,亦能写戏曲文本,著有《蠹窗诗集》《蠹窗二集》《蠹窗诗余》《蠹窗文集》《锦囊冰鉴》及剧作《乾坤圈》《梦觉关》等,其中《蠹窗诗集》《蠹窗二集》《蠹窗诗余》《蠹窗文集》今皆存世。从《诗钞》中所录其诗作来看,她长于近体诗写作。"沉水香中夜漏余,月痕冷浸一床书。百城未敢夸南面,且乞闲身作蠹鱼。"(《蠹窗》)可见其生活情趣之不俗;而"两两饥儿啼下国,迢迢赪尾滞寒江。机中锦字休裁怨,且织征衣还寄远。天涯若问此时愁,一江春水还嫌浅"(《秋夜长》)、"衰病天涯憔悴客,自怜同气各枯荣"(《咏十姊妹花》)、"绕砌乱虫搀客话,谁家孤笛唤人愁"(《早秋夜坐》)、"春归细雨斜风里,客病轻寒薄暖时"(《小院残春》)、"秋随人意冷,露共客心闲"(《北郭寻秋》)等句,又见出其孤苦饥寒、客中倦愁,正如其在《蠹窗诗文集自序》中所言:"予索居穷巷,形影相依。草熏风暖,夏箪冬缸,触事兴怀,间发之于长章短句,信口吟成,工拙难计。乃昊天不吊,夫子以屡踬锁闱,赍志而殁。儿子銮、鋐衣食于奔走,予寂寞孤帷,风雨之悲,门闾之望,无可抒发,或歌以当哭,或诗以代书,丛杂无章,尤不自修饰,岂得自附于风人之末哉!"

桐城姚德耀《清香阁诗钞》一卷

载第三册第七卷,题"桐城姚德耀景孟"撰。卷首附小传曰:"姚安人德耀,字景孟,安徽桐城县人。山东通判马书香室,郎中鼐之姑母。博学工诗,著有《清香阁诗钞》。"内录诗八题十首。

姚德耀为张令仪孙女,姚孔鋅女。其《清香阁诗钞》二卷,收入《桐城马氏诗钞》,现存清道光十六年(1836)可久处斋刻本,前有董兰芬、姚棻、王洛序。姚德耀长于律诗,但学识与诗境皆稍逊其祖母张令仪,故集中多夫妇、亲族及闺友唱和酬赠之作。她与长白完颜董兰芬交情甚笃,以姊妹相称,董兰芬为其诗集作序。《诗钞》中亦录有她所作《寄候董兰芬夫人》二绝:"云散风流两地思,频传尺素见心知。燕门不少归鸿去,疏懒常嫌作答迟。""云泥迢递仰闺仪,几度春风柳色垂。千里怀人劳梦想,吟笺长诵谢家诗。"既可见二人交谊,亦可见其诗格律工整,温和典雅。

休宁汪韫玉《听月楼遗草》一卷

载第四册第九卷,题"休宁汪韫玉兰雪"撰。卷首附小传曰:"汪女史韫玉,

① 张令仪之夫为姚士封(字玉笥,号湘门),桐城姚文熊之子,《诗钞》小传言"沈湘门",误。

字潜辉，一字兰雪，安徽休宁县人。归安诸生金潮室。幼颖慧，学诗两月即能成章，著有《听月楼遗草》。"内录诗十题十一首。

汪韫玉（1743—1778）自幼端庄淑慎，内言不出。年十八，归金潮，伉俪情深，惜年三十六去世。金潮伤恸，赋《悼亡诗》八首，以志哀悼。其所著《听月楼遗草》二卷，现存清乾隆年间（1736—1795）行素堂刊本，南京图书馆藏。此本前有陆锡熊《序略》和汪滋畹、金成琏序，及吴省兰、黄腾达、黄轩、吴蔚光等十三人题词，末有汪作霖跋、金鉴《书后》，及金潮撰《悼亡诗》八首。内录汪兰雪诗凡一百三十七首，上卷录"古今体诗六十四首"，下卷录"古今体诗七十三首"，几乎每首诗都有名家的评点。陆锡熊论其诗曰："能远宗《二南》，近法三唐，得性情之正，极格律之精。"①观《诗钞》所选其诗，大多闺阁离情别绪及咏物遣兴之作，然皆雅然有风致，而无脂粉之俗艳。如《送外之兰陵》云："绿遍郊原草正肥，垂杨千缕思依依。已怜客去春兼去，那更帆飞花又飞。玉笛寻常吹落月，疏林容易下斜晖。劝君别后休吟苦，白雪天涯和者稀。"《春昼》云："春昼阴阴绣懒拈，鹧鸪声里雨帘纤。多愁怕见东风面，一任花飞不卷帘。"故时人论其诗曰："女史诗无俗艳，无柔骨，无靡曼声，而端庄沉厚中自有一种温雅之致、婉丽之思，不失闺人本色，是真能自道其性情者。"②

合肥许燕珍《鹤语轩诗集》一卷

载第五册第七卷，题"合肥许燕珍俪琼"撰。卷首附小传曰："许女史燕珍，字俪琼，一字静含，安徽合肥县人。龙溪知县其倬第三女，无为州诸生汪镇室。工词赋及南北曲，著有《鹤语轩诗集》《黹余小草》。"内录诗九首。

许燕珍为许其卓（亦作齐卓）女，除《黹余小草》一卷、《鹤语轩诗集》一卷外，尚著有《松窗词草》《保贞蘘红绡咏乐府》等。其《黹余小草》现存清乾隆三十三年（1768）宣茂堂刻本，安徽省图书馆藏。此本前有汪人镇序，末有汪浚跋。内录许燕珍诗、词、赋各体作品凡一百一十七篇，其中诗六十四题八十二首、诗余三十一首、赋一篇。其诗词作品为袁枚《随园诗话》五十八及沈善宝《名媛诗话》卷三收入。沈善宝《名媛诗话》卷三评其诗曰："古风、近体，无不佳妙。"③许燕珍诗语言典丽俊爽，体物工致。如《桂花》："霓裳舞罢月轮圆，冷露无声秋正妍。云影千层浮绮阁，天香万斛落华庭。移来金粟应非幻，栽向蟾宫即是仙。我欲骖鸾吹玉笛，乘风飞过画楼前。"

---

① 陆锡熊《听月楼遗草·序略》，清乾隆行素堂刊本。

② 秦潮《听月楼遗草·序》，清乾隆行素堂刊本。

③ 沈善宝《名媛诗话》卷三，王志英主编《清代闺秀诗话丛刊》（壹），凤凰出版社 2010 年版，第 385 页。

歙县金若兰《花语轩诗钞》一卷

载第六册第六卷,题"歙县金若兰者香"撰。卷首附小传曰:"金女史若兰,字者香,安徽歙县人。知县翀女。性恬静,工诗。早寡居。常焚香啜茗,以笔墨自娱,著有《花语轩诗钞》。"内录诗十二题二十首。

金若兰,一曰休宁县人。其《花语轩诗钞》一卷,现存清嘉庆(1796—1820)刻本,南京图书馆藏。此本前有钱塘吴锡麟于嘉庆十二年(1807)所作的序,及王琼等十二人题词,内录诗一百余首。《诗钞》中所录其《禽言五首》《龟虽寿》等乐府颇有古风味,如《龟虽寿》云:"尔头不出,畏日月光。尔足不出,可以支床。尔作祸兮,投尔于镬汤。尔作福兮,俾尔寿而康。高山峨峨,淮水汤汤,尔潜修以休息兮,终尔生以徜徉。"故最得时人称赏:"今吾观《花语轩诗》,如《禽言》乐府诸篇,沨沨乎雅音,翛翛乎远韵。悄弹古舌,宛听乎邱隅;直接风人,能谐乎节奏。"①

全椒郭芬《望云阁诗集》一卷

载第六册第七卷,题"全椒郭芬芝田"撰。卷首附小传曰:"郭安人芬,字芝田,一字贻芳,安徽全椒人。内阁中书汪履基室。性至孝,取狄梁公望云思亲之义,名所居曰'望云阁'。著有《望云阁诗集》。"内录诗十一首。

《望云阁诗集》原本未见。何飞雄《望云阁诗集序》曰:"夫人之父官东粤,父卒,其兄官西安,夫人之母随以往。夫人日夕思亲,有《陟屺》之感。其为诗,起于晨昏定省之缺,流连花月,触绪纷来,若千条万派之朝宗必明。"②可知《望云阁诗集》之主要内容为思亲念夫,离情别绪。郭芬诗学汉乐府及唐人,由《诗钞》录《长相思拟李太白》《陌上桑》《采莲曲》《玉阶怨》《自君之出矣》及《山居秋暝》可知。而其乐府诗自然通俗,别有风味。《陌上桑》云:"朝采桑,暮采桑,朝朝暮暮泣路旁。蚕老茧稀,中心彷徨。儿欲作母衣,何以充官粮?阿母呼儿勿彷徨,今年盛蚕桑,幸可充官粮。免吏来催,形如虎狼。儿跪启阿母,儿心彷徨。念母寒无衣,腊月重严寒。雨雪霏霏,阿母无衣,霜风割肌。新妇得闻知,仰面向天啼。愿身化茧缫成丝,一半充官粮,一半作姑衣。微躯不惜尽,但愿无已时。"直写百姓苦难,讽苛政猛于虎。《诗钞》外又有《补禽言》六首,乃郭芬仿古作家《补禽言》一体为之,"不无讥刺劝讽之微言,亦欲告世之不晓时务者,有人不如鸟之叹尔。"如第五首《行不得也哥哥》:"行不得也哥哥。东设网,西张罗。杀人不见干与戈。行不得也哥哥。"第五首《咄咄怪》:"咄咄怪。东家少妇

① 吴锡麟《花语轩诗钞·序》,清嘉庆刻本。

② 见汪启淑辑《撷芳集》卷五十六,清乾隆飞鸿堂刻本。

真狡狯。手中不理机与丝，身着朱衣加锦带。咄咄怪。”[①]古朴质实，了无闺阁习气。

歙县何佩玉《藕香馆诗钞》一卷

载第八册第九卷，题“歙县何佩玉琓碧”撰。卷首附小传曰：“何女史佩玉，字琬碧，一字隝霞，安徽歙县人。两淮盐知事秉堂三女，千总学礼妹，扬州祝麟室。与姊佩芬、妹佩珠俱娴吟咏。著有《藕香馆诗钞》。”内录诗六题七首。

何佩玉《藕香馆诗钞》八卷，现存清道光二十九年（1849）刻本，南京图书馆藏。无序跋，凡收诗一百五十一首。《诗钞》中录《秋渔》云：“舴艋低捎雁齿桥，春源回首路迢迢。枫林红满溪南北，错认桃花水一条。”《十一字诗》云：“一花一柳一鱼矶，一抹斜阳一鸟飞。一水一山中一寺，一林黄叶一僧归。”皆精巧别致，清新明丽，诗画兼美。

蒙城张襄《锦槎轩诗集》一卷

载第十册第三卷，题“蒙城张襄云裳”撰。卷首附小传曰：“张宜人襄，字云裳，一字蔚卿，安徽蒙城县人。苏州参将殿华女，吏部主事南丰汤云林室。工书善画，年十七刲股疗父疾。著有《支机石室诗》《锦槎轩集》《织云仙馆遗稿》。”内录诗十一题十二首。

《锦槎轩诗集》原有十卷本，各体兼备，今已不存。张襄为齐彦槐（号梅麓）女弟子，又与吴藻、钱守璞等同为陈文述碧城仙馆女弟子，诗词酬唱，名噪一时。吴藻《花帘词》中有《金缕曲》（题张云裳女士《锦槎轩诗集》）、《贺新凉》（寄怀云裳妹，叠前题《锦槎轩稿》韵）、《浪淘沙》（吴门返棹，云裳妹欲送不果，寄此留别）、《江城梅花引》（再寄云裳）、《长相思》（重三日有怀云裳、小韫）、《忆江南八首》（寄怀云裳妹），《香南雪北词》中有《南南吕》（云裳妹邓尉探梅图）[②]，可见其与张襄交游、酬赠之情况。而从《诗钞》中《木渎道中送齐梅麓师重游光福》《家大人招梅麓师同为邓尉之游喜赋》《丙戌春沈采石为予作邓尉探梅图，吴苹香为制乐府，走笔奉谢，即送苹香归钱塘》等诗题中，亦可见张襄与师友同门之交往。

张襄出身将门，有着不同于寻常闺阁名媛的性情，“东阁引杯看宝剑，西园联袂控花骢。儿女亦英雄”[③]。故王蕴章对其诗颇为激赏：“七言如‘穿云惯舞

① 郭芬《补禽言六首·序》，见王蕴章《燃脂余韵》卷六，王志英主编《清代闺秀诗话丛刊》（壹），凤凰出版社 2010 年版，第 850 页。

② 《花帘词》《香南雪北词》，清光绪十年冒俊辑刊《林下雅音集》本。

③ 吴藻《忆江南·寄怀云裳妹》，见《花帘词》，清光绪十年冒俊辑刊《林下雅音集》本。

双龙剑,踏月能开十石弓''卷起湘帘看宝剑,烧残银烛读《阴符》',俱有穿云裂石之声,真将家子也。"[1]《诗钞》中"琴弹岩壑响,钟动鱼龙警"(《夜眺虎山桥复踏月至虎山绝顶》)、"云气奔颓壁,雷声吼怒泉"(《题看山读画楼》)、"万树寒梢舞雪花,千重碧嶂飞晴翠。探奇更上万峰台,花影湖光一镜开"(《丙戌春沈采石为予作邓尉探梅图,吴苹香为制乐府,走笔奉谢,即送苹香归钱塘》)、"分付青山十万树,安排香雪待诗人"(《家大人招梅麓师同为邓尉之游喜赋》)、"翠华当日此徘徊,万树传闻一夜开"(《登吾家山御碑亭》)、"千树琪花绕梵宫,罗浮原与碧天通。多生福慧双修得,六代铅华一洗空。诗在灞桥驴背上,曲留关塞角声中。笑他无限痴儿女,但识人间锦绣丛"(《梅花用高青邱韵二首》)等作,亦可见其诗境界雄阔,气象非凡。

笔者按:一,囿于蔡殿齐选诗旨趣,《诗钞》中的作品并非完全代表女性作者的水平及特色,像颇受当时人称赏的张襄《拟岳大将军钟琪奉诏起征金川留别故人之作二首》及郭芬《补禽言》六首等并没有选入。二,《诗钞》中的皖籍女诗人像许燕珍、郭芬、汪韫玉等,已引起女性文学研究者之关注,并有学术论文发表,如郭全芝《才名久遍大江南——许燕珍其人其诗》[2]、杜刚《清代女诗人郭芬创作研究》[3]、魏梅《"自道真性情"的清代女诗人汪韫玉研究》[4],等等,可作进一步研究之借鉴。

(作者简介:邱瑰华,淮北师范大学图书馆、安徽文献整理与研究中心教授。)

(基金项目:本文为"2016 年安徽省哲学社会科学规划项目《皖籍女性著作叙录》"的阶段成果。)

---

① 王蕴章《燃脂余韵》卷三,王志英主编《清代闺秀诗话丛刊》(壹),凤凰出版社 2010 年版,第 725 页。

② 载《安徽文献研究集刊》第四卷,黄山书社 2011 年版,第 259—267 页。

③ 载《内江师范学院学报》,2013 年第 1 期,第 66—70 页。

④ 载《合肥工业大学学报》,2009 年第 2 期,第 58—61 页。

《全元文》失收作家佚文补目 326 篇

陈开林

由北京师范大学古籍所李修生先生主编的《全元文》,"旨在搜集有元一代之汉文单篇散文、骈文和诗词曲以外的韵文"[①],自 1999 年出版第一辑,至 2004 年全部出齐,共 60 册。据相关统计,所收作者多达 3200 余人,文章有 35000 多篇。该书的刊行,为元代文学研究提供了极大的便利,嘉惠学界至深。

然而,囿于总集编纂的难度以及《全元文》编撰过程中的相关因素的影响,刊行的《全元文》也存在诸多不足。其中,作家作品漏收的情况也比较严重。对此,学界已经发表了不少补遗辑佚的成果[②]。通过爬梳载籍,笔者新近发现《全元文》失收作家 246 人,佚文 326 篇,学界尚未提及。兹加以整理,以供学界参考。限于篇幅,佚文条列篇目、出处,并对作家生平略加考证。

1.李骐一篇

按:《重建县学记》载清代潘辰等纂修《康熙松陵县志》卷十《艺文志》。

2.龙沙燮理义化一篇

按:《重修南岳书院记》载明代彭簪《衡岳志》卷五《文》《光绪湖南通志》卷六十九《学校志八》,作于至正五年(1345)。

3.逯公一篇

按:《宋放翁先生晨起诗卷跋》载清代陆时化《吴越所见书画录》卷一,作于至正十一年(1351)。文末题署"卫郡逯公谨书于会稽郡大通坊之吟啸轩",则其为卫郡人。

4.秦裕伯二篇

按:秦裕伯,字景容,大名县人。元末明初人。明代过庭训《本朝分省人物考》卷十、顾清《正德松江府志》卷十七均有其传。

《即墨先贤祠记》载《雍正山东通志》卷三十五《艺文志十九》。

---

① 李修生主编《全元文》第 1 册《凡例》,江苏古籍出版社 1999 年版,第 1 页。

② 陈开林《〈全元文〉编纂考索》附录一《〈全元文〉学界辑佚成果汇编》,华中师范大学 2015 年博士论文。

《王文泽墓铭》载顾清《正德松江府志》卷十七。

5.王应午一篇

按:王应午,浦江人,咸淳六年进士①。《石峡书院增田记》载明代方中续辑《蛟峰外集》卷三,作于至大三年(1310)。

6.陈忠一篇

按:《卢平阳哀辞》载宋代卢琦《圭峰集·附录》,见《四库全书》第1214册。题署为"三山陈忠",则其为三山人。

7.卢果一篇

按:《恭人陈氏圹志》亦载《圭峰集·附录》,原文无题署。傅璇琮主编《中国古代诗文名著提要》(金元卷)中有李军所撰《圭峰集》提要,称《恭人陈氏圹志》作者为卢果②。

8.孙伯延一篇

按:《立斋卢先生文集后语》亦载《圭峰集·附录》,另见陆心源《皕宋楼藏书志》卷一百四。题署为"延平孙伯延",则其为延平人。

9.邹次陈一篇

按:邹次陈,字周弼,一字悦道,宜黄人。所著有《遗安集》十八卷、《史钞》十卷。传见谢旻《雍正江西通志》卷八十。

《二程遗书后序》载四库本《二程文集·附录》,见《四库全书》第1345册,作于至治二年(1322)。

10.释云琛一篇

按:《元崇圣寺碑》载《光绪峄县志》卷二十四《碑碣》。

11.方梓二篇

按:方梓,方凤之子。方凤著《存雅堂遗稿》,今有《续金华丛书》本。《存雅堂遗稿》卷三《牍》中附录方梓文二文,即:《寿吴良贵》《寿吴立夫母夫人》。

---

① 李国玲编纂《宋人传记资料索引补编》,四川大学出版社1994年版,第140页。

② 傅璇琮主编《中国古代诗文名著提要》(金元卷),中华书局2009年版,第296页。

12.苟宗道一篇

按:苟宗道,字正甫,保定人,郝伯常门人。传见黄宗羲《宋元学案》卷九十。《跋梅宛陵干越亭送君石祕校诗》载梅尧臣《宛陵集·附录》,见《四库全书》第 1099 册。

13.龚啸一篇

按:《跋梅宛陵干越亭送君石祕校诗》亦载《宛陵集·附录》。

14.王璞二篇

按:王璞《与继本广文先生书》《又与继本广文先生书》载元代李继本《一山文集》卷七,附录于李继本《与董涞水书》文后,见《四库全书》第 1217 册。

李继本《祭王冰雪文》载"维洪武二十年岁次丁卯九月戊寅朔,越四日,辛巳将仕郎燕府纪善天台王璞遣甥应毅,以清酌时羞之奠敬祭于故友冰雪先生王君之灵"①;《冰雪先生哀辞》又称"天台王璞蕴德、璞弟琦修"②,可知王璞字蕴德,天台人。另外,《全元文》第 13 册第 75 页录王璞《泰宁宫记》,称"至元中人,生平不详"③。今检赵魏《竹崦盦金石目录》著录"《重立泰宁宫碑记》(王璞,至正十三年)"④,至正十三年(1353)与洪武二十年(1387)相距不远,恐为同一人,俟考。

15.窑古一篇

按:张志哲主编《中华佛教人物大辞典》载"元代僧人。俗姓钱,字太初,号竹深。江苏华亭(今上海松江)人。壮年弃妻妾,剃度为僧,严守戒德。有诗名,著有《白云谣》"⑤。

《赵临褚书跋》载明代郁逢庆编《续书画题跋记》卷五。题署"九山人窑古",则九山人似为其别号。

16.何异孙一篇

按:何异孙,茂林人,著有《十一经问对》五卷。该书版本较多,卢文弨钞本、

① 李修生主编《全元文》第 60 册,凤凰出版社 2004 年版,第 1044 页。
② 李修牛主编《全元文》第 60 册,凤凰出版社 2004 年版,第 1052 页。
③ 李修生主编《全元文》第 13 册,江苏古籍出版社 2000 年版,第 75 页。
④ 莎日娜主编《蒙古学金石文编题录》,内蒙古大学出版社 2005 年版,第 789 页。
⑤ 张志哲主编《中华佛教人物大辞典》,黄山书社 2006 年版,第 572 页。

严元照钞本均载有自序,而《通志堂经解》本、《四库全书》本均无。陈鸿森先生有《十一经问对考正》一文,称"严本多误字,今据卢本移录",对序文多有考订,载台湾《"国立中央图书馆"馆刊》1989 年第 1 期。序文作于大德二年(1298)八月望日。

17.萧方崖一篇

按:《使交录序》载黎崱《安南志略》卷 3。

18.骆天祐一篇

按:骆天祐,曾敕授平江路阴阳教授。《玉灵聚义序》载元代陆森《玉灵聚义》卷首,作于泰定乙丑(1325)。

19.范渗一篇

按:《玉灵聚义序》亦载《玉灵聚义》卷首,作于泰定二年(1325)。

20.陆森一篇

按:黄虞稷《千顷堂书目》卷十三著录陆森《玉灵聚义》五卷,注云"吴人,阴阳学教谕"。

《图解校正玉灵聚义自序》载《玉灵聚义》卷首,作于延祐二年(1315 年)。

21.陆晋之一篇

按:陆晋之,袁桷《延祐四明志》卷二称其为杭州人。

《困学纪闻后序》载《皕宋楼藏书志》卷五十六,作于泰定二年(1325)。辽宁教育出版社、上海古籍出版社的两种《困学纪闻》整理本,均无此序。

22.周暕一篇

按:周暕,字伯暘,号方山,又自号识字耕父。宋元时人。传见夏荃《退庵笔记》卷一。

《湛渊静语序》载白珽《湛渊静语》卷首,见《四库全书》第 866 册,作于至大庚戌(1310)。

23.熊太古一篇

按:熊太古,字隣初,豫章人,熊朋来子。中元至顺三年乡举。著《燹余集》、又《熙真集》,见黄虞稷《千顷堂书目》卷十七。另有《冀越集》二卷,收录于《续修四库全书》第 1166 册、《四库全书存目丛书》子部第 239 册。自序作于至正乙未(1355 年)。

24.杨仲弘一篇

按:《全元文》第 30 册载有黄溍《杨仲弘墓志铭》,可知杨仲弘生于 1271 年,卒于 1323 年。著有《杨仲弘诗集》八卷、《诗法家述》一卷。

《宋国史柴望诗集序》载柴望《柴氏四隐集》卷首,见《四库全书》第 1364 册,另见《皕宋楼藏书志》卷九十二。序文作于至正四年(1344)。

25.夏溥一篇

按:夏溥,字大志,号虎怕道人。淳安人。传见赖良《大雅集》卷一。

《江月松风集序》载《皕宋楼藏书志》卷一百七、张金吾《爱日精庐藏书志》卷三十四,作于至元五年(1339)。此外,《清风室丛书》本《江月松风集》卷首亦有此序,题为《钱思复先生诗卷序》。

26.王介一篇

按:《玉海序》载《皕宋楼藏书志》卷六十一,作于至正辛卯(1351)。

27.阿殷图埜堂一篇

按:《玉海序》亦载《皕宋楼藏书志》卷六十一,作于至正十一年(1351)。

28.王厚孙一篇

按:《玉海序》亦载《皕宋楼藏书志》卷六十一,作于至元六年(1340)。

29.薛元德一篇

按:《玉海序》亦载《皕宋楼藏书志》卷六十一,作于至元六年(1340),另见王棻《光绪永嘉县志》卷三十二《艺文志八》。

30.陈元善一篇

按:《新编通用启札截江网序》载《皕宋楼藏书志》卷六十一,作于延祐六年(1319)。

31.顾长卿一篇

按:《志道集序》载《皕宋楼藏书志》卷八十一,作于至元壬辰(1292)。

32.刘概一篇

按:《文公朱先生感兴诗注跋》载《皕宋楼藏书志》卷八十五,作于大德甲辰(1304)。

33.徐玩一篇

按:《钓几文集序》载《皕宋楼藏书志》卷七十一、《爱日精庐藏书志》卷二十九。

34.陆德原一篇

按:《重刊笠泽丛书序》载《皕宋楼藏书志》卷七十一,作于至元庚辰(1340)。

35.阴竹埜一篇

按:《韵府群玉序》载明万历大文堂刻本《韵府群玉》卷首,作于大德丁未(1307)。

36.阴复春一篇

按:《韵府群玉序》亦载明万历大文堂刻本《韵府群玉》卷首,作于延祐元年(1314)。

37.阴时夫一篇

按:《韵府群玉自序》亦载明万历大文堂刻本《韵府群玉》卷首。

38.陈孝先一篇

按:《鸡肋编跋》载《皕宋楼藏书志》卷六十三。

39.牟冲道一篇

按:《道德经注序》载《皕宋楼藏书志》卷六十六,作于至元庚寅(1290)。

40.王环翁一篇

按:《北溪大全集序》载宋代陈淳《北溪大全集》卷首,见《四库全书》第1168册,另见《皕宋楼藏书志》卷八十八。序文作于至元元年(1335)。

41.刘张一篇

按:《方是闲居士小稿跋》载《皕宋楼藏书志》卷八十九、《爱日精庐藏书志》卷三十一,作于至正二十二年(1362)。

42.蒋岩一篇

按:《本堂集跋》载《皕宋楼藏书志》卷九十一,作于至大戊申(1308)。

43.牟应复一篇

按:《陵阳集序》载《皕宋楼藏书志》卷九十二、《爱日精庐藏书志》卷三十一,作于至顺辛未(1331)。

44.徐津一篇

按:《咏史诗序》载《皕宋楼藏书志》卷九十三,作于至正戊子(1348)。

45.传定保一篇

按:《四如先生文稿序》载《皕宋楼藏书志》卷九十三,作于至治三年(1323)。

46.曹志一篇

按:《四如先生文稿序》亦载《皕宋楼藏书志》卷九十三,作于至治癸亥(1323)。

47.陈光庭一篇

按:《四如先生文稿序》亦载《皕宋楼藏书志》卷九十三,作于至治癸亥(1323)。

48.黄梓一篇

按:《四如先生文稿序》亦载《皕宋楼藏书志》卷九十三,作于至治癸亥(1323)。

49.章祖程二篇

按:《白石樵唱序》载林景熙《霁山文集》卷首,见《四库全书》第 1188 册;又见明嘉靖刻本《霁山先生文集》,题为《题白石樵唱》,见《宋集珍本丛刊》第

90册。

另有一篇《白石樵唱序》,亦载四库本《霁山文集》卷首、明嘉靖刻本《霁山先生文集》。《霁山先生文集》题为《注白石樵唱》。作于元统甲戌(1334)。

50.郑僖七篇

按:《白石樵唱序》亦载四库本《霁山文集》卷首。又见明嘉靖刻本《霁山先生文集》,题为《题白石樵唱注》。作于至元元年(1335)。

《瓢泉吟稿序》载《皕宋楼藏书志》卷九十九、《爱日精庐藏书志》卷三十四。

《题兰亭旧刻》载明代赵琦美《赵氏铁网珊瑚》卷一。

《范文正公书伯夷颂》载《赵氏铁网珊瑚》卷二。

《文正公翰长帖》载《赵氏铁网珊瑚》卷二,作于至元四年(1338)。

《文正公与师鲁二帖》载《赵氏铁网珊瑚》卷二,作于至元四年(1338)。

《本斋王公孝感白华图传》载《赵氏铁网珊瑚》卷十五。

51.王复翁一篇

按:《滹南辨惑》载《皕宋楼藏书志》卷九十三,作于大德三年(1299)。

52.王邻一篇

按:《湛然居士文集序》载《皕宋楼藏书志》卷九十四、《爱日精庐藏书志》卷三十二,作于至于癸巳(1293)。

53.刘耳一篇

按:《云庄画像赞》,载《元朝别集珍本丛刊》本《张养浩集》附录一。《皕宋楼藏书志》卷九十四著录元刊元印本《张文忠公云庄归田类稿》二十八卷,称书后附刘耳《赞》,然未录文。

54.冯良佐二篇

按:《陵川集后序》载山西古籍出版社2006年点校本郝经《陵川集》卷首,作于延祐戊午(1318)。

《续后汉书后序》载商务印书馆1958年点校本郝经《续后汉书》卷首,作于延祐戊午(1318)。

55.夏以忠一篇

按:《庐陵刘桂隐先生行状》载元代刘诜《桂隐文集·附录》,见《四库全书》

1195册,作于至正二十四年(1364)。

56.罗如篪一篇

按:罗如篪,字宗仲,刘诜门人。《桂隐诗集跋》载《皕宋楼藏书志》卷九十五,作于至正元年(1341)。

57.沈璜一篇

按:《松雪斋集跋》载《皕宋楼藏书志》卷九十六,作于至元己卯(1339)。

58.洪裔祖一篇

按:《高峰和尚禅要序》载《高峰原妙禅师语录》卷首,见石峻、楼宇烈、方立天等编《中国佛教思想资料选编》第三卷第一册,作于至元甲午(1294)。

59.洪乔祖三篇

按:洪乔祖,浙江天目人,号云松子,编有《高峰原妙禅师禅要》一卷。

《高峰大师行状》,载《吴都法乘》卷五下。

《重建留珠兰若记》,载朱鹤龄《邑志私考十三则》,见《愚庵小集》卷十五《杂著二》。王鏊《正德姑苏志》、李光暎《金石文考略》卷十六、孙星衍、邢澍《寰宇访碑录》卷十一均有著录此记,称作者为洪乔祖,而朱鹤龄误作胡乔祖。

《天隐禅师文集序》,载释圆至《牧潜集》卷末,四库全书第1198册;亦载《皕宋楼藏书志》卷九十六。作于大德三年(1299)。

60.安堅一篇

按:安堅,安敬仲之子。安敬仲著有《默庵集》五卷,虞集作序。

《默庵集跋》载《皕宋楼藏书志》卷九十七,作于泰定四年(1327)。

61.王士熙一篇

按:《秋涧集跋》载张金吾、《皕宋楼藏书志》卷九十七、《爱日精庐藏书志》卷三十三,作于延祐七年(1320)。

62.王公仪一篇

按:《秋涧集跋》载《皕宋楼藏书志》卷九十七,作于至治元年(1321)。

63.罗应龙一篇

按:《秋涧集跋》载《皕宋楼藏书志》卷九十七、《爱日精庐藏书志》卷三十三,作于至治壬戌(1322)。

64.赵楷一篇

按:《曹文贞公哀辞》载曹伯启《汉泉曹文贞公诗集 · 后录》,见《北京图书馆古籍珍本丛刊》第94册,作于至顺四年(1333)。

65.张鉴一篇

按:《曹文贞公哀辞》亦载曹伯启《汉泉曹文贞公诗集 · 后录》。

66.尹廷高一篇

按:《玉井樵唱自序》载《皕宋楼藏书志》卷九十八。

67.卓器之一篇

按:《续轩渠集序》载《皕宋楼藏书志》卷九十九,作于至正壬辰(1352)。

68.林以抃一篇

按:《续轩渠集序》亦载《皕宋楼藏书志》卷九十九,作于至正壬辰(1352)。

69.刘宗传一篇

按:《续轩渠集序》亦载《皕宋楼藏书志》卷九十九,作于至正庚子(1360)。

70.完者笃贯斋一篇

按:《续轩渠集后序》亦《皕宋楼藏书志》卷九十九。

71.瞽翁一篇

按:《续轩渠集序》亦载《皕宋楼藏书志》卷九十九,作于至大戊申(1308)。

72.阿鲁威一篇

按:《续轩渠集序》亦载《皕宋楼藏书志》卷九十九,作于延祐五年(1318)。

73.吴源一篇

按:《洪先生李孺人墓志铭》载洪希文《续轩渠集 · 附录》,见杨讷、李晓明编《文渊阁四库全书补遗(集部)》第4册。

74.金天瑞一篇

按:《苏武慢跋》载《皕宋楼藏书志》卷一百,作于至正二十四(1364)。

75.谕立敬一篇

按:《桧亭集跋》载《皕宋楼藏书志》卷一百,作于至正十年(1350)。

76.张冲一篇

按:《勤斋集序》载《皕宋楼藏书志》卷九十九,作于至正四年(1344)。

77.郑潜一篇

按:郑潜,字彦昭,号樑庵,歙长龄里人。传见明代汪舜民《弘治徽州府志》卷七。

《秋声集跋》载《皕宋楼藏书志》卷一百二、《爱日精庐藏书志》卷三十四,作于至正十七年(1357)。

78.黄钧一篇

按:《秋声集跋》载《皕宋楼藏书志》卷一百二、《爱日精庐藏书志》卷三十四,作于洪武十一年(1351年)。

79.成遵一篇

按:成遵,字谊叔。至正中武昌路总管。传见明代凌迪知《万姓统谱》卷五十三。

《祭宋翰林文》载宋褧《燕石集·附录》,见杨讷、李晓明编《文渊阁四库全书补遗(集部)》第4册,作于至正六年(1346)。

80.孟昉一篇

按:孟昉,字天伟,大都人。官至江南行台监察御史,工书。传见元代陶宗仪《书史会要》卷七。

《宋翰林哀辞》载宋褧《燕石集·附录》,见杨讷、李晓明编《文渊阁四库全书补遗(集部)》第4册。

81.傅若川一篇

按:傅若川,字次舟,傅若金之弟,著有《杜诗类编》三卷。

《勤斋集序》载《皕宋楼藏书志》卷一百三,亦载民国《嘉业堂丛书》本《傅与砺诗集》卷首,作于至治癸亥(1323)。

82.单弘一篇

按:《子渊诗集序》载《皕宋楼藏书志》卷一百四,作于至元己卯(1339)。

83.杨彝一篇

按:杨彝,字宗彝,号万松,余姚人。著有《万松集》。传见明代高廷愉《嘉靖普安州志》卷八《人物志》[①]黄虞稷《千顷堂书目》卷十七著录杨彝《凤台》《贵竹》《东屯》《南游》诸稿,注云:"字宗彝,余姚人。洪武中以人才举为沔阳仓副使,迁都察院司狱,调长泰主簿,以献诗擢吏部考功主事,谪居滇南。"

《子渊诗集序》亦载《皕宋楼藏书志》卷一百四,作于至正十六年(1356)。

84.赵贽一篇

按:《玩斋集序》载《皕宋楼藏书志》卷一百五。

85.钱用壬一篇

按:钱用壬,直隶广德州人。元进士,为翰林院编修。传见明代俞汝楫《礼部志稿》卷五十一。黄绍文《嘉靖广德州志》卷八《人物志》载钱用壬为甲午科(1354)状元[②]。

《玩斋集序》载《皕宋楼藏书志》卷一百五,作于至正十九年(1359)。

86.谢肃七篇

按:谢肃,贡师泰门人。清代黄虞稷《千顷堂书目》卷十七著录谢肃《密庵集》十卷,注云"字原功,上虞人。举明经,历官福建按察佥事,与唐肃称会稽二肃。"

《玩斋集序》载《皕宋楼藏书志》卷一百五,作于至正十九年(1359)。

《樗舍记》载程敏政《明文衡》卷三十二。

《送朱先生赴京考礼序》载《明文衡》卷四十。

《娥江送别图序》载《明文衡》卷四十。

《书唐李邺侯传后》载《明文衡》卷四十六。

《黄菊东墓铭》载《明文衡》卷八十三,作于洪武十年(1377)。

---

① 高廷愉《嘉靖普安州志》,《天一阁藏明代方志选刊》,上海古籍书店 1961 年版。

② 黄绍文《嘉靖广德州志》,明嘉靖十五年刊本。

《祭浉江潮神文》载《明文衡》卷九十七。

87.释至仁一篇

按:《鹤年诗集跋》载《皕宋楼藏书志》卷一百六。

88.余诠四篇

按:余诠,字士平,丰城人。至正间,为江浙儒学副提举。传见清代钱熙彦编次《元诗选补遗》①。另外,明代凌迪知《万姓统谱》卷 8 载"洪武初,以耆儒征入见,命为文华殿学士,以老疾辞"。

《归巢稿序》载《皕宋楼藏书志》卷一百七,作于洪武十二年(1379)。

《殷教谕哀辞》载殷奎《强斋集》卷十,见《四库全书》第 1232 册。

《跋邓文肃公临急就章》载卞永誉《式古堂书画汇考》卷十七。

《跋陈潜夫节妇传》载赵琦美《赵氏铁网珊瑚》卷九、卞永誉《式古堂书画汇考》卷二十九。

89.葛化一篇

按:《石初集序》载《皕宋楼藏书志》卷一百七,文末题署"洪武七年甲寅中秋日葛化诚夫书",可知其字诚夫,文作于洪武七年(1374)。

明代苏伯衡《苏平仲集》(四部丛刊景明正统本)卷十四有《柳君妻潘氏圹志铭》,载夫人潘氏益有女一人,适湘府伴读葛诚夫②。时代相近,未审为一人否? 俟考。

90.张莹一篇

按:张莹,字梅间。周霆震有《张梅间诗序》,载"张君梅间出其(按:即刘桂隐先生)门,年甚少,已工吟咏,尤善行草书"③。张莹《石初集序》称"石初周先生,余四十年前友也,长余十岁",周霆震生于 1292 年,则张莹生于 1302 年。

《石初集序》亦载《皕宋楼藏书志》卷一百七。

91.汪泽民十二篇

按:汪泽民(1273—1355),字叔志,徽之婺源州人。宋濂有《元故嘉义大夫礼部尚书致仕赠资善大夫江浙等处行中书左丞上护军追封谯国郡公谥文节汪

---

① 钱熙彦编次《元诗选补遗》,中华书局 2002 年版,第 631 页。

② 苏伯衡《苏平仲集》,四部丛刊景明正统本。

③ 李修生主编《全元文》第 39 册,凤凰出版社 2004 年版,第 149 页。

先生神道碑铭》,记其生平颇详。《元史》卷一百八十五、柯劭忞《新元史》卷二百一十七有传,然记载颇有谬误①。

《范文正公祠堂记》载周鸿度等编著《范仲淹史料新编》。

《龙骧将军文和公像赞》载《漳县文史》第十五辑《漳县汪氏文化研究资料汇编之三》。

《黟令道献公像赞》亦载《漳县文史》第十五辑《漳县汪氏文化研究资料汇编之三》。

《游黄山记》载明代何镗《古今游名山记》卷四,作于后至元六年(1340)。

《咏物诗序》载《皕宋楼藏书志》卷一百六,作于至正癸巳(1353)。

《澄江櫂歌诗序》载卷《皕宋楼藏书志》卷一百七,作于至正六年(1346)。

《宛陵群英集序》载《皕宋楼藏书志》卷一百十六,作于至正初元(1341)。

《明经桥记》载胡炳文《云峰集》,见杨讷、李晓明编《文渊阁四库全书补遗(集部)》第4册,作于至元戊寅(1338)。

《跋会庆堂记后》载梅尧臣《宛陵集·附录》。

《曾子全书序》载《曾子全书》卷首,见《四库全书》第703册。

《王仲仪文集序》载程敏政《新安文献志》卷十九。

《跋绩溪汪处士属纩所赋如梦令词后》,载汪晫《康范诗集》后附《康范实录》,见《四库全书》第1175册,作于至正辛巳(1341)。

92.张师愚一篇

按:张师愚,宣城人。《宛陵群英集》卷一载"师愚,字仲愚,一字仲渊,与弟师鲁皆好学工诗。尝从汪泽民游,泽民称平生畏友有二张云"②。

《宛陵群英集序》载《皕宋楼藏书志》卷一百十六,作于至正元年(1341)。

93.张师曾一篇

按:钱大昕《元史艺文志》著录张师曾《梅宛陵年谱》一卷,注云"宣城人,或云其兄师愚"。考张师曾《编宛陵先生年谱引》,当为自著。此外,《历代赋汇》载其《清庙瑟赋》。

《编宛陵先生年谱引》载元代张师曾《宛陵先生年谱》卷首,见吴洪泽、尹波

① 按:《元史》载汪泽民为"宋端明殿学士藻之七世孙""遇害年七十""追封谯国郡公",均误,见钱大昕《廿二史考异》卷九十九。《新元史》载王泽民卒于至正十六年,亦误。详见陈开林《〈全元文〉失收汪泽民佚文八篇辑补》,《皖西学院学报》,2015年第4期,第108页。

② 汪泽民、张师愚编:《宛陵群英集》《景印文渊阁四库全书》第1366册,台湾商务印书馆1986年版,第963页。

主编《宋人年谱丛刊》第 2 册，作于至元元年(1264)。

94.胡居敬一篇

按:胡居敬，元末明初在世。宋禧《赠胡居敬序》载“而淮东胡君居敬，以宦门子弟，齿弱而气壮，聪明强记，涉儒书，通医道”[1]，知其学问渊博。王祎《樗隐记》载“清江胡居敬先生，世家渝水之南天柱峰之下。先庐毁于兵燹者一纪矣，顷岁乃即其故阯作屋以居，而名之曰樗隐”[2]，则樗隐为其室名。

《吾吾类稿序》载《皕宋楼藏书志》卷一百七、《爱日精庐藏书志》卷三十四。

95.张美和一篇

按:《明史》卷一百三十七有传，载:“张美和，名九韶，以字行，清江人。能词赋，元末累举不仕。洪武三年，以荐为县学教谕，后迁国子助教，改翰林院编修。致仕归，帝亲为文赐之。复与钱宰等并征修书传，既成遣还。”[3]

《吾吾类稿序》亦载《皕宋楼藏书志》卷一百七、《爱日精庐藏书志》卷三十四。

96.罗大已二篇

按:江西庐陵人，元末明初在世。

《静思集序》载《皕宋楼藏书志》卷一百八，作于洪武二年(1369)。

《滦京杂咏跋》载《皕宋楼藏书志》卷一百八，作于洪武壬子(1372)。

97.刘中孚一篇

按:刘中孚，字志行，吉水人。举茂异，至正间任南雄推官。传见谢旻《雍正江西通志》卷七十六。吴澄《故处士刘君墓志铭》，处士刘君即刘中孚之父。文中称“韶州路曲江县主簿刘中孚”，则其曾任此职。

《云阳集序》载《皕宋楼藏书志》卷一百八。

98.吴复兴一篇

按:吴复兴，字起季。汪泽民《宛陵群英集》卷四录其《送贾宪使赴中书郎中》、卷九录其《寿吴子彦》。同书卷六有王时中《送吴起季温州学正》，则其任温州学正。诗云“十载儒官冷，新除又远州”，其仕途似不得意。杨翮《卞宜

---

① 李修生主编《全元文》第 51 册，凤凰出版社 2004 年版，第 487 页。

② 李修生主编《全元文》第 55 册，凤凰出版社 2004 年版，第 438 页。

③ 张廷玉《明史》第 13 册，中华书局，1974 年版，第 3954 页。

之四咏倡和序》称"故凡吾鄙之士亦皆属而和之,若刘有之之风骚、吴起季之典雅、王子山之清新、吴子彦之严润、胡成之之奇葩、胡生之步骤"[①],可知其颇工诗。

《佩玉斋类稿序》载《皕宋楼藏书志》卷一百八,作于元统乙亥(1335)。

99.欧阳应丙一篇

按:明代刘松《隆庆临江府志》卷十二载:"欧阳应丙,字南阳,新喻人。以荐授翰林检阅,转天临路经历。有《双石集》。"[②]程钜夫《廖隐君墓志铭》载:"延祐二年二月,其子瓒来京师,介其里人欧阳应丙乞铭。"[③]

《贞一稿序》载《皕宋楼藏书志》卷一百九,作于至治癸亥(1323)。

100.李讷[④]一篇

按:《不奉诲益帖》载《式古堂书画汇考》卷十九、倪涛《六艺之一略》卷三百九十七。

101.孔涛二篇

按:孔涛,字世平,孔子五十二世孙。宋绍兴初,自曲阜徙衢州。泰定元年进士,授平江路昆山州判官。历任吴江州判官、桂阳州判官、潮州路总管府知事等职。至正三年卒,年五十七。著有《阙里谱系》一卷。传见黄溍《承直郎潮州路总管府知事孔君墓志铭》、柯劭忞《新元史》列传第一百二十六。

《辉山存稿序》载《皕宋楼藏书志》卷一百一十,作于至顺二年(1331)。

《东坡村醪帖跋》载《赵氏铁网珊瑚》卷四。

102.何淑一篇

按:黄虞稷《千顷堂书目》卷一著录何淑《诗义权舆》,卷十七著录何淑《蝮暗集》八卷,注云:"字伯善,乐安人。元至正辛卯进士,授武冈丞。洪武四年,召为太子宾客,辞不就。又召至京师,以老疾辞,自号蝮暗。"

谢旻《雍正江西通志》卷八十一有其传,载:"何淑,字伯善,乐安人。至正进士,授武冈丞,蕲沔盗起,不果上。洪武辛亥,召为太子宾客,辞不就。六月特召

---

① 李修生主编《全元文》第60册,凤凰出版社,2004年版,第442页。

② 刘松《隆庆临江府志》,明隆庆刻本。

③ 李修生主编《全元文》第16册,凤凰出版社2001年版,第509页。

④ 按:《全元文》第22册第489页录有李讷,小传称"潍县(今山东潍坊)人"。此处题署"河南李讷",当别是一人。

天下名士九人，淑居首，固以老疾辞。戊辰复遣币征，先一月卒。”据此，则其卒年在洪武戊辰(1388)。

《玉笥集序》载《皕宋楼藏书志》卷一百一十，作于洪武乙卯(1375)。

103.丁节一篇

按：丁节，字子坚。元末明初人，曾任承事郎监察御史。《玉笥集序》乃为邓雅所作，邓雅《玉笥集》中有《题丁子坚所藏张彦道画唐官进马图》诗①。

《玉笥集序》亦载《皕宋楼藏书志》卷一百一十，作于洪武丙辰。

104.高昂霄一篇

按：《河汾诸老诗集跋》载《皕宋楼藏书志》卷一百十五，作于大德辛丑(1301)。

105.马治二篇

按：清代吴升《大观录》有其传，载：“公名治，字孝常，义兴人。初为僧，与周履道穷览阳羡山水之胜，作《荆南倡和集》，郑明德为之序。洪武初，除知内丘县，官至建昌知府。书牍特精，楷法笔带正锋，绝有古意。”②

《周履道哀辞》载四库本《荆南倡和集·附录》，见《四库全书》第 1370 册。

《洪侍郎诗帖跋》载赵琦美《赵氏铁网珊瑚》卷四，作于己酉(1309)。

106.揭祐民二篇

按：揭祐民，揭傒斯族叔。揭傒斯为撰《盱里子传》，今不传。广昌人，曾任邵武府经历。元代蒋易《皇元风雅》卷十有其传。

《豫章先生遗稿跋》载宋代罗从彦《豫章文集》卷十六《附录下》，见《四库全书》第 1135 册。

《朱子诗传纂集大成序》载《皕宋楼藏书志》卷五、《爱日精庐藏书志》卷三，作于泰定四年(1327)。

107.陈友仁一篇

按：《周礼集说序》载《皕宋楼藏书志》卷六，作于至正乙酉(1345)。

---

① 杨镰编《全元诗》第 54 册，中华书局 2013 年版，第 255 页。

② 吴升《大观录》，《中国历代书画艺术论著丛编》第 30 册，中国大百科全书出版社 1997 年版，第 454 页。

108.李俊民一篇

按:《仪礼逸经序》载朱彝尊《经义考》卷一百三十三、《皕宋楼藏书志》卷六,作于至正十四年(1354)。故此李俊民与《全元文》第一册所收李俊民(字用章,1176—1260)非一人。

109.曾鲁一篇

按:《经礼补逸序》载《经义考》卷一百三十四、《皕宋楼藏书志》卷六,作于洪武二年(1369)。

110.车瑢一篇

按:车瑢,车垓之子。《内外服制通释跋》载车垓《内外服制通释》卷末,见《四库全书》第111册,又见《皕宋楼藏书志》卷六。作于至元戊寅(1338)。

111.车惟贤一篇

按:车惟贤,车垓之侄。《内外服制通释跋》亦载四库本《内外服制通释》卷末、《皕宋楼藏书志》卷六。作于至元戊寅(1338)。

112.张庭坚一篇

按:《春秋集传后序》载《经义考》卷一百八十九。

113.齐思恭一篇

按:齐思恭,大名人。元统中,任榆次县尹。传见《同治榆次县志》卷四《宦迹》[1]。其兄为齐履谦,《元史》列传第五十九有传。

《春秋诸国统纪后序》载《皕宋楼藏书志》卷九,作于延祐丁巳(1317)。

114.王龙蜕一篇

按:《龟山先生语录序》载《皕宋楼藏书志》卷三十九,作于至大三年(1310)。

115.杜震一篇

按:《疑狱集序》载《皕宋楼藏书志》卷四十二、陈芳生《疑狱笺》卷三,作于

① 俞世铨、陶良骏修,王平格、王序宾纂《同治榆次县志》,清同治二年刊本。

至元十六年(1279)。

116.焦养直一篇

按:焦养直,字无咎,东昌堂邑人。传见《元史》卷一百六十四。钱大昕《元史艺文志》著录其《彝斋存稿》。

《大德重校圣济总录序》载《皕宋楼藏书志》卷四十四,作于大德四年(1300)。

117.詹清子一篇

按:詹清子《类证增注伤寒百问歌序》文末题署"武夷詹清子子敬",子敬似为其表字。宋濂《莆田四如先生黄公后集序》称"门人武夷詹清子类次六经四书讲义为六卷刊之",则詹清子为黄仲元门人。

《类证增注伤寒百问歌序》载《皕宋楼藏书志》卷四十六、《爱日精庐藏书志》卷二十二,作于至大己酉(1309)。

118.马宗素一篇

按:《新刊图解素问要旨论序》载《皕宋楼藏书志》卷四十七。

119.罗天益三篇

按:清代王宏翰《古今医史》卷七载:"罗天益,字谦甫,真定人。东垣弟子,潜心苦学,真积日久。居东垣门下十余年,尽得其妙。著有《卫生宝宝鉴》二十四卷、《药误永鉴》《药类法象》,乃医林之白眉也。"①

《上东垣先生启》载《皕宋楼藏书志》卷四十七。

《脾胃论后序》载李杲《脾胃论》卷末②,作于至元丙子(1336)。

《兰室秘藏序》载李东垣《兰室秘藏》卷首③,作于至元丙子(1336)。

120.尚从善二篇

按:清代瞿镛《铁琴铜剑楼藏书目录》卷十四著录尚从善《本草元命苞》,称:"从善,字仲良,自署衔名为御诊太医宣受成全郎、上都惠民司提点。"④元代医家,历二十余年,编成《伤寒纪元妙用集》《本草元命苞》。

---

① 王宏翰《古今医史》,清钞本。

② 李杲《脾胃论》,彭建中点校,辽宁科学技术出版社 1997 年版,第 32 页。

③ 李杲《脾胃论》,中国中医药出版社 2007 年版,第 1—2 页。

④ 瞿镛《铁琴铜剑楼藏书目录》,上海古籍出版社 2000 年版,第 371 页。

《汉张仲景传》载《伤寒纪玄妙用集》卷首,见《中医古籍孤本大全》,作于至元戊寅(1338)。

《本草元命苞自序》载《爱日精庐藏书志》续志卷三,作于至顺二年(1331)。

121.袁裒三篇

按:黄虞稷《千顷堂书目》卷三著录袁裒《书法集要》,注云:"字德平,鄞县人。宋太学生,入元不仕。"而黄宗羲《宋元学案》卷七十五载:"袁裒,字德平,絜斋之曾孙,蒙斋之孙也。"

《伤寒纪玄妙用集序》载《皕宋楼藏书志》卷四十七,作于皇庆癸丑(1313)。

《跋鲜于枢帖》载倪涛《六艺之一录》卷三百五十三。

《题书学纂要后》载苏天爵《元文类》卷三十九。

122.晓山老人一篇

按:《太乙统宗宝鉴序》载《皕宋楼藏书志》卷五十一,作于大德七年(1303)。关于此文的相关疑义,笔者曾有考证①。

123.孙道明三篇

按:《广川书画跋》文末题署"华亭孙道明明叔谨识,年六十又九。时至正乙巳十一月廿三日书于泗北村居映雪斋",至正乙巳为1365年,是年孙道明69岁,则其生年为大德元年(1297)。

《广川书画跋》载《皕宋楼藏书志》卷五十二,作于至正乙巳(1365)。

《脚气集跋》载《皕宋楼藏书志》卷五十八,作于至正丁未(1367)。

《北梦琐言跋》载《爱日精庐藏书志》卷二十七,作于至正二十三年(1363)。

124.汤垕一篇

按:汤垕,号采真子,著有《画鉴》一卷。

《画鉴小引》载《画鉴》卷首,见沈子丞《历代论画名著汇编》。

125.陈才子一篇

按:陈才子,茶陵人,元大德年间其后在世。

《考古图序》载《皕宋楼藏书志》卷五十三、倪涛《六艺之一录》卷十六,作于大德己亥(1299)。

---

① 陈开林《〈皕宋楼藏书志〉考辨十一则》《湖州师范学院学报》2015年第9期,第15页。

126.陈翼子一篇

按:陈翼子,茶陵人,陈才子之弟。钱大昕《元史艺文志》著录陈翼子《唐史卮言》三十卷、《重修考古图》十卷。

《考古图序》亦载《皕宋楼藏书志》卷五十三、《六艺之一录》卷十六,作于大德己亥(1299)。

127.忽思慧一篇

按:忽思慧,亦作忽斯慧,畏兀儿族(一说为蒙古族),元代营养学家。延祐年间(1314—1320)担任宫廷饮膳太医。著有《饮膳正要》。

《饮膳正要序》载《皕宋楼藏书志》卷五十四,作于天历三年(1330)。

128.严度一篇

按:严度,东平人。其《白虎通德论序》文末题署"中奉大夫云南诸路行中书省参知政事",柳贯《严度谥贞献》称"故甘肃等处行中书省左丞严度"①,则其职官可知。大德年间前后在世。

《白虎通德论序》载《皕宋楼藏书志》卷五十五,作于大德乙巳(1305)。

129.张楷一篇

按:张楷,东平人,大德年间前后在世。

《白虎通德论序》亦载《皕宋楼藏书志》卷五十五,作于大德九年(1305)。

130.陆友仁三篇

按:清代顾嗣立《元诗选》三集卷十二有其传,称:"友字友仁,平江人。父业贾,友攻苦于学,为邻里所窃笑。及长,为诗有法度,尤长于五言律。尝至上都,奎章阁博士柯九思、侍书学士虞集交荐于朝,未及用而二公皆去职,乃偕九思归吴,辟斗室,扁日志雅斋,自号砚北生。著《砚史》《墨史》《印史》,所为诗文有《杞菊轩稿》《吴中杂志》。卒年四十八。"同时,另有一陆友仁,字辅之,亦为平江路人。

《闲居录序》载《皕宋楼藏书志》卷五十八,作于至正五年(1345)。

《研北杂志自序》载《研北杂志》卷首。

《中论跋》载范邦甸《天一阁书目》卷三、《皕宋楼藏书志》卷三十九,作于至

---

① 李修生主编《全元文》第 25 册,凤凰出版社 2001 年版,第 104 页。

治三年(1323)。

131.丁思敬一篇

按:丁思敬,元大德间东平人。刻印过宋曾巩《元丰类稿》50卷续附1卷[1]。

《元丰类稿后序》载《皕宋楼藏书志》卷七十五,作于大德甲辰(1304)。

132.程性一篇

按:元末明初人,生平不详。

《春秋属辞后序》载《皕宋楼藏书志》卷九,作于洪武元年(1368)。

133.萧镒一篇

按:清代彭元瑞《天禄琳琅书目后编》卷二十著录萧镒《四书待问》,称"镒,字南金,临江人。仕履无考。"

《四书待问自序》载《经义考》卷二百五十五、《皕宋楼藏书志》卷十,作于泰定甲子(1324)。

134.蒋景武二篇

按:蒋景武,四明人,至正年间前后在世。明代郑真《荥阳外史集》卷四十六《遂初老人传》(即王应麟之孙王厚孙)中提及"蒋景武中乡选,送宴津遣,慨然当之"。

《续复古编序》载蒋光煦《东湖丛记》卷一、《皕宋楼藏书志》卷十五,作于至正十年(1350)。

《东坡杨梅帖跋》载明代孙凤《孙氏书画钞》卷一《法书》。

135.留梦炎一篇

按:留梦炎,字汉辅,号中斋,三衢(今浙江衢州)人。宋理宗淳祐四年(1244)进士及第。累官至右丞相兼枢密使。宋恭帝德祐二年(1276)降元。《全宋诗》录其诗一首[2]。参赵翼《陔余丛考》卷十五《留梦炎及第》[3]、姚莹《识小录》卷六《留梦炎》[4]。

《跋杨凝式起居帖》载《赵氏铁网珊瑚》卷一,作于至元戊子(1288)。

---

① 瞿冕良编著《中国古籍版刻辞典》,齐鲁书社1999年版,第6页。

② 北京大学古文献研究所编《全宋诗》第64册,北京大学出版社1998年版,第40323页。

③ 赵翼《陔余丛考》,河北人民出版社2007年版,第270页。

④ 姚莹撰,黄季耕点校《识小录》,黄山书社1991年版,第181—182页。

136.倪坚二篇

按:元代王士点《秘书监志》卷十《题名》,“著作郎”下有倪坚,注云“元贞元年四月初二日以著作佐郎承务郎上”①,“著作佐郎”下亦有倪坚,注云“至元二十九年八月初二日以承事郎上”②。其《六书统序》文末题署“翰林直学士奉直大夫知制诰同修国史三山倪坚序”。据此,其担任官职可知。

《太后正旦表》载元代王士点《秘书监志》卷八《表笺》,作于元贞二年(1296)。

《六书统序》载四库本元代杨桓《六书统》卷首,见《四库全书》第 227 册,又见《皕宋楼藏书志》卷十五。作于至大改元(1308)。

137.吴志淳一篇

按:陶宗仪《书史会要》卷七载:“吴志淳,字主一,曹南人。古隶学《孙叔敖碑》。”③明代王兆云《皇明词林人物考》卷一载:“吴主一,名志淳,无为州人。能诗善书,尝仕元不显。遇滁泗兵起,徙家豫章。国初时与陶主敬、刘伯温、高季廸诸名士并称。宋潜溪尝叙其集后,鄱阳刘仔肩又尝选入《雅颂正音》,都太仆亦有文跋云。④”

《广琴操跋》载陆心源《穰梨馆过眼录》卷十,作于至正己亥(1359)。

138.应在一篇

按:陶宗仪《书史会要》卷七载:“应在,字止善,句章人。工篆,尝作《篆隶偏傍点画辨》行于世。”

《篆法偏旁点画辨序》载《皕宋楼藏书志》卷十五、《爱日精庐藏书志》卷七。

139.熊泽民一篇

按:熊泽民《经史正音切韵指南》文末题署“云谷熊泽民序”,高明《经史正音切韵指南之研究》指出:“以‘云谷’与‘泽民’相应,疑为泽民之字,未敢轻定其籍贯。”⑤

《经史正音切韵指南》载《皕宋楼藏书志》卷十七,作于至元丙子(1336)。

---

① 王士点、商企翁编次,高荣盛点校:《秘书监志》,浙江古籍出版社,1992 年,第 192 页。

② (元)王士点、商企翁编次,高荣盛点校《秘书监志》,浙江古籍出版社 1992 年版,第 194 页。

③ 陶宗仪《书史会要》,《景印文渊阁四库全书》第 814 册,台湾商务印书馆 1986 年版,第 759 页。

④ 王兆云《皇明词林人物考》,《四库全书存目丛书》史部第 111 册,齐鲁书社 1996 年版,第 659 页。

⑤ 高明《高明小学论丛》,黎明文化事业股份有限公司 1980 年版,第 402 页。

140.赵居信一篇

按:明代曹金《万历开封府志》卷十八有其小传,载:“赵居信,字季明,许州人,号东溪先生。颖悟过人,日记万言。仕至翰林学士,追封梁国公,谥文简。著《经说》《史评》《理学正宗》等书行于世。”[①]其著述除此之外,黄虞稷《千顷堂书目》、倪灿《补辽金元艺文志》、钱大昕《元史艺文志》尚著录有《礼经葬制》《蜀汉本末》三卷。

《蜀汉本末后序》载翁方纲《翁方纲纂四库提要稿》《皕宋楼藏书志》卷二十二,作于至正辛卯(1351)。

141.黄君复一篇

按:至正年间前后在世,曾任建宁路建安书院山长。

《蜀汉本末后序》亦载《翁方纲纂四库提要稿》《皕宋楼藏书志》卷十七,作于至正辛卯(1351)。

142.陈桱一篇

按:陈桱,字子经,奉化人,官至翰林学士。传见徐象梅《两浙名贤录》卷四十六《文苑》。

《通鉴续编自序》载《皕宋楼藏书志》卷二十二,作于至正十年(1350)。

143.陈祖仁一篇

按:曹金《万历开封府志》卷二十有其小传,载:“陈祖仁,字子山,汴人。好学,有文名。至正初进士第一,累官翰林学士,除参知政事。朝廷之事多所匡正,及顺帝北遁,祖仁为乱军所害。”[②]

《战国策序》载《皕宋楼藏书志》卷二十四,作于至正十五年(1355)。

144.戈直一篇

按:戈直,临川人。初字以敬,后字伯敬。见吴澄《戈直伯敬字说》[③]。

《贞观政要序》载《皕宋楼藏书志》卷二十四。

---

① 曹金《万历开封府志》,明万历十三年刻本。

② 曹金《万历开封府志》,明万历十三年刻本。

③ 李修生主编《全元文》第15册,江苏古籍出版社2000年版,第12页。

145.郑稑一篇

按:清代郑杰《闽诗录》戊集卷二载:“稑号宗湖,莆田人。元统三年乡荐第一。”①郑稑《说论集跋》文末题署“乡贡进士莆状元坊献可郑稑敬书”,而吴莱有《送郑献可南归莆田寄周公甫》诗,则献可当为郑稑表字。

《说论集跋》载宋代陈次升《说论集·附录》,题为《宝文待制陈公说论跋》,见《四库全书》第427册,另见《皕宋楼藏书志》卷二十五。作于至元二年(1336)。

146.陈士壮一篇

按:陈士壮,字则中,号紫盖山逸民。泰定年间其后在世。

《待制陈公行实》亦载四库本《说论集·附录》,作于泰定甲子(1324)。

147.黄清老一篇

按:苏天爵《元故奉训大夫湖广等处儒学提举黄公墓碑铭》②,载其生平甚详。黄清老,字子肃,邵武人,累官湖广等处儒学提举,著《春秋经旨》《四书一贯》,学者号为樵水先生。存世时间为1290—1348年。张以宁有《黄子肃诗集序》③。柯劭忞《新元史》卷二百三十六有小传。

《伊洛渊源录序》载《皕宋楼藏书志》卷二十七,作于至正癸未(1343)。

148.林光大一篇

按:林光大,曾任福州路儒学教授,至正年间在世。

《合刻礼乐书后序》载《爱日精庐藏书志》卷六,作于至正丁亥(1347)。

149.骆天骧一篇

按:清代沈青峰《雍正陕西通志》卷六十四载:“骆天骧,字飞卿,长安人。博涉群书,游心翰墨,乐道丘园,不求闻达。”④编有《类编长安志》,题“京兆路儒学教授骆天骧纂编”,则其曾任京兆路儒学教授。自序后题“藏斋遗老骆天骧引”,藏斋遗老乃其号。元代李庭《故尚书行中书省讲议官来献臣墓志铭》载“乃自序

---

① 郑杰《闽诗录》,清宣统三年刻本。

② 李修生主编《全元文》第40册,凤凰出版社2001年版,第225页。

③ 李修生主编《全元文》第47册,凤凰出版社2001年版,第480页。

④ 刘于义监修、沈青崖编纂《雍正陕西通志》,《景印文渊阁四库全书》第554册,台湾商务印书馆1986年版,第872页。

其世族谱系暨入仕止官本末,仍手书之以付门生骆天骧李惟善俾求当世立言之士以志其墓"①,则骆天骧乃来献臣之门人。

《类编长安志序》载《皕宋楼藏书志》卷三十一、《爱日精庐藏书志》卷十六,作于元贞丙申(1296)。

150.孟奎一篇

按:孟奎,字文卿,邹人。至正年间前后在世。

《粗解刑统赋序》载《爱日精庐藏书志》卷二十一。孟奎《序》题署为"至正庚辰仲夏",然元顺帝至正年间,无"庚辰"年。《爱日精庐藏书志》另载沈维时《粗解刑统赋序》,文称"旧律学博士传霖韵唐律为赋,邹邑孟氏文卿略加笺注",题署为"至正壬辰仲秋,前乡贡进士沈维时谨题"。孟奎《序》中"庚辰"似为"壬辰"之误。至正壬辰,即至正十二年(1352)。

151.窦桂芳一篇

按:清代瞿镛《铁琴铜剑楼藏书目录》卷十四著录《针灸四书》,称:"桂芳,字静斋,建宁人。汉卿之子,父子皆隐于医。"②清代王宏翰《古今医史》卷六载:"窦桂芳,善针灸,撰《流注指微赋》,罗谦甫为之注。又撰《通玄指要赋》,载在《卫生宝鉴》。"③

《针灸四书序》载《爱日精庐藏书志》卷二十二,作于至大辛亥(1311)。

152.和尼赤一篇

按:泰定年间在世,曾任中议大夫、同知海北海南道宣慰使司事副都元帅。

《活幼心书序》载《爱日精庐藏书志》卷二十二,作于泰定丁卯(1327)。

153.吴刚中一篇

按:元代许有壬《跋甲戌混补公据》载:"有壬幼读书衡阳,师兰埜吴先生。先生讳刚中,字景和。胜国咸淳甲戌江南混试,终场万七千八百余人,取合格二十六人。先生试赋《天地大德日生》,通榜第二,赋则魁也。"④明代李东阳《衡州府学重修记》载:"衡之学,旧在石鼓山。宋开庆间,毁于兵,徙今金鳌寺地。元

① 李修生主编《全元文》第2册,江苏古籍出版社1998年版,第170页。
② 瞿镛《铁琴铜剑楼藏书目录》,上海古籍出版社2000年版,第370页。
③ 王宏翰《古今医史》,《续修四库全书》第1030册,上海古籍出版社1996年版,第352页。
④ 李修生主编《全元文》第38册,凤凰出版社2004年版,第146页。

至正间，学正吴刚中辈售城西南宋李肯斋故宅，建庙及学，复毁于兵。”①据此，则其曾任衡州府学正。

《活幼心书序》亦载《爱日精庐藏书志》卷二十二，作于元贞乙未（1295）。

154.罗宗之一篇

按：《光绪湖南通志》卷一百六十三《人物志四》有其传，载：“罗宗之，字巨海，邵阳人。咸淳庚午入太学，踰年中特科进士，官翰林，知制诰。屡疏乞还，上念其文学忠勤，赐银币，给麋粥，御书清肃二字宠其行。宗之归，以所赐建永慕堂，奉勅其上，朝夕泣拜，以示子孙不忘宋之意。”②其《活幼心书序》题署“丁未中秋，邵清遗老七十翁罗宗之巨海甫谨序”。丁未为元成宗大德十一年（1307），罗宗之时年七十，则其生年为宋理宗嘉熙二年（1238）。邵清遗老，似为其别号。

《活幼心书序》亦载《爱日精庐藏书志》卷二十二，作于大德丁未（1307）。

155.曾世荣一篇

按：明代杨佩《嘉靖衡州府志》卷六载：“曾世荣，元时人，号育溪。儒而业医，精方脉，著《活幼心书》板行于世。”清代张金吾《爱日精庐藏书志》卷二十二著录《活幼心书》，称：“世荣，字德显，一字育溪，衡州人。德显业医三十年，古今医书读之殆遍，取其平日阅证用药之已效者，著为方论，纂为诗歌，名之曰《活幼心书》。”③然曾世荣同时之人罗宗之《活幼心书序》（《全元文》失收，已辑校）称“德显，衡之烝西人，号育溪，名世荣，德显其字也”，所载当不误。

《活幼心书序》亦载《爱日精庐藏书志》卷二十二，作于至元甲午（1294）。

156.薛延年一篇

按：明代胡谧《成化山西通志》卷九载：“薛延年，临汾人，为安西王文学士。著《四书引证》《小学纂图》《有竹轩文集》。”④

《人伦大统赋序》载《爱日精庐藏书志》卷二十三，作于皇庆二年（1313）。

---

① 李东阳《李东阳集》（第二卷），岳麓书社 1985 年版，第 152 页。

② 卞宝第、李瀚章等修；曾国荃、郭嵩焘等纂《光绪湖南通志》，《续修四库全书》第 665 册，上海古籍出版社 1996 年版，第 214 页。

③ 张金吾《爱日精庐藏书志》，上海古籍出版社 2014 年版，第 365 页。

④ 李侃、胡谧纂修《成化山西通志》，《四库全书存目丛书》史部第 174 册，齐鲁书社 1996 年版，第 335 页。

157.洪景修一篇

按:洪景修,字进可,临川人。至大年间前后在世。

《新编古今姓氏遥华韵序》亦载《爱日精庐藏书志》卷二十六,作于至大元年(1308)。

158.安性仁一篇

按:乃洪景修门人。至大年间前后在世。

《新编古今姓氏遥华韵序》载《爱日精庐藏书志》卷二十六,作于至大元年(1308)。

159.章鉴一篇

按:章鉴,号杭山寓叟。

《周易象义序》载《皕宋楼藏书志》卷三《爱日精庐藏书志》卷一。

193.厉一鹗一篇

按:厉一鹗,元至大间人,字心斋,嘉兴郡博士。刻印过唐陆贽《陆宣公集》二十二卷[①]。

《唐陆宣公集跋》载《皕宋楼藏书志》卷六十九、《爱日精庐藏书志》卷二十九,作于至大辛亥(1311)。

160.翠岩精舍一篇

按:《中兴奏议刊书启》载《爱日精庐藏书志》卷二十九、杨绍和《楹书隅录》卷四、丁丙《善本书室藏书志》卷八,作于至正甲午(1354)。

161.黄真辅一篇

按:黄真辅,字德弼,东嘉人。进士,生活于大德年间前后。

《谗书序》载《爱日精庐藏书志》卷二十九,作于大德六年(1302)。

162.胡元一篇

按:胡元,号容斋,邢台人。至治元年任绍兴路总管[②]。泰定间迁正议大夫徽州路总管兼管内劝农事。张可久有散曲《南吕 · 四块玉》(客席胡使君席

---

① 瞿冕良编著《中国古籍版刻辞典》,齐鲁书社 1999 年版,第 95 页。

② 张可久著,吕薇芬、杨镰校注《张可久集校注》,浙江古籍出版社 1995 年版,第 55 页。

上)、《双调·沉醉东风》(胡容斋使君寿)、《中吕·普天乐》(胡容斋使君席间),均为胡元而作。

《四书发明序》载陈栎《定宇集》卷十七,见《四库全书》第 1205 册,作于泰定三年(1326)。

163.龙云一篇

按:龙云,庐陵人,曾任福建等处儒学提举。

《增广通略序》亦载《定宇集》卷十七。

164.王仲仪一篇

按:《与陈定宇先生书》亦载《定宇集》卷十七。

165.张纯愚二篇

按:陈栎《与张纯愚书》称张师愚"本德兴人,乃徙而占籍于婺源"[①]。并对张师愚所撰《牧隐说》倍加推崇。

《与定宇先生书》《又答先生书》亦载《定宇集》卷十七。其中,《与定宇先生书》作于皇庆元年(1312)。

166.黄求心一篇

按:明代汪舜民《弘治徽州府志》卷九《人物三》"隐逸"类中有其小传,称:"名麟,休宁五城人。"

《贺定宇先生发解启》亦载《定宇集》卷十七。

167.冯伯思二篇

按:《复定宇先生启》《又复启》亦载《定宇集》卷十七。可知其字伯思,安岳人。

168.姚云一篇

按:《颜子序》载元代李纯仁辑《新编颜子》卷首,见《续修四库全书》第 932 册。

169.无名氏一篇

按:《颜子序》亦载《新编颜子》卷首。

---

① 李修生主编《全元文》第 18 册,凤凰出版社 2001 年版,第 27 页。

170.李纯仁一篇

按:李纯仁曾辑《新编颜子》,卷末有跋。黄虞稷《千顷堂书目》著录李纯仁《颜子》五卷,注云"延祐高安人"。

171.太医院一篇

按:《世医得效方题识》载《世医得效方》卷首,作于至元五年(1339)。

172.危亦林一篇

按:《辞海》(医学卫生分册)载:"危亦林(1277—1347),元医学家。字达斋,江西南丰人。世业医。著有《世医得效方》二十卷。"①

《世医得效方自序》亦载《世医得效方》卷首,作于至元三年(1337)。

173.陈志一篇

按:《危氏世医得效方序》亦载《世医得效方》卷首,作于至正三年(1343)。据《危氏世医得效方序》题署,知其至正三年左右曾任建宁路官医提领。

174.虞堪一篇

按:《道园学古录跋》载《爱日精庐藏书志》卷三十三,作于至正十四年(1354)。

175.申屠駉四篇

按:《秦会稽刻石跋》载明代都穆《金薤琳琅》卷二,作于至正元年(1341)。

《跋米敷文烟峦晓景》载明代郁逢庆《续书画题跋记》卷二、汪砢玉《珊瑚网》卷二十八,作于至正十五年(1355)。

《澧州文正公读书堂祝辞》载李勇先、王蓉贵校点《范仲淹全集》附录九,作于元统三年(1335)。

《耀州文正祠祝辞》亦载《范仲淹全集》附录九,作于至正七年(1347)。

176.郑东二十篇

按:郑东,字季明,平阳人。传见明代王鏊《姑苏志》卷五十七。

《资政大夫江浙等处行中书省右丞岳实珠公政绩碑》《奉议大夫昆山州知州

① 夏征农主编《辞海》(医学卫生分册),上海辞书出版社1989年版,第23页。

王公去思碑》《海道都漕运万户府达噜噶齐托音公政绩碑》《昆山州重修东岳庙碑》《重修灵慈宫碑》载明代朱珪《名迹录》卷一。

《大宝洲记》《瑞云精舍记》《无倪舟记》《昆山州知州史侯生祠记》《直沽龙祠记》《曙楼记昆山》《元故曹母碣铭》《杨履斋先生墓志铭》《章母墓志铭》载《名迹录》卷四。其中《曙楼记昆山》作于至正十一年(1351)。

《镜铭》载《名迹录》卷五。

《赠朱伯盛诗序》载《名迹录》卷六,作于至正十四年(1354)。

《双清楼记》载《珊瑚木难》卷六,作于至正十四年(1354)。

《送瞿君慧夫上青龙镇学后序》载《铁网珊瑚》卷七、《式古堂书画汇考》卷二十。

《林屋山图记》载《铁网珊瑚》卷十五、《式古堂书画汇考》卷五十二

《来鹤亭诗集序》载元代吕诚《来鹤亭集》卷首,见《四库全书》第1220册,作于至正戊子(1348)。

177.支渭兴二篇

按:《中庆路增置学田记》《悯忠寺记》均载明代陈文修《景泰云南图经志书》卷八《元文》。

178.王彦一篇

按:《中兴路重修泮宫记》,亦载明代陈文修《景泰云南图经志书》卷八《元文》。

179.萧士赟一篇

按:萧士赟,字粹可,立等仲子。著诗评二十余篇,及《冰崖集》《李白诗补注》行于世。传见谢旻《雍正江西通志》卷九十四。另外,明代董天锡《嘉靖赣州府志》卷十亦有传,称其"号粹斋",并"著有《粹斋庸言》廿余篇"。吴澄有《萧粹可庸言序》,见《全元文》第14册。

《分类补注李太白诗序》载王重民辑《日本访书志补》,作于至元辛卯(1291)。

180.郑禧一篇

按:《春梦录序》载郑禧《春梦录》卷首,作于延祐戊午(1318)。

181.樊世一篇

按:《陈了翁年谱序》载《陈了翁年谱》卷首,见吴洪泽、尹波、舒大刚主编

《儒藏》史部儒林年谱第 11 册。

182.陈宣子一篇

按:《陈了翁年谱序》亦载《陈了翁年谱》卷首,作于大德元年(1297)。

183.陈泽一篇

按:《陈了翁年谱序》亦载《陈了翁年谱》卷首,作于至正甲辰(1364)。

184.朱楙子一篇

按:《了斋先生年谱后序》载《陈了翁年谱》卷末,作于大德甲辰(1304)。

185.陈某一篇

按:陈某,名不详,陈瓘之孙。《先祖忠肃公了翁先生年谱序》亦载《陈了翁年谱》卷末。

186.汪良臣一篇

按:《十七史纂古今通要序》载中国国家图书馆藏元刻本《十七史纂古今通要》卷首,作于大德壬寅(1302)。

187.左祥一篇

按:《琴堂谕俗编序》载《琴堂谕俗编》卷首,见《四库全书》第 865 册,作于天历二年(1329)。

188.钱惟善六篇

钱惟善,字思复,钱塘人。传见顾嗣立《元诗选》。

《韩诗外传序》,载屈守元《韩诗外传笺疏》附录四《旧本序跋辑录》。

《朱文公与姪手帖跋》,载赵琦美《赵氏铁网珊瑚》卷四。

《洪侍郎诗帖跋》,载赵琦美《赵氏铁网珊瑚》卷四,作于至正二十六年(1366)。

《跋顾宏中画韩熙载夜宴图》,载赵琦美《赵氏铁网珊瑚》卷十一,作于至正二年(1342)。

《题倪瓒古石修篁图》,载《石渠宝笈》卷九。

《跋赵孟頫书待漏院记》,载《石渠宝笈》卷十四。

189.具廷臣一篇

按:《两山亭记》载《万历绍兴府志》卷九①。

190.李养吾一篇

按:《读叠山北行诗跋》载谢枋得《叠山集》卷十六②。

191.武乙昌一篇

按:《注唐音鼓吹序》载《皕宋楼藏书志》卷一百一十五③,作于至大戊申(1308)。

192.费著一篇

按:《成都志序》载四库本《四川通志》四十四。

193.罗憼一篇

按:《放翁诗选前集原序》载罗椅、刘辰翁《放翁诗选》卷首④。

194.唐兀觮一篇

按:《三元延寿参赞书序》载《三元延寿参赞书》卷首⑤,作于至元辛卯(1291)。

195.和元杲一篇

按:《三元延寿参赞书跋》亦载《三元延寿参赞书》卷首,作于至元四年(1338)。

196.塔海一篇

按:《三元延寿参赞书跋》亦载《三元延寿参赞书》卷首,作于至元壬辰

---

① 萧良干修,张元忭、孙鑛纂,李能成点校《万历绍兴府志》,宁波出版社 2012 年版,第 207 页。

② 谢枋得:《叠山集》,《四部丛刊续编》景明本。(按:《全宋文》第 355 册第 59 页有榭枋得《与李养吾书》。)

③ 陆心源《皕宋楼藏书志》,《续修四库全书》第 929 册,上海古籍出版社 1996 年版,第 613 页。

④ 罗椅、刘辰翁《放翁诗选》,《景印文渊阁四库全书》第 1163 册,台湾商务印书馆,1987 年版,第 729 页。

⑤ 李鹏飞编《三元延寿参赞书》,上海古籍出版社 1990 年版,第 1 页。(按:此书另有李鹏飞自序、叶应和跋、姚镦跋,《全元文》已收)

(1292)。

197.周天啸一篇

按:《三元延寿参赞书跋》亦载《三元延寿参赞书》卷首,作于至元甲午(1294)。

198.金居敬一篇

按:《书春秋附录》载程敏政《新安文献志》卷二十五《题跋》、汪舜民《弘治徽州府志》卷十一、朱彝尊《经义考》卷一百九十八《春秋》。

199.孙锡一篇

按:《长春真人西游记序》载《长春真人西游记》卷首[①],作于戊子(1288)。

200.赵孟暄一篇

按:《玉灵聚义序》载元代陆森《玉灵聚义》卷首,见《四库全书存目丛书》子部第66册,作于泰定乙丑(1325)。

201.张士贞一篇

按:《张友谅墓志》于1993年出土,宁荫棠、焦传瑚《张友谅墓志考》、李芳、张淑霞《元代张友谅墓志铭考释》可供参考。

202.姜晋叔一篇

按:《新编阴何诗叙》载《皕宋楼藏书志》卷六十七,作于至正九年(1349)。

203.杨升一篇

按:《有元故医隐贾君阡表》载云桂荣主编《云居寺贞石》[②],又载《新日下访碑录》(房山卷)[③]。

204.守诚斋一篇

按:守诚斋乃刊书机构。《新编阴何诗跋》载《皕宋楼藏书志》卷六十七,作

① 李志常:《长春真人西游记》,商务印书馆1937年版,第1页。
② 云桂荣主编《云居寺贞石》,北京燕山出版社2008年版,第196—197页。
③ 北京石刻艺术博物馆编著《新日下访碑录》(房山卷),北京燕山出版社2013年版,第232—233页。

于至正乙巳(1365)。

205.范邦瑞二篇

按:《祭文正公文》载《范仲淹全集》附录九[①],作于至大二年(1309)。《归拜辞墓文》载《范仲淹全集》附录九[②]。

206.无名氏一篇

按:《元许池龙神庙碑》载《光绪峄县志》卷二十四《碑碣》,作于大德丙午(1306)。

207.无名氏一篇

按:《宣差阿思兰公平寇碑》载清代潘辰等纂修《康熙松陵县志》卷十《艺文志》,文中称"癸巳十二月朔,邑士庶具公令德殊绩,征文于余",则此文当作与至正十三年(1353)。

208.无名氏一篇

按:《重修仵清池壁记》载明代樊深《嘉靖河间府志》卷一《地理志》《乾隆天津府志》卷三十四《艺文志》,作于后至元三年(1337)。

209.无名氏一篇

按:《饮膳正要序》载《皕宋楼藏书志》卷五十四。

210.无名氏一篇

按:《四声等子序》载《皕宋楼藏书志》卷十七。

211.无名氏一篇

按:《五行类事占序》载《皕宋楼藏书志》卷五十一。

222.无名氏一篇

按:《道书援神契序》载《道书援神契》卷首[③],作于大德九年(1305)。

---

① 范仲淹著,李勇先、王蓉贵校点《范仲淹全集》,四川大学出版社2002年版,第1247页。
② 范仲淹著,李勇先、王蓉贵校点《范仲淹全集》,四川大学出版社2002年版,第1249页。
③ 《正统道藏》第53册,艺文印书馆1977年版,第43146页。

223.无名氏一篇

按:《云峰胡先生家状》载《文渊阁四库全书补遗》第四册《云峰集·附录》[①],注“家乘”。

224.无名氏一篇

按:《废陵横溪因果院记》载高立人主编《庐陵古碑录》[②],作于后至元六年(1340)。

225.彭道渊一篇

按:《先君彭公成之墓志铭》亦载《庐陵古碑录》,作于至元己卯(1339)。

226.曾禄孙一篇

按:《先君曾公郡事圹志》亦载《庐陵古碑录》。

227.周天骥一篇

按:《故庐陵隐君敬斋彭公墓志铭》亦载《庐陵古碑录》。

228.郭普奕一篇

按:《敬供先圣碑》亦载《庐陵古碑录》。

229.胡志高一篇

按:《元故录事胡君圹志》亦载《庐陵古碑录》。

230.黄辰龙一篇

按:《先君豁山居士圹记》亦载《庐陵古碑录》。

231.谢文宝一篇

按:《李氏夫人城记》亦载《庐陵古碑录》,作于至正十年(1350)。

---

① 杨讷、李晓明编《文渊阁四库全书补遗》第四册,北京图书馆出版社 1997 年版,第 344—351 页。

② 高立人主编《庐陵古碑录》,江西人民出版社 2007 年版,第 57—58 页。

232.樊士宽二篇

按:《方叔渊稿跋》载方澜《方叔渊遗稿》卷末[①],文末题署“至元后己卯八月五日南阳耕夫樊士宽拜手谨书于介然堂”,可知文作于至元后己卯(1339)。南阳耕夫或为樊士宽别号。

《续文房职方图赞序》载罗先登《续文房职方图赞》卷首[②],作于元统二年(1334)。

233.史格一篇

按:《命修全真观题记》载杜海军辑校《桂林石刻总集辑校》[③]。

234.臧梦解一篇

按:《重镌桂林府学释奠图记》亦载《桂林石刻总集辑校》,文末题署“大德元年岁次丁酉八月白露节日,奉议大夫岭南广西道肃政廉访副使臧梦解记”,可知其官位,文作于大德元年(1297)。

235.杜与可一篇

按:《静江路修学造乐记》亦载《桂林石刻总集辑校》,作于皇庆元年(1312)。

236.邝露一篇

按:《释奠位序仪式图记》亦载《桂林石刻总集辑校》,文末题署“延祐五年三月吉日,将仕郎岭南广西道肃政廉访司照磨庐陵邝露撰”,可知其官位,文作于延祐五年(1318)。

237.赵鼎新、周刚善等一篇

按:《刘仙岩题记》亦载《桂林石刻总集辑校》。

---

① 方澜《方叔渊遗稿》,《丛书集成续编》第 108 册,上海书店 1994 年版,第 776 页。

② 罗先登《续文房职方图赞》,《丛书集成新编》第 48 册,新文丰出版公司 1985 年版,第 231 页。

③ 杜海军辑校《桂林石刻总集辑校》,中华书局 2013 年版,第 376 页。

238.无名氏一篇

按:《全真建造道院记》亦载《桂林石刻总集辑校》。

239.都禄弥、释海涯、刘宗说等一篇

按:《七星岩题记》亦载《桂林石刻总集辑校》。文作于至顺二年(1331)。

240.无名氏一篇

按:《隐真岩建阁施舍题名碑》亦载《桂林石刻总集辑校》,文作于壬申(1332)。

241.常珏一篇

按:《宣圣庙释菜碑》亦载《桂林石刻总集辑校》。

242.郭思诚一篇

按:《新开西湖之记》亦载《桂林石刻总集辑校》,文末题署"丁丑季秋,淇川郭思诚谨志",可知郭思诚乃淇川人,文作于丁丑(1337)。

243.俺普一篇

按:《叠采山记》亦载《桂林石刻总集辑校》,文作于至正丙午(1366)。

244.张纯仁

按:《康范诗集原序》载汪暭《康范诗集》卷首,文作于至正己丑(1349)。

245.胡枘一篇

按:《宋汪先生世家》亦载《康范实录》。

246.朱文选一篇

按:《曾子全书原序》亦载《康范实录》。

陈尚君先生在《断代文学全集的回顾与展望》一文中指出八条"衡定大型断代全书学术质量的准绳",其中第一条即是要求"搜罗全备"[①]。然而,限于多方

① 陈尚君《汉唐文学与文献考论》,上海古籍出版社2008年版,第25页。

面因素的制约,断代总集很难达到求"全"的目标。本文新发现元代作家246人,均不为《全元文》所收录,接近《全元文》已收录作家的1/10。然而,囿于见闻,部分作家的生平尚待进一步考证。至于《全元文》已收录作家,亦有相当数量的佚文,笔者将另行为文探讨。

(作者简介:陈开林,1985年生,男,汉族,文学博士,盐城师范学院文学院讲师,主要研究宋元明清文学、中国古典文献学。)

文学研究

痛苦心灵中的生死抉择
——以《樊山政书》为例

何荣誉

判词是裁决案件的法律文体,首要特征就是准确性。发展至清代,其语言除追求准确外,也极其重视文学性,判决者的情感不时流露在叙事中,且极富个性色彩。樊增祥的《樊山政书》就是典型的代表。他的判词最为人所称道的不仅仅是文字凝练、言词犀利,还有诙谐和幽默,且有强烈的情感。其反对判词的程式化,爱用俗语俚语但不庸俗。樊山将文学性植入判词当中,是理性与诗性的融会,也是情与法的交融。他不惧恶势力,坚守文道与法理,体现了传统士人的人文情怀。

然当前学界似乎对这一点关注的还不够。时人多从司法制度发展的角度来考察判词,或关注判词的法律依据,或挖掘其蕴含的礼法价值。探讨樊增祥判词的语言特征,一方面可以点见面,了解清代判词的特点,另一方面也可助人深入理解樊增祥。

为此,本文拟三个方面来考察:第一,简洁与凝练,这是由判词的实用性所决定的;第二,滑稽,这是樊增祥语言的典型特征;第三,善恶分明,痛斥罪恶,同情弱者,都体现出樊氏的人文情怀。最后再讨论其判词风格形成的原因。

一、简洁与凝练

判词作为一种司法文体,实用性是最为重要的。我国早期的判词大多仅书写裁决案件的法律依据,而不需要文学的修饰,这无疑可以增加判词官方说理的庄重性和典雅性①。樊山判词也不例外,语言简洁、凝练,且言之有物。

樊山判案一丝不苟,注重事实。纵观他的判词写作,对案件事实的描写都是言简意赅,他自己本身更抗拒空洞冗长的叙述。但对于复杂的案件,他更常

① 苗丽《清代判词研究》,苏州大学2012年博士论文。

采用叙事的方式展开。在判词理由的写作上，具体和有说服力成为主要的依据。最后的判处结果语言精准并且有法律根据，或许不是所有的案件最后都以“法理”做支撑，但合乎人意的“情理”未尝不能与法理相得益彰。

判词一般都会陈述案情的起始，再加上一段案件的推理，最后依律判决。但樊增祥的判词直截了当。他判词的篇幅一般都比较短小，行文也比较精简。他对呈词的批示简洁明了，能让人明白意思即可。《批白河县张肇沂控族叔张雯词》曰“胡说，不准”，《批武功县黄令请留干武士鼇刘令再办一年禀》曰“多管闲事”。

樊增祥在判词中对事件内容的描写具体详尽，对于案件的疑点和关键线索不拖泥带水，直击要点。以《批宜君县民辛方保等呈词》为例，他对案件的疑点进行了合理的推断，曰：“据称尔等贫无立锥，奄奄待毙，何以荒旱一年之久，居然活到如今。”进而一语戳穿谎言，曰“尔既有此钱，何得自称贫民”，最后宣布判决结果，告诫其人“仰即迅速回县，补种晚秋。若再缠渎，定即押发不贷”①。说理透彻，逻辑严密，判决合乎情理。其恩威并施，体现出了他判案独到的眼光。他善于从案件的陈诉中找到疑点和突破口，并做出合法理合情理的判决。其能以争议焦点为中心，对争议事实进行简洁而又全面的概述，突出双方的争执与案件焦点。查证事实依据证据进行逻辑推理，使得其对事实的判断准确，因而也保证用语的简洁。

樊增祥在其批词中对判词各部分的制作方法，曾作过简要、深刻的阐述。首先，关于事实部分，他在《批白水县刘》《批同官县详》《批商州杨牧察》《批安康县详》等批词中指出：判词中的事实要有针对性，判词应根据原告的起诉，查明案件的争执。查证事实在各证据间不能存在矛盾，各证据相互之间要有内在的、逻辑的联系，相互印证，证明案情。查证事实还必须符合情理，事情的发生、发展、经过要合乎逻辑②。事实的前因后果不能存在矛盾。判词事实部分的叙述，必须言简意赅，防止空洞冗长。这些具体的写作方法，看出他作为司法官员的尽职尽责和踏实严谨。

樊增祥不喜欢枯燥刻板又不切实的公文语言。在判词事实的叙述上，言简意赅，叙事简洁，说理清晰是他所崇尚的。主张前后层次分明，起承转合，具有可读性。同时希望判词可以重点突出，语言要具有准确性，不留漏洞。《批定远厅民萧登清控词》中曰：“禀词支离荒诞无情无理，不准。”③对于下属呈上的公文，有的只一味向程式化公文靠近，有的有意卖弄文采与公事脱离，他统统给出

① 樊增祥《樊山政书》，中华书局2007年版，第158页。

② 汪世荣《中国古代判词研究》，《法律科学》，第1995年第3期，第5页。

③ 樊增祥《樊山政书》，中华书局2007年版，第56页。

遣斥之词。樊增祥对此类公文的不认同,也从侧面展现了自己判词语言的特点。从语言的实用性出发,公文语言是比较套化的,模糊了判词的实用本质,樊增祥对判词的运用使判词的实用性得到增强。

二、滑稽

樊增祥诗歌好艳词,为文尚诙谐,这都表现出真性情。张之洞就称赞过其判牍下笔如有神助,每出一言,必与人异,个性鲜明。这种个性就体现在语言的诙谐幽默上。樊山常将老百姓日常生活繁事放大,并用幽默的语言营造出喜剧的效果。

如他在批词中说:“恶人所以犹有忌惮者,天上有雷公,地上有板子。”①这类语言诙谐又富有人情味,没有公文体的庄严感,但不失威严,又拉近了与受判者的距离。类似的语言在樊山判词中比比皆是。又如:“博施济众,尧舜有病。秦省之大,寒士居多,若一一求本司位置,直乃苦人所难。该生去年以灵芝鬻各衙门,语同癫痫。兹称所得灵芝已售五十金,别有《当头棒》等木板,欲本司代为销售。夫以蘑菇一个,果售半百纹银,买此物者,大半非疯即傻。梨枣一箱,不知是何书籍。刻此板者,近于无味可憎。尔自称循吏儿郎,又是秀才门面,何得离乡背井,仰面求人。仰即回里谋生,亵渎多端,本司不管。”②文字充满喜感,谐而不俗,妙趣横生,为判词平添了一丝韵味。

他有时斥责原告“实属糊涂刁妄”“尔乃无知之物”等,言辞激烈好似在谩骂一般。这类语言看似与谐语相同,实际上却有区分。谐语是用世俗道理以开玩笑的方式来处理案件或贬损他人,而世俗俚语更像是某些场合气氛所致突然冒出的脏话一样,背后则是恨铁不成钢的气愤。这类看似粗俗的语言,更是很好地体现了他作为百姓父母官的亲切。

他还会做几句顺口溜来嘲讽当事人。比如在《批韩树本首送胞侄》中就有几句:“秀才不讲理,平民当何如? 持刀砍伯父,不省出何书?”从语言运用的角度看,这些通俗俚语有趣生动,相比重于说理的判词,这类判词更容易让人接受。通俗俚语与判词公式化的语言相互融合,别具一番情趣,这也是樊增祥语言的独特之处。运用的俚语俗词不仅生动诙谐,展现出他审案时轻松自如的神情和自得自乐的神态,亦不乏对百姓的宽恕之心和平和之情。呈现出了特有的亦雅亦俗的风貌,相谐相衬,世俗但不庸俗,俗得鲜活有趣。

---

① 樊增祥《樊山政书》,中华书局2007年版,第245页。

② 樊增祥《樊山政书》,中华书局2007年版,第75页。

樊山判词不仅爱用俗语俚语，还偏好滑稽，有“花判”的特点。花判如同一篇完整的小说，事件叙述完整，情节生动，人物形象鲜明，且语言诙谐风趣。

有这么一桩民事案件，有位年近花甲的刘姓老妪想要再嫁，但又害怕外人说三道四，于是求助樊山。樊山便呈词上作了首诗，曰：“花甲周犹欠两年，麻裙翻转任伊穿。旁人若道长和短，但打官司莫给钱。”①他在批词中用四句顺口溜来表达自己的态度，通俗易懂，也贴合民情。樊山对老妇再嫁给予支持，还让外人莫道长短，抨击当时的市井人情，思想是比较开明的。

还有一则。有位下属借了商人的钱，不知是没钱还是有意赖账，久久不还，于是该商人将该官员告至官衙。樊山先是劈头盖脸将商人骂了一顿：“尔所要者，银子耳。本司明日开库。仰尔携带账据银折来辕，库厅将本利还清，在本司廉俸项下拨给该号具领，分毫不欠。”②后又说：“本司先还尔之银，后正尔之罪。尔必是无父母无师长未经教训之人。”最后对此商贩说还清他的银子后要痛笞两臀百板，枷号监店街三月，并借此警戒刁商仗恃有钱而辱骂官长的不敬行为。这样的处理方式确实显得滑稽，借债还钱本是天理，让樊山不快的是商人的势利和对官员的不敬。然而商人并未犯法，樊山不过是为了捍卫自己属吏的尊严，捍卫为官者的威严。如此一来，商人也不敢再去领钱了。

通过以上案例的分析可以看出，樊山在判词中也表现出了真性情。语言的滑稽成为他判词的一个标签，民国时有人专门将这类判词集结，并以《樊山滑稽文》为名在《青鹤》杂志连载。1935 年又有大达图书供应社《樊山滑稽诗文集》出版。

三、强烈的情感

樊增祥所作的判词，可以称得上是情法兼备。一则是因为他对律法细心钻研，精于用法律专用语制判；再则是他在执法时又能兼顾人情。这使他在判词写作上尽显情与法的交融。他追求人性中的至真至善，惩治邪恶，彰显正义，表现出的传统士人的人文情怀。

樊山在判词中有对弱者的怜悯。《批靖边县祥》是对奸夫诱拐寡妇的案件的批牍。奸夫、寡妇本有悖伦理纲常，按律理当获罪，然而奸夫在逃跑中失足落崖摔死。原判允准寡妇可另嫁，然疏漏了对寡妇儿子的安排。这又引起了樊山的恻隐之心，最后批示无论寡妇改嫁至何处，按例均可随母。详细如下：“今以

① 樊增祥《樊山政书》，中华书局 2007 年版，第 34—35 页。

② 樊增祥《樊山政书》，中华书局 2007 年版，第 37 页。

在抱之儿付其堂叔之受,疾痛屙养,岂能如父母之关心?设有夭殇,疚心已晚。总之,奸夫奸妇,一死一生,皆有罪之人,毫不足惜。而其子则皆无罪而可悯者也。一无父而不知有归,一有母而不能带养。”①这样的判决无疑是合乎人情的,不仅保护了该寡妇这一弱势个体,又关照到了幼儿的抚养问题。

另有一例家暴案,当事人打死怀有身孕的小妾。在处理该案中,樊山对弱者的同情溢于言表,以为女子身为妾媵,本就不幸之极,身份虽然卑贱,然性命则与人相同,应该保护,对行凶者应当严惩。其曰:“譬如衣冠中人殴杀菜佣酒保,未有不问抵者,独家主毙妾则减轻其罪,以致冥顽凶虣者任意楚挞,推而至于悍姑虐媳,悍妻虐婢,皆得恃尊任性,惨肆奇刑,此事理之最不平者也。”其以为行凶者惨毒,实无人理,斥责其“狼心虺性”,恨不立刻将打杀,以彰显天报而快人心,并且“仰于提讯时,先笞千板,以快过屠之意”②。这无不透露出樊山的仁厚。

惩治罪恶就是匡扶正义,樊山对罪恶是不留情的。在《批长安县民孙广智呈词》中,樊山对于霸占家产的狂徒极为愤怒,曰:“勾串混账无耻之刘光祖改继家业,应将尔与尔光祖痛挞久枷,以为贪狠丧良者戒。仰长安县查照批示事理如法枷打,勿稍轻纵切切。”③对犯法者的惩罚枷打则体现了对于公平正义的守护,而在孙张氏及其子孙为犯案者求情时才允准出押的判决则又表现出人情。

除了愤怒之外,他还用劝谕的口吻提醒犯案者回头是岸。在《批镇安县李宁禀》中,他对犯官敞露心扉,劝诫其做官但求有济于民,不在铺排门面。晓之以理,动之以情。看完案情,情难自已,竟以诗来释怀。如《批长安县监生童遇祥的控词》中附诗曰:“枉认师生枉破财,至今伉俪不和谐。可怜一剧绒花计,误尽长安曾俭斋。冤孽夫妇死即休,何须秦晋苦寻仇。司堂好到休轻到,知否雷霆在上头。”④

有人说的好,具有人文性的法律人,就必然地有了一种怜悯情怀,有了一种善良心性,就具有了对人、对当事人起码人格的尊重⑤。樊增祥在判词中对人格的尊重,对弱势群体的守护淋漓地体现了这样一种人文情怀。

樊增祥判词蕴含对公平正义的维护。他在判词中所体现出的人文主义情怀,不是封建文人居高临下的一种姿态,也不是封建官吏的一种虚伪作秀,它是一贯的人生态度的显现,体现在他的为官作风上就是严格执法,做官为民,关心

---

① 樊增祥《樊山政书》,中华书局 2007 年版,第 123 页。

② 樊增祥《樊山政书》,中华书局 2007 年版,第 290—291 页。

③ 樊增祥《樊山政书》,中华书局 2007 年版,第 456 页。

④ 樊增祥《樊山政书》,中华书局 2007 年版,第 445 页。

⑤ 刘愫贞《刍议唐代判词语言表意模式的人文情怀》,《平顶山学院学报》,2014 年第 4 期,第 2—3 页。

百姓疾苦。

樊山判词受到其诗歌创作的影响，除了公文的实用特征外，具有诗性，时常表现出真性情。他用诗人之笔裁决民讼，也符合其本之性情、达之政事的理念。此外，还有对伦理纲常、礼法制度的维护，并依此实现其治国平天下的理想。他的判词呈现出经世济民的情怀，移风易俗和伦理教化，皆在其中，于是在本以法理为主的判词中注入了更多的伦理情感。这就是樊山判词能在共性中突显个性的原因。

（作者简介：何荣誉，男，1984年生，湖北监利人，湖北民族大学文学与传媒学院副教授，文学博士。研究方向为明清文学。）

〔项目基金：本文是湖北省教育厅人文社科重点项目“樊增祥散文研究”（15D0575）阶段成果，湖北民族大学教学研究项目“地方民族高校中文专业人才核心技能的培养策略”（2015JY003）成果。〕

论古代庐山隐士与其隐逸诗

龚俊杰

在中国历代的传承中有一种独特文化——隐逸文化,隐士们把自己潜藏在一个地方,与尘世隔离,被人们称为“隐士”。他们都是一些饱学之士,或探求学问,专心读书;或逃避乱世,以保全性命;或厌弃仕途,不肯做官;或对前途失望,退居山林;或自持高洁,不屑名利;或等待时机,以期再起;或是对当时统治者的厌恶,不肯同流合污,决心一“隐”。而素有“匡庐奇秀甲天下”之美誉的千古文化名山——庐山,以雄、奇、险、秀闻名于世,以深邃、清幽的自然风光,吸引着无数的文人隐士在此流连驻足、隐遁息心。隐士们对庐山抒情写意,浓墨重彩,在纵情山水、感悟人生的同时,也留下了大量的隐逸诗文佳作,使庐山积淀了丰富的文化内涵,成为我国古代文学的瑰宝。

一、魏晋南北朝时期庐山隐士隐逸诗

东晋以来,由于战乱,社会动荡,使庐山隐逸之风大畅。来庐山游历、隐居的文人士子数之不尽,如“浔阳三隐”中的陶渊明、周续之、刘遗民;人称“翟氏四隐”的玄学家翟汤一家四代等。其中像陶渊明、慧远、谢灵运等文化巨匠,在庐山隐士文化发展史上谱就了灿烂的篇章。总的来说,其隐逸诗风主要表现如下:

第一,描写庐山的山水风光。通过描写庐山的山水风光,在大自然中抒写性情,倾吐自己的苦闷之作,表现跟污浊现实相对独立的社会理想。

最早歌咏庐山的隐逸诗人是法师慧远的《游庐山》一诗。

崇岩吐清气,幽岫栖神迹。希声奏群籁,响出山溜滴。……

此诗是法师慧远当年与其众弟子游庐山后所作,诗开篇歌咏庐山奇峰突起、山岚云蒸、恍若仙境的自然风光,然后即景述怀,借机谈玄。所以作者的意趣所向,并不是山川风光本身,而是通过身游仙境,抒发从中感悟到的玄理妙道,宣扬佛家顿悟、超脱的境界。

同样描写庐山风光的还有谢灵运,他一生游遍祖国的壮美山川,对庐山尤

为钟情,谢灵运在庐山与慧远大师建立了良好的友谊,并筑舍隐居。其诗《登庐山绝顶望诸峤》:

山行非有期,弥远不能辍。但欲淹昏旦,遂复经圆缺。扪壁窥龙池,攀枝瞰乳穴。积峡忽复启,平途俄已闭。峦垅有合沓,往来无踪辙。昼夜蔽日月,冬夏共霜雪。

诗中作者对庐山景色的描绘细腻且传神,诗人登上庐山最高峰——汉阳峰,居高临下俯瞰整个山景,极目远眺时江汉倒悬,楚楚环供,大有“一览众山小”之慨。此诗此时已摆脱了魏晋时期玄言诗风的束缚,并已具备了山水诗的韵味,堪称庐山诗歌山水诗中的上乘之作。

第二,描写庐山隐逸时的田园风光。通过创造出一种恬美静穆的艺术境界,以表现诗人那种“任真自得”的个性,并曲折地传达出他对与这种真淳美好的境界相对立的污浊的现实社会的否定。

在庐山隐逸诗者中,最负盛名的是晋代陶渊明了。这位“不愿为五斗米折腰”的彭泽小令,因不满政治腐败、官场黑暗、又崇尚自然,不肯降志辱身迎合权贵于41岁时弃官归田,在庐山脚下过着“躬耕自资”的隐居生活。写出了众多流传千古的不朽篇章,成为田园诗派的始祖。如《归田园居(其一)》中“开荒南野际,守拙归园田。方宅十余亩,草屋八九间。榆柳荫后檐,桃李罗堂前。暧暧远人村,依依墟里烟。狗吠深巷中,鸡鸣桑树颠”。诗中以极其平淡清新的笔触,写归田后的生活,在极平常的生活景象中,写出了他所追求和陶醉的美好的生活境界:宁静、纯朴、自然。这里是与“尘网”中充满欺诈、争夺、纷扰完全不是的另一个世界。诗中以农村中常见的物象:草屋、桃李、榆柳、炊烟、狗吠、鸡鸣等,点染出一种田园生活的充满诗意的恬美静穆的气氛,从中传达出诗人悠然自得的心境和回归田园后的无穷的乐趣与满足。

写出了相同境界的,还有《饮酒(其五)》“结庐在人境,而无车马喧。问君何能尔,心远地自偏。采菊东篱下,悠然见南山。山气日夕佳,飞鸟相与还。此中有真意,欲辩已忘言”。这是一首意境深远的田园诗,语言浅显通俗,实则结构非常严密。本诗写他身在尘世之中,却神游于尘世之外,主要描摹诗人弃官归隐后的悠然自得的心态,体现出陶渊明摒弃浑浊的世俗功名后,返璞归真,陶醉自然的人生境界。“采菊东篱下,悠然见南山。山气日夕佳,飞鸟相与还。”是写景,但通过写景表现了诗人闲远自得的心境。诗人从眼前的景象中,发现和领悟到返朴归真的人生的真意。但这真意只能神会,不能言传。诗从虚静、到物化、再到“得意”,从忘世、到忘我、再到“忘言”,这是陶渊明适意自然人生哲学的深刻揭示,也是返璞归真诗歌风格的充分体现。全诗“心远”二字,是全篇的“诗眼”,所谓“心远”,就是超尘拔俗,使精神得到解脱,也得到净化。

再看《饮酒(其九)》:“清晨闻叩门,倒裳往自开。问子为谁欤?田父有好怀。褛褴茅檐下,未足为高栖。……深感父老言,禀气寡所谐。”此诗语言平实、易懂、口语化,表面看描写街坊邻里之间的日常琐事。其实是抒写怀抱之作,诗中写与田父共饮、对话,并没有直接写田园风光,但从中看出他对田园风光的热爱,对归隐生活的坚定执著,而其原因都是出于不肯与浑浊的人世同流合污。他强调自己的生性与世俗不能相合,怕违背本性而随波逐流,徒增自己内心的痛苦。因而他在诗中委婉而又十分明确地向劝他出仕的父老朋友表示了决不会改变初衷、迎合时尚而重新出仕的决心。

第三,在庐山隐逸期间表现农村的劳动生活和在劳动中的真切体验。生活的贫困和对农村生活的热爱,使得陶渊明与其他的隐士不同,他是真正参加了农村劳动,并以之作为维持生计的手段。如《归田园居(其三)》“种豆南山下,草盛豆苗稀。晨兴理荒秽,戴月荷锄归。……”诗歌描写诗人初归田园时还不善于耕作,以致草盛苗稀,晚归夕露沾衣,他却不以为意,兴致辞勃勃畅想着丰收的美好景象。诗人从事农业生产虽艰辛,但甘之如饴,表现出诗人热爱劳动,抒发其远离政治、官场黑暗以后那种怡然自得、如释重负的心情。

二、隋唐时期庐山隐士隐逸诗

唐时期庐山隐逸诗突出的代表是李白和白居易。谪仙人李白一生中曾五次登临庐山,或游历,或隐居,留下了数量众多的庐山诗篇。如《望庐山瀑布》二首就是其脍炙人口的千古诗作,其一是五言古诗,其二是七言绝句,两首诗作各有异同:

> 西登香炉峰,南见瀑布水。挂流三百丈,喷壑数十里。欻如飞电来,隐若白虹起。初惊河汉落,半洒云天里。……
>
> 日照香炉生紫烟,遥看瀑布挂前川。飞流直下三千尺,疑是银河落九天。

《望庐山瀑布》二首都写出了庐山瀑布壮美奇丽的景象。首先,两首诗都是远望,焦点都是在庐山南面的山峰香炉峰。其次,由于视点相同、感观相同,得到的结果一致:犹如白练悬空,流瀑的落差很大。再次,都是比拟和想象为河汉由天而降,造成一种如梦如幻的感觉。最后,都创造了气势磅礴、壮美奇丽的意境。不同之处:由于诗体的要求不同,其一写得铺陈具体,其二写得精练含蓄。总之,两诗都运用了夸张手法,诗人以细腻传神的笔墨着力描绘了庐山壮丽恢弘的画面,惟妙惟肖地将庐山瀑布那种飞流直下、奔腾不息的壮美景观展现出来,可谓独具匠心,读之大有身临其境之感,在众多的隐逸诗中首屈一指。

李白描写庐山的诗歌还有,如《望庐山五老峰》:“庐山东南五老峰,青天削出金芙蓉。九江秀色可揽结,吾将此地巢云松。”五老峰是庐山著名的山峰,李白曾隐居于此,内容写五老峰峭拔险峻,站在上面可以随手摘取九江一带的秀丽景色,同时点明他在五老峰筑巢隐居的原因,抒写自己脱离尘俗,求仙修道、隐居世外的愿望。

《庐山谣寄卢侍御虚舟》:“我本楚狂人,凤歌笑孔丘。……庐山秀出南斗傍,屏风九叠云锦张,影落明湖青黛光,金阙前开二峰长,银河倒挂三石梁,香炉瀑布遥相望,回崖沓嶂凌苍苍。……好为庐山谣,兴因庐山发。”此诗是公元756年诗人最后一次登上庐山时,赠寄给自己的好友卢虚舟的诗。此时正是李白心情极度悲伤、沮丧,政治上又处处碰壁的时候,登上匡庐游玩欣赏庐山美景后,顿有所悟,心理上的阴霾一扫而光。诗中并未流露消沉苦闷、牢骚满腹的情绪。相反,而是凌云健笔、意气纵横地描写了庐山之美:高耸奇峭的山峦,色呈青黛的明湖,形似金阙的石门山,银河倒挂的三叠泉,凌越高空的回崖叠嶂,等等,写出了庐山的秀、险、奇、峻的壮美景象。

李白之后,大诗人白居易曾在江州担任司马,闲来于庐山游山玩水并在庐山构筑草堂隐居,所以对庐山更是钟爱有加。其一生中为庐山留下了70多篇诗歌。“匡庐奇秀甲天下”,诗人对庐山的赞叹,成为庐山隐逸文化中的一笔精神财富,使得中外游客纷纷慕名而来、心怀向往之。

在白居易众多庐山隐逸诗中,艺术成就最高的莫过于《大林寺桃花》:“人间四月芳菲尽,山寺桃花始盛开。长恨春归无觅处,不知转入此中来。”根据作者诗前序介绍,此诗作于是817年4月9日,此时作者46岁正任江州司马,政治上刚遭贬谪,正值灰心绝望之时,诗人与庐山众僧偕游庐山大林寺后,写下这首七言绝句。诗人登庐山游大林寺时已是孟夏,正属大地春去,芳菲落尽的时候,诗人突然看到庐山上大林寺外桃花绽放,恍若进入春意盎然的另外一个世界。本诗立意新颖,构思独具匠心,诗中,既用桃花代替抽象的春光,把春光写得具体、可感、形象、美丽;同时还把春光拟人化,仿佛有脚似的,转来躲去。表达了诗人对春的无限留恋,显现出一种宁静、豁达的境界。

一生不爱名利、不慕虚荣的真隐士——白居易,在江州担任司马期间对陶渊明高贵品行特别敬仰,专程访游了陶公故里,并深情地写下了《访陶公旧宅》一诗:"垢尘不污玉,灵凤不啄膻。呜呼陶靖节,生彼晋宋间。……不见篱下菊,但余墟中烟。子孙虽无闻,族氏犹未迁。每逢姓陶人,使我心依然。"诗歌语言浅显易懂,风格恬静闲适。诗人开篇赞颂陶公为人处世的品格及安贫乐道的精神,并将其表现得淋漓尽致。其次,诗人在思想感情上得到了一次洗练与升华,同时表达了诗人正欲效仿陶公,并为之实践那种归隐生活的人生旨趣。

三、宋代时期庐山隐士隐逸诗

宋代庐山在讲学授徒之风的推动下,慕名前来庐山游览的文人较前代更盛。在宋代庐山隐士中,由隐士流传下来的作品并不多见,尤以周敦颐知名度最大、影响最深。

1071年,周敦颐由广东调任知南康军(今江西星子)转运判官期间,居住在庐山莲花峰下,在游览庐山大林寺后即兴作《游大林寺》:"三月僧房暖,林花互照明。路盘松顶上,人在半空行。水色云含白,禽声谷应清。天风拂襟袂,缥缈觉身轻。"诗歌开篇点明时令,一个"明"字,从视觉角度描绘大林寺"林花"的景象和给人的感受。同时从多角度描写了大林寺,以"路盘""人在"突出了山高的特点,以有色有声的"水"和"禽"突出了大林寺环境清新淡雅,以"天风""身轻"突出了诗人在仙境般的环境中的独特感受。诗人虽然置身于青山绿水之中,但官场中忙碌、烦扰等顿时全无,饶有情趣。

另外还有赞颂庐山莲花峰濂溪的《濂溪书堂》一诗,"庐山我久爱,置田山之阴。田间有清水,清沁出山心……"诗人此作笔调清新、明快,语言朴实无华。一方面表现了作者游庐山后对庐山的真挚感情,另一方面又道明了对深山清淡的那种淡泊明志的隐居讲学生活的感受。

北宋后期有哲学家教育家——朱熹,在庐山白鹿洞聚集门徒、传播理学,使白鹿洞书院成为全国四大书院之首而名扬天下。可见,在宋代庐山诗文中,庐山的隐士文学仍是十分兴旺的。

四、元明清时期庐山隐士隐逸诗

东晋以来被文人、隐士视为世外桃源的庐山,南宋建炎中金兵南下时遭兵燹，寺观宫室，焚荡殆尽。南宋百余年中，虽有士大夫退官来隐，但隐居读书、治学之风，已不及唐与北宋。其后，元末、明末，屡遭兵火洗劫，宫观寺院虽时有复兴，而隐逸之风却一蹶不振。元明两代来庐山隐居而知名者仅黄异、罗洪先等数人。黄异，星子人，至元进士，官广东惠州学录、南安道源书院山长，元季弃官归隐，著书授徒，著有《节庵集》；罗洪先，字达夫，吉水（今属江西）人，嘉靖己丑状元，罢官后隐居庐山南麓的观山下，讲学石莲洞，谢客屏居三年，人称念庵先生，为元明时期隐居庐山的最著名的人物。他在庐山留下了有《游白鹿洞歌》《拜靖节墓》《黄岩文殊台》等十余首诗作，其诗风气势磅礴、笔力雄健，艺术成就较高。

清王朝建立之初，张自烈、陶孔肩、王一翡、吴裕、宋之盛、朱公爽等一批不满异族统治、坚持民族气节的明末官吏和士人纷纷来庐山隐居。张自烈字尔公，号芑山，明袁州宜春（今属江西）人，晚年卜居匡麓，讲学白鹿洞，遗有《芑山文集》，所著《正字通》，采说丰富、体例严谨，为清代较有影响的字书。宋之盛，星子人，崇祯己卯举人，入清后，遁迹庐山南麓的髻山，与同里吴一圣、余晾、查世球、查辙、夏伟及门人周祥发讲学髻山，世称"髻山七隐"。其他隐居者，或仿延陵之风，萧然高寄（王一翁），或寻蒙庄之旨，顾流而乐（吴裕），或结茅龙冈，挚家来隐（陶孔肩），或遁迹空门，削发为僧（郭些庵）。其在庐山留下了《黄龙山即事》《智林寺》等。此时的庐山，一度成为明末遗老们不与清朝合作的避世之所，隐风的再兴，也只不过是中国封建社会隐士文化在庐山反射出来的一抹淡淡的回光。

五、总结

历代庐山隐士诗文尽管数量众多、题材各异，隐士所表达隐逸诗其思想内容有如下特色：

首先，歌咏庐山风光的山水诗作颇多。如慧远《游庐山记》、谢灵运《登庐山绝顶望诸峤》《入彭蠡湖口》、李白《望庐山瀑布》《庐山谣》、白居易《大林寺桃花》等庐山隐士的山水诗作，构成了古代文学山水诗中的一道亮丽风景线。

其次，有浓重的佛理化倾向。庐山自晋代起一直笼罩在佛光禅影之中，堪称南方佛教文化的重要阵地。在此背景下，庐山隐士其创作诗文中更多地流露出佛理禅机，蕴含着一定的佛学思想。如慧远的《游庐山》、刘遗民的《和慧远游庐山》，白居易的《登香炉峰顶》《东林寺白莲》、周敦颐的《大林寺》、宋之盛的《智林寺》等等。

再次,蕴含着强烈的隐逸情怀。庐山隐士多数都是从红尘羁绊、世俗烦扰中,抽身来到风景清幽的庐山后,创作了大量感怀世事、表达隐逸心境的诗文。诗歌一方面流露出对仕宦之途的绝望、厌弃,另一方面表现其对庐山隐逸生活的喜爱。如:明代黎元宽《过庐山》、晋慧远《与隐士刘遗民书》、陶渊明《归去来兮辞》、张野《前题》、李白《五老峰》《庐山谣寄卢侍御虚舟》、白居易《访陶公旧宅》《题十八溪亭》等,在庐山隐士文学中有着极其重要的价值。

(作者简介:龚俊杰,1975 年生,男,江西修水人,江西科技学院,副教授,江西名山文化研究院研究员。研究方向:古代文学、文化学。)

(基金项目:江西省艺术科学规划一般项目“古代庐山隐士文化研究”,编号:NO.YG2016128。)

从士人心态考察贵州诗歌总集编纂活动的兴起

李美芳

明清时期，在全国文坛较低的地位和影响决定，贵州少有像江苏人阮元之于浙江诗歌总集《两浙輶轩录》一样，为成人之美由外省文人编纂的地方诗歌总集；在全国类诗歌总集中，选录贵州诗人诗作的更是少之又少，贵州一省的文化并未受到足够重视。这些现状日益引起贵州本土文人的不满，进而自主展开了一系列成果丰硕的总集编纂活动。从主观心态上看，主要有以下三个方面。

一、保存文献

子曰："夏礼，吾能言之，杞不足征也；殷礼，吾能言之，宋不足征也。文献不足故也。足，则吾能征之矣。"①一语道尽了文献的功能、作用及由此而来的价值和意义。受史官文化影响，中国文人历来就相当重视文献典籍的保护工作，保存地方文献在他们看来更是责无旁贷的事。

清代是地方类诗歌总集兴旺发达的重要时期，从总体上看，绝大多数编者的编纂行为都与保存地方文献的思想意识有关。河南人杨淮说："我国朝以《诗》《书》《礼》《乐》辅翼群伦，操风化之原，启文明之运。于朝则卿云有咏，于野则康衢有歌，于烁哉！媲唐、虞而迈三代已。所以墨卿词客，分道扬镳，发为诗歌，胥本温柔敦原之旨，以摅其忠孝之怀，几与泰华竞秀，日月争光。其采而录之，荟萃成编，则权舆于《国朝诗别裁集》。嗣是，各直省辑诗者踵接，罔不衔华佩实，刻羽引商，既玉粹而金和，复云蒸而霞蔚，洵足以黼黻郅治，鼓吹休明。"②从中可见，在沈德潜辑《清诗别裁集》的带动下，全国各地广泛兴起了地方诗歌总集编纂活动。值得注意的是，以保存乡邦文献的行为模式寄托乡土之思在这一过程中表现得尤为明显。江苏人阮元督学浙江，组织编纂了浙江诗歌总集《两浙輶轩录》，书成后发出"独念吾乡自国初至今，诗人辈出，他时或有好事者，乘使者车至大江南北，辑而录之乎"之叹③，后来同乡王豫有意选编江苏诗歌总集，阮元便主动对其进行大力的支持。湖南人邓显鹤曾说："自湖外诸郡分

① 杨伯峻译注《论语译注 · 八佾篇》，中华书局 1980 年版，第 26 页。

② 杨淮辑《中州诗钞》原序之三，中州古籍出版社 1997 年版，第 11 页。

③ 阮元、杨秉初辑《两浙輶轩录》卷首自序，浙江古籍出版社 2012 年版，第 1 页。

隶湖南布政,其间巨儒硕彦、通人谊士,断璧零珪、湮霾何限？文采不耀,幽光永沉,此亦阙于采录者之罪也。"[①]于是,在《资江耆旧集》一书之后,复辑明清湖南诗人诗作成《沅湘耆旧集》二百卷。四川人孙桐生亦说:"我朝制作明备,英贤辈出,含咀风雅之士,家鹤膝,而户犀渠。二百余年,虽题材递变,升降各殊,然要不可谓无诗,而迄今未有整齐荟萃、勒成一书者,此非学士大夫之责哉?"[②]因而耗时四十年编为《国朝全蜀诗钞》六十四卷。同样的,贵州诗歌总集编纂也是在保存乡邦文献的思想指导之下开展起来的。

当然,保存文献的意识必须建立在对文献的存佚状况和价值影响等的清醒认识之上。从明中叶诸苗"正统之变"、明末"平播之战"和"奢安之乱",到清军与南明永历王朝长达十五年的争权斗争以及平定吴三桂叛乱的八年战争,在贵州历史上出现过的兵燹可谓罄竹难书,其中由明末两大战事引发的书厄堪称"罪魁祸首"。明万历中期,播州(今遵义)土司杨应龙叛乱,明朝统治者历时数年、动用七省兵力才将其平定,期间杨氏家庙、库藏均遭破坏,致使家藏文献销毁殆尽。明天启至崇祯年间,四川永宁土目奢崇明与贵州水西土目安邦彦联合反明,一度兵围成都和贵阳,大量珍贵典籍毁于贵阳城中。针对明清著名诗人及其诗集在当时的传播情况,《黔风》的编者傅玉书曾发出"然今皆仅仅存矣"的感叹[③]。《黔诗纪略》的编者莫友芝也曾说:"吾黔自军兴十余年来,苗、回诸夷,土匪邪教,相继倡乱,蹂躏全省十二府、一直隶州。城仅完者,唯贵阳、安顺、黎平。而遵义,贼犹攻入北城,团民巷战,旋却之。自余府、厅、州、县数十,残破千里,人民能孑身脱难者,百不一二,何问文献?"[④]窥豹一斑,可见贵州文献典籍的存佚情况实在不容乐观。而正是基于本土诗人诗作遗佚不传的现状,以傅玉书、莫友芝等为代表的编者由此拉开了贵州诗歌总集编纂活动的序幕。

除文献典籍所处的现实状况外,作为社会历史文化资料,文献典籍的重要性也是贵州文人心知肚明的,而他们编选地方诗歌总集的价值和意义也体现于此。《桐梓耆旧诗》的编者赵彝凭曾说:"盖我大清受命以来,十八行省惟贵州幅员初定,尚觉彬彬可称。考《华阳国志》所载,周秦时巴国土风、祭祀等作,无异于风雅;及汉武初,郡犍为便有舍人首注《尔雅》,为汉经师之祖;自时厥后,五教雍和,秀茂挺逸,英伟既多而风谣旁作,岂可谓地沦于夷、遂无操觚染翰者?若当时有人采辑,何致尽归草亡木卒乎?而或者谓太白如不放还,安知此地不似韩之开潮、柳之开柳?此犹目睫之论而未远溯本源矣。行见继起有人,各究兴

① 邓显鹤辑《沅湘耆旧集》卷首《序例》,《续修四库全书》第 1690 册,第 465 页。

② 孙桐生辑《国朝全蜀诗钞》卷首自序,巴蜀书社 1985 年版,第 1 页。

③ 傅玉书辑《黔风旧闻录》卷首《黔风录自序》,清道光刻本,第 9a 页。

④ 参见莫友芝等辑《黔诗纪略》卷首莫绳孙《题记》,贵州人民出版社 1993 年版,第 2 页。

观群怨之旨,成声名文物之邦,不等诸自郐以下?则斯集之纂,其容已乎?"①然而,这绝非赵彝凭一家之言,地方文献因无人问津而散逸殆尽致使乡人声名不传的遗憾是许多贵州诗歌总集编者的共识。唐树义在《播雅》序中说:"余尝闻诸父老言,郡自前明万历改流迄国初,其间避奢安、张李难从他州来者,类多杰人隐君子。讴吟流闻,间在人耳,然无荟蕞家,其遗佚者多矣;迨入国朝,揉擩雅化,才俊踵兴,扢扬风雅,皆彬彬乎质有其文。顾风气愿朴,耻立标榜。怀奇掞藻之士,罕以缟纻遍于四方;四方论诗者,亦遂视播为僻壤,而未尝征引及之。自非子尹[郑珍]网络捃拾,发扬光耀,则旷历年载,什九零落。后虽有心者穷加搜索,即姓字且莫能举,奚有于名章秀句之纷纶简册也哉?"②

文献典籍的价值影响非同一般,因此文献不存乃一方文化之大不幸。可贵的是,清代贵州文人已有了较高的觉悟,他们清楚地认识到文献匮乏带来的严重弊端,并深刻思考着地方文化的传承和建设等问题。陈田曾评价《黔风》的编者傅汝怀说:"以一省文献自任,可谓苦心。"③又评《黔诗萃》的编者徐檠说:"留心乡邦掌故,搜辑黔人诗极博。"④而他自己又何尝不是,"自光绪癸未[九年,1883]从事《明诗纪事》,于黔人尤极措意"⑤。郑珍也曾自述:"余束发来,喜从人问郡中文献,得遗作辄录之。久乃粗分卷帙,名曰《遵义诗钞》[又名《播雅》]。"⑥从行为机制上看,这一系列编纂活动皆是自觉自愿进行的,就其深层原因而言,则在于乡土情怀所引发的责任感和使命感。据唐树义说,郑珍尝慨然谓"播之称诗者,前此概未有采辑"⑦,乃自成《播雅》二十四卷。莫绳孙在《黔诗纪略》中开章明义,"先君子[莫友芝]尝病黔中文献散佚,欲私成一书以纪之"⑧。莫友芝辑《黔诗纪略》开启了黔人对地方文献进行收集和整理的一代风气。清人汪世铎曾说:"子偲[莫友芝]既集之于前,安所见延江以南、豚水以东,不更有集昭代人诗以补君所佚失者哉?"⑨正如其所料,在《黔诗纪略》刊刻之后,先后有其弟莫庭芝辑《黔诗纪略后编》和陈田辑《黔诗纪略补》等的问世。在论及《黔诗纪略后编》的编选时,陈夔龙说:"曩者莫子偲征君[莫友芝]尝憾黔中文献散逸,辑明代黔诗,得二百数十人,并旁征事实,系以传证。其弟芷升

① 赵旭、赵彝凭辑《桐梓耆旧诗》卷首赵彝凭目录后序,民国六年(1917)贵州刻本,第7a—7b页。
② 郑珍辑《播雅》卷首唐树义序,2002年遵义市红花岗地方志办公室内部印行,第1—2页。
③ 陈田等辑《黔诗纪略后编》卷十三傅汝怀小传,《续黔南丛书》第八辑,下册第1043页。
④ 陈田辑《黔诗纪略补》卷下徐檠小传,《续黔南丛书》第八辑,下册第1699页。
⑤ 陈田辑《黔诗纪略补》卷上目录后序,《续黔南丛书》第八辑,下册第1579页。
⑥ 郑珍辑《播雅》卷首《引》,2002年遵义市红花岗地方志办公室内部印行,原无页码。
⑦ 郑珍辑《播雅》卷首唐树义序,2002年遵义市红花岗地方志办公室内部印行,第1页。
⑧ 莫友芝等辑《黔诗纪略》卷首莫绳孙《题记》,贵州人民出版社1993年版,第2页。
⑨ 汪士铎《汪梅村先生集》卷八《黔诗纪略序》,《续修四库全书》第1531册,第666页。

[莫庭芝]偕黎君受生[黎汝谦]复仿其例,辑本朝黔诗,吾宗松山[陈田]给谏为之传证,并将汇刊之以观其备。征君导其先,给谏竟其绪,而吾黔作者遂蔚然成巨观焉。”①

在大量文献典籍遗佚不传的客观现实面前,在对它们作为信息资料的重要性的认知之上,贵州文人学士保存地方文献以存史的主观意识觉醒了,他们怀揣着原始而深切的乡土之情,积极主动地致力于贵州诗歌总集编纂。

二、显名于世

立德、立功、立言是千百年来受儒家文化熏陶的中国文人始终秉持的传统观念。早在曹丕《典论·论文》中便有言:“盖文章经国之大业,不朽之盛事。年寿有时而尽,荣乐止乎其身,二者必至之常期,未若文章之无穷。是以古之作者,寄身于翰墨,见意于篇籍,不假良史之辞,不托飞驰之势,而声名自传于后。”②

对于委身边地的贵州文人而言,显名于世的愿望往往表现得更加强烈。孙士鹏,字程南,贵州遵义人,清嘉庆二十三年戊寅(1818)举人。他以诗为命,临终索笔书一绝与家人,云:“扰扰尘寰便别离,一生心血止残诗。他年有客求遗稿,为向坟头报我知。”③贵州诗文作者的心态如此,诗歌总集编者的心态亦是。《桐梓耆旧诗》(又名《桐梓耆旧诗略》)的编者赵旭曾作《辑桐梓耆旧诗略漫题》,诗曰:“夜郎文献委蓬蒿,次第搜罗敢惮劳。守素夙耽人物志,钟离最爱土风操。九原可作交应密,一语能传死亦豪。怅望枫林青映月,魂归听我诵声高。”④将生死的忧惧淡化于“一语能传”的豪情中,充分体现了贵州文人欲借地方诗歌总集之编纂以自显的意图。无独有偶,《上里诗系》(又名《黎平诗系》)的编者黎兆勋曾作《手辑黎平明季诗系二卷,呈雨三大兄校正,索赋一律》,诗曰:“腐儒无俗虑,着手辑残编。纪事虽多录,论才岂尽传。江山空阅世,文字竟如烟。耆旧嗟寥落,从君吊昔贤。”⑤又《黔南六家诗选》的编者周鹤曾自剖说:“仆亦适莅此地,先后与诸人皆获交际,谬操选政,俾百年后,贵山富水间,犹得因此一段翰墨佳话齿及贱名。斯固仆私心自慰而乐为叙述者也。”⑥

---

① 陈田等辑《黔诗纪略后编》卷首陈夔龙序,《续黔南丛书》第八辑,下册第1页。
② 魏宏灿校注《曹丕集校注》,安徽大学出版社2009年版,第313页。
③ 陈田等辑《黔诗纪略后编》卷十七孙士鹏小传,《续黔南丛书》第八辑,下册第1170页。
④ 陈田等辑《黔诗纪略后编》卷二十三赵旭,《续黔南丛书》第八辑,下册第1363页。
⑤ 陈田等辑《黔诗纪略后编》卷二十一黎兆勋,《续黔南丛书》第八辑,下册第1316页。
⑥ 周鹤辑《黔南六家诗选》卷首自序,清光绪十三年丁亥(1887)刻本,第2a页。

有些贵州诗歌总集的编者也是作者之一，而所收其他作者往往非亲即友，从这种类似自选集性质的总集中更能照见贵州文人显名于世的典型心态，或者可以说这些总集编者的根本出发点就在于彰显本人所在群体的优长，以博取声名。《望眉草堂乔梓联吟草》是颜嗣徽辑，与子颜照奎、颜国柱的唱和之集。该书卷首自序说道："夷考江左王谢多才，咸聚于乌衣；南朝庾徐再世，仍传其素业。所以青箱留贻家学，玉台绍述门风，源浚者流清，根茂者实遂。然而凤毛济美，未闻赓《陟岵》之章；阿龙固超，不载其趋庭之什。虽苏家过迈，和作闲登；而陶氏俨佟，高调莫续。如曰乔唱而梓和，抑且累牍而连篇，求之往昔，盖亦罕俦。"[①]颜嗣徽以魏晋时期的王导、谢安、庾信、徐陵等世族大家、书香门第自况，强调该集的与众不同之处，自诩之情溢于言表。序言最后以"艺林傥传为佳话"作结[②]，这正是颜嗣徽功名待传的心声的真实流露。

《礼记·学记》云："良冶之子必学为裘，良弓之子必学为箕。"[③]克绍箕裘、父业子张的观点早已深入人心，甚至被视为一种优秀的风格品质。贵州的几部诗歌总集都存在父子先行后续的关系，如《黔风》《桐梓耆旧诗》《黔诗备采》等。

清嘉庆年间傅玉书编辑、刊刻了最早的省级贵州诗歌总集《黔风》，道光年间其子傅汝怀又进行过重编和续补，并力主再刊之事。道光八年戊子(1828)秋，阮元奉命大阅黔中，驻节贵阳，傅汝怀前往投刺陈诗，有诗云："黔古荒裔无声诗，三百年颇生魁奇。零篇散帙苦搜讨，空抱先人手泽贻。遗书假入先生手，郁湮将廓璞将剖。"又"亦知各有千古在，忍由藐躬就残缺。"[④]急表先人和自己的赤诚之心。可惜的是，刊布之事并未奏效。二十一年辛丑(1841)秋，甘肃张掖知县贵阳人于斌之子于成功致信傅汝怀，表示愿意资助刻印傅玉书辑《黔风》。但傅汝怀对此事早已心灰意冷，于是再三推脱，同乡赵本敭等人以"不卒先业，责将谁归"进行劝解[⑤]，傅汝怀为之动容。后来，傅汝怀又与于成功约定了三件事：第一，将先父傅玉书所辑《黔风》与自己续辑之《黔风演》一并刊刻；第二，给予自己生活上的帮助；第三，为自己提供往来的费用。所有要求得到应允，才有了《黔风》的刊刻。揣摩傅汝怀在《黔风》刊刻的艰难岁月中的心路历程，对继承父业以显其名、显己名的冀望昭昭然。今日得见之《桐梓耆旧诗》其实全部出于赵彝凭之手。赵彝凭之父赵旭曾辑《桐梓耆旧诗文钞》若干卷，但该书屡遭兵燹，早已化为灰烬。几十年之后，赵彝凭每念及此，仍不禁唏嘘感叹，

① 颜嗣徽辑《望眉草堂乔梓联吟草》卷首自序，清光绪二十六庚子(1900)刻本，第1a页。

② 颜嗣徽辑《望眉草堂乔梓联吟草》卷首自序，清光绪二十六庚子(1900)刻本，第2a页。

③ 王文锦译解《礼记译解·学记》，中华书局，2001年，下册第522页。

④ 陈田等辑《黔诗纪略后编》卷十三傅汝怀小传，《续黔南丛书》第八辑，下册第1042页。

⑤ 傅玉书辑《黔风鸣盛录》卷末傅汝怀后序，清道光刻本，第32a页。

于是搜集旧稿，重新编辑刊刻，并沿袭前书之名，还将父亲的名字置于编者首位。毛登峰曾辑《黔诗备采》十卷，原计划付梓刊刻，但因遭逢世变，并没有实现。毛登峰离世之后，子毛典濡在清理旧物时得其完稿，“深恐代远年湮，一旦散帙，益增不肖之罪也。适毛母图书馆告成，海内名篇秘笈搜罗殆遍，爰赠入馆内陈列，以垂永久”①。从中可见，傅汝怀、赵彝凭、毛典濡三者在“卒业”和“显名”的心态上达到了高度的一致。

推而广之，表彰先人、使尊长显名也是催生贵州诗歌总集编纂的重要因素。这在宗族类诗歌总集编者身上体现得尤为明显。被陈田尊为“黔中风雅世家之首”的潘氏有十七世孙潘元炳、潘元炜辑《潘氏八世诗集》②，莫友芝曾评价说：“观黔西潘生元炳所辑《家集》，始明万历迄国朝道光间，由郎陵[潘润民]而下，凡八世十有三家，为诗若干卷。二百余年，风雅相续不衰。呜呼！尤可谓极盛者矣。”③其他如路璋、路璜辑《蒲编堂诗存》，顾立志辑《怀浙堂先世遗诗》，黎庶昌辑《黎氏家集》，艾盛春、艾瀛春、艾绍儒辑《艾氏家集》，宦应清辑《屏风山庄箕裘集》，路承熙辑《毕节路氏三代诗钞》等，若论相似点则非“存文以显名”莫属。又“征诗”一类诗歌总集，更是为了邀名而辑成的。如傅汝霖辑《缕冰诗集》（又名《镂水集：贵筑傅汝霖母征诗》）和胡罴辑《三合胡节母征诗文集》，前集系贵筑（今贵阳）人傅汝霖为其母张氏所征诗集，后集系三合（今三都）人胡罴为其母王氏所征诗集。二位孺人皆有寡母抚孤的苦节奇行，而二位编者也都是出于感念母恩、彰显母德的思想意识。

从广义上来讲，贵州诗歌总集的编纂目的都在于表彰乡贤、为地方显名。清人胡枚评价《黔风》的编者傅玉书说：“世之人皆以君之不遇于时，无所借以传为惜，而不知君之自有可传者在，且不独自为可传而已，盖自前明迄今，数百年之人才赖君以传者不少。”④周鹤在《黔南六家诗选自序》中也曾说：“诸人之风格气魄、意趣才华，各有宗派，不尽相同，要皆能独精所诣，自成面目，而有合于发抒性情，原本忠孝之旨。亟为删汰枝叶，采撷菁华，订为《六家诗选》，以付剞劂，用志乡邦一时之盛。”⑤关于戴粟珍、史胜书合撰《黔中二子诗》的刊刻，杨学煊曾寄书主事者吴德清言及：“二子负才不偶，抑郁以终，所赖以不泯者，生平旧

① 毛登峰辑《黔诗备采》卷首毛典濡跋，1984年贵州省图书馆据民国钞本复印本，原无页码。

② 参见陈田《明诗纪事》庚签卷二十二潘润民小传，上海古籍出版社1993年版，第5册第2624页。

③ 莫友芝《宋元旧本书经眼录》附录卷一《书衣笔识》“潘氏八世诗集”条，中华书局2008年版，第143—144页。

④ 傅玉书辑《黔风旧闻录》卷首胡枚《黔风录原序》，清道光刻本，第5a页。

⑤ 周鹤辑《黔南六家诗选》卷首自序，清光绪十三年丁亥（1887）刻本，第1b—2a页。

稿耳。”[①]从中可见,不论大型选集,还是小型专集,莫不以保存地方文献、宣传本土才俊为旨归。

“显名于世”之“名”既包括作为编者的本人之名,又包括作为作者的亲朋、好友、乡贤等他人之名以及乡土之名。由于贵州诗歌总集编纂基本上是贵州本土文人自主进行的文学活动,这种自我彰显以求外界认同的心理成为了一种重要动因。

三、掎角争胜

从明代中后期开始,诗歌总集编纂活动在全国各地广泛兴起,其争先恐后之势堪比狂热的社会运动。为地方保存文献,使其显名于世,进而在全国争得一席之地,成为了各地地方诗歌总集编者的共同追求。然而,由于历史和现实原因,各地之间的差距客观存在,因此围绕地方诗歌总集产生的比较甚至较真在所难免。

明清时期,在中原地区的影响和带动下,贵州的政治、经济、文化等方面都取得了较快发展,但这并不足以从根本上改变其劣势地位。然而,为了体现自身的进步性和优越感,贵州文人多有意无意地进行历史回溯和比较。陈夔龙曾指出:“吾黔僻处万山中,去上京绝险远,风气号为陋啬,士生其间,率外质沈静,不屑屑走声逐影,务以艺鸣于绮靡浮嚣之世。国初,桐野周公詹[周起渭]通籍承明,时当文治亟胜,始抗手与辇下诸名宿争长坛坫;咸同之际,海内方夷寇乱,而子尹郑征君[郑珍]独能殚精造述,蔚为西南宗匠,其大较然也。”[②]不独贵州文人如此,外地文人亦复如此。孔尚任在为吴中蕃撰《敝帚集》作序时说:“阅集中酬酢赠答,其不为御九所得者,尚不乏人,安能一一搜而传之,与十五国人才衡长量短,使天下知黔阳之有诗,自吴滋大[吴中蕃]始,岂非其盛事?”[③]由此可见,立足于贵州、着意于比较之风的盛行程度。而人们衡量贵州文化发展进步的方式,除从纵向的时间轴上去看它的过去和现在外,更为突出的还是特定空间的对举,即将贵州一省与之外的其他省区进行横向比较,尤其是文化源远流长的中原地区。

事实上,作为一种正常的求胜心理,“掎角争胜”广泛影响着全国各地的清

① 吴德清、杨学煊辑《黔中二子诗》卷首杨学煊序,清道光二十九年己酉(1849)京都刻本,页码漫漶莫辨。

② 赵嵩《含光石室诗草》陈夔龙序,见《贵州通志艺文志》卷十七“集部·别集类”,第786页。

③ 莫友芝等辑《黔诗纪略》卷二十六吴中蕃小传,贵州人民出版社1993年版,第1082页。

诗总集编纂活动。如阮元助编《江苏诗征》、邓显鹤编辑《沅湘耆旧集》也都或多或少地带有此种心态,并不因江苏、湖南两省早已占领“人文渊薮”“风骚旧乡”的高地而略有不同①。然而,对于像贵州一样的边僻之地来说,进行地方诗歌总集编纂本身就是加入竞争行列的一种积极表现。由于高度的发展水平和领先地位,“中州”“中原”则往往被视为最佳参考系数,对贵州等西南边僻之地进行审查和考量。袁文揆有感于:“滇自明初风气渐开,迄于中叶,声名文物之美几埒中州矣,我朝声教覃敷,建宁诸郡,户诵家弦,百六十年来,诗歌声律,翊运扶轮,视明为盛。”②于是编成《滇南诗略》四十七卷。明代宋昂、宋昱撰《联芳类稿》是据今所知最早的贵州诗歌总集,江西人罗玘为该书作序时说:“贵州宣慰使宋从頫[宋昂]则于文章、诗赋,攘臂敢为之,间能流传四方。其意欲与中原大家相角逐,宁止通古今、取科第者之足言乎?其弟如晦[宋昱],隐君也,秀而亦文。从頫与之迭为唱酬,积数十年,遂成编帙。有所谓《联芳类稿》者,所以志其为兄弟之作,今存于家。”③明确指出了编者宋昂“与中原大家相角逐”的心态。

明朝普安卫(今盘县)人、翰林院检讨王祚远曾痛述道:“今海内襞札染烟以词赋自命者,无不人人合作、家家当行,而于黔率摈斥使不与盟会。”④足以见出贵州在全国文坛备受歧视的客观现实。所以与中原地区进行比较,成为了贵州诗歌总集编者确认自身价值和地位的一种重要方式。傅汝怀在《黔风录后序》中提到了一次颇值得玩味的聚会:

> 乙巳冬,太守河曲黄惺斋先生下车数相过从,谈及此邦向无志乘,文献阙如,谓搜采之役当共为之。怀笑语先生曰:“地开辟才百余年耳,文之寥寥无怪也。若夫献则自蜀汉济火归义,宋之普贵、元之阿画、明之霭翠、奢香,绥辑所部,内仰华风,皆迥出时流,此亦天地间气,亦乌能多得哉?闻太守王公颇有纪述,顾所见或未详耳。”先生笑颔之,因以仕楚南时所得《沅湘耆旧集》见示,怀亦出《黔风》就正焉。先生曰:“此即黔中文献也。宜急刻

① 参见阮元、杨秉初辑《两浙輶轩录》卷首凡例第四款,浙江古籍出版社 2012 年版,第 2 页;(清)邓显鹤辑《沅湘耆旧集》卷首《序例》,《续修四库全书》第 1690 册,第 464 页。

② 袁文典、袁文揆辑《滇南诗略》卷首袁文揆《弁言》,上海书店出版社《丛书集成续编》第 150 册,第 39 页。

③ 陈田辑《黔诗纪略补》卷中宋昂小传附罗玘《联芳类稿序》,《续黔南丛书》第八辑,下册第 1629 页。

④ 莫友芝等辑《黔诗纪略》卷十四谢三秀小传附王祚远《远条堂草题词》,贵州人民出版社 1993 年版,第 544 页。

成，可与《耆旧集》并传矣。”①

在这次交谈中，黄宅中与傅汝怀论及贵州文献的保存和整理工作。傅汝怀明确将“文”与“献”分开，谦称贵州历时尚浅，“文”虽不足，却不乏“献”一类资料，但因缺少天时地利之和，未能引起足够的重视。随后，黄宅中将宦寓湖南时获得的《沅湘耆旧集》出示傅汝怀，傅汝怀亦出示所辑之《黔风》请求指正，引发了黄宅中“此即黔中文献也”的惊叹。略窥二位之行为动机，大抵“一彰”与“一较”，这正是贵州本土文人欲与中原诗家分庭抗礼、比试高下心态的鲜明写照。

黎庶昌曾寄书莫庭芝，催促及时刊行《黔诗纪略》的清代部分，并说：“黔人之诗，本朝如周渔璜[周起渭]宫詹、郑子尹[郑珍]及令兄子偲[莫友芝]两征君，允足为‘黔南冠冕’。自余众家，如家兄伯庸[黎兆勋]、筱庭[黎庶焘]亦皆能戛戛独造，克树一帜，合以二百余年鸿篇巨制，裒然大集，润色穷荒，计不在卢雅雨[卢见曾]《山左诗钞》、阮文达[阮元]《两浙輶轩录》、邓湘皋[邓显鹤]《沅湘耆旧集》诸书之下。”②这段话中虽然不乏溢美和自诩之辞，“计不在卢雅雨《山左诗钞》、阮文达《两浙輶轩录》、邓湘皋《沅湘耆旧集》诸书之下”的论断也实属过誉，却可以见出“掎角争胜”这一思想的行销程度。

《黔诗纪略》等贵州诗歌总集出现之后，贵州在全国评分表中的位置确实上升了不少。然而，比较的趋势并没有因此改变，没有改变的还有“中州”“齐鲁”和“吴越”等省区作为优秀的代名词对贵州的作用力。晚清大学士王柏心为《黔诗纪略》作序时说：“迨明，乃罢宣慰指挥而设行省、学校，解额比内地，魁杰踵兴，蔚然不变，勋名功烈，彪炳史册。而絺章绘句之流，亦骈肩累迹，与中州士大夫扬镳齐轪，彬彬为西南才薮。夫非曩者峭崖峻壑、灌莽丛箐之区，狐狸豺狼所嗥、狌鼯鼪蝪所悲吟窜伏，而其人亦自视以为睢盱魋结、无与于声明文物者哉？何以忽摛华掞藻，不下齐鲁、吴越也？”③陈夔龙在《黔诗纪略后编》序中说：“黔本梁州徼外地，元明以来，文物始盛。今则东楚、西滇、南粤、北蜀，实介四省之中而为腹壤，声教涵濡，久成邹鲁。”④《播雅》的编者郑珍也曾说：“吾播古号山州，自唐以来，文章道德之士，代不乏人，独无以诗赋名家、与中州人士会盟角逐者。我朝干、嘉之际，海内宴然，士大夫争以文章风雅相炫鬻，弦歌之泽，涵濡漫衍，度越古今。”⑤

---

① 傅玉书辑《黔风鸣盛录》卷末傅汝怀后序，清道光刻本，第32b—33a页。

② 黎庶昌《拙尊园丛稿》卷六《与莫芷升书》，《续修四库全书》第1561册，第370页。

③ 王柏心《百柱堂全集》卷三十三《黔诗纪略序》，《续修四库全书》第1527册，第514页。

④ 陈田等辑《黔诗纪略后编》卷首陈夔龙序，《续黔南丛书》第八辑，下册第1页。

⑤ 王锳等点校《郑珍集文集·巢经巢文集》卷三《息影山房诗钞序》，贵州人民出版社1994年版，第95页。

毋庸讳言,就“掎角争胜”在贵州产生的实际效果而言,以“虽不能至,心向往之”来概括应当更为确切。不过,恰恰是这样一种几近疯狂的热切期望,支撑着因各种原因被长期边缘化的贵州人士艰苦卓绝的编纂活动。

心理学认为导致人的行为产生的直接因素是人的心理。从士人心态上看,贵州诗歌总集编纂活动的兴起既源于保存文献这一诚挚的桑梓情怀,又有显名于世这一扬名立身的企图,同时还有由不公平境遇引发的掎角争胜的意识。然而,上述三者并未截然分开,更多情况下贵州文人怀着这三端心绪,投身于贵州诗歌总集编纂这一伟大的事业当中,为贵州增添了一笔极有价值的文学财富——诗歌总集。

(作者简介:李美芳,1986年生,女,贵州遵义人,云南财经大学传媒学院讲师,浙江大学文学博士,主要从事明清诗歌与地域文学研究。)

〔基金项目:本文系教育部人文社会科学研究青年基金(西部)项目“贵州诗文总集与贵州区域文学史的建构”(15XJC751004)阶段性成果。〕

近代初期教育家李宗棠的殷忧及其《学诗堂经解》

郭全芝

《学诗堂经解》二十卷，是一部解释《诗经》的经学著作，撰成于宣统二年(1909)，宣统三年即辛亥之年出版。撰者李宗棠（1870—1923），清末民国初期安徽颍上(今属安徽阜阳市)人，近代教育家。他活跃的时期是“新学大起”的时代[①]，当时在新学思潮的推动之下，教育界也发生着变化。清政府对此采取的是顺应的态度，例如曾委派官员考察西式学校以改革国内教学模式。李宗棠就是受清政府委派到日本考察教育事项的一位官员。为了完善考察工作，他曾前后九次赴日。在日期间，李宗棠注意各种学校的章程及规则，留心搜集有关文献达 136 种[②]。他也因之对新式学堂深感兴趣，后来抱着极大的热情在南京创办起国内最早的师范学校之一千仓师范学校(约 1908 年开办，1912 年因校舍失火停办)，还在家乡颍上等地兴办义塾八所。在他的学校，李宗棠开设着“今人所谓外国语文与其新发明之科学”[③]。

但是与此同时，李宗棠又编撰了包括《学诗堂经解》在内的五种经学著作(今仅存《学诗堂经解》，其余四种失毁于室火)，原因却恰恰是由于学校开设“外国语文与其新发明之科学”而致使其“有殷忧于中”，甚且达到“不能自已”的程度[④]。李宗棠所忧虑的是，新学大起、西方实学课目的开设导致“吾国学日湮而本计之日匿”[⑤]。进一步追究，是李宗棠们相信传统经学能经邦治国，但认为当时学子未能了解这一点。为了改变这一状况，李宗棠编撰了适合学子学习的经学著述。

李宗棠重视教授经学，在新学兴起已逾十年的情形下看起来似有些不合时宜，却是当时许多学人的心中所愿。

自 1840 年开始至辛亥革命之时，经学领域发生了很大变化，但传统学术的影响依然强大。这一时期，经学在政治上仍然被利用着，一直发挥着它的特殊功能。当时即使是一些锐意改革的政治家，也依旧利用经学表达政治主张。康有为(其被视为托古改制的经学著作《新学伪经考》1891 年刊印)等人之所以被

---

① 茅谦《学诗堂经解叙》，见李兴武主编《李宗堂文集》之五，李宗堂撰、郭全芝校点《学诗堂经解》，黄山书社 2017 年版。

② 参见董宝良《中国教育史纲(近代之部)》，人民教育出版社 1990 年版。

③ 茅谦《学诗堂经解叙》。

④ 茅谦《学诗堂经解叙》。

⑤ 茅谦《学诗堂经解叙》。

冠以今文经学家的头衔、章太炎(其于辛亥革命前完成的重要国学著作《国故论衡》之《原经》篇开首即明确指出经学的重要性来源于它的政治属性:“古之为政者,必本于天,殽以降命。命降于社之谓殽地,降于祖庙之谓仁义,降于山川之谓兴作,降于五祀之谓制度。故诸教令符号谓之经。”)等人之所以被冠以古文经学家的头衔,要皆有以经学家解释经典的方式来表达政治改革的主张。做法虽然各异,但都体现出对旧学相当的信任和依赖,希冀利用旧学以适应新时代变革的要求。

教育系统的情况也是如此。在西学的影响下,清廷允许国内各类学校普遍引进新的教学学科如政法、文学、农、工、商等等,但仍然要求保留经学一科。当时有识之士甚至清政府都意识到实学乃至整个新学的重要,因此上下对开设来自西方的课目并不排斥,甚至还抱着积极的态度。但就清廷来说,传统经学也还有其特殊的作用,不能废弃。它与新学一偏于政教,一偏于实学,差异很大,功用很不相同,一为稳固政权,一可缩小与列强的差距,两者不能互相代替。在这种情况下,最稳妥的办法就是两者都加以提倡。于是一方面国内新式学堂兴起,很多学校受到日本学校的影响开设出一些不同于中国传统的新课目。例如在光绪二十八年(1903),经慈禧授权,张百熙主持编订的《钦定京师大学堂章程》,对于大、中、小各类教学内容进行了详细规定,中、小学堂课目有数学、历史、地理等学科。但另一方面,这些学校又被规定设置“读经”课程与新式课目并列;在大学科目中则有文学、政法学等七大学科,经学则亦被设为“文学”一科中的课目之一。可见当时朝野对经学教育依旧十分重视。正因为如此,张百熙的章程刚一发布,就被认为在大学降低了经学的地位而引发喧哗和抨击,故未能施行。直到第二年,张百熙、荣庆、张之洞等人制定《奏定大学堂章程》,新的章程将经学与其他学科并列并置于首位,才得以实行。有鉴于前部章程的“缺陷”,张之洞还专门在《厘定学堂章程折》中强调了经学的重要性:“至于立学宗旨,勿论何等学堂,均以忠孝为本,以中国经史之学为基,俾学生心术壹归于纯正,而后以西学授其知识,练其艺能,务期他日成材,各适共用,以仰付国家造就通才,慎防流弊之意。”上述三人在其所编《奏定学堂章程学务纲要》中还特意定下“中小学堂,宜注重读经,以存圣教”一条。而作为独立学校的京师大学堂,直到 1910 年,仍设有经学一科,且列于学科之首(其他科目有政法、文学、格致、农、工、商等)。这种将经学与其他科类并列而又视之为第一学科的做法,固然已经顺应了重视实业的时代需求,却又体现出不舍旧学的心理。总之,在清廷的坚持下,各类学校继续设置经学课程,直到辛亥革命之后、民国政府成立之时(1912 年,当时的教育部颁布《大学令》,将大学学科分为文、理、法、商、医、农、工 7 科,经学一科才被取消)。

此外,辛亥革命前不少人还认为传统学科例如经学也有与新学相同相通的内容和功能,而不仅仅只是具有传递忠孝思想的作用。例如李宗棠好友、也同为近代教育家的茅谦(1848—1917),对于国学与新学的关系就有这样的看法。在为《学诗堂经解》所作之序中,茅谦表示,以用来了解外国科学的外语“其最精者,亦颇不歧于吾经典中之文”。甚至还认为将三代典籍学好,就能国富民强:“夫吾国古今之治术,原不外于经术,而吾为农国,未始不以兵力震烁四裔。三代之治尚矣!自秦而后,由之则治,不由则乱。”因为,就实学本身而言,也在“国学”中蕴含。例如仅就《诗经》来说,“言农事者几何?言兵事者几何?言学事者几何?‘其军三单’,必先以彻田为粮;《泮水》《閟宫》,必先申言后稷稼穑……”经术也有益于实学,只要解说得当,这种作用就能够显现出来。李宗棠这位实地考察过西方课堂教育又站在国内教育第一线的官员,也持同样看法。因此,茅谦说他“忧从中来”,是因为“外观诸世,内省诸身,不能行其志”,所以他撰《学诗堂经解》并非只是“为童子句读与饤饾考据家争一句之歧互、一解诂之从违”,而是看中经学的特殊功能:“恃吾固有之经术”就能使国家“独立于永永不弊之世界。”[①]从而避免为人所役。《学诗堂经解》本身也被茅谦咂摸出了重要性:“反复审玩,而有感矣。……国于天地,必有与立。反本于经,治理彰著,而惟《诗》最详备。然后叹李君之治《诗》,即其所挟以出而从政也”[②]。

《学诗堂经解》在学术上采取的是不主一家的解经立场,因为此时经学已颇为“开放”,甚至对于一部经典的研究,已经可以运用不同的学科方法[③]。但《学诗堂经解》的性质仍是经学的。《学诗堂经解》,主要是以立目解说的方式对《诗经》中的词语进行解释,另有极少数条目涉及作者、篇旨、作品性质(如“美”“刺”)等方面内容。李宗棠喜欢辑用前人诗说,对胡承珙《毛诗后笺》采纳尤多。其采纳《毛诗后笺》应该是由于后者在解说上广述众说,因而可供采用的材料较多的缘故,所以他的论点多有文献材料作为依据。此外,李宗棠亦能利用考据、音韵、文字等不同方法释词解字。但所有这些仍然属于传统训诂学范畴。《学诗堂经解》的内容,看起来也确实是属于“为童子句读与饤饾考据家争一句之歧互、一解诂之从违”,具有传统经学尤其是历史悠久的汉学内容特点。

《学诗堂经解》没有融进新的学术或方法(相较于其时廖平经学吸取进化论思想,尤可见李氏经学研究的传统性)。这种做法在辛亥之前相当一段时间内具有一定的代表性。就教育界而言,当时不少学者仍然在坚守着传统阵地。例

① 茅谦《学诗堂经解叙》。

② 茅谦《学诗堂经解叙》。

③ 赵沛霖《现代文化思潮与诗经研究—二十世纪诗经研究史》第一章《诗经学的传统和转型》指出十九世纪末至二十世纪初,《诗经》学已开始了由经学向科学的转化,方法上也呈现出多元化。

如较李宗棠稍前的王先谦(1842—1917),担任过国子监祭酒和江苏学政,又主持过湖南岳麓学院及城南书院。在西方学术东渐浸润进而使中国学术大变的情况下,他一方面提倡教育改革,推动实学教育,积极鼓动开设新式学堂,并身体力行,早在1903年就亲自参与创办了湖南第一所师范学校。该校开设课目除伦理、经学外,其余数种如算学、文学、理化学等多可划归新学范畴。但另一方面,王先谦自己的研究目标却又以解释经籍等古代典籍为主要方向。其编撰著述,如《清经解续编》《诗三家义集疏》等大率属于旧学范围。对于《诗经》,他的研究角度仍然是传统式的。《诗三家义集疏》(初版为虚受堂1915年本)虽然研究的是三家诗,而且就立场与态度来讲,作者认同的也是三家诗即今文经学,但就研究方法而言,是古文学家的训诂考据。这种情况反映出王先谦在学术上接续的是清代自范家相以来的今文《诗经》学家的研究传统①。再如廖平(1852—1932),也是一位长期担任教育工作的人士,他崇尚本土传统之学,同时也对西学发生兴趣,部分接受了西学的理论成果(例如进化论)并将其纳入到经学研究之中。对于《诗经》则是先重视训诂,其后偏重于发掘"大义",态度上持今文经学立场,研究内容上注意利用纬书,但要皆重视以文献材料为论证依据。这与王先谦的做法看起来很不相同,但实则仍然未脱经学藩篱。所以同样的情况发生在注意新学又重视传统经学的李宗棠身上,也就较为自然了。即如稍后的章太炎这样的革命家,在其做学问的时候,也回归到了传统学术领域。他研究语根、字族虽然受到了西方语言学的影响(其《文始》是一部语源学著作),但从其学术兴趣及研究方法来看,也是对王念孙、马瑞辰等清人广连同义词、重视因声求义等训诂内容及训诂方法的自然延续(《文始》主要用语音求语义的传统训诂方法以说明语根与字族问题)。

自然,《学诗堂经解》偏重于对《诗经》中一词一语的解释,其解释所采取训诂方式,较之章太炎等人将传统训诂学朝向现代语言学方向引领的做法,学术上显得保守。但是,由于《学诗堂经解》的编撰目的是让学子掌握国学基础,对传统文化有基本的了解,从教育学的角度看,其做法又具有合理性。茅谦曾为此打比方说:"我之小学解诂亦尚未知,譬如童子初语,不能自晓其父兄之言,而欲骤娴乎鞮象之译。其卒也,求一宗党之周旋不可得,而暇语以治国家乎?"即使要学习新学,也需先掌握经学内容精华,否则就是"我有扃箧,不能自出其缄縢而乃乞灵于人之幐襆"②。正是为了适合当时师范生"小学解诂",李宗棠还采取了精简前人已有撰述的做法,整部《学诗堂经解》解释风格明畅通俗。

---

① 据洪湛侯《诗经学史》,清代今文学家的《诗》学研究大致起自于范家相《重订三家诗拾遗》。参洪湛侯《诗经学史》,中华书局2002年版,第608页。

② 茅谦《学诗堂经解叙》。

李宗棠《诗经》学的内容特点，表现出李氏对时代变化的适应，也体现出当时一些学者既受西学影响而欲改革教育但又深受经学影响而不想完全背弃传统的矛盾心理，甚且体现出对传统学术的依赖和信任。

（作者简介：郭全芝，淮北师范大学文学院教授。）

痛苦心灵中的生死抉择
——《九章》的情感矛盾及其流程研究之三

任　强

梁启超说:"研究屈原,应该拿他的自杀做出发点。"①李泽厚说:"我认为,死亡构成屈原作品和思想中最为'惊采绝艳'的头号主题。"②《九章》③大约是怀王三十年以后,屈原被放流到汉北和迁逐到江南的十余年间④情感的抒发,是其最后人生阶段的生活状况和情感状态的征兆,也比较集中地反映了他对自杀问题的思考。深入研究《九章》,会发现诗人主要抒发了四对情感矛盾:忠君与弃君,迁逐与恋国,矢志与从俗,生存与死亡。这四对矛盾情感的纠结和冲突,真实地再现了诗人后半生那潮起无端、跌转难循的情感历程。关于忠君与弃君,迁逐与恋国,矢志、从俗与超脱的情感冲突的问题,笔者已另文详述⑤。在此主要探讨诗人在屡遭迁逐的人生旅程中,在生存状态极其恶劣的情境下,在极其痛苦的情感状态中,不论生存与死亡的情感怎样纠结和冲突,最终坚持自己高洁的志向和追求,没有向世俗势力低头,以生命保持了高傲的心灵。

一、痛苦的灵魂

《九章》虽然不像有的研究者所说,是诗人临终未写完之作,但其中确实强烈的表现了屈原痛苦的情感。如果说坚执体现了屈原情感的持久性,那痛苦则显示了屈原情感的总基调,多愁,充满忧郁⑥。麦独孤说:"当人的努力达到了预期的目的或在接近这个目的,就产生快乐;当人的企求努力受到挫折或阻碍,不能达到或接近预期的目的,就产生痛苦。"⑦

屈原有太多的目标没有达到,他对美好品质的追求受到世俗的阻碍,"美

---

① 梁启超《屈原研究》,《饮冰室合集·文集之三十九(第五册)》,中华书局 1989 年版,第 55 页。

② 李泽厚《华夏美学》,《美学三书》,安徽文艺出版社 1999 年版,第 333 页。

③ 本文所引《九章》《离骚》等作品中的诗句,皆出洪兴祖《楚辞补注》(白化文等标点本,中华书局 1983 年版),以下不再详注。

④ 参阅任强、潘啸龙《屈原〈九章〉创作时间和地点略考》,《古典文献学术论丛(第三辑)》,黄山书社 2013 年版。

⑤ 任强《矢志、从俗与超脱的情感冲突——〈九章〉的情感矛盾及其流程研究之二》,《名作欣赏》2015 年 10 月下旬刊。

⑥ 毛庆《屈骚艺术新研》,湖北人民出版社 1990 年版,第 42—43 页。

⑦ 麦独孤《心理学概论》,引自朱光潜《悲剧心理学》,安徽教育出版社 1989 年版,第 213 页。

政"的理想遭到壅君的破坏,报效祖国的壮志被谗人击败……因而,他产生了忠君与弃君、恋国与迁逐、矢志与从俗等的痛苦:

申侘傺之烦惑兮,中闷瞀之忳忳。
背膺牉以交痛兮,心郁结而纡轸。(《惜诵》)
哀吾生之无乐兮,幽独处乎山中。
吾不能变心以从俗兮,固将愁苦而终穷。(《涉江》)
心绖结而不懈兮,思蹇产而不释。
心不怡之长久兮,忧与愁其相接。
惨郁郁而不通兮,蹇侘傺而含戚。(《哀郢》)
烦冤瞀容,实沛徂兮。
愁叹苦神,灵遥思兮。(《抽思》)
曾伤爰哀,永叹喟兮。(《怀沙》)
焉舒情而抽信兮,恬死亡而不聊。(《惜往日》)
涕泣交而凄凄兮,思不眠以至曙。
伤太息之愍怜兮,气于邑而不可止。
纠思心以为纕兮,编愁苦以为膺。(《悲回风》)

可以说像这样描写痛苦情感的句子,在《九章》中很多很多。我们读《九章》,最大的感受之一可能就是它向我们展示了一颗痛苦的心灵,"那是颗受了伤的孤独的心:痛苦、困惑、烦恼、骚乱、愤慨而哀伤"①。

最让诗人感到痛苦的是世无知己。"独醒"的诗人对这个完全颠倒的世界非常绝望,他感到自己处在邪恶人心的包围之中:

夫惟党人之鄙固兮,羌不知余之所臧。任重载盛兮,陷滞而不济。怀瑾握瑜兮,穷不知所示。邑犬之群吠兮,吠所怪也。非俊疑杰兮,固庸态也。文质疏内兮,众不知余之异采。材朴委积兮,莫知余之所有。(《怀沙》)

这个世上没有人理解他,没有人与他相知,他异常孤独。他的才华、美德、品质等等,都无人了解,他感到非常失望。

诗人因世无知己,便对整个社会很绝望,认为整个世界一片黑暗:"阴阳易

---

① 李泽厚《华夏美学》,《美学三书》,安徽文艺出版社 1999 年版,第 335—336 页。

位,时不当兮。”(《涉江》)“变白以为黑兮,倒上以为下。凤凰在笯兮,鸡鹜翔舞。”(《怀沙》)在这个世界里,“或忠信而死节兮,或訑谩而不疑”(《惜往日》),“众踥蹀而日进兮,美超远而逾迈”(《哀郢》)。

诗人因此极其哀痛。这种痛苦难耐的心情,在《悲回风》中得到了淋漓尽致的表现:

> 登石峦以远望兮,路眇眇之默默。入景响之无应兮,闻省想而不可得。愁郁郁之无快兮,居戚戚而不可解。心鞿羁而不形兮,气缭转而自缔。穆眇眇之无垠兮,莽芒芒之无仪。声有隐而相感兮,物有纯而不可为。藐蔓蔓之不可量兮,缥绵绵之不可纡。愁悄悄之常悲兮,翩冥冥之不可娱。(《悲回风》)

在此,诗人连续用了六个“不可”、五个“无”,充分展现了在一片虚空死寂、令人窒息的氛围中,诗人备感压抑,不知所适的迷惘状态。绝望如梦魇般紧紧缠绕着已走投无路的诗人,的确让其感到了无生趣,痛苦难当。王夫之说:“以上追写幽忧不可解之情,尽古今思士愁人之自言,无有曲写如此者。”①

屈原在《九章》中所表现出来的痛苦,并不像叔本华所说的“一切生命如何在本质上都是痛苦”②的“痛苦”,也不是克尔凯戈尔的“活着乃是一切不幸中最初的、最后的、首要的不幸”③的“不幸”。屈原的痛苦主要是由妥协和不妥协的矛盾造成的。李长之说:“照屈原那样真挚而纯笃的人看起来,妥协一点就等于全盘妥协,所以他以妥协一点为极大痛苦。但是假若他真正一点也不妥协时,他就觉得一刻也活不下去了。但他既不忍得立刻死去,他活一刹那,就觉得妥协一刹那,也就不啻多痛苦一刹那。‘登高吾不悦兮,入下吾不能’(《思美人》),这是他的真正苦闷所在。”④一方面“世界和存在是如此之荒诞、丑陋、无道理、没目的,那我又值得活么?”⑤另一方面诗人对祖国故土的热爱,对理想的坚执,使得他又不愿意轻易去死。这种生与死的矛盾日日煎熬着他,所以他痛苦万分。

屈原也曾使用过各种办法来化解痛苦,超越痛苦。可是,屈原的痛苦是不可能依靠“幻游”或“神游”等方式来化解的,因为那些情景只能出现在幻想之

① 王夫之《楚辞通释》,上海人民出版社 1975 年版,第 97—98 页。
② 叔本华《叔本华全集》,引自金惠敏《意志与超越》,中国社会科学出版社 1999 年版,第 85 页。
③ 克尔凯戈尔《非此即彼》,转引自杨大春《沉沦与拯救》,东方出版社 1995 年版,第 138 页。
④ 李长之《李长之批评文集·孔子与屈原》,珠海出版社 1998 年版,第 267 页。
⑤ 李泽厚《华夏美学》,《美学三书》,安徽文艺出版社 1999 年版,第 337 页。

中，一旦回到现实，他又沉浸在无边无垠的痛苦中，他逐渐意识到真正彻底的解脱只能是死亡。

二、生死的抉择

加缪说："真正严肃的哲学问题只有一个：自杀。判断生活是否值得经历，这本身就是在回答哲学的根本问题。"[①]屈原正是用自己的生命和诗歌在深入地思考这一真正的哲学问题，思考"活还是不活"这个"首要问题"。

《抽思》，因被放汉北而作，多抒情、明志之言，似尚未有死志。《思美人》，篇末有"思彭咸之故也"，王夫之曰："故，故迹也，谓愤世沉江，彭咸之故事。己忠不白，国事益非，命已处于幽暗莫伸，则唯及败亡未至之日，一死而已。所以茕茕南行，将沉于湘也。"[②]按其理解，则此时诗人已生沉江之心，然揆之全诗，此似表达诗人"思慕彭咸的立身准则。彭咸忠贞敢谏，不从则死。屈原所思慕的正是这种处世原则，此句隐含愿效法彭咸忠谏而死之意"[③]。这里的"从彭咸"，恐怕主要还是从彭咸的"忠谏"，而不是从彭咸之"沉江"。

在《悲回风》中，诗人比较集中的思考了死亡的意义和价值：

> 宁逝死而流亡兮，不忍为此之常愁。（《悲回风》）
>
> 吾怨往昔之所冀兮，悼来者之愁愁。浮江淮而入海兮，从子胥而自适。望大河之洲渚兮，悲申徒之抗迹。骤谏君而不听兮，任重石之何益！心结结而不解兮，思蹇产而不释。（《悲回风》）

在此，诗人充满对往昔追求的失望，对未来的悲伤。他很想像伍子胥、申徒狄那样因谏君不成而自杀，但想一想既然多次劝谏楚王都不被采纳，现在自己投水而死又有什么意义呢？诗人是面对死亡来反思历史，反思过去，思考未来，思考生命的意义，思考死亡的价值。此时，诗人心中才真正激荡着生与死的矛盾和冲突。绝望将诗人引向"死"；不甘心、遗憾，又将诗人引向"死何益"的"生"。

《惜往日》中也有比较多的生死思考：

---

① 加缪《西西弗的神话》（杜小真译），西苑出版社 2003 年版，第 4 页。

② 王夫之《楚辞通释》（《续修四库全书（1302 册）》本），上海古籍出版社 2002 年版，第 234 页。

③ 潘啸龙《楚辞注评》，黄山书社 1997 年版，第 81 页。

临沅湘之玄渊兮,遂自忍而沉流。卒没身而绝名兮,惜壅君之不昭。(《惜往日》)

宁溘死而流亡兮,恐祸殃之有再。不毕辞而赴渊兮,惜壅君之不识。(《惜往日》)

"没身绝名","溘死流亡",诗人并不害怕,他最痛惜的是国君的"不知忠臣之分",不识忠奸、贤愚;他最担心的是国家会再次遭受比怀王失国更大的祸殃。因此,诗人非常矛盾:死,他并不痛惜,只要死能换得一个世界的反省和自救;但最令诗人深切悲哀的是,他用撼天动地的呼喊,也未能震醒这个世界。

因此,梁启超说:"屈原为什么自杀呢?我说,他是一位有洁癖的人为情而死。"梁先生把屈原热爱的社会比喻成他的恋人;把屈原想让社会更美好,亦即实现"美政"理想,比喻成对恋人提出的条件;把社会对屈原的抛弃,比喻成恋人不理他。"屈原脑中,含有两种矛盾元素:一种是极高寒的理想,一种是极热烈的感情。""极高寒的理想",使他对当时的社会充满了厌恶,他想以死去摆脱;"极热烈的感情",又使他对当时的社会留恋不已,他要活着。这两种情感激烈冲突,使他倍受煎熬,最终,他还是选择了自杀,"他对于他的恋人,又爱又憎,越爱越憎。两种矛盾性日日交战,结果拿自己生命去殉那'单相思'的爱情"①。诗人通过这种极端的方式,以保持自身的高洁,以坚执自己的理想,以发泄对丑恶世界的愤恨,以表达对宗国故土永远不变的爱恋和归依。

诗人在《怀沙》这篇死亡自白中,充满了对"鄙固"党人的蔑视,对"重华不可遌"和"汤禹久远"的失望,以及"伯乐既没,骥焉程"的痛苦;同时还充满了对于自己历尽艰辛困苦而"常度未替","前图未改"的慰藉和自豪。因为绝望,诗人选择了"死";而"死"亦是为了捍卫被现实吞噬的理想,所以他死得"坦然";又由于有着太多的愿望没有实现,因而他的死带着生的留恋,带着深深的"遗憾"。

死亡是屈原作品和思想的头号主题。"如果像庄子那样,'死生无变于己',就不能有这主题;如果像儒学那样,那么平宁而抽象,'存吾顺事,殁吾宁也',也不会有这主题。屈原正是在明确意识到自己必须选择死亡、自杀的时候,来满怀情感地上天下地,觅遍时空。来追询,来发问,来倾诉,来诅咒,来执着地探求什么是是,什么是非,什么是善,什么是恶,什么是美,什么是丑。他要求这一切在死亡面前展现出它们的原形,要求就它们的存在和假存在来作出解答。"②在《九章·悲回风》《惜往日》等诗篇中,屈原正是通过上天入地、探寻历史等觅遍

---

① 梁启超《屈原研究》,《饮冰室合集·文集之三十九(第五册)》,中华书局 1989 年版,第 55 页。

② 李泽厚《华夏美学》,《美学三书》,安徽文艺出版社 1999 年版,第 335 页。

时空的方式,来拷问世界,拷问人生。一旦他对世界和人生都已有了清楚的认识之后,他就理智而冷静的决定了自己最后的归宿。

屈原那颗倍受煎熬的心经过反复斗争,最终还是选择了死。“它不是那种‘匹夫匹妇自经于沟洫’式的负气,而是只有自我意识才能做到的以死亡来抗衡荒谬的世界。这抗衡是经过对生死仔细反思后的自我选择。在这反思和选择中,把人性的全部美好的思想情感,包括对生命的眷恋、执着和欢欣,统统凝聚和积淀在这感性情感中了。”①屈原这种理智的选择最明显地表现在《怀沙》中:

怀质抱情,独无匹兮。伯乐既没,骥焉程兮。万民之生,各有所错兮。定心广志,余何畏惧兮。曾伤爰哀,永叹喟兮。世溷浊莫吾知,人心不可谓兮。知死不可让,愿勿爱兮。明告君子,吾将以为类兮!(《怀沙》)

诗人感到在人世间没有和他一样怀抱高洁情质的人,他自己虽拥有杰出的才能,却没有赏识和重用他的人。人们各有自己的追求,诗人的志向也是早就确定了的。既然这个世界一片黑暗,诗人已经知道死亡是不可避免的,那就告诉君子们,自己将永远同他们在一起。此时似如弗洛伊德所说的:“这个死亡的本能设法要使个人走向死亡,因为那里才有真正的平静。只有在死亡——这个最后的休息里,个人才有希望完全解除紧张和挣扎。”②也许诗人真的累了,疲倦了,他真的想休息了,而死亡是超越现实、解脱痛苦的最根本的办法。

李泽厚说:“把屈原的艺术提升到无比深邃程度的正是这个死亡——自杀的人性主题。”“在文艺史上,决定选择自杀所作的诗篇达到如此高度成就,是罕见的。”③除《离骚》外,《九章》对诗人情感中生与死选择的矛盾、痛苦也作了相当深刻而动人的展现。生死选择的情感激荡,构成了《九章》中最震撼人心的内容。

金荣权说:“晚期的屈原心灵深处的重重矛盾,凄楚的感伤、深切的怨恨和无可奈何的绝望情绪,都反映在他的《九章》之中。”④的确,《九章》中有感伤、怨恨和绝望,这一切都是诗人复杂情感的具体表现;诗人心灵深处的重重矛盾主要是忠君与弃君、恋国与迁逐、矢志与从俗、生存和死亡等。众多矛盾的交互挤迫,使诗人备感痛苦,他将这些无法摆脱的痛苦尽情地倾泻于激扬的诗篇中,便

① 李泽厚《华夏美学》,《美学三书》,安徽文艺出版社 1999 年版,第 338 页。

② 洛斯奈《精神分析入门》(郑泰安译),百花文艺出版社 1987 年版,第 35 页。

③ 李泽厚《华夏美学》,《美学三书》,安徽文艺出版社 1999 年版,第 335、337 页。

④ 金荣权《从〈九章〉看屈原的晚期心态》,《信阳师范学院学报(哲学社科版)》1990 年第 3 期,第 71 页。

使痛苦成为了《九章》情感的基调。

宁宗一说:“在屈原的一生中,痛苦一直都伴随着他,但是,由于屈原对于自己的个体生命以及个体生命所面对的外界处境有了异常清醒的认识,所以,他总是诅咒痛苦又玩味痛苦,躲避痛苦又寻找痛苦,为痛苦所激怒又被痛苦所安慰。是的,所谓屈原之魂,每经过一次痛苦的挣扎,一次生与死的危机,就会达到一个新的、更为深广的境界和层次,都会得到一次净化和过滤。对于屈原,痛苦贯穿于他的一生,而幸福只能来自于他自己的内心,来自于他与痛苦的永恒搏斗。”①虽说痛苦贯穿屈原的一生,但诗人最痛苦的时候无疑在他生活的晚期,在他写作《九章》的时候,在他生死选择的情感激荡中。

“屈原的痛苦就像莎士比亚与贝多芬的痛苦一样,都超出了个人狭隘的范围和性质,都不是为自身,为私人的具体命运而痛苦,去哭泣,而是文化哲学意义上的精英人士所特有的一种‘对世界的痛苦’。”②也正是由于诗人的这种文化哲学意义上的一种“对世界的痛苦”,尤其是生死选择中的痛苦碰撞,才如此强烈地震撼着数千载以来诵读它的人们,在后人盈眶的热泪中,满腹哀怨的诗人是否得到了些微的安慰与快乐?

(作者简介:任强,男,安徽濉溪人,淮北师范大学文学院教授,硕士研究生导师。)

〔基金项目:任强主持的2014年安徽省高等学校人文社会科学重点研究基地——安徽文献整理与研究中心重点研究项目“清代安徽楚辞文献及楚辞学史研究”(项目编号SK2014A092)阶段性成果。〕

① 宁宗一《屈原诗思:开启文化哲学大门的金钥匙》,转引自郝志达、王锡三主编《东方诗魂》,东方出版社1993年版,第236—237页。

② 宁宗一《走进困惑·屈原诗思:一种生命现象》,山西古籍出版社1998年版,第91页。

唐代奏议文献述略

熊 碧

唐代奏议是唐代文章的重要组成部分,也是研究唐代政治、历史的第一手资料,历来受人重视。唐代奏议的存世文献颇多,主要集中在史部与集部。史部中,两《唐书》(主要是《旧唐书》)及史论性著作《贞观政要》保留了数量可观的唐代奏议;政书如《唐律疏议》《唐六典》《通典》《唐会要》也有不少文献留存;大型丛书如《四库全书》的史部"诏令奏议类"里《历代名臣奏议》选录了一部分唐代奏议,"传记类"下的《李相国论事集》《魏郑公谏录》与《续录》主要内容也是奏议。集部中,宋以后的唐文总集或选集,如《文苑英华》《唐文粹》《全唐文》之类,都收录有大量唐代奏议。在这些存世文献中,《全唐文》收录的唐代奏议数目最多。但《全唐文》因为工程浩大,参编者众,疏漏之处颇多。光绪年间,陆心源编《唐文拾遗》七十二卷、《唐文续拾》十六卷,补录唐文三千余篇,这其中一半以上都是制诏奏议。

二十世纪以来,出土的唐代文献极多,这为唐文补遗提供了丰富材料。陈尚君先生辑校的《全唐文补编》首次对存世典籍和新见文献中唐文进行全面整理,采辑范围遍及四部群书、敦煌遗书、石刻文献、海外汉籍、佛道两藏,又辑得唐文约七千篇①。除去重复收录作品,总体来看,现有的唐文已经接近三万五千篇(含五代之文)。在这些文章中,奏议类作品占了很大比例。据笔者不完全统计,《全唐文》(含《拾遗》《续拾》)唐代奏议大约有六千三百余篇,《全唐文补编》约可补充一千二百余篇,则唐代奏议篇数超过全部唐文的五分之一。这是一笔相当可观的文化遗产。

下面简要谈一谈唐人编撰的与奏议相关的文集。

六朝以来,文体辨析意识逐渐增强,再加上目录学上的四部分类法产生,文集的编撰形成一股热潮。在这些文集当中,有一部分是按文体分类编撰。以奏议为例,据《隋书·经籍志》所载,总集有《汉名臣奏》《魏名臣奏》《晋诸公奏》等,别集有《刘隗奏》《孔群奏》《周闵奏事》之类,涉及史、子、集各部,可惜现在基本都佚失②。六朝的文集编撰之风对唐代影响非常大,再加上适逢盛世,文化

---

① 陈尚君辑校《全唐文补编》,中华书局 2005 年版。

② 魏徵等编《隋书》卷三三、三四,中华书局 1973 年版。

发达,官方与民间对编撰文集都非常重视。据陈尚君、卢燕新两位先生考证,唐人编选总集多达两百多部[①]。其中奏议总集方面,据《新唐书》载,有吴兢编《唐名臣奏》十卷,马亹编《奏议集》三十卷,赵元拱编《唐谏诤集》十卷、《唐初表奏》一卷,张易编《大唐直臣谏奏》七卷,阙名者编《唐奏议驳论》一卷、《章奏集类》二十卷、《咸通初表奏集》一卷,可惜这些总集现在都已经失传。

唐人编撰的别集数量也非常可观。据两《唐书》《通志 · 艺文志》《遂初堂书目》《郡斋读书志》等记载,综合起来,唐代的别集接近一千部,湮没失传者则难以计数。唐代的别集类型多样。从收录数量看,有全集与选集之分;从收录作品的体裁来看,有诗文合集,也有单一的诗集、文集、赋集、判集、制诰集、奏议集等等。全集、选集也主要按文体编次,通常是诗赋居首,次制诰、表议,接着是各类杂文,而以碑祭殿后,基本上是仿《文选》的编排体例。这一方面反映出《文选》对唐人文学观念的影响很大,另一方面也说明唐人对奏议类文章的重视。因为文体的前后排序实际上隐含着编选者对它们文学价值的判断。

唐人凡曾在朝为官者,其文集中通常都有奏议作品。而出掌谏职或充翰林学士、中书舍人者,其文集一般都分卷收录奏议。比较值得注意有以下几种:

魏征《魏郑公文集》三卷。其中卷一是谏疏,卷二为表议,卷三是书序杂文,从整体来看,以奏议为主。武后时王方庆又将魏徵的谏疏与对太宗的答问(奏言)汇总,编成《魏郑公谏录》五卷。元至顺年间,翟思忠撰《魏谏公续录》二卷,明以后失传,四库馆臣从《永乐大典》中辑出,另行著录,但内容多和《谏录》重复。《畿辅丛书》删除重复后只余十八条,刻在《谏录》之后。

张说《张燕公集》二十五卷。卷一五、卷二四专收表作。但据《全唐文》所载,张说的奏议类作品,表、奏、疏、议、状、论、书、对策,一应俱全,且《旧唐书》言张说有集三十卷,则现有的《张燕公集》当有佚失。

权德舆《权载之文集》五十卷。卷二九为谥议,卷四三为谢表,卷四四为贺表,卷四五、四六为表状,卷四七为论事之疏,其奏议特别是表状的标题比较长,一般是对奏议主要内容的概括。这在唐代奏议中比较少见。

陆贽《翰苑集》二十二卷。该文集为制诰奏议合集,卷一至卷十为制诰,卷一一到卷一六为奏草,是陆氏任翰林学士时作,卷一七到卷二二为中书奏议,为陆氏任宰相时作。又有《陆宣公奏议》(又称《议论表疏集》)十二卷单行,是目前所见最早以奏议命名的唐代文集,也是流传最广的一种。《陆宣公奏议》在后

① 详见陈尚君《唐代文学丛考》,中国社会科学出版社 1997 年版,第 184—222 页;卢燕新《唐人编选唐文总集辑考》,《文史》2008 年第 02 期。

世很受重视,宋、元、明、清都有刊刻,并有点评与注释。比较重要的有元至正甲午翠岩精舍刊南宋郎晔注本、明天顺元年延祥刻本、明嘉靖二十七年沈伯咸西清书舍本、明万历三十五年陆基忠校刊本、清雍正元年年羹尧刻本、清乾隆戊子希音堂刊刻张佩芳注本等。海外的刻本则有朝鲜枫山官库藏成化中刊本以及日本宽政二年风月庄左卫门刊石川安贞注本。

李绛《李相国论事集》六卷。题名为李绛撰,实为唐史官蒋偕所编,主要载李绛的奏议及论谏之事。李绛历仕德、顺、宪、穆、敬、文宗五朝,宪宗朝时任翰林学士、同中书门下平章事,参与机密决策,故其奏疏论议有较高史料价值,同时也是极少数流传至今的唐代奏议类文集。

元稹《元氏长庆集》六十卷。除卷二八载对策("才识兼茂明于体用")一篇,卷二九有《论教本书》一篇,卷三二收表奏(仅两篇,《叙奏》与《献事表》),其他奏议作品都分卷收录,如卷三三、三四收表作,卷三五到三九收状。值得注意的是卷三二中的《叙奏》,元稹在这道奏书中简述了其在元和年间谏官任上遭际,也将他所写的不少重要奏议罗列出来,并做了一番总结。这有助于后人了解元氏相关奏议的写作背景以及他对奏议功能的认识。

白居易《白氏长庆集》七十五卷(现存七十一卷)。卷四一到四四收奏状四卷,卷四四到卷四八收对策四卷,其主体是《策林》,为应制举的拟作,有七十五篇,与元稹合作完成。《策林》与卷四九、五〇的《甲乙判》(即《百道判》)性质相近,都是科举应试的参考范文。唐代的拟判文集还有张鷟的《龙筋凤髓判》等多种①,但在现存的文献目录中还找不出类似《策林》的拟策文集,奏、议、表、状之类也是如此,由此可见《策林》的独特价值②。

刘禹锡《刘梦得文集》四十卷。卷一五到卷一七收各类表作六卷,其中有一半是代人所作。卷二二收奏状一卷。现传的刘禹锡的文集是经过他本人整理的,刘氏只将表、状分列,正反映出中晚唐奏议写作所使用的主要文类。

李德裕《会昌一品制集》二十卷(另附别集十卷,外集四卷)。卷一〇到卷一九为各类奏状,并且按照内容进行分卷:卷一〇是"朝廷大事";卷一一"厘革故事",即改革各种制度之议;卷一二是"杂务",属于综合性事务;卷一三到卷一六是"用兵",为对内平叛、对外绥靖的具体军事策略;卷一七是"审状",其内容

① 据郑樵《通志》载录,唐代的拟判流传到宋代尚有二十部计七十九卷。见《通志》卷七〇,中华书局1987年版,第827页。

② 晚唐表状笺启书仪类文集,如郁知言《记室备要》与李商隐的《金钥》之类,主要是展示写作程式或者提供写作素材,一般没有完整的示例范文,与现在工具书类似。

比较复杂,多是边地军政或人事安排;卷一八是“进献”与“辞让”;卷一九为“谢恩”。

从史志和目录书来看,初盛唐的奏议类专集还很少见,但在中唐以后逐渐增加,到晚唐则大量出现,并成为一种风气。中晚唐凡曾在藩镇掌书记者,基本都有奏议专集。文献记载有以下几种:令狐楚《表奏集》(自称《白云孺子表奏集》)十卷;刘蕡《策》一卷;刘三复《表奏》十卷;韦庄《谏疏笺表》四卷;周慎《辞表状》五卷;张濬《表状》一卷;李磎《表疏》一卷;赵璘《表状集》一卷;黄台《江西表状》二卷[①]。不过这些奏议专集都佚失了,所以其具体内容不得而知。

一些公文集如李吉甫的《类表》(五十卷,亦称《表启集》)、封敖的《封敖翰稿》(八卷)、李商隐的《樊南甲乙集》(四十卷)、刘邺的《甘棠集》(三卷)、罗隐的《湘南集》(三卷)、武元衡西川从事的《临淮尺题》(两卷)、李巨川《四六集》(二卷)等,收录的表状文甚多,而且很多都按照内容或者写作时间进行了细分。这其中,只有李商隐的《樊南甲乙集》因为《文苑英华》有载录,后人得以从中辑出一部分作品。另外,新罗人崔志远的《桂苑笔耕集》(二十卷)是其在唐朝留学、为官期间(868—884)所撰写诗文集,其中包括他在淮南节度使高骈幕府任职期间代拟大量表、状、书、启。崔氏的文集在朝鲜半岛和日本都有刻本流传,并保存完好,后由清人据高丽旧刻影印出版,文献价值很高。

唐代奏议文集仅有少数流传了下来,究其原因,是很多作品都曾被作者遴选删汰,又历经唐末五代的战乱,所以绝大部分文集都损毁散失。如李商隐《樊南甲集序》云:“大中元年,被奏入岭当表记,所为亦多。冬如南郡,舟中忽复括其所藏,火资墨污,半有坠落。因削笔衡山,洗砚湘江,以类相等色,得四百三十三件,作二十卷,唤《樊南四六》。”[②]罗隐《湘南应用集序》云:“隐自卜也审,江表一白丁耳。安有空将卷轴,与公相子弟争名。幸而知非,得以减过。冬十月,乞假归觐。阻风于洞庭青草间,因思湘南文书,十不一二。盖以失落于马上军前故也。今分为三卷,而举牒祠祭者亦与焉。”[③]据李、罗二人的自述,则其作品数目远不止文集所载。再比如中唐的刘三复,史志、书录中都记载他有《表状》十卷,但《全唐文》中仅存文三篇,且没有一篇笺表之作,可见其作品散佚严重。北宋前期所编《崇文总目》所记中晚唐奏议类文集,大部分已经注明“阙”,不难推

---

① 参见《新唐书》卷六〇《艺文志》,中华书局1975年版;《宋史》卷二〇八《艺文志》,中华书局1977年版。

② 刘学锴、余恕诚著《李商隐文编年校注》,中华书局2002年版,第1713页。

③ 雍文华校辑《罗隐集》,中华书局1983年版,第286页。

测,这些文集基本上湮没于五代。

综上所述,在唐人所编辑的文集中,有相当数量的奏议专集,尽管绝大多数都已经佚失,但从史志与书目的记载来看,依然可以窥测唐代奏议创作的概貌与文坛风气。

(作者简介:熊碧,湖北黄石人,文学博士,湖北民族大学文学与传媒学院讲师。)

〔基金项目:湖北省教育厅人文社科一般项目(项目编号15Y103)阶段性成果。〕

洛蜀党争的学统之辨

张申平

引言:“学统”与学统研究

“学统”概念,从学术史视角来看,其内涵大致包括传统意义的、狭义的“学术正统”,和现代意义的、广义的学术传统。学术正统有两种涵义,一是指以儒家思想为旨归的学术统续,二是指某一个学派正宗的师承关系;而学术传统的涵义比较宽泛,一般指某一学术团体或流派在学术传承过程中带有明显标志性的为学习惯和方式等特征。关于传统学统研究的意义,清儒熊赐履(1635—1709)在自述其撰《学统》动机时阐述道:“三代以前尚矣,鲁邹而降,历乎洛闽,以逮近今,二千余年,其间道术正邪,学脉绝续之故,众议纷拏,讫无定论,以至标揭门户,灭裂宗传,波靡沉沦,莫知所底。”“为之究其渊源,分其支派,审是非之介,别同异之端,位置论别,宁严毋滥,庶几吾道之正宗,斯文之真谛,开卷了然,洞若观火。”①这番话指出学术史上“灭裂宗传,波靡沉沦”之弊端,颇为发人警醒。为了“审是非”“别同异”,阐明“吾道之正宗,斯文之真谛”,故熊赐履专门开展学统研究,对理学史上学统正邪分门别类。这种带有浓厚理学家偏见的研究思路在当前学界看来,具有很大的局限性,因为它过分强调了道统对学术影响的重要性,对儒家之外的学派思想也没有宽容和涵摄的精神。

基于现代学术发展的历史背景,张岱年认为“学统”就是学术传统,不同学科会有不同的学统。他关注了传统与现代的衔接,并认为熊赐履的学统观分别了正统、翼统、附统、杂统、异统诸多序列,这“依然是从道统观点立论的,而且陷于繁琐,实不足取”②。因此说,熊赐履的学统观念在当今学术语境中是受到诟病的。当前,方朝晖认为,学统“指一种独立的学术传统。包括一门学问所具有的独特的运作逻辑、意义世界和研究范式等”③。这些提法在尊重我国学术传统

① 熊赐履《学统·自序》,凤凰出版社2011年版,第17页。

② 张岱年《论道统与学统》,《辽宁教育学院学报(社会科学版)》,1991年第4期,第2页。

③ 方朝晖《学统的迷失与再造——儒学与当代中国学统研究·自序》,陕西师范大学出版社2010年版,第7页。

发展规律的基础上，也渗入当代学术研究的理念和思路，颇有启发意义。

宋代学统传承是该时期书院学术发展的一个基本特征。由于北宋以来“学统四起”，学派林立，因此开展宋代书院、地域和学派研究，就免不了对其学统进行关注。“学案体”是学统研究的典型范式。学案体的源头，早在《庄子·天下》《荀子·非十二子》《韩非子·显学》《淮南子·要略》及《论六家要指》等篇目中已凸显端倪。张舜徽认为学案体“以《史记》《汉书》的《儒林传》为最早”。朱熹《伊洛渊源录》被学界视为学案体的发端之作，“其后《宋史》‘道学’、‘儒林’诸传多据此为之。盖宋人谈道学宗派，自此书始，而宋人分道学门户，亦自此书始。厥后声气攀援，转相依附”[①]。此书不仅体现了朱熹的学统观，也梳理了宋学门派源流，大致建构了以周敦颐为发端、以二程为主体的理学发展谱系。其中记周子以下及程子交游门弟子言行，包括了北宋五子，以及南宋的谢良佐、游酢、杨时、尹和靖等人。

明末清初黄宗羲(1610—1695)《宋元学案》等书中多次提到“湖湘学统”“浙中学统”“横渠学统”等。自《宋元学案》始，“学统”就用来“以志七百年来儒苑门户”，该书侧重于理学源流和学统师承的辨析，是对宋元以来儒学门派及其学术脉络的界定与归纳。黄宗羲《明儒学案》则是最早以“学案”命名的学案体史书，后世较为典型的学案体著作有耿定向的《陆杨学案》、刘元卿的《诸儒学案》、周汝登的《圣学宗传》、孙奇逢的《理学宗传》、江藩《宋学渊源记》等。再晚近有《船山学案》《朱子新学案》等。2005 年，四川大学古籍所编纂的《儒藏》史部辑有 23 册《历代学案》。基于学统研究即具有传统学术的深厚背景，又有着现代学科发展的辽阔视野，本文在思考相关问题的时候，尝试将两者结合起来，希望能通过对北宋洛学、蜀学学术传统的了解和分析，进而深入理解朱熹等人的学术思想和学统理念，及其对文学批评的影响。

一、朱熹对二程学统的传承

清儒孙奇逢(1585—1675)特别看重学统问题，他认为：“学之有宗，犹国之有统，家之有系也。系之宗有大有小，国之统有正有闰，而学之宗有天有心。今欲稽国之运数，当必分正统焉。溯家之本原，当先定大宗焉，论学之宗传，而不本诸天者，其非善学者也”[②]。此言颇有道理，正像国家、家族一样，为学有所本，

① 永瑢《四库全书总目提要》卷五十七“史部十三”，《四库全书总目》，中华书局 1965 年版，第 519 页。

② 孙奇逢《理学宗传序》，《夏峰先生集》卷四，中华书局 2004 年版，第 135 页。

才可以得其门径而入。

北宋理学家程颢(1032—1085)、程颐(1033—1107)和程门弟子就很有学统意识,并注重致力于建构其学统体系。如元丰八年(1085)程颢离世,程颐道:“先生(程颢)生千四百年之后,得不传之学于遗经,志将以斯道觉斯民。……先生出,倡圣学以示人,辨异端,辟邪说,开历古之沉迷,圣人之道得先生而后明,为功大矣。”[①]对于二程的学统谱系,研究者关注到“得不传之学于遗经”之说忽略了周敦颐对二程的学术影响,个中原因颇有争议。对此,《宋元学案》辨析指出,谢山(全祖望,1705—1755)《周程学统论》曰明道先生传和伊川先生传并云从学周子:“观明道之自言曰:‘自再见茂叔,吟风弄月以归,有“吾与点也”之意。’则非于周子竟无所得者。明道行状虽谓其‘泛滥于诸家,出入于佛、老者几十年,反求诸六经而后得之’,而要其慨然求道之志,得于茂叔之所闻者,亦不能没其自也。侯仲良见周子,三日而还,伊川惊曰:‘非从茂叔来邪?’则未尝不心折之矣。然则谓二程子虽少师周子,而长而能得不传之秘者,不尽由于周子,可也;谓周子竟非其师,则过也。若《遗书》中直称周子之字,则吾疑以为门人之词。盖因其师平日有独得遗经之言,故遂欲略周子而过之也。……二程子之所以未尽其蕴者,盖其问学在庆历六年,周子即以是岁迁秩而去,追随不甚久也。”[②]这段话详细论列了二程与周子的学术关系,认为周子是二程学术渊源所自,不管二程对周子如何称呼,以及跟随周子时间长短等,都不影响他们在学统序列上的位置。

为了突出二程之学的正统地位,程颐把道统和学统并提。他说:“周公没,圣人之道不行;孟轲死,圣人之学不传。道不行,百世无善治;学不传,千载无真儒。无善治,士犹得以明夫善治之道,以淑诸人,以传诸后;无真儒,天下贸贸焉莫知所之,人欲肆而天理灭矣。”[③]故而在千四百年之后,程颢成为圣学传人,才有了此后儒学的恢宏局面。到了元祐元年(1086),程颐任职学官,稍后充馆职。朱光庭(1037—1094)等在推举程颐入侍经筵,任崇政殿说书时,已经把他也列入儒家道统序列了。他认为程颐乃“天民之先觉,圣世之真儒”,“有经天纬地之才,有制礼作乐之具,圣人之道至此而传”[④]。徽宗政和二年(1112),程颐去世后,其子程端中指出,儒道“自秦汉以下,汩没无传,惟伊川先生,以出类之才,独立乎百世之后,天下学士大夫,至先生而复明。……其功岂不优于孟子哉?”[⑤]二

① 《明道先生墓表》,《河南程氏文集》卷十一,《二程集》,中华书局1981年版,第640页。

② (明)黄宗羲《濂溪学案下》,《宋元学案》卷十二,中华书局1986年版,第532页。

③ 《明道先生墓表》,《河南程氏文集》卷十一,《二程集》,第640页。

④ (宋)李心传《伊川先生授西京国子监教授制词》案语,《道命录》卷一,中华书局1985年版,第2页。

⑤ 《伊川先生文集后序》,《二程集》目录,第24页。

人对程颐的赞美固有吹捧之嫌,但也指出了程颐的学统地位,这对于二程学统在当时的建构具有推动作用。

朱熹学有源自,得二程正传。当初杨时(1044—1130)从学二程并有"程门立雪"典故传誉①,"吾道南矣"的记载也见于《龟山语录》等多处,显示了杨时学问"道南正脉"的地位及其与二程的亲密关系。杨时亦深得程颐之赞赏②。"南剑三先生"杨时、罗从彦、李侗均为南剑州(今福建南平)人,他们把洛学南传,开启了闽学时代。《宋史》载,杨时既渡江,"东南学者推时为程氏正宗","凡绍兴初崇尚元祐学术,而朱熹、张栻之学得程氏之正,其源委脉络皆出于时"③。这大致梳理出朱熹和二程学统之间的关系。

另外,因为朱熹(1130—1200)有和程颐相似的入侍经筵经历,故后人也视此为他们传承学统的表现。宁宗绍熙五年(1194)十月,朱熹入讲《大学》等,为时仅仅四十六日。当时授命制词曰:"若程颐之在元祐,如尹焞之于绍兴。副吾尊德乐义之诚,究尔正心诚意之说。岂惟慰满于士论,且将增益于朕躬。非不知政化方行,师垣有赖。试望之于冯翊,不如寘之本朝;召贾傅于长沙,自当接以前席。慰兹渴想,望尔遄驱。"④可见宁宗对其期望甚高,以"帝王师"身份待之,惜不终。

对自己的学统地位,朱熹也是拳拳服膺,如其在《大学章句序》中说:"宋德隆盛,治教休明。于是河南程氏两夫子出,而有以接乎孟氏之传。……然后古者大学教人之法、圣经贤传之指,粲然复明于世。虽以熹之不敏,亦幸私淑而与有闻焉。"⑤朱熹虽然是私淑二程,但能秉承二人学问要旨,延续其学统。对此后人已形成共识,如《四库全书总目》认为《大学》《论语》《孟子》《中庸》诸书,"特其论说之详,自二程始;定着'四书'之名,则自朱子始耳"⑥。朱熹在二程论说基础上,对"四书"定名和集注,这对四书经学地位的提高和社会作用的扩大,起到了极为重要的推动作用。

学界对朱熹与二程子的学统关系,在传承代际划分上有点异议。《宋元学案》言:"朱子之学,自溯其得力于延平,至于籍溪、屏山、白水,则皆以为尝从之

① 《宋史》载"熙宁九年,(杨时)中进士第。时河南程颢与弟颐讲孔、孟绝学于熙丰之际,河洛之士翕然师之。时调官不赴,以师礼见颢于颍昌,相得甚欢。其归也,颢目送之曰:'吾道南矣。'四年而颢死,时闻之,设位哭寝门,而以书赴告同学者。至是,又见程颐于洛,时盖年四十矣。一日见颐,颐偶瞑坐,时与游酢侍立不去,颐既觉,则门外雪深一尺矣。"见《宋史》卷四二八,中华书局,1977年,第12738页。

② 如元符间,"伊川自涪归,见学者凋落,多从佛学,独先生(杨时)与谢丈(良佐)不变,因叹曰:'学者皆流于夷狄矣,惟有杨、谢二君长进!'"见《河南程氏外书》卷十二,见《二程集》,第429页。

③ 《宋史》卷四二八,第12743页。

④ 李心传《晦庵先生除焕章阁待制侍讲诰词》,《道命录》卷七上,中华书局1985年版,第57页。

⑤ 朱熹《四书章句集注》,上海书店出版社1987年版,第3页。

⑥ 永瑢《四库全书总目》卷三十五,中华书局1965年版,第294页。

游而未得其要者,然未尝不执弟子之礼。"①"杨文靖公四传而得朱子,致广大,尽精微,综罗百代矣!"王梓材按语曰:"自杨而罗而李而朱,仅得三传。其云四传者,统言之也。"②《宋元学案》认为诸儒学派,自龟山而豫章为一传,自豫章而延平为再传,自延平而朱子为三传。谓文靖四传而得朱子,盖统四先生言之。其实朱子本师刘白水,为龟山门人,亦只再传耳。再传、三传还是四传,这只是从外在表现的统续分析其关系,并不影响朱子对二程子学术根柢的内在接受和发展。

《宋元学案》不仅对朱熹的学统传承关系进行辨析,还细致分析了朱子之学渊源及为学求道途径,指出朱熹年十四遵从父亲遗命,师事"学有渊源"的胡宪、刘勉之、刘子翚三人,"故先生之学,既博求之经传,复遍交当世有识之士。延平李愿中先生老矣,尝从学于罗仲素先生,先生归自同安,不远数百里徒步往从之。其为学,大抵穷理以致其知,反躬以践其实,而以居敬为主。全体大用,兼综条贯;表里精粗,交底于极。尝谓圣贤道统之传,散在方册,圣经之旨不明,而道统之传始晦,于是竭其精力以研穷圣贤之经训。其于百家之支,二氏之诞,不惮深辩而力辟之"③。因刘子翚等人"学有渊源",故朱熹学术脉络纯正,其一方面是"博求之经传,复遍交当世有识之士",另外一方面又穷理致知、反躬居敬,研圣贤之经训,躬传儒家之道统。

朱熹在学统修持方面下了艰深的功夫,《宋元学案》黄百家按语论朱熹:"禀颖敏之资,用辛苦之力。尝自言曰:'某旧时用心甚苦,思量这道理,如过危木桥子,相去只在毫发之间,才失脚便跌下去。'可见先生用功之苦矣。而又孜孜不肯一刻放懈。其为学也,主敬以立其本,穷理以致其知,反躬以践其实。而博极群书,自经史著述而外,凡夫诸子、佛老、天文、地理之学,无不涉猎而讲究也。其为间世之巨儒,复何言哉!"④朱熹为学态度之战战兢兢,目的就在于追求毫厘不爽的境界,故此他对诸子、佛老诸家都有所涉猎。也唯其如此,方能立本守正。

熊赐履很是重视朱熹和二程学统难以分割的关系,以及朱熹学统的正统地位。他告诫后学者,进学之门径由程朱而孔孟方为正道。其《学统》按语曰:"孔子集列圣之大成,朱子集诸儒之大成,此古今之通论,非一人之私言也。""盖居敬穷理之言,实与尧舜精一,孔颜博约之旨,先后一揆。圣人复起,殆不能易也。象山则曰:'朱元晦诚泰山乔岳,惜乎其未闻道也。'夫朱子之道,乃尧、舜、禹、

① 《濂溪学案下》,《宋元学案》卷十二,第532页。
② 《宋元儒学案序录》,《宋元学案》卷首,第10页。
③ 《晦翁学案上》,《宋元学案》卷四十八,第1504页。
④ 《晦翁学案上》,《宋元学案》卷四十八,第1489页。

汤、文、武、周、孔、颜、曾、思、孟、周、程之道也，如象山之言，夫必如何而后谓之道耶？”[①]熊赐履高度肯定朱熹学问集诸儒之大成，为孔孟、二程之学正传的地位。为维护朱子的正统地位，熊赐履专门反驳了陆象山所说的朱熹“未闻道”的言辞，指出若朱子未闻道，那么道又何在？

对于朱熹的学统脉络和地位，朱门弟子也有讨论和认定。据载：“刘刚中问黄直卿曰：‘先生学有渊源，群弟子皆知之矣。比以古昔圣贤，未识到得何人地位？’直卿曰：‘自洙泗以远，博文、约礼，两极其至者，先生一人而已。’‘然则先生之学，其踵孔、颜乎？’直卿曰：‘然。’”[②]朱门弟子把朱熹和孔子相提并论，不仅以为他“学有渊源”，更因为他是孔子之后儒家思想的集大成者，“博文”“约礼”之第一人。

自古至今，朱熹的学统地位向来是深受重视并得到肯定的。对宋代学术史之演变，《宋史》有一个全面的梳理，北宋周敦颐、张载、二程各有建树：“迄宋南渡，新安朱熹得程氏正传，其学加亲切焉。大抵以格物致知为先，明善诚身为要，凡《诗》《书》，六艺之文，与夫孔孟之遗言，颠错于秦火，支离于汉儒，幽沉于魏晋六朝者，至是皆焕然而大明，秩然而各得其所。此宋儒之学所以度越诸子，而上接孟氏者欤。其于世代之污隆，气化之荣悴，有所关系也甚大。道学盛于宋，宋弗究于用，甚至有厉禁焉。后之时君世主，欲复天德王道之治，必来此取法矣。”[③]史家从历史纵深来剖析朱子学术的巨大价值，朱子不仅传承斯文、延续学脉，而且使之更加亲切于人伦日用，这就具有更大的社会功利价值，可资于“天德王道之治”。

关于朱熹对二程学统的贡献，钱穆认为：“朱子为学途径，本亦自程门上窥二程，又自二程上通语孟。此与当时一般理学家大体无异。逮其进而益深，乃轨辙大变。盖自语孟下观二程，又自二程下观程门，而后其间之得失违合，乃一一昭揭无可隐遁。”“朱子自语孟下观二程，乃见二程所言，亦有为语孟所未言，而确有当于义理之真者，如伊川言‘性即理也’之类是也。”[④]钱穆采用发展的眼光，从学统源流中看到朱熹在二程乃至于儒门学统中，占有非常重要的位置；因为朱熹不是简单地传承二程学统，他是后来居上、居高临下，对二程学统有所发

---

① 熊赐履《学统》卷九，第 168 页。

② 束景南《朱熹佚文辑考》，江苏古籍出版社 1991 年版，第 510 页。

③ 关于北宋理学学脉，《宋史》描述曰：“千有余载，至宋中叶，周敦颐出于舂陵，乃得圣贤不传之学，作《太极图说》《通书》，推明阴阳五行之理，命于天而性于人者，了若指掌。张载作《西铭》，又极言理一分殊之旨，然后道之大原出于天者，灼然而无疑焉。仁宗明道初年，程颢及弟颐实生，及长，受业周氏，已乃扩大其所闻，表章《大学》《中庸》二篇，与《语》《孟》并行，于是上自帝王传心之奥，下至初学入德之门。融会贯通，无复余蕴。”见《宋史·道学传》卷四二七，第 12710 页。

④ 钱穆《朱子新学案》，巴蜀书社 1987 年版，第 846 页。

明,这正如二程对语孟学说的发明广大一样。

邓广铭先生对朱熹联接濂洛之间关系的做法颇不以为然,他指出:"经过朱熹等几次三番地力加论证之后,伊洛渊源于濂溪之说便为理学家们的徒众所普遍接受,形成了一种一定不易之论。"①"而其实,这个系列组合是勉强拼凑在一起的,特别是濂洛之间的学术传承关系,只是处于若有若无的状态之下,是经不起认真的推敲和论证的。主要是因为此说并不是建立在坚实牢固的基础之上的。"②

个中原因,邓广铭也根据现有的材料,进行了颇为细致的分析,指出:"程颢虽然从与周敦颐相见之后,即'慨然有求道之志',然而还并未从周敦颐得知求道的门径,是在他'泛滥于诸家,出入于老释'十来年之后,才'返求诸六经而后得之'的。由此可见,程颢后来之成为理学家或道学家,与周敦颐并无丝毫干涉。程颢如此,程颐当然更是如此。""程颢也和韩愈一样,认为'自孟子没而圣学不传',所以他自己'以兴起斯文为己任',可见他也并未把周敦颐放在心目当中,并不认为他已能够算作继承儒家道统的一人,因而周氏本人也就不具备可以被继承的学统了。""程颐所说其兄在学术领域中的主要活动,是'辩异端似是之非,开百代未明之惑',这与周敦颐的《太极图》和《通书》的内容全然异趣。朱熹只想凭借《李寺丞墓志铭》和《程邵公志》两文而硬要把周程牵合为一,这是无法令人折服的。""基于上述的分析,我可以斩钉截铁地说,二程决不是受'学'(理学)于周敦颐的,特别是对于他的《太极图》和《通书》,二程是都不曾接触过的。" ③

邓广铭先生如此斩钉截铁地否认二程和濂溪之间的学统关系,这倒是很能吊起研究者的胃口,去对此问题进一步深入探究。不过他也结合当时的历史政治环境和学术发展趋势,指出了一个重要的事实,来描述和解释周敦颐作为宋代理学之祖地位的确立过程。那就是,"南宋嘉定年间,权相史弥远为了巩固他的政治权势,必须力反韩侂胄当政时的所作所为,所以对于从北宋到南宋的理学家们,作了一系列的表扬和褒奖的工熊,而一切又都是参照朱熹生前所发表的意见办理的。从此以后,以周敦颐为祖师爷的,这个所谓濂洛吴闽的宋代理

---

① 邓广铭《关于周敦颐的师承和传授》,季羡林编《纪念陈寅恪先生诞辰百年学术论文集》,北京大学出版社 1989 年版,第 57 页。

② 邓广铭《关于周敦颐的师承和传授》,季羡林编《纪念陈寅恪先生诞辰百年学术论文集》,北京大学出版社 1989 年版,第 58 页。

③ 邓广铭《关于周敦颐的师承和传授》,季羡林编《纪念陈寅恪先生诞辰百年学术论文集》,北京大学出版社 1989 年版,第 60 页。

学家的系列组合便人为地构成了”①。

二、“主敬”与“破敬”:洛蜀党争的学统分辨

北宋哲宗元祐时期(1086—1093),是洛蜀党争发生的主要阶段。关于洛党和蜀党的争斗原因,长期以来学界不仅指出了两党人士在政治、学术、性情等方面的分歧,也描绘了生动的党争历史画面,但同时也带来一些新的疑点和追问。在“学统四起”的北宋社会,对党争研究应该关注学术问题,因为洛学和蜀学毕竟是洛蜀两党文人的学术归宿,学统问题应是促使两党发生矛盾的重要因素。故研究蜀党与洛党之争,首先必须关注其学统之争。

对于蜀党与洛党的形成原因,《宋元学案》言:“方是时,苏子瞻轼在翰林,有重名,一时文士多归之。文士不乐拘检,迂先生所为,两家门下迭起标榜,遂分党为洛、蜀。”②依照这段话,蜀、洛两党形成的原因好像很简单,仅仅是“文士不乐拘检”,而认为程颐行为过于迂腐,两家学人各自标榜门户。蜀党活泼,洛党严肃,仿佛仅仅是性情之争。其实这只是表象,两派根本的区别在于学术的路子不同。《朱子语类》对洛蜀党争发生的原因进行了较多的探析,指出“二家常时自相排斥,苏氏以程氏为奸,程氏以苏氏为纵横”③。

根源于学统的区别,在处世、为人、为文等方面,洛蜀两派围绕“主敬”等问题产生了摩擦。《二程集》记载:“朱公掞(朱光庭)为御史,端笏正立,严毅不可犯,班列肃然。苏子瞻语人曰:‘何时打破这“敬”字?’”④对此“主敬”与“破敬”问题,洛学后人朱熹进行了较多的探讨。《朱子语类》记载朱熹的话语说:“东坡与荆公固是争新法,东坡与伊川是争个甚么?只看这处,曲直自显然可见,何用别商量?只看东坡所记云,‘几时得与他打破这“敬”字!’看这说话,只要奋手捋臂,放意肆志,无所不为便是。只看这处,是非曲直自易见。”“这个是处,便即是道,便是所谓‘天命之谓性,率性之谓道’。万物万事之所以流行,只是这个。做得是,便合道理;才不是,便不合道理。所谓学问,也只在这里。”⑤朱熹所谓主敬的“是处”便是“道”,那苏轼的“破敬”自然与“道”相悖而行了。朱熹认为苏

---

① 邓广铭《关于周敦颐的师承和传授》,季羡林编《纪念陈寅恪先生诞辰百年学术论文集》,北京大学出版社1989年版,第57页。

② 《伊川学案上》,《宋元学案》卷十五,第590页。

③ (宋)黎靖德《朱子语类》卷一三〇,中华书局1994年版,第3109页。

④ 《河南程氏外书》卷十一《时氏本拾遗》,《二程集》,中华书局1981年版,第414页。

⑤ 《朱子语类》卷一三〇“熙宁至靖康用人”条,第3110页。

轼(1037—1101)“他好放肆,见端人正士以礼自持,却恐他来检点,故恁诋訾”[①]。他认为苏轼之所以戏谑调笑程颐,是出于个人的私心,担心被礼法之士约束而率先出手打破这个“敬”来。

就为学态度而言,程颐认为惟有“敬”方能识得道理来。《朱子语类》指出:“自秦汉以来,诸儒皆不识这‘敬’字,直至程子方说得亲切,学者知所用力。”[②]所谓“亲切”,就是更切近于道理来。“程先生所以有功于后学者,最是‘敬’之一字有力。人之心性,敬则常存,不敬则不存。如释老等人,却是能持敬。但是他“只知得那上面一截事,却没下面一截事”[③]。程颐“主敬”思想之“有力”之处,在于它虽然和佛教一样以持敬的态度进行心性修养,但并不止步于心性,同样关注人伦日用、社会民生和济世治国等。

《宋元学案》载黄宗羲案语曰:“‘涵养须用敬,进学在致知’,此伊川正鹄也。考亭守而勿失,其议论虽多,要不出此二言。”[④]这就非常简洁地指出了程颐之学的“主敬”“致知”的特点,及其对朱熹的影响。程颐认为:“敬只是主一也。”“存此,则自然天理明。学者须是将敬以直内,涵养此意,直内是本。”[⑤]“敬即便是礼,无己可克。”[⑥]君子、学者之“敬”是内心主与一,且约之以礼。对于圣人、君王而言,“主敬”的意义更为宏大。“圣人修己以敬,以安百姓,笃恭而天下平。惟上下一于恭敬,则天地自位,万物自育,气无不和,四灵何有不至?此体信达顺之道,聪明睿智皆由是出”[⑦]。“安百姓”“平天下”“位天地”“育万物”,由此可见程氏提倡的“主敬”理念不仅要落实在个人修持方面,而且对于社会秩序的建构而言也是意义非凡。

“主敬”思想在二程学说体系中占据了主导地位,故朱熹等对东坡蜀学向来看不惯。蜀学以文学为特色,就其思想来言,杂有佛道,非纯正儒家。二程学问虽然背后也是援佛入儒,但在为学功夫上对蜀学的通脱驳杂颇为反感。王水照论及程、苏二人思想、志趣和性格的歧异时候,指出:“程颐讲求道学行为规范,矫情伪饰,苏轼崇尚真率通脱,企希本真自然。”[⑧]程颢曾赞扬弟弟说:“异日能尊师道,是二哥!”[⑨]《宋元学案》言:“先生容貌庄严,于上前不少假借。时文潞

① 《朱子语类》卷一三〇,第3109页。
② 《朱子语类》卷十二,第207页。
③ 《朱子语类》卷十二,第210页。
④ 《晦翁学案上》,《宋元学案》卷四十八,第1554页。
⑤ 《河南程氏遗书》卷十五,《二程集》,第149页。
⑥ 《河南程氏遗书》卷十五,《二程集》,第143页。
⑦ 《河南程氏遗书》卷六,《二程集》,第81页。
⑧ 王水照《论洛蜀党争的性质和意义》,《河北师院学报(社会科学版)》,1995年第1期,第13页。
⑨ 《河南程氏外书》卷十二《传闻杂记》,《二程集》,第427页。

公彦博以太师平章重事,侍立终日不懈,上虽谕以少休,不去也。"①由于程颐在朝廷之中尊明道理,庄严师道,当时对文彦博等朝臣的风习都有影响。如朱光庭初受学于孙复、胡瑗,"后从二程于洛,闻格物致知为进道之门,正心诚意为入德之方,深信不疑。其为谏官,奋不顾身,以卫师门,遂名洛党之魁。盖杰然自拔于流俗者也"②。

《宋元学案》言程颐日常生活中,"衣虽布素,冠襟必整。食虽简俭,蔬饭必洁。致养其父,细事必亲。赡给内外亲党八十余口,其接学者以严毅"③。"程门立雪"的典故也生动说明了即便是在日常生活中,"主敬"也是程氏门人的行为准则。程颐的"主敬"思想的确发展到书呆子的程度。一日为哲宗讲学,"讲罢未退,上忽起凭槛,戏折柳枝。先生进曰:'方春发生,不可无故摧折。'上不悦"④。当时的哲宗还是一个小孩子,童真未泯,如此板着面孔训斥,故难免引起皇上不悦。因为,程颐入侍经筵,以及修国子监太学条例等事项都带来了"群臣非议"。《宋元学案》记载:"会帝以疮疹不御以筵,先生曰:'上不御殿,太皇太后不当独坐。且人主有疾,大臣可不知乎!'宰相始奏请问疾。由是大臣亦多不悦。谏议孔文仲因奏先生为五鬼之魁,当放还田里,遂出管句西京国子监。"⑤可见程颐的"主敬"在现实中有时候表现得不合时宜,故也招来鄙视和排挤。

朱熹曾论程颐门下其时状况:"一时人士归其门者甚盛,而先生亦以天下自任,论议褒贬,无所顾避。由是,同朝之士有以文章名世者,疾之如仇,与其党类巧为谤诋。"⑥这里的"同朝之士有以文章名世者"显然是指苏轼。《宋元学案》亦载"方是时,苏子瞻轼在翰林,有重名,一时文士多归之"。文人相轻,自古而然。故而程颐之辈就为苏轼及其门人所不容,且东坡个性素来通达,对程颐行为戏谑调笑⑦,故而洛蜀两派渐渐产生一系列的冲突。在这些矛盾的基础之上,在政治生活领域,随着他们共同的敌人新党的消退,两派之间的矛盾才日益白热化。史载:"吕申公为相,凡事有疑,必质于伊川。进退人才,二苏疑伊川有

① 《伊川学案上》,《宋元学案》卷十五,第590页。

② 《刘李诸儒学案》,《宋元学案》卷三十,第1068页。

③ 《伊川学案上》,《宋元学案》卷十五,第591页。

④ 《伊川先生年谱》,《河南程氏遗书》附录,《二程集》,第342页。

⑤ 《伊川学案上》,《宋元学案》卷十五,第590页。

⑥ 《伊川先生年谱》,《河南程氏遗书》附录,见《二程集》,第343页。

⑦ 如哲宗元祐元年(1086)十月,司马光去世,朝廷赐以"明堂大享"殊荣。据《河南程氏外书》载:"温公薨,朝廷命伊川主其丧事。是日也,祀明堂礼成,而二苏往哭温公,道遇朱公掞,问之。公掞曰:'往哭温公,而程先生以为庆吊不同日。'二苏怅然而反,曰:'鏖糟陂里叔孙通也。'(言其山野)自是时时谑伊川。""他日国忌,祷于相国寺,伊川令供素馔,子瞻诘之曰:'正叔不好佛,胡为食素?'正叔曰:'礼,居丧不饮酒食肉。忌日,丧之余也。'子瞻令具肉食,曰:'为刘氏者左袒。'于是范淳夫辈食素,秦、黄辈食肉。"见《河南程氏外书》卷十一《时氏本拾遗》,《二程集》,第416页。

力,故极口诋之云。"[①]洛蜀两派的诸般纷争,最终演化为政治上的倾轧排挤。

洛蜀党争在政治上的交锋正式始于朱光庭对苏轼主试策问"讥讽祖宗"的弹劾。元祐元年十一月二十九日,苏轼主试学士院馆职,所出策问:"今朝廷欲师仁祖之忠厚,而患百官有司不举其职,或至于偷。欲法神考之励精,而恐监司守令不识其意,流入于刻。"[②]此番纠纷后来在袒护苏轼的太后等人的干预下不了了之,但从此洛蜀党人之间相互攻讦不断。苏轼对程颐也是毫不客气的,如其元祐六年(1091)曾说:"臣又素疾程颐之奸,未尝假以色词,故颐之党人,无不侧目。"[③]人品问题成了洛党攻击蜀党的主要工具。如元祐五年(1090)五月,朱光庭上书言新除太学博士秦观"素号薄徒,恶行非一,岂可以为人之师",其年六月便诏令秦观充秘书省校对黄本书籍。

党争带来的是政治力量的消耗,且两党都没有因此而获得好下场。元祐二年(1087)九月,侍御史王觌奏云:"苏轼、程颐向缘小恶,浸结仇怨。于是颐、轼素相亲善之人,亦为之更相诋讦以求胜,势若决不两立者。乃至台谏官一年之内,章疏纷纭,多缘颐、轼之故也。"[④]自元祐元年程颐为崇政殿说书,苏轼任翰林学士知制诰,后苏轼除兼侍读,与程颐同在经筵。鉴于苏轼、程颐交恶,有司主张并罢二人。故程颐管勾西京国子监,苏轼外补。

程颐和苏轼的身影虽然在朝堂消失,但蜀党和洛党的影响并未就此完全消除,对后来的政坛依然有长期的影响。如绍兴初年,张浚与皇上讨论用人时候还说:"士人各随所习,如蜀中之士多学苏轼父子;江西之士多学黄庭坚。"浚等曰:"大抵耳目所接,师友渊源,必有所自。"[⑤]这就显示了苏轼等人师友渊源所形成的学统,对当时的士风产生了极大影响。

三、"修辞立诚":二程学统对其文学观的影响

程颐"主敬"的为学态度对文学评价也会产生影响。《河南程氏外书》载,程颐一日偶见秦观(1049—1100),问曰:"'天若知也和天瘦[⑥],是公词否?'少游

① 《河南程氏外书》卷十一《时氏本拾遗》,见《二程集》,第416页。

② 苏轼《试馆职策问三首》之"师仁祖之忠厚法神考之励精",《苏轼文集》卷七,中华书局1986年版,第210页。

③ 《杭州召还乞郡状》,《苏轼文集》卷三十二,第913页。

④ 李焘《续资治通鉴长编》卷四〇五,中华书局1986年版,第9688页。

⑤ 李心传《建炎以来系年要录》卷一一一"绍兴七年六月乙卯"条,中华书局1956年版,第1808页。

⑥ 秦观《水龙吟·小楼连远横空》句:"天还知道,和天也瘦。"

意伊川称赏之，拱手逊谢。伊川云：'上穹尊严，安得易而侮之？'少游面色骍然。"[①]秦观原句为"名缰利锁，天还知道，和天也瘦"，表现的是士子羁留宦海，身心疲惫的沧桑感，倒不觉对天有何不敬。

程颐之所以对文学有如此迂腐可笑的见解，是由于他对文道关系的理解，而这正是宋代诸家学派论及文学时候首先面对的一个问题。程颐在回答学生"作文害道否"的疑问时，语气确凿地说："害也。凡为文，不专意则不工，若专意则志局于此，又安能与天地同其大也？《书》曰'玩物丧志'，为文亦玩物也。"[②]对于学诗，程颐认为："既学时须是用功方合诗人格，既用功，甚妨事。古人诗云：'吟成五个字，用破一生心。'又谓'可惜一生心，用在五字上'。此言甚当。"[③]对于把一生精力投入到诗歌创作上的行为，程颐颇不以为然，感觉学诗用功"甚妨事"，读书人应把生命投入到儒学研修的圣贤事业当中。

程颐认为："今之学者有三弊：一溺于文章，二牵于训诂，三惑于异端。苟无此三者，则将何归？必趋于道矣。"[④]所谓"溺于文章"，主要是指苏轼之类文人对文章之学的重视。程颐把"溺于文章"与"趋于道"对立起来的，自称"某素不作诗，亦非是禁止不作，但不欲为此闲言语"。他还举例说："且如今言能诗无如杜甫，如云'穿花蛱蝶深深见，点水蜻蜓款款飞。'如此闲言语，道出作甚？某所以不常作诗。"[⑤]对于杜甫《曲江二首》中的绝妙诗句，程颐也完全否定其价值，这真是道学家的偏见了。程颐欣赏的诗歌也有，那无非就是在表达儒学哲理和人生修炼等方面有所体会且带着诗歌面具的哲理化句子。如吕大临《送刘户曹》诗："学如元凯方成癖，文似相如始类俳。独立孔门无一事，只输颜氏得心斋。"如此语句，程颐却赞曰"此诗甚好"[⑥]。

"作文害道"观念的产生，是出于程颐以诚为本的为学态度。《宋元学案》言："先生为学，本于至诚，其见于言动事为之间，疏通简易，不为矫异。"[⑦]程氏为学的基本态度是杜绝一切繁琐夸饰行为，疏通简易。然所本之"诚"为何？二程道："无妄之谓诚，不欺其次矣。"[⑧]《朱子语类》言："诚者，真实无妄之谓，天之道也。""此言天理至实而无妄，指理而言也。"[⑨]天理真实无妄，那么以天理、道

① 《河南程氏外书》卷十二《传闻杂记》，《二程集》，第442页。
② 《河南程氏遗书》卷十八，《二程集》，第239页。
③ 《河南程氏遗书》卷十八，《二程集》，第239页。
④ 《河南程氏遗书》卷十八，《二程集》，第187页。
⑤ 《河南程氏遗书》卷十八，《二程集》，第239页。
⑥ 《河南程氏遗书》卷十八，《二程集》，第239页。
⑦ 《伊川学案上》，《宋元学案》卷十五，第591页。
⑧ 《河南程氏遗书》卷六，《二程集》，第92页。
⑨ 《朱子语类》卷六十四，第1564页。

为根本的文学创作必须以诚为本,依乎天理,循道而行。

在文学创作方面,二程主张“修辞立诚”。程颢曰:“‘修辞立其诚’,不可不子细理会。言能修省言辞,便是要立诚。若只是修饰言辞为心,只是为伪也。若修其言辞,正为立己之诚意,乃是体当自家敬以直内、义以方外之实事。道之浩浩,何处下手?惟立诚才有可居之处,有可居之处则可以修业也。‘终日干干’,大小大事却只是忠信,所以进德为实下手处,修辞立其诚为实修业处。”①程颢认为修辞的目的在于立诚,立诚是修业进德可资凭借的可居之处。

按照“真实无妄”的标准,那么在文学表现手法上的敷衍夸饰、铺张扬厉等苏门文人擅长的手段,自然是失之于虚妄怪诞了。苏轼之后,三苏之学并没有得到很好的继承和广大,至于其中的原因,学界也在探讨。比如三苏之学和书院的关系问题,因为苏轼等很少涉足书院教育,因而没有一个稳定的后学队伍。也有研究者从苏轼之学的个性特点着眼,认为:“苏轼自由舒卷、洒落从容的精神气度难以师模,不易形成统绪,学人无所依,亦不必有所依。”“相较而言,程系道学标榜一定不易、历圣相传之‘道统’,立场明确,且以纯善的德性为社会的根本价值依托,在内忧外患、人心不齐的时局中有一定的吸引力和凝聚力。”②故而,二程之学后人不绝,至朱熹则集其大成。

四、朱熹对苏轼的学统批判

清人王新命(?—1708)认为:“人心之不正,由于道统之不明;道统之不明,由于学术之不端。”“继正脉以扶大道,阐千圣之真谛,正万古之人心,直与日星河岳同垂不朽。”③为学之道中学统纯正至关重要,继正脉,扶大道,方可匡正人心,与日月同不朽。这些古今通行的道理,反映了中国学术发展的一般规律,更揭示了学统在建构道统中的重要性。

在宋学研究中,朱熹对苏轼的评价和接受问题一直引人注目。朱熹的评价涉及文学、性情、为人等多个方面,而且接受态度前后有一个变化的过程,个中原因耐人寻味。近年来相关研究认为,大致以淳熙三年(1176)为界,朱熹对苏轼的评价前后有所变化。前期主要以书信形式与程洵、汪应辰、吕祖谦、芮烨、詹体仁、范伯崇等辨析苏学,并撰《辨苏氏易解》《辨苏黄门老子解》辩难。主要抨击苏学不纯掺杂佛老,苏轼为人放纵妨害士风,为文轻佻妨害正道等;后期主

① 《河南程氏遗书》卷一,《二程集》,第2页。

② 郭庆财《两宋之际苏学与程学关系新变》,《北方论丛》,2003年第2期,第72页。

③ 熊赐履《王新命序》,《学统》,第11页。

要是在师生言论和一些“记”“跋”中论及苏学，评价有褒有贬，渐趋平和。大致情况是：“既指出苏学之纰漏，又包容吸纳之。”“既指出苏轼性格之特点缺点，又高其行义气节。”“既批评苏轼为文之不足，又推赏其文章风范。”“叹赏东坡书画艺术，推重其英气逸韵。”且朱熹评价转变的原因，可能会是多方面的[①]。然也有研究者并不认为朱熹对苏轼的接受态度存在前后期的明显差异，如莫砺锋言朱熹对苏轼的看法“相当复杂，有时甚至自相矛盾。这是朱熹身兼理学家与文学家二任的特殊身份所带来的必然后果”[②]。他认为朱熹始终是一种矛盾的思想状况，这是他身份的独特性决定的。

孝宗乾道六年(1170)，诏赐苏轼“文忠公”谥号，赠太师的官位，制词赞苏轼曰：“养其气以刚大，尊所闻而高明。博观载籍之传，几海涵而地负；远追正始之作，殆玉振而金声。知言自况于孟轲，论事肯卑于陆贽？方嘉祐全盛，尝膺特起之招；至熙宁纷更，乃陈长治之策。叹异人之间出，惊谗口之中伤。放浪岭海，而如在朝廷；斟酌古今，而若斡造化。不可夺者峣然之节，莫之致者自然之名。经纶不究于生前，议论常公于身后。人传元祐之学，家有眉山之书。”[③]评价之高，令人动容。然关于“人传元祐之学，家有眉山之书”和苏轼“太师”赠号，还有一个争议存在。道学中人李心传把苏轼“太师”赠号之事，描述为“乌龙”事件，且津津有味地讲出一个离奇的故事，当有轩轾倾向之寄寓[④]。朱熹对此事也持同样的看法，认为：“东坡谥‘文忠’时，无‘太师’，曾误写作‘太师’。人与言之，曰：‘何妨？’遂因而赠之。”[⑤]南宋罗大经(1196—1252)的评价语气则显得

---

① 朱熹对苏轼评价变化原因有：“孝宗皇帝好苏，又执意召用朱熹”；“与朱熹论辩苏学的对手，相继退出，朱熹论辩的方向与精力转移”；“朱熹对苏轼的仁政爱民有了深切的理解与认识”；“三次反道学高潮，使朱熹更推崇苏公之人格气节”；“思想方法、治学理念改变，使朱熹学术思想更为宽宏包容”；“文坛大家推崇苏轼诗文书法”等。见张进《论朱熹对苏轼的批评与接受》，《唐都学刊》，2008年第2期，第104—107页。

② 莫砺锋《论朱熹关于作家人品的观点》，《文学遗产》，2000年第2期，第72页。

③ 《苏文忠公赠太师制》，《经略东坡文集事略》卷首，孔凡礼《三苏年谱》，北京古籍出版社2004年版，第3202页。

④ 《建炎以来朝野杂记》载：“乾道末，苏文忠特赠太师，世或不知其所以。盖仁宗时，苏仪甫尝为翰林学士，元祐中，以其子子容贵，赠太师。始仪甫尝游金山，题诗曰：‘僧依玉鉴光中住，人在金鳌背上行。’至是，蜀僧宝印在金山。摘其诗，名轩为‘玉鉴’，又属张安国大书而刻之。张跋云：‘此诗翰林学士赠太师苏公所赋也。’碑成。僧摹以遗大珰甘升。一日，上过其直庐外望见，索观之，意以为文忠也。时文忠曾孙季真为给事中，它日，上更书文忠诗以赐。又识其末曰：‘故赠太师苏轼诗。’季真拜赐，疑之。前白曰：‘先臣绍兴初，尝赠资政殿学士，未尝赠太师，今蒙圣恩，乞自朝廷行下。’上愕曰：‘朕记赠太师久矣。’季真不敢白，闲为执政言之。执政因奏以为言，上始喻金山寺诗乃苏绅也。因即曰：‘如轼名德昭著，亦当赠太师。’于是降旨施行。然上雅实敬文忠，居常但称子瞻，或称东坡。舍人草制有曰：‘人传元祐之学，家有眉山之书。词头无所凭，故但为好语耳。’”见李心传《建炎以来朝野杂记(上)》甲集卷八“苏文忠赠官”条，中华书局2000年版，第162页。

⑤ 《朱子语类》卷一三〇，第3120页。

客观平淡一些,他认为:“自程苏相攻,其徒各右其师。孝宗最重大苏之文,御制序赞,特赠太师,学者翕然诵读,所谓人传元祐之学,家有眉山之书,盖纪实也。”他还指出:“文公每与其徒言苏氏之学坏人心术,学校尤宜禁绝。”①可见苏轼蜀学影响之广,不仅在当时给洛学门人带来压力,即便是程门后学朱熹也有着深深的学统危机意识,因此也更加严肃地指摘苏轼蜀学之过失。

朱熹对二程学统的阐述和建构,总是和对苏轼学统的批评相提并论的,且多关注苏轼在“道理”方面的粗疏舛误。可从三方面来看朱熹对苏轼学统的批评:

1.为学之途径方式

熊赐履指出:“百家之支,二氏之谬,或明畔吾道,显与为敌,或阴乱吾实,阳窃其名,皆斯道之乱臣贼子。必为之正其辜,使不得乱吾统焉。”“曰异统,明不同也,如老、庄、杨、墨及道家、释氏之类是也。”②标榜“吾道”,驳斥异端,这是理学家的立场,也是卫道士自觉性产生的根源。熊赐履认为:“朱子谓苏氏‘早拾苏、张之续余,晚醉佛、老之糟粕’。斯二语,可谓尽之矣。聪明才智之士,学焉而不得其正,未有不杂于纵横而流于老释者。”③故如苏轼之类天资聪明、才智超人者,学统之正至关重要。朱熹对苏轼学统的批判主要有两点,一是失之于“用敬”,二是驳杂于佛老。

和许多理学家一样,朱熹早年也曾出入佛老,后依李侗学,成功逃禅归儒。因此,朱熹认为“大抵学者贵于知道。苏公早拾苏、张之绪余,晚醉佛、老之糟粕”④,为学芜杂。且认为苏轼是把佛老思想用作装点门面、迷惑众人的工具:“杂以佛老,到急处便添入佛老,相和倾瞒人。如装鬼戏、放烟火相似。且遮人眼。”⑤“东坡说得高妙处,只是说佛,其他处又皆粗。”⑥

朱熹面对苏轼的时候,也有过困惑。他曾说:“读苏氏书,爱其议论不为空言,窃敬慕焉。”“苏氏议论切近事情,固有可喜之处。”“仆数年前亦尝惑焉,近岁始觉其缪。”⑦朱熹所做《辨苏氏易解》认为其性命诸说,多出私意,杂佛老而言之。后由何镐编入《杂学辨》,专门辨斥诸儒之杂于佛老者也。凡苏轼《易

---

① 罗大经《鹤林玉露》甲编卷二“二苏”条,上海书店出版社1990年版,第45页。

② 熊赐履《学统·凡例》,第18页。

③ 熊赐履《学统》卷四十六,第480页。

④ 《答程允夫》,《晦庵先生朱文公文集》卷四十一,《朱子全书》,上海古籍出版社、安徽教育出版社2010年版,第1860页。

⑤ 《朱子语类》卷一三七,第3276页。

⑥ 《朱子语类》卷一三〇,第3113页。

⑦ 《答程允夫》,《晦庵先生朱文公文集》卷四十一,《朱子全书》,第1859—1860页。

传》十九条，苏辙《老子解》十四条等，皆摘录原文，各为驳正。朱熹认为苏轼易解，“乾之彖辞，发明性命之理，与《诗》《书》《中庸》《孟子》相表里，而大传之言亦若符契。苏氏不知其说，而欲以其所臆度者言之，又畏人之指其失也，故每为不可言不可见之说，以先后之，务为闪倏滉漾不可捕捉之形，使读者茫然，虽欲攻之而无所措其辨”①。

《朱子语类》中论东坡之学曰：“当时游其门者，虽苦心极力，学得他文词言语，济得甚事！如见识议论，自是远不及。今东坡经解虽不甚纯，然好处亦自多，其议论亦有长处。但他只从尾梢处学，所以只能如此。”②有人问：“二苏之学得于佛老，于这边道理，元无见处，所以其说多走作。”曰：“看来只是不会子细读书。它见佛家之说直截简易，惊动人耳目，所以都被引去。圣贤之书，非细心研究不足以见之。某数日来，因间思圣人所以说个‘格物’字，工夫尽在这里。今人都是无这工夫，所以见识皆低。”③

2.文道观念之因革

朱熹依然很关注文道关系这个重要的命题。周敦颐有“文以载道”之说，程颐进一步言“作文害道”，但他们都没有看到“文”相对于“道”所具有的重要性和独立价值。朱熹关于文道关系有一些很经典的阐述。他针对“文者，贯道之器”的观点驳斥道：“这文皆是从道中流出，岂有文反能贯道之理？文是文，道是道。文只如吃饭时下饭耳。若以文贯道，却是把本为末。以末为本，可乎？其后作文者皆是如此。”④“道者，文之根本；文者，道之枝叶。唯其根本乎道，所以发之于文，皆道也。三代圣贤文章，皆从此心写出，文便是道。今东坡之言曰‘吾所谓文，必与道俱’，则是文自文而道自道，待作文时，旋去讨个道来入放里面，此是它大病处。”⑤朱熹看出苏轼是为文而讲道，在没有真正悟道的情况下，强自论道，依靠其文采迷惑了世人，其作文实质上是“大本都差”。因此，朱熹痛心疾首地指出“苏轼文害道，甚于老佛”⑥。

可见，朱熹对文道关系认识中，是把“文”和“道”结合起来的，这是一个很大的进步。他认为“文”都是从“道”中流出，“发之于文皆道”，这突出了“道”的根本性和决定性。他同时批判苏轼文章“文”与“道”的分离，认为其并没有从根本上把“道”作为“文”的出发点：“韩退之及欧、苏诸公议论，不过是主于文

① 《晦庵先生朱文公文集》卷七十二，《朱子全书》，第3460页。
② 《朱子语类》卷一三〇，第3120页。
③ 《朱子语类》卷一三〇，第3111页。
④ 《朱子语类》卷一三九，第3305页。
⑤ 《朱子语类》卷一三九，第3319页。
⑥ 《朱子语类》卷一三九，第3306页。

词,少间却是边头带说得些道理,其本意终自可见。”[①]可见类似的弊端不仅仅是苏轼一人所有,凡韩愈、欧阳修诸公等以文名者均是如此。

早在隆兴二年(1164)朱熹三十五岁,对苏轼文章就有激烈抨击之言。他说:“至若苏氏之言,高者出入有无而曲成义理,下者指陈利害而切近人情。其智识才辨、谋为气概,又足以震耀而张皇之,使听者欣然而不知倦,非王氏之比也。然语道学则迷大本,论事实则尚权谋,炫浮华,忘本实;贵通达,贱名检。此其害天理,乱人心,妨道术,败风教,亦岂尽出王氏之下也哉!”[②]此番痛斥可谓淋漓尽致,通过和王安石作比较,认为苏轼在“害天理,乱人心,妨道术,败风教”方面出安石之右。

冷成金认为,相对于苏轼的“自由文艺观”,“朱熹则从调整意识形态、再造封建秩序的历史要求出发,建立了理学文艺观”。“朱熹通过对前代文论的批判,否定了道外之文的存在,为文道合一找到了深刻的哲学基础,建立了‘文从道中流出’的文艺本源观,把传统的布道教化文论提高到了一个崭新的水平”[③]。这些评价颇有道理,这个“崭新的水平”若准确来说,应该是一个有些偏激的过度推崇的高度,存在着把“道”神圣化而矮化“文”的倾向。

3.为人之道德风范

关于学人之品行,朱熹是赞同程颐那种“正人君子”模样的师道尊严的,而苏轼却总是要打破程颐这“敬”字,故朱熹对苏轼及其门人的批判也不客气。他认为:“东坡如此做人,到少间便都排废了许多端人正士,却一齐引许多不律底人来。”[④]“从其游者,皆一时轻薄辈,无少行检,就中如秦少游,则其最也。”[⑤]朱熹的言论有时候甚为愤激,直言驳斥道:“其徒如秦观、李廌之流,皆浮诞佻轻,士类不齿,相与扇纵横捭阖之辨以持其说,而漠然不知礼义廉耻之为何物。虽其势利未能有以动人,而世之乐放纵、恶拘检者已纷然向之。使其得志,则凡蔡京之所为,未必不身为之也。”[⑥]朱熹把苏轼比作蔡京之流,对其祸国殃民这种未行之祸也是一种推测,但言语间已见其不耻之意。

朱熹特别看重读书人的人品,并会因其人品低下而否定其政治、文学等方面才能。他认为:“东坡所荐引之人,多轻儇之士,若使东坡为相,则此等人定皆

---

① 《朱子语类》卷一三七,第3276页。

② 《答汪尚书》,《晦庵先生朱文公文集》卷三十,《朱子全书》,第1300—1301页。

③ 冷成金《苏轼、朱熹文艺观之比较》,《中国人民大学学报》,1996年第3期,第84—86页。

④ 《朱子语类》卷一三〇,第3110页。

⑤ 《朱子语类》卷一三〇,第3109页。

⑥ 《朱子语类》卷三十,第1273页。

布满要路，国家如何得安静！”[①]“安道(张方平)之徒，平日苟简放恣惯了，才见礼法之士，必深恶。如老苏作辨奸以讥介甫，东坡恶伊川，皆此类耳。”[②]不仅是苏轼，对待韩愈、欧阳修等大家，朱熹的也会一并批评，毫不客气的。朱熹认为苏轼“平正不及韩公”。欧阳修也失之于“浅”，这是因为“大概皆以文人自立，平时读书，只把做考究古今治乱兴衰底事。要做文章，都不曾向身上做工夫，平日只是以吟诗饮酒戏谑度日”[③]。足见朱熹骨子里是看不起诗人的。

朱熹上宗二程之学，沿袭二程思想对苏轼等多有批判，在为学方面还是提倡精思明辨，博采众家之长，他也反对汉儒治经那种“各守师说”，不敢轻易变易的做法的。张毅认为：“理学家总是想管住文学家。”“从南宋末期开始，随着程、朱理学为官方统治者所认可，学宗程、朱而文慕欧、苏，以古文家的方法阐述理学家的义理，有余力而顾及辞章，就成为一般应举士子奉行的读书作文的原则。”[④]朱熹文学主张对后代影响之大，恰如苏轼等古文家的影响一样。不管怎么说，苏轼和朱熹都是对宋代文学发展起到重要作用的人物。朱熹不仅以他的文学评论影响着人们的文学观念，其诗歌、散文等创作实践也显示了和欧阳修、苏轼等不一样的“重视道理”的新风尚和新传统。

(作者简介：张申平，1969年生，男，河南唐河人，清华大学在读博士，重庆科技学院中文系教授。)

〔基金项目：本文为国家社会科学基金规划项目“宋代学统与文统关系研究”(15BZW116)阶段性成果。〕

① 《朱子语类》卷一三九，第3313页。
② 《朱子语类》卷一三〇，第3112页。
③ 《朱子语类》卷一三〇，第3113页。
④ 张毅《苏轼朱熹文化人格之比较》，《文学遗产》，1995年第4期，第62页。

鸦片战争时期江苏诗歌研究文献略述

周恬羽

1840 年鸦片战争爆发,使近代中国在经济、政治、社会风俗等各方面都发生了巨大的变化,同样,在文学领域也有了新变。“国家不幸诗家幸,话到沧桑句便工”,就整个鸦片战争时期来看,文坛上呈现出一片风起云涌的景象,从承平之世到战乱之期,使得多少进步诗人感慨万千,他们目睹战火纷飞后的满目疮痍。吸食、贩卖鸦片,导致白银大量外流,军备力量减弱,国民普遍蒙昧,一时间爱国主义成为此一阶段的主题,他们用诗文表达眼中的战争和社会,贯穿于其中的还有忧患意识和英雄精神,“这一时期的爱国诗歌,就其内容来说,大致可分为四类,即:谴责英国侵略者的滔天罪行;批判封建统治阶级中的投降派;歌颂为国牺牲的民族英雄;赞扬人民群众的反侵略斗争”①。他们以诗人的敏感对社会现实进行描写,将在鸦片战争前后心态的变化渗透在诗文创作之中,如在断字炼句上便可以看出诗人的态度,例如,对英国侵略者的称呼上使用“蛮夷”“逆夷”“夷鬼”“夷寇”等,这些字眼的使用可以看出当时的爱国志士对侵略者是满腹怨恨,深仇大恨。在阅读这些字词时也能激起读者满腔热血,抗敌御辱的爱国热情,正如《射鹰楼诗话》所说:“目击疮痍,慷慨悲歌,几于一字一泪。”

鸦片战争期间,江苏大地是血腥战场的一部分,无数江苏儿女英勇杀敌,谱写反侵略壮歌;江苏又是中国近代史第一个不平等条约的签署地,承载着近代史上中华民族的大苦痛。这一时期的江苏诗人紧跟时代变化,用诗歌记录战争的进程,揭露外国侵略者的罪行,讴歌勇于反抗的江苏儿女,探询中国失败的原因,总结惨痛的历史教训,因而,从某种意义来说,鸦片战争时期的江苏诗歌创作,是那个时期整个中国诗歌创作的缩影,是近代诗歌史上华丽的一章。鸦片战争结束至今已经一百五十年了,一个半世纪以来,学术界对于那个时期的诗歌创作多有研究,虽然至今还没有一部专著或论文专门研究江苏诗歌创作,但是,众多的著述和论文皆涉及这一问题。

一、研究论著

相关的著作又可以分为史料类和论著类。其中,史料类主要有:(1)《鸦片

① 洪克夷《评鸦片战争时期的爱国诗歌》,《杭州大学学报》1978 年第 1 期。

战争档案史料》(上海人民出版社1987年版),本书搜集战争期间的各种档案资料编辑成书,对于全面了解战争进程具有很大的帮助。(2)清梁廷枏《夷氛闻记》(中华书局1959年版),作者是主张禁烟、热心抵抗外侮并留意时务的广东士绅,在鸦片战争中曾出力组织士绅参加广州军民抵抗英军入城的斗争,亲身参与了鸦片战争,故此书作者对英国等列强窥视中国、鸦片贸易、禁烟运动,及鸦片战争中侵略与反侵略的活动和过程等的记载,详尽真切而有卓见,富有史料价值。(3)阿英《鸦片战争文学集》(中华书局1957年版),是以中英鸦片战争为中心,把分散的材料系统化,按诗歌、小说、戏曲、说唱、战纪、事略、散文等类分卷编排,并附插图,取材丰富而严谨。可从中搜集到许多有价值的稀见作品。(4)徐梁伯,蒋顺兴主编《江苏通史·晚清卷》(凤凰出版社2012年版),书中包括《南京条约》与晚清江苏的开端,江苏第一次遭遇的西方侵略,英国发动侵华战争等内容是此次论文参照的主要对象。(5)汤志钧《鸦片战争时期江苏人民反侵略斗争的故事》(江苏人民出版社1956年版),以通俗的笔法把鸦片战争时期发生在江苏的斗争编写成动人的故事,具有普及性质。(6)《江苏省志·江苏人民革命斗争纪略》(江苏人民出版社2008年版),该书对人民革命斗争的内涵界定为在鸦片战争至解放战争江苏全境解放断限内,江苏人民的反帝反封建的民主革命斗争历程。

研究类著述很多,今列主要者四种如下:(1)严迪昌《清诗史》(浙江古籍出版社2002年版),该书第三章"鸦片战争时期的忧愤心史"是鸦片战争期间诗歌创作专论,本章分为三节,分别是第一节"林昌彝《射鹰楼诗话》及张际亮、朱琦等的爱国诗篇"、第二节"贝青乔的《半行庵诗存》和《咄咄吟》"、第三节"从姚燮到张维屏",对鸦片战争期间江苏地区诗歌创作有宏观的论述。(2)范培松、金学智《插图本苏州文学通史》(江苏教育出版社2004年版),该书第五编"清代苏州文学"列诗歌部分,涉及鸦片战争期间苏州诗人创作问题。(3)马亚中《近代诗歌史》(复旦大学出版社2011年版),该书以道光至民国初年的诗歌作为研究对象,来展示中国古典诗歌的最后历程,尤其对鸦片战争时期江苏诗歌创作做了多方面的探讨。

二、学位论文

2000年以后,关注鸦片战争的学术论文渐渐多了起来,大致来说,已有的学位论文可以分为两类:

一是总体研究。主要有1篇:王铮《鸦片战争文学研究——中国近代国难文学研究系列之一》(北京师范大学2006年硕士论文),文以比较文学特有的视角,运用"超文学研究"和"涉外文学"的研究方法,立足于文学与战争、文学与历史的与历史的比较研究,对其中的诗歌部分着墨最多。

二是个案研究,主要有:(1)陈婷婷《邓廷桢诗词研究》(南京师范大学2011年硕士学位论文)。邓廷桢为南京人。祖籍苏州洞庭西山明月湾。清代官吏,民族英雄。道光十五(1835)年,邓廷桢任两广总督,主张禁烟,是鸦片战争最主要的将领之一。在鸦片战争期间,邓廷桢创作了大量的诗词,是研究这一特殊时期诗歌创作的典型代表。(2)陈玉兰《王韬诗歌研究》(浙江师范大学2015年硕士论文)。王韬为苏州人,从道光二十年(1840)鸦片战争爆发,到光绪二十六年(1900)八国联军侵华的庚子事变,恰好时跨一个甲子,整整六十年。而王韬的一生大半在这一时期度过,时代的颓势紧牵诗人颤抖的心魂,从一腔报国赤忱到满怀失望悲怆,诗人跌落到苦闷的心灵崎岖之境,阅尽人世沧桑,更将其所见所闻、所感所知,一一付诸笔端,任文字缱绻在时间的每个角落,在近代诗歌史上留下了浓墨重彩的一笔。论文全面系统地对王韬的诗歌进行深入探究,且对鸦片战争时期的诗歌做重点论述。(3)唐晓旭《金和叙事诗研究》(西北师范大学2016年硕士论文)。金和是江苏上元(今南京市)人,诸生,因亲身经历了鸦片战争和太平天国起义,其诗大多反映这些历史事变,他的诗歌有着丰富的时代内容,真实地反映了当时的社会现状,其叙事诗的成就尤为突出,具有"诗史"的艺术价值。本论文以其叙事诗为研究对象,深入探讨其诗歌对社会问题,尤其是鸦片战争的反映。(4)张文艳《端木采诗歌研究》(南京师范大学2016年硕士学位论文)。端木采,回族,字子畴,江宁人(今江苏南京)。他主要生活于清代道光、咸丰、同治、光绪年间,少有诗名,且创作颇丰,然而长期以来却鲜受学界关注。本文主要以《有不为斋集》《续金陵诗征》中有关端木采之诗为研究底本,并参考其他相关文献,较为全面地考查其人及其诗歌创作风貌。端木采诗作中反映鸦片战争、太平天国等战乱的诗歌,较好地承继了杜甫以诗存史的写法,足以作为历史之辅证。

三、学术论文

上个世纪80年代始,国内学者对于鸦片战争诗歌创作的爱国主义主题十分感兴趣,迄今仍是研究者重点关注的方向,在家国兴亡这一主题上,大部分研究都趋于一致,这类学术论文主要有宁殿弼《鸦片战争与近代文学中的爱国主义》(《社会科学辑刊》1991年第2期),梁琨《浅析鸦片战争爱国诗潮》(《鸭绿江》2014年第11期)，邓黔生《鸦片战争时期的爱国诗歌简说》(《学习月刊》1995年第2期)，魏忠林《我国爱国主义诗歌的历史性发展(略论鸦片战争诗歌)》(《中国古代、近代文学研究》1985年第10期)，孙燕京《鸦片战争前后的爱国诗歌》(《北京师范大学学报》1990年第6期)，赵俊玠《浅谈鸦片战争时期的爱国主义诗歌》(《青海社会科学》1995年第2期)，洪克夷《评鸦片战争时期的爱国诗歌》(《杭州大学学报》1978年第1期)，魏中林《鸦片战争爱国诗歌艺术风貌的整体性嬗变》(《内蒙古大学学报》1986年第3期)，陈则光《鸦片战争与近代反帝爱国主义文学》(《中山大学学报》1991年第1期)，唐振荣《当时歌同仇,仗义拒外敌:简论鸦片战争时期诗歌特点》(《益阳师专学报》1999年第2期)，赵宗颇《陆嵩记述鸦片战争的爱国诗歌》(《河南大学学报》1978年第5期)，祝宽《中国近代进步诗歌试论》(《青海师范学院学报》1982年第3期)，周云龙《论鸦片战争时期爱国诗歌之特色》(《锦州师范学院学报》1992年第2期)，张晓钟、张绍嗣《爱国主义:近现代百年的诗歌之魂——中华百年爱国诗歌鸟瞰》(《中南民族大学学报》1998年第4期)，等等。

四、余论

上述论著论文是就整个鸦片战争文学或诗歌而论的，其主题以爱国主义为主，自然，鸦片战争期间江苏诗歌创作的主题也是以爱国主义为主。爱国主义在不同时代的内涵是不一样的，但无论在何时，爱国主义都是一个民族赖以生存和发展的凝聚力和驱动力。当国家受到外来侵略，阶级矛盾和民族矛盾空前严重的时期，爱国主义的表现也就最为充分，保家卫国、抗御外辱、自强不息成了一切作家的共同思想。研究者们围绕鸦片战争时期关于爱国主义诗文展开论述，在中西文化相冲撞中看出诗人在鸦片战争前后的思想转变，“鸦片战争轰毁了‘天朝神威’的幻梦，瓜分豆剖之祸迫在眉睫，对民族命运的焦虑感、救亡图存的忧患意识构成了此时文学的鲜明特色，其主题集中于两个方面，一是对腐败现象的批判，认识到民族危机更深的根源乃在于统治阶级的内部；二是对外来侵略的抗争，这时期的作家们表现了激烈的民族义愤和感时忧国之情”①。

这种普遍弥漫的社会情绪具体到个体诗人上便更加凸显，如王娟《贝青乔〈咄咄吟〉组诗所反映的社会内容》(《语文教学与研究》2008年14期)，赵杏根《论〈咄咄吟〉》(《宁夏大学学报》1984年第1期)，谢飘云《鸦片战争前后开拓

---

① 宁殿弼《鸦片战争与近代文学中的爱国主义》,《社会科学辑刊》1991年第2期。

诗坛新风的两位杰出诗人——张维屏与龚自珍诗歌创作比较》(《华南师大大学学报》2008年第3期),白汉坤《鲁一同诗歌风格论》(《乐山师范学院学报》2006年第10期),马卫中《贝青乔新论》(《汉语言文学研究》2012年第3期)等,皆对个体诗人创作中的爱国主义进行深入的研究。

此外,鸦片战争时期的江苏诗坛在诗论上的观点应该引起我们的注意:为数不多的诗论能够结合时代背景,深入研究当时作家作品的创作理念、诗歌内容及艺术风貌,可以厘定同一时代下各作家的细微差别。如《养一斋诗话》是生活于清道光年间的潘德舆的一部诗歌批评著作,代表了鸦片战争前中国诗学界的普遍观点,因此很有研究价值。再比如,刊行于1851年的《射鹰楼诗话》,作者林昌彝,这一著作就是鸦片战争时期的产物。所谓"射鹰楼",即是"射英楼"的谐音。《诗话》前两卷收录了不少禁烟的资料,搜集了许多反映鸦片战争、歌颂群众抗英壮举的诗篇,并给予高度评价,对发扬爱国主义,反映帝国主义的斗争起到了宣传、鼓动的作用。诗话字里行间都透露着作者对官场腐败、外患急危的忧虑之慵。诗人的这种情绪也反映在断字炼句上,如贝青乔《咄咄吟·自序》曰:"军旅之中,听睹所及,有足长胆识者……积久得若干首,加以小注,略述原委,分为二卷,题曰'咄咄吟',言怪事也。"从"咄咄吟"三字便可映射出作者对国家要事的关切之深。写实纪事成为当时诗歌创作的主要内容,如唐晓旭在其《金和叙事诗研究》中就提到:"金和是鸦片战争和太平天国时期著名的诗人,他的诗歌有着丰富的时代内容,真实地反映了当时的社会现状,其叙事诗的成就尤为突出,具有'诗史'的艺术价值。"

最后来谈一下学术界对于鸦片战争期间诗人群体的研究。就整个鸦片战争时期江苏诗人群体来说,可将这一时期称为"志士之诗",他们和其他地区的诗人一起构成"志士之诗"的主体,之所以如此称之,是因为"十九世纪中叶,随着西方殖民主义的侵入,揭开了我国近代史的新篇章,在文学上,龚自珍、魏源、张际亮、贝青乔,以及林则徐、朱琦、鲁一同、张维屏、张仪祖、金和等等。他们创作的起点和风格不尽相同,成就也有高下,但在鸦片战争前后二三十年间,基本创作倾向都发生了某种共同的重大变化。他们与乾嘉以来主盟诗坛的各派判然不同,把深沉的目光转向疮痍遍体的社会,俯仰舒啸,壮怀激烈,形成了一种以反对殖民主义侵略、反对腐朽封建统治为基本主题,以突出的现实性、批判性、人民性和悲慨、雄深、劲直的主导风格出现在诗坛。它标志着清代诗风的一个新变,也标志着近代诗歌的开端。我们不妨借用其中一位诗人话,把它们名之为'志士之诗'"。"志士之诗"是随着社会的大变动而产生的,这一变化在中国历史上可谓"乾坤之变",外国侵略者在瓦解了中国封建经济的基础上,也动摇了上层建筑的长期稳定。"道光朝后,'盛世'的夕照余晖已被暮霭吞没,在殖民主义侵略和农民起义的连续打击下衰败下去,最后与侵略者勾结以苟延残喘”①。这种来自统治阶级自上而下的瓦解带给仁人志士以空前的民族热情,因此他们在创作目标上力争改变乾嘉以来诗风发展的趋势,又在创作内容对于“乾坤之变”带来的对诗人生活道路、社会地位、思想感情上的巨大变化加以表现。因此,所谓“志士”当是指,改革派、抵抗派及他们影响下的诗人。他们亲身感受到时代的巨变(“思乾坤之变”),关切国家危亡和民生疾苦(“其心未尝一日忘天下”),希望在改革和抗击外辱的斗争施展才略(“其志不欲为诗人”)。然而,尽管他们并不从根本上反对封建制度(“其情未尝一日忤天下”),却为黑暗势力所不容,政治上“不能信于用”,生活也“不能安而处”。于是他们的诗境就越出山水花鸟,去写亲身经历的社会现实,表达反侵略、反腐朽统治的思想,把自身的忧郁、对时世的忧愤和慷慨壮志,一发之于诗,发出催人涕泪、震人心魄的呼喊——这就是“志士之诗”。

(作者简介:周恬羽,女,苏州大学文学院2016级硕士研究生。)

① 以上两则引文出自王飙《鸦片战争前后的“志士之诗”及其诗风新变》,《文学遗产》1984年第2期。

试论《吴郡甫里诗编》的文学价值

袁 媛

甫里一名六直,又名角直,地处苏州市区东南,北临吴淞江,南拥澄湖,距今已逾两千五百多年历史。历代以来,角直人文荟萃,英才辈出,诸多文化名人在此居住,创作了大量的诗文作品,与水乡结下了不解之缘。但是,一直以来,关于甫里人物及文学之盛的记载都是散见于其他书中,更没有专门收录甫里人物诗作的专集,这对于甫里历代诗作的保存来说是一大憾事。直到清道光年间,徐达源担心乡贤事迹淹没和诗文散落无传,故多方搜集,爬罗搜括,编成《吴郡甫里诗编》一书,始将该地历代诗人诗作汇为一编,既保存了大量的地方文献资料,又对东南文学的研究有着重要意义。

一、《吴郡甫里诗编》编纂缘起

徐达源(1767—1846),字岷江,又字无际,号山民。吴江黎里人。徐氏家族在当地较有名望,族祖父徐电发为康熙时的翰林院检讨,但其先祖因组织参与反清活动,被籍没家产。此后,徐家人不问时政,专以读书课耕为事。徐达源自小好学不倦,博览群书,在成长过程中,与黎里才俊往来唱和,有毛鼎亨、陈瑛、邱笔峰、连青压、柳清源、陆俊等,交情甚笃。直到而立之年,徐达源取得太学候选布政使理问的身份,嘉庆癸未(1799)选入翰林院待诏,但半年后辞官归家,与洪亮吉、袁枚、王文治、吴锡麒、梁同书、刘墉、赵翼、王鸣盛等名士交游。乾隆五十三年(1788),徐达源和平望才女吴琼仙喜结连理,婚后夫唱妇随,相敬如宾,后人称夫妇二人为"神仙眷侣"[①]。但是,嘉庆八年(1803)闰二月,岳母过世,妻吴琼仙哭泣过哀,忧郁成疾,不久竟撒手人寰,徐达源悲痛欲绝,恍惚无所依恋,不断透露出皈依佛门之意,后经朋友介绍,与甫里严子芬相识,随即续弦为妻。徐达源工诗善画;又曾集名人投赠之手迹,刻《紫藤花馆藏帖》。徐达源尤其醉心于乡邦文献,除《吴郡甫里诗编》外,还编有《黎里志》17卷、《涧上草堂纪略》1卷、《国朝吴郡甫里诗编》4卷、《吴郡甫里人物考》15卷等。

《吴郡甫里诗编》,乌丝格稿纸手写本,每半页10行,行22字至23字不等,

① 陈玉兰《清代嘉道时期江南寒士诗群与闺阁诗侣研究》,人民文学出版社2004年版,第188页。

用小行书所书,字体极为雅淡,“纯为学人之字”①。现存于苏州图书馆。该书收录了甫里自唐代陆龟蒙,历经宋元,迄于明代共205位诗人的作品,关于编纂缘起,徐达源在《自序》里说:

> 道光元年辛巳(1821)春,达源移家来此……思考先哲之能诗者摘录成编,以备一里文献。奈有其人有其集而其诗流传绝少,如宋范清宪公之柔元……魏恭简公,校诸公之诗皆不可得。其余荒江寂寞之士,湮没失传者,又可胜道哉!②

需要说明的是,徐达源编纂该书与妻严氏有着重要的关系。严氏心灵手巧,善于编织茶幂,即一种以麦柴心制作的手工艺品,形如覆碗,可大可小,夏季用来罩茶,可防蚊蝇,又透气,徐达源常以之随手赠予文朋诗友,自从移居南溪老屋后,文友纷纷掏钱购买,颇令徐达源夫妇自惭形秽。在吴江黎里勉强支撑了一年,为了生计,也为了继续笔耕,道光元年,徐达源随夫人投靠其娘家,寄居到严子芬的兄长家。虽说是寄人篱下,但严家并没歧视这位落魄的女婿,对他照顾有加。不巧的是,始来此地后,徐达源即染疴在身,不能出门,于是将甫里从唐代陆龟蒙至宋元明列朝人物的事迹及诗文加以整理收录。除此之外,徐氏编纂是书还有一个原因,即有感于每每同人论及甫里诗,都“未得统前后”③,因此对甫里列朝有才之士进行考核甄录。

湖南善化贺长龄在为《吴郡甫里诗编》所作的序中说徐山民五年辑成是编。而徐达源在自序里则说“道光元年辛巳春,达源移家来此,以病疮不能出门一步,思考先哲之能诗者,摘录成编”④,可知徐山民当在道光元年开始对《吴郡甫里诗编》的收集整理工作。又其自序落款为“道光三年岁次癸未季冬十二月,吴江徐达源无际氏识,越二年乙酉九月九日重订”⑤,则可知此书应于道光三年(1823)初成,道光五年徐达源又重订此书。另外,徐达源在序里提到道光二年壬午夏,新阳县旧友顾映若移家到甫里南面,离自己家十分近,映若“暇日过从(徐达源),相得之欢无异曩者,每论及甫里诗未得统前后,考核而甄录之者,达源以手辑本质之,映若以为然”⑥。据此可知,顾映若对《吴郡甫里诗编》的编纂当也有所贡献。

---

① 谢国桢《江浙访书记》,生活·读书·新知三联书店2007年版,第51页。
② 徐达源辑《吴郡甫里诗编》卷首《例言》,第1页。
③ 徐达源辑《吴郡甫里诗编》卷首《例言》,第1页。
④ 徐达源辑《吴郡甫里诗编》卷首《例言》,第1页。
⑤ 徐达源辑《吴郡甫里诗编》卷首《例言》,第3页。
⑥ 徐达源辑《吴郡甫里诗编》卷首《例言》,第1页。

二、《吴郡甫里诗编》的收录标准与编纂体例

《吴郡甫里诗编》是以保存甫里地方文献为目的,主要收录甫里先贤善诗者之诗,徐达源在收录人物诗作时主要依据时间、空间两个标准来甄选的。

首先,从时间上来说,《吴郡甫里诗编》所收诗歌的时间上限是唐代甫里先生,下限则是有明一代,清代能诗者之诗作不收入此书当中。据徐达源说,甫里至清代人文尤盛,"在庙在野,卷帙浩繁"[①],因而不能附缀在《吴郡甫里诗编》之后,应当将清人之诗作单独甄录成集。清人诗作另收在徐达源的《国朝吴郡甫里诗编》一书中,此书共 4 卷,编纂体例与《吴郡甫里诗编》相同,收录了汪价、尤侗等诸家之诗。

从空间上来说,甫里地界情况稍稍复杂,按照旧志甫里本属于长洲、昆山两邑。雍正二年(1724)元和县从长洲县中析出,新阳县又从昆山县中析出,甫里隶属于元和县,位于元和、昆山、新阳三县交界之处。至乾隆时期,甫里周边的昆山、新阳诸村庄亦被划入元和县管辖范围之内。因此徐达源在甄录人物之时,首先对甫里的范围进行了规定。据徐达源对甫里界限的规定,甫里地界东至千墩、大慈,西至斜塘、摇城,南至陈墓章、练塘,北至唯亭、信义,凡此地域之中的名人之事迹及诗作,皆收录入是书当中。

关于《吴郡甫里诗编》的编纂体例,可以根据徐达源的序并结合全书内容考证出来。《吴郡甫里诗编》共 12 卷,汇集 205 位诗人作品,按照诗人家身份来分,收录的诗作主要有四类:一是甫里乡贤之事迹及诗作,主要收录在卷一至卷五;二是闺门女子之作,此类收录在卷六;三是流寓类,即流落寓居在此的文人之作,收录在卷七至卷十一;最后则是释、道类即僧侣、道士之作,收录在卷十二,门类清晰。每一类中各个人物大体依据时间先后顺序排列,如人物处于同一时期则按照名望排列。

每编纪一人,则附人物小传于诗之上,小传主要记载人物的姓氏、字号、籍贯、生平及著作。如各家诗话中有涉及人物生平事迹或对其诗有所评价的,则引此诗话中相关部分附在小传之后。诗话评语之后又有"徐达源曰",徐达源所云也多为对人物事迹的评价及对其诗作的评价。全书主要收录甫里先哲能诗者之诗作,如有诗流传绝少、求其诗不能得的情况则收其文。流寓卷收录流落、寓居在此的人物之诗,按照通例,同邑人不能划在流寓类下,但由于甫里地跨两

① 徐达源辑《吴郡甫里诗编》卷首《例言》,第 2 页。

邑,在一隅人数较少的情况下,“就踪迹所至,题咏实有关涉者间亦列入”[①]。此外,诗有古今体之分,而达源收录诗时是按照所见到诗的先后顺序排列,并不将诗进行古今体的分类整理。

根据《吴郡甫里诗编》一书的编纂体例可以发现,徐达源在编纂此书时所选录的诗人身份比较广泛,这与他备一里文献的编纂宗旨不无关系。徐达源从保存文献的角度出发,在甄录各人物时,无论其在庙还是在野,身份显赫还是卑微,也不论女妇释道,凡有诗作,俱收入《诗编》当中。

三、《吴郡甫里诗编》的文献与文学价值

从文献学的角度来看,作为地方性的诗歌总集,《吴郡甫里诗编》对于唐至明千余年间百余位作家的诗歌作品的辑录,虽然是对甫里诗的整理、保存,实际上也是“三邑文献攸关也”[②],为地方文献的保存做出了贡献,也为东南文学的研究提供了宝贵的资料。作为一部地域性诗歌总集,《吴郡甫里诗编》具有重要的文献价值和文学价值,归纳起来主要有以下几点。

一是《诗编》之人物小传、徐达源之补充保存了诗人生平资料,提供了丰富的文学史料。

《吴郡甫里诗编》收录了百余位诗人的作品,并为他们撰写了小传。为这些诗人撰写小传,其材料几乎全为徐达源通过各种途径而获得,徐达源在自序中表明:“于是聚郡邑志乘诸书,以及诸家记载,阅世借人,订伪补阙。”[③]即是对诗人小传材料的搜求。诗人小传主要介绍传主的生平事迹,举凡生卒年、里贯、字号、宦历等,以及传主的诗文集之名与其他著作的书目等皆寓其中;小传下尚有对传主诗歌的评论和达源对传主事迹的补充。这使诗人生平资料得以保存,从而提供了重要的文学史料。其文学史料价值可分为二:一是可补正史之阙,二是诗人生活、交往等资料可以丰富或佐证正史与其他文献。

《吴郡甫里诗编》收录了如此之多的人物事迹及诗作,除了如唐陆龟蒙、宋范之柔、叶茵、袁易、明谢徽、高启等名气大者载于正史之外,尚有更多的人物无见于正史之中,即使被写入史书中也仅仅是一笔带过。《诗编》既对名气大者之生平资料进行了汇集补充,更对名气小者的生平资料进行了保存。这些名不见经传的诗人,大多都未出仕过,隐居江湖又少有诗文集流传于后世。他们不仅

① 徐达源辑《吴郡甫里诗编》卷首《例言》,第2页。

② 贺长龄《吴郡甫里诗编序》,徐达源辑《吴郡甫里诗编》卷首。

③ 徐达源辑《吴郡甫里诗编》卷首《例言》,第1页。

多不为正史所记载,而且同时代诗人的诗文集也少有言及,如明代陆洲、陆梓、王炳勋、王宪章、夏玮、邢炯、陆士麟、许今询、许元浦、蒋钺、许元毅等,这些诗人的生平经历不仅在正史中无法搜求,在郡县府志中也难以找到,地方志中大多只载其名不载其事,而《诗编》则补充了这些诗人的事迹,如卷四邱蕃之生平资料,在正史中没有记载,而《诗编》则为邱蕃作了一个简短的小传,可以供人参考:

> 蕃字用昌,甫里人,与兄芳、华俱以内行著。徐达源曰用昌力学,不事应举,好艺兰,作诗不肯随人步趋,芳字用文,华字用和,并有诗声,悉皆失传①。

从此传中可以考察邱蕃的亲缘关系以及人品。所以《诗编》中的很多诗人小传和徐达源补语,可以补正史之阙,为今人了解本地前贤的生平事迹提供了资料。

此外,《诗编》的小传和徐达源补充的内容亦可以佐证、丰富正史和方志及其他文献,尤其是名气较小的人物,他们的生平资料往往散布于书籍当中,缺少汇总性的记载,而《诗编》就弥补了这个不足。如卷二宋姚申之,《绍定吴郡志》《至正昆山郡志》《乾隆江南通志》均只记其名字,不载其事。《宋诗纪事》则记载了姚申之的字、籍贯和中第时间,并收申之寓居全吴江上时所作的诗一首;《昆山人物志》记载与《宋诗纪事》大略相同,但所录之诗只有后四句;《同治苏州府志》则只收录姚申之题水云千顷亭诗。关于姚申之的生平记载零散见于诸家方志和诗话记载中,徐达源不仅对姚申之的生平资料进行了汇集,还进行了补充,使得人物资料更加丰富:

> 申之字崧卿,昆山人,隆兴癸未进士,有集。徐达源曰进士少负远略,通籍,后见时事日距,遂高隐不仕,筑别业于吴淞江上。有水云千顷亭,其自题云:云影翻随宿雁迴,斜晖独对晚潮来,小桥低处通船过,一队鹅儿两道开。可想诗亦有致。

收其诗《移居江上》:

> 一雨通宵剪韭畦,波棱生甲晚菘齐,朝来赤脚语言好,醒酒杯羹有宿

① 徐达源辑《吴郡甫里诗编》卷四,第26页。

斋，幅巾萧散一枝筇，身在水云千顷中，抹野乱山随意碧，枭林霜叶可怜红①。

《诗编》通过小传和徐达源的补充保存了诗人的生平资料，既可以补正史之阙，也可以丰富正史和其他文献所记载的内容，为后人对甫里人物的研究提供了线索，故而《诗编》具有重要的文学史料意义。

二是著录大量诗作，凸显甫里诗文之盛。

《吴郡甫里诗编》共收录205家诗人的诗作，具体而言，汇辑唐代诗文13家，宋代诗作19家，元代诗作31家，明代诗文142家。其中除少数诗人之诗文俱不可考见外，其余各家诗人少则录其诗一首，多则录入数十首，如卷一陆龟蒙，徐达源录其诗29首，卷二顾德辉之诗亦录29首，卷三高启之诗则辑入80余首。由此可以想见《诗编》所收录诗作数量之多。

《诗编》收录的诗作在唐宋元三代尚且不多，而至明代数目急剧增加，凸显出甫里自唐以来至明一朝诗文尤其繁盛的情况。此外，从该书所收录的人物身份来看，上至侍郎、总兵、布政、巡抚、太守、县令等各级官员，下至教授、儒生、隐士、闺阁女性、禅师、寺僧、处士、无名子等各色人等，从内容上来看则涉及酬唱、应答、山水、咏物、遣怀等，无所不至，亦可以反映出甫里诗文繁盛之况。

徐达源著录大量诗作，并将其总体上按照朝代顺序排列，梳理了甫里地域中从陆龟蒙起至于明代的诗歌源流。从纵向上向世人呈现出甫里多位诗人的生平事迹以及甫里诗作的繁盛情况，使人"以地重地"②。

三是不受礼教束缚，收录女性诗作。

在相当长的一段历史时期内，由于受到礼教的约束，大部分闺阁女子都只是男性作家的描写对象，她们被局限在相夫教子的角色中，无法发出自己的声音，能够留下传世之作的更是少之又少。而有专集传世的，如李冶、薛涛、鱼玄机、马守贞、柳如是、顾媚皆为坊妓，而非闺阁女子。至清代这种情况有所改变，一些闺阁女子通过诗歌抒发心志，甚至参与到士子间的唱和活动中去，形成了一个闺阁诗人群体，但这并不意味着闺阁女性作家就打破了礼教的束缚。闺阁诗人的崛起引起了当时一些士人的激烈批评和指责，士人认为吟诗唱和不是静女闺姝应当做的，此种行为违背了礼教，如章学诚在《文史通义》中就对此斥责道："此则钗楼勾曲，前代往往有之；静女闺姝，自有天地以来，未闻有是礼也。"③士大夫对待女性作家的态度由此可见一斑。

① 徐达源辑《吴郡甫里诗编》卷二，第3页。

② 唐仲冕《吴郡甫里诗编序》，徐达源辑《吴郡甫里诗编》，卷首序。

③ 章学诚著，叶瑛校注《文史通义校注》，中华书局1985年版，第535页。

而徐达源不受封建礼教的束缚,不仅不反对闺阁作家的创作活动,还将闺阁女子的诗作单独分为一类,录入《诗编》当中。闺门下共收入十位女性作家的诗作,其中唐代一人、宋代两人、元代一人、明代六人,十位作家中龚宗元之女龚守安、高启室周氏之诗文皆不可考。徐达源所收女性作家之诗多为一首,数量较多者如元郑允端也不过五首,与其他类相比,闺门一类下诗人和其可搜得之诗作尤少,为此徐达源发出了"至闺门益复寥寥,尤不胜遗珠之叹"[①]的感慨。徐达源对女性诗作的收录,从而使甫里女性作家之诗得以保存,不至散佚,为后人研究甫里女性文学提供了珍贵的史料。

其中昆山赠给事朱斗垣之内室周氏,其人事迹及诗作于正史、方志及其他文献中均不可见,唯见于此书之中,因而具有辑佚价值。周氏生平资料如下:

> 氏昆山人,赠给事朱斗垣室。徐达源曰斗垣字月生,文靖公游初次子,月生随父跋履瘴疠,夫人亦从行,在广南寄诗云云。后月生官行人,骂贼张胜,于昆明之德胜桥遇害,夫人自经。

有诗《寄兄弟》一首:

> 南来万里苦间关,欲寄音书道路艰。梦绕萱闱思菽水,心惊烽火痛崖山。绣床事往抛针线,妆镜尘昏绾髻鬟 ,莫上玉峰峰顶望,未知此地可生还。[②]

徐达源不受礼教束缚,将甫里自唐到明历代女性作家的诗作录入是书中,既保存了女性作家的作品,为甫里女性文学的研究提供史料,也为当时甫里女性的创作提供了历史依据和榜样。

徐达源的《吴郡甫里诗编》具有重要的文献学与文学意义,"为研究东南文学之重要资料"[③],信然。是书编纂主旨明确,体例清晰,达源对甫里由唐至明诗歌的整理既保存了甫里的诗歌文献,也彰显了甫里的诗歌成就。从此书中我们可以看到甫里的诗文之盛,也可以了解到甫里诗人,特别是名气较小、没有专集传于世的诗人的生平经历,对于这样一本地域性诗歌总集,我们应当给予关注和重视。

(作者单位:袁媛,女,苏州大学文学院 2017 级硕士研究生。)

---

① 徐达源辑《吴郡甫里诗编》卷首《例言》,第 1 页。

② 徐达源辑《吴郡甫里诗编》卷六,第 11 页。

③ 谢国桢《江浙访书记》,生活·读书·新知三联书店 2007 年版,第 51 页。

《聊斋志异》爱情题材作品类型概说

段 婧

"爱情是人类精神的一种最深沉的冲动"①,是人类生活的重要有机组成部分之一,因而也就成为文学作品永恒的题材和主题之一。享誉世界的"狐鬼史"《聊斋志异》在批判封建吏治、揭露科举制度的同时,也将细腻的笔触伸向了人类的情感生活这一领域。蒲松龄从现实生活出发,运用浪漫主义的创作方法,通过对人与人、人与狐、人与鬼、人与神、人与动植物精灵……的爱情的描写,写出了血肉人生的真情至性。一方面,在他笔下,男女主人公们通过对爱和美、对幸福生活的积极不懈的追求,让生命绽放出绚丽的光彩;另一方面,他将具有强烈个体意识的情感投射到小说创作中去,使作品具有了浓郁的自我抒情性。

一、《聊斋》爱情题材作品类型统计

《聊斋志异》中可称为小说的作品近400篇(总490余篇,其中少数是逸闻或掌故,不能称其为具有现代意义的小说,参见胡益民《清代小说》),其中直接以爱情为题材或涉及爱情描写的有140余篇,占小说作品总数的三分之一强。据统计,在这140多篇爱情题材作品中,专门描写或涉及人与狐相恋的36篇,重要篇目有《娇娜》《青凤》《鸦头》《婴宁》等;人鬼相恋的21篇,重要篇目有《聂小倩》《连琐》《公孙九娘》《小谢》等;人人相恋的50篇,重要篇目有《青娥》《阿宝》《乔女》《江城》等;人与花精相恋的4篇,分别是《葛巾》《黄英》《香玉》《荷花三娘子》;人与仙相恋的22篇,重要篇目有《翩翩》《书痴》《锦瑟》《白于玉》等;人与其他精灵(白骥、鹦鹉、獐、蜂、蠹虫、鼠红鸡、蛙、狼等)相恋的约10篇,重要篇目有《白秋练》《花姑子》《素秋》《青娃神》等;另外还有10篇作品,有的是作者并未点明主人公的具体身份,有的是男女主人公均为异类,重要篇目有《云翠仙》《阿霞》《鸿》等。其中有一些二女共事一夫且两个女性分属不同种属,以及一篇之中写到两对情人的作品,有9篇,分别是:《阿绣》,女主人公是真阿绣(人)和假阿绣(狐);《嫦娥》,女主人公是嫦娥(仙)和颠当(狐);《张鸿渐》,女主人公是舜华(狐)和方氏(人);《荷花三娘子》,女主人公是狐女和荷花

① [保加利亚]基·瓦西列夫《情爱论》,三联书店1985年版,第6页。

三娘子(花精);《莲香》,女主人公是莲香(狐)和李氏(鬼);《巧娘》,女主人公是巧娘(鬼)和三娘(狐);《连城》,女主人公是连城(人)和宾娘(鬼);《宦娘》,女主人公是宦娘(鬼)和良工(人);《神女》:神女和米生,霞姑和金生。由此可见,虽然蒲松龄以他的生花妙笔,幻化出一个充满异域风情的"狐鬼"世界,但是相对来说人人相恋的作品比例还是很大的。

《聊斋》爱情篇章塑造的人物形象众多,他们性情有别,面貌各异。从上文的统计可以看出,男女主人公的身份大致可分为三种类型:一是一方为人而另一方则为异类,二是双方皆为人,三是双方皆为异类。

在三种类型中,尤以第一种类型的作品数量最多,除了《牛成章》篇男主角为鬼、女主角为人外,其他作品中,男性一方无一例外都是世间的人,女性一方则都是异类。而女子一方的身份又有三种情况:一是神;二是鬼;三是精怪,即由各种动植物幻化而成的女子,动物类的包括走兽如狐狸、香獐、鼠、狼等,水族动物如白骥、蛙等,以及飞禽昆虫如鸡、乌鸦、鹦鹉、蜂、蠹虫等,植物类的包括菊、牡丹、荷花等。其中,描写人神相恋、人鬼相恋的作品相对较少,前者有《翩翩》《蕙芳》《云萝公主》《神女》等,后者有《聂小倩》《连琐》《梅女》《伍秋月》等。而描写人与各种精怪相爱的作品最多,在各种精怪中,狐女又是特别活跃的角色,作品的艺术成就也是较高的,包括《婴宁》《娇娜》《青凤》《红玉》《鸦头》《小翠》等。人与植物精灵相恋的作品虽然很少,仅有 4 篇,但是篇篇精彩,给人以较高的审美享受。

第二种类型,即男女主人公都是人类的作品所占比重也是很大的,有《连城》《阿宝》《阿绣》《瑞云》《青娥》《江城》等等。文中的主人公虽然大多有奇异的经历,或是得到过非现实力量的帮助,但是他们活动的环境基本上没有离开现实的人间社会。

第三种类型,即描写异类之间爱情的作品,数量极少,据统计只有《晚霞》《水莽草》《鸿》3 篇。其中前两篇的男女主人公都是鬼。《鸿》则是比较独特的一篇,相恋的双方是大雁,文章短小简练,作者通过它发出了"悲莫悲于生别离"的感喟,希望有情人能够像那对痴情的鸿一样珍惜彼此的感情,永不分离。

二、《聊斋》爱情题材作品类型分析

蒲松龄在这些爱情题材作品中或集中笔力描写男女主人公之间至死不渝的爱情,歌颂爱情超越时空的巨大力量,寄托其对情爱关系的思考(这类作品数量较多,且篇幅较长、情节曲折、叙事婉转、文字优美,是《聊斋》中最璀璨的乐章);或借爱情故事以揭露、批判某种社会现象,如男子的始乱终弃、女子的嫉妒泼辣,从而达到道德劝谕的目的;或通过爱情描写来赞扬女子的某种品德、才能,如:识英雄于尘埃、从一而终,甚至是像男子一样经营家产、参加科举考试,等等。这些作品中相恋的双方,绝大部分是:男方为人类,女方或为狐精、或为鬼神、或为动植物精灵、或为人类,尤以女主人公为狐妖、花精、鬼魂的作品描写得精彩、动人,并富有浓郁的诗意。

在《聊斋》爱情题材作品中,女主人公的活动空间大多在家庭中。她们为男子生儿育女、持家经营,督促男子勤学进取。有的甚至为了证明自己的才能,女扮男装,考取功名,让男子的父母也因自己而"屡受覃恩"(《颜氏》)。相对来说,男子的活动范围比较大,所扮演的社会角色也较丰富。在他们中,有书生、塾师、官宦、商贩、小吏、武夫、艺人、农夫、仆人等等。蒲松龄尤其偏爱与自己境遇相类的男子,这些人大多是落拓不遇或发迹之前比较潦倒的名士、才子。作者为他们选定的女子无不姿容美丽、心地善良、聪慧机警,其结局也大多是美满的。而"少数作品中的男子一方是农夫、武夫、富商或纨绔子弟,与他们结合的女子则或容貌丑陋,或年齿较高,或者是男女双方情意寡淡,有始无终"①。

《聊斋》爱情篇章中,绝大多数是从男子一方起笔,写男子在不同的机遇下,如何得到美妻、美妾或红颜知己,有的作品甚至是写一男而得双美。而女主角一方,人间女子和由来自异域的狐、鬼、仙、精灵幻化而成的女性,她们在爱情婚姻关系中的表现是大不相同的。前者很少处于主动地位,蒲松龄虽然也赞扬她们对爱情的执着、对爱人的忠贞,但是她们的行动总有些束手束脚,封建礼教对女性的约束作用在她们身上表现得极其明显。而后一类女子则几乎全是主动出现在男子面前,主动接近男子,乃至"自荐枕席";她们热情奔放、不拘礼法,有的甚至还嘲笑男子的忸怩作态,宣称"春风一度,即别东西,何劳审究?岂将留名字作贞坊耶?"(《荷花三娘子》)

可见,蒲松龄在人间女子身上给予的更多是同情、鼓励、支持、赞许的感情因素。他同情封建社会现实生活中的女子,鼓励她们奋力争取自由的爱恋和幸福的生活,支持、赞许她们为反抗封建礼教对自己心灵的禁锢而做出的种种努力。而对于异类女子,由于她们离现实较远,蒲松龄则赋予她们更多行动的自由和独立的人格,使她们具有了一定程度的反传统、反礼教的精神。如同写妓女的《瑞云》和《鸦头》篇,瑞云和鸦头都希望能逃离不堪的生活环境,找一个相爱的人,过上平静、自由、幸福的生活,但是她们的行动方式是全然不同的。瑞云是人类女子,她虽然对"才名夙著"的贺生一见钟情,有心相许,但是由于贺生

① 张稔穰《〈聊斋志异〉艺术研究》,山东教育出版社1995年版,第244页。

家贫,无力为她赎身,终不能如愿。而瑞云也只是在老鸨的逼迫和监视下,无助地等待。如果不是有超现实的力量令她暂时失去了美丽的容貌,即便贺生对她终生不忘,二人怕也难有美满的结局。鸦头则不然,她初见王文便"秋波频频",眉目传情。等王文筹到钱要求与她相聚时,她说服了嫌钱资太少的鸨母,并且在与王文欢爱时主动提出乘夜私奔。在利用法术逃脱之后,她又对今后的生活做出了妥当的安排:"今市货皆可居,三数口,淡薄亦可自给。可鬻驴子作赀本。"可见,她为了实现逃离苦海的愿望,早就主动、缜密地对自己的人生做出了很有条理的规划。而她在遇到王文之前的等待也并不是因为无奈、无助,而是一直没有遇到"敦笃可托如君者"。从蒲松龄对这两篇作品的处理可以看到,无论多么诚挚热烈的爱恋,在面对黑暗且势力强大的现实时,总显得那么无助、无力。作者往往只有借助超现实的力量,才能摆脱现实对人的羁绊。

《聊斋》爱情篇章中的男女主人公,追求的大都是真正的爱情,他们的结合建立在两情相悦、互为知己的前提下,而且是以德、才作为选择爱情对象的标准。那些聪慧、善良、美貌的女主人公的择偶对象多为勤奋好学、人品端正,然而家境贫寒、境遇落魄的士子,这就打破了门当户对、以财取人等传统观念的樊篱。尤其值得注意的是,蒲松龄还刻画了男女之间纯精神的知己之交,他们心有所感却未报之以身,而是默默地生活在对方身边,有的还有了自己的家庭。如《香玉》篇中,绛雪与黄生之间的友谊便是超尘绝俗、真诚平等的。绛雪起初一直拒绝黄生的邀请,后来二者在凭吊共同的朋友香玉时才开始交往,他们的友谊不仅表现在平日的宴饮酬唱上,更表现在患难时的相互关怀救助上。《宦娘》中,女鬼宦娘因喜欢聆听温如春的琴声而爱上了他,却未主动出击,而是暗地里帮助温生娶到了心爱的良工,自己与温生则始终只是以琴声相交。此外,如娇娜与孔雪笠(《娇娜》)、乔女与孟生(《乔女》)等,都是心相许之而"终不及乱"(何守其语),传达出了蒲松龄具有现代意识萌芽的爱情观、友情观。

在《聊斋志异》140余篇爱情题材作品中,蒲松龄塑造了众多个性鲜明、立体形象、血肉丰满、灵性充溢的人物。尤其是对于自己喜爱的人物,他不吝笔墨,将自己的理想人格和美学追求投射到这些人、妖、仙、鬼身上,赋予他们灵动鲜活、敢爱敢恨的心,让人物为自己代言,创造了一个奇幻浪漫而又并未完全超脱现实生活、具有独特个性的艺术世界,给人以美的享受和善的启迪,值得我们永远体味和探索。

(作者简介:段婧,女,文学硕士,安徽文艺出版社编辑。)

仙风道骨话黛玉

赵云芳

在林黛玉的身上,似乎笼罩着一股与生俱来的“仙气”,在小说中,作者用了三个含有“仙”字的名号指称她,分别是“绛珠仙草”“世外仙姝”“阆苑仙葩”;此外,民间观念中的百花仙子和民间故事中的天鹅仙女,也为林黛玉形象提供了借鉴。在黛玉形象塑造中,作者有意化用了中国传统文化中的“仙女”这个意象,“仙女”意象也成为黛玉形象的一个“内核”。

1.绛珠仙草与林黛玉

有关“绛珠仙草”的记载见于《红楼梦》第一回,作者借甄士隐之梦和一僧一道之口交代出。它的出现比后文《红楼梦曲》中提到的“世外仙姝”和“阆苑仙葩”都要早,所以是作者在林黛玉形象中糅入“仙”意象的第一个明示。

“绛珠草”,古书中从未明确记载过。它究竟是一种什么样的草,何等形貌性状,生长何方等,只能通过古书中的其他记载来加以考察。

据《说文》解释:“绛,大赤也。”绛色即大红之色,绛珠草就应是生有大红色珍珠状果实的仙草。朱淡文认为“从其性状特征考察,绛珠仙草应即古代方士和诗人想象中的灵芝草,亦即古代神话中所记载的灵芝仙草。”[①]那么,古书中描绘的灵芝又是什么样子呢?在古人的诗赋中,灵芝草被称为神木、灵草、不死药。《文选》卷一班固《西都赋》李善注:“神木灵草,谓不死药也。”据说服后可以长生不老立地成仙。《文选》卷二张衡《西京赋》描绘了她的形态:“神木灵草,朱实离离。”薛琮注:“灵草,芝英,朱赤色。”灵芝草结满了红色小果,一串串垂挂于绿叶之间,正是“绛珠”的生动写照[②]。

如果绛珠仙草真是灵芝的话,作者为何不直呼“灵芝”而要用“绛珠仙草”这个名字呢?这恐怕是出于艺术构思的需要。脂砚斋在甲戌本第一回页九“绛珠草”旁批云:“点红字。细思绛珠二字岂非血泪乎?”由此看来,“绛珠”既可以谐音“降珠”,珠者泪也,隐喻黛玉以泪还债的经历以及黛玉爱哭的性格;同时更用一“绛”字,点明黛玉的泪都是以鲜血凝成,暗喻了其在“风刀霜剑严相逼”的情况下泪尽而逝的结局。

所以,“绛珠仙草”既关和黛玉的精神气质和命运发展,又以一“仙”字暗喻

① 朱淡文《林黛玉形象探源》,载《红楼梦学刊》,1994年第1辑。
② 朱淡文《林黛玉形象探源》,载《红楼梦学刊》,1994年第1辑。

了其原本为仙家瑞祥之物,可谓神来之笔。

2.世外仙姝与林黛玉

“世外仙姝”出自《红楼梦曲 · 终身误》:“空对着,山中高士晶莹雪,终不忘,世外仙姝寂寞林。”前者指薛宝钗,后者指林黛玉,这首曲子以贾宝玉的口吻,道出了宝黛爱情悲剧的深深遗憾。这“世外仙姝”就是作者在林黛玉形象中糅入“仙”意象的第二个明示。

古籍中的“仙人”,往往具备不食五谷的仙性,以及乘云气游离的神通。《庄子 · 逍遥游》中的“神人”:“肌肤若冰雪,绰约若处子。不食五谷,吸风饮露。乘云气,驭飞龙,而遨乎四海之外。”[①]《列子 · 皇帝第二》也有类似的记载:“列姑射山在海河州中,山上有神人焉,吸风饮露,不食五谷,心如渊泉,形如处女。”[②]葛洪在《神仙传》中说:“仙人者,或竦身入云无翅而飞,或驾龙乘云上造天阶,或化为鸟兽游浮青云,或潜行江海翱翔名山,或食元气或茹芝草,或出入人间而人不识,或隐其身而莫之见。”[③]

严格地说,上述列举的“神人”,还不能算作“仙人”。“神”和“仙”是有区别的,“神”是远古人类神话时代的产物,“仙”则是伴随着道教的兴起而产生的一个概念。但是,在进一步的演变中,“神”与“仙”的距离越来越近。从远古到如今,漫长的时间不停地打磨人们的记忆,同时,出于各种动机很多神话和传说也在不停地被人们所修改。由于道教的发展和神话体系的影响,许多原本具有神性的神,也被赋予了仙性的内涵。“神”与“仙”的界限日益模糊了。一般意义上的“神仙”,是一个泛化的概念,普通人对“神”和“仙”不作区别,都叫神仙。这里引用的也是一般意义上的“神仙”概念。

《红楼梦》中的林黛玉,曾是西方灵河岸上三生石畔的一株绛珠仙草:

> 时有赤瑕宫神瑛侍者,日以甘露灌溉,这绛珠草始得久延岁月。后来既受天地精华,复得雨露滋养,遂得脱却草胎木质,得换人形,仅修成个女体,终日游于离恨天外,饥则食蜜青果为膳,渴则饮灌愁海水为汤。只因尚未酬报灌溉之德,故其五内便郁结着一段缠绵不尽之意。

小说中描写绛珠仙草修成的女体(黛玉的前身)“终日游于离恨天外,饥则食蜜青果为膳,渴则饮灌愁海水为汤”,正是民间观念里的“神仙”不食五谷和

① 国学整理社编《诸子集成》,中华书局1961年版,第24页。

② 《新编诸子集成》第一辑,中华书局,1979年版,第14页。

③ 葛洪《神仙传》卷一,中华书局1985年版,第3页。

乘风御气的写照。当然这里的“离恨天、蜜青果、灌愁海”则系作者的加工，“离恨天”，俗传“三十三天，离恨天最高；四百四病，相思病最苦”。“蜜青”谐音“觅情”；“灌愁海”，喻愁深。皆喻男女之情及其怨恨愁苦①。

3.阆苑仙葩与林黛玉

“阆苑仙葩”见于《红楼梦曲·枉凝眉》：“一个是阆苑仙葩，一个是美玉无瑕。”前者代指林黛玉，后者代指贾宝玉。把林黛玉称作“阆苑仙葩”，是作者在林黛玉形象中揉入“仙”意象的第三个明示。

阆苑，也称阆风苑、阆风之苑，传说中在昆仑山之巅，是西王母居住的地方。东晋葛洪《神仙传》：“昆仑圃阆风苑，有玉楼十二，玄室九层，右瑶池，左翠水，环以弱水九重。洪涛万丈，非飙车羽轮不可到，王母所居也。”屈原《离骚》：“朝吾将济于白水兮，登阆风而绁马。”西汉司马迁《史记·司马相如列传》：“排阊阖而入帝宫兮，载玉女而与之归。舒阆风而摇集兮，亢乌腾而一止。低回阴山翔以纡曲兮，吾乃今目睹西王母霍然白首。”

阆苑在诗词和文学作品中常用来泛指神仙居住的地方，有时也代指帝王宫苑。王勃《梓州郪县灵瑞寺浮图碑》：“玉楼星峙，稽阆苑之全模；金阙霞飞，得瀛洲之故事。”许碏《醉吟》：“阆苑花前是醉乡，踏翻王母九霞觞。”李商隐《九成宫》：“十二层城阆苑西，平时避暑拂虹霓。云随夏后双龙尾，风逐周王八骏蹄。”杜光庭《墉城集仙录》：“西王母所居宫阙，在阆风之苑，有城千里，玉楼十二……”李好古《张生煮海》：“你看那缥渺间十洲三岛，微茫处阆苑、蓬莱……”施耐庵《水浒传》第八十一回：“李师师听了多时，转将出来。燕青看时，别是一般风韵：但见容貌似海棠滋晓露，腰肢如杨柳袅东风，浑如阆苑琼姬，绝胜桂宫仙姊。当下李师师轻移莲步，款蹙湘裙，走到客位里面。”

林黛玉的前身是西方灵河岸上三生石畔的一株绛珠仙草，作者特别用“阆苑”二字点明此地的“仙境”性质，“仙葩”则明写是一株绛珠仙草，这株绛珠仙草还修炼成了女体，那更表明黛玉是居于“阆苑”的仙女了。

4.百花仙子与林黛玉

百花仙子与林黛玉的对应关系则属于暗写。《红楼梦》第六十二回，小说描写那一天是宝玉的生日，众人前来给宝玉拜寿，议论起各人的生日。有人说“二月没人”，袭人道：“二月十二是林姑娘，怎么没人？”这说明黛玉的生日是二月十二，而二月十二日那一天，恰恰是民间的花朝节。

---

① 《红楼梦》，人民文学出版社 1982 年版，第 8 页注释。

关于“花朝节”的具体日期,古人有三种说法,分别是夏历的二月十五、二月十二和二月初二。宋代吴自牧《梦粱录》之《二月望》记载:“仲春十五日为花朝节,浙间风俗,以为春序正中,百花争望之时,最堪游赏。”《广群芳谱·天时谱二》引《诚斋诗话》:“东京二月十二日曰花朝,为扑蝶会。”又引《翰墨记》:“洛阳风俗,以二月初二为花朝节。士庶游玩,又为挑菜节。”①但最通行的说法还是二月十二日。清代苏州人顾禄撰《清嘉录》,二月十二日苏州地区是花朝节。该书卷二“二月”“百花生日”条载:“十二日,为百花生日,闺中女郎剪五彩缯黏花枝上,谓之赏红。虎丘花神庙,击牲献乐以祝仙诞,谓之花朝。”②

花朝节是百花的生日,是百花仙子降临的日子,从作者给黛玉安排的生日来看,黛玉的身份内核应该是百花仙子。书中还写到袭人也姓花,并且用“花气袭人知昼暖”的诗句强调过袭人与“花”之间的联系。值得注意的是,袭人和黛玉是同一天生的,小说里写袭人之所以记得黛玉的生日,正是因为她与黛玉的生日是同一天。所以袭人的姓及其生日也补充说明了黛玉生日的含义。

而从古人描写花朝节的诗句中可知,人们在花朝节迎接花神的同时,也在感慨春光短促和以花自怜。傅辰三《感春》云:“恰恰春分二月半,分春妙手爱东君。但愁过却花朝后,一日春容减一分。”从这句诗可以看出,花朝这一节日本身也具有生命绽放盛开后遭受凋零命运的无奈与哀怨。南朝的梁元帝萧绎的《春别应令诗》曰:“花朝月夜动春心,谁忍相思不相见。”柳永词中有“每相逢、月夕花朝,自有怜才深意”。郑光祖《南吕·梧桐树南》:“月夕花朝,容易伤怀抱。恹恹病转深,未否他知道。要得重生,除是他医疗。他行自有灵丹药。”可见花朝节原本就是一个让文人伤春、感怀的节日,这些诗句与作者对黛玉的描摹何其相似。

花朝节伤春、感怀的节俗内蕴被作者巧妙糅入黛玉的形象塑造中,与她作为“百花仙子”的身份融为一体。在这一回里,林黛玉泪眼对落花,伤心地吟唱《葬花吟》,并不仅仅是因为头一天晚上她去找宝玉的时候,晴雯没听出她的声音没给她开门。黛玉葬花,绝不是简单的伤春情绪,也绝非女孩子一般情况下面对落花产生的多愁善感。花开花落的自然景观,被作者赋予了特定的节日民俗内涵,糅入林黛玉的形象中,使得这一形象有了更为深邃的意蕴。

5.天鹅仙女与林黛玉

天鹅仙女与林黛玉的对应关系同样属于暗写。“天鹅仙女”是中国民间故事中的一个类型,又叫天鹅处女型故事。天鹅仙女型故事,最早见于晋代干宝

① 曹立波《红楼十二钗评传》,清华大学出版社2007年版,第2页。

② 储著炎《百廿回本〈红楼梦〉第八十五回〈蕊珠记〉考论》,载《红楼梦学刊》,2010年第2期。

的《搜神记》:“豫章新喻县男子,见田中有六七女,皆毛衣女。不知是鸟。匍匐往,得其一女所解毛衣,取藏之。既往就诸鸟。诸鸟各飞去,一鸟独不得去,男子取以为妇,生三女。其母后使女问父,知衣在积稻下,得之,衣而飞去。后复以迎三女,女亦得飞去。”①

以艾伯华的《中国民间故事类型》为依据,天鹅仙女型故事的情节单元主要有:①一个穷青年在河边见到几个仙女。②他把其中一个仙女的衣服拿走,她就成了他的妻子。③若干年后,仙女找到了她的衣服,逃回天界。④丈夫去追她。⑤天神下令将他们俩永远分开,每年只能会一次面②。这一类型的故事以“牛郎织女”最为典型。而天鹅仙女型故事的核心母题就是“下凡——归仙”。

在《红楼梦》中,女娲遗留的一块顽石因无才补天而幻形入世,最终还是退出尘世;与之相联系的绛珠仙草也完成了“入世还泪———泪尽出世”的基本人生轨迹。林黛玉便是这棵绛珠仙草化身红尘后的人间形象,在凡间历经了应有的劫数,“用眼泪偿还了”神瑛侍者昔日勤予浇灌的恩德,最后又归复天界。

《红楼梦》中“下凡——归仙”的叙述模式,显然并非无本之木和无源之水。“毫无疑问,上述两个母题(‘下凡’和‘归仙’)在林黛玉这一形象中的攒合构思,决非曹雪芹之创举;而是对应着中国民间文学历史长河中具有同样母题蕴涵的丰富传说。”③应该说,作者从民间天鹅仙女型故事中吸取了营养,成功复制了这一原型母题。林黛玉这一形象的“世外仙姝”性质,不但构成了其悠久而丰富的文化内涵,而且通过“下凡”与“归仙”的一番演绎,更成为彼岸世界中终不可及的理想,这可能正是这一形象永恒魅力的一个要素。

综上所述,无论是作品中对林黛玉的含有“仙”字的三个指称(“世外仙姝”“阆苑仙葩”“绛珠仙草”),还是作者依托民间观念中的百花仙子给黛玉构筑的生日,还是作者以民间故事中的天鹅仙女为原型给黛玉安排的“下凡——归仙”经历,共同的指向都是这个“仙”字。作者显然是有意使用传统文化中的“仙女”这个意象,把“仙”的气质和神韵揉入到黛玉的形象塑造中。惟其如此,我们才在《红楼梦》中看到了一个与众不同的、超凡脱俗的、飘逸灵动的、有些不食人间烟火的、甚至与世俗格格不入的林黛玉形象。

(作者简介:赵云芳,女,云南昆明人,1975年生,现为云南民族大学文学与传媒学院副教授,主要研究方向为古典文学与民俗学。)

① 黄涛编著《中国民间文学概论》,中国人民大学出版社2004年版,第218页。

② [德]艾博华著,王燕生、周祖生译《中国民间故事类型》,商务印书馆1999年版,第59页。

③ 杨天舒、唐均《林黛玉形象与中国民间文学中的下凡——归仙母题》,载《红楼梦学刊》,2005年第3辑。

《西游记》中的西域形象探究

康　健　王　倩

迄今为止,中国学界关于《西游记》的研究主要有四个趋向:主题研究和作者研究①、版本研究②、传播研究③、形象研究④。形象研究主要是以人物形象为研究对象而进行的原型研究和综合分析,并未涉及异域异国形象。此外,从比较文学形象学角度探究《西游记》的论文目前为止只有一篇,是 2016 年武汉大学刘楚发表的《〈西游记〉的形象学阐释》,继其之后尚无人在该方向继续探讨。该论文的重点阐释方法为形象学,即以《西游记》文本去解释形象学理论,西域形象只是作为阐释意识形态和乌托邦理论的例子一笔带过。《西游记》全书一百回,人物自第十四回起进入西域境内。西域作为占据全书百分之八十六篇幅的重要空间,至今尚未有专文探讨,因此本文尝试从异域形象学视角探究《西游记》中的西域形象,具有一定可行性和创新意识。《西游记》版本繁多,本文主要选用世德堂本的百回本⑤,下文所提到的《西游记》皆为该版本,此后不再赘述。

一、《西游记》中的西域形象概念

《西游记》是将唐太宗贞观元年玄奘法师去天竺取经的历史事实进行虚构演化而成的一部神魔小说。在历史上唐朝将玉门关视为中原进入西域的标志,也就是说唐朝的"西域"东起玉门关。而唐朝"西域"的西端情况较为复杂,它以贞观十四年为界有所不同。贞观十四年之前西域范围沿用隋朝,即"发自敦煌,至于西海"⑥。贞观十四年之时,唐太宗灭掉高昌国,之后西域范围不断向西

① 此类论文较多,较为典型的为章培恒于 1983 年发表的《百回本〈西游记〉是否吴承恩所作》(《社会科学战线》1983 年第 4 期,第 295—305 页);2011 年山东大学臧慧远的博士论文《〈西游记〉诠释史论》。

② 例如,侯会于 1996 年发表的《从"乌鸡国"的增插看〈西游记〉早期刊本的演变》(《文学遗产》1996 年第 4 期,第 67—77 页);2012 年上海大学杨森的博士论文《明代刊本〈西游记〉图文关系研究》。

③ 例如,李舜华于 2001 年发表的《东方与西方:异域视野中的〈西游记〉》(《学术交流》2001 年第 1 期,第 110—115 页);2005 年武汉大学苏静的硕士论文《〈西游记〉文本的传播与接受》。

④ 例如,张锦池于 1990 发表的《金色猪与河伯:也谈猪八戒形象的原型》(《文史知识》1990 年第 2 期,第 102—105 页);2007 年延边大学王彬的硕士论文《〈西游记〉师徒四人形象及其现代意义》。

⑤ 吴承恩《西游记》,人民出版社 2008 年版。

⑥ 魏徵等《隋书》,中华书局 1973 年版,第 1579 页。

迁移。但在《西游记》中,文本设定唐玄奘西行时间为贞观十三年,因此这里将西域概念的时间范围限定在贞观十四年之前,即西部"至于西海",西海即今天青海湖古称。也就是说唐太宗贞观十四年前"西域"的地理范围是东起玉门关,西至青海湖。此外,《西游记》虽以唐朝为小说故事背景,但成书时间在明朝。明朝划分"西域"的标识相比唐朝有向西推移,从玉门关变为嘉峪关。在《明史·西域传》中描述西域各国的地理位置时皆以嘉峪关作为参照,例如哈密"东去嘉峪关一千六百里,汉伊吾卢地"①,撒马儿罕"去嘉峪关九千六百里"②。而西域的西端也随着东端的向西移动而有所迁移。根据《明史·西域传》记载,西域的西端设在鲁迷也就是今土耳其。因此历史上明朝西域的地理范围为东起嘉峪关,西至土耳其。

《西游记》中的西域概念与上述唐、明两代的地理概念有所不同,它是一个文本概念。《西游记》中,第一次出现关于"西域"地理位置的表述在第十四回,书中写"此山唤作两界山,东半边属我大唐所管,西半边乃是鞑靼的地界"③。"两界山"是真实存在的地域名称,位于今甘肃敦煌,玉门关附近。而关于"鞑靼"一词,唐太宗年间无此称呼,明代乃称西北游牧民族地区为鞑靼,因此这里的"鞑靼"显然是明朝时期对"西域"的一种称呼。综上可知"两界山"正是《西游记》中划分大唐和西域的边界标识。确认从大唐进入西域的东部标识之后,接下来要探讨文本中的"西域"西部标识。按照故事情节的发展应当是以唐僧四人的旅途尽头为西部终端,而四人的旅途尽头乃是天竺国大雷音寺。但值得一提的是,虽在人物言语中一直强调取经目的地为天竺国大雷音寺,但其实天竺与大雷音寺不在一处。雷音寺位于灵山,如孙行者在第八十七回所说:"如来虽称极乐,却没有城池,乃是一座大山,山中楼台殿阁,唤作灵山大雷音寺。就到了天竺也不是如来住处。天竺国不知离灵山有多少里哩。"④可见,天竺国与灵山大雷音寺不可等同而言。综上所述,可以推断出《西游记》中的西域指的是开端于两界山,结束于灵山大雷音寺之间的地理世界,与历史现实中唐、明两代的东西指向不同。

在"西域"广阔的地理空间中有十三个国度,两个地区,按照经行的先后顺序分别是:大唐、鞑靼地界、哈咇国、乌斯藏国、流沙河界、宝象国、乌鸡国、车迟国、西梁女国、祭赛国、朱紫国、狮驼国、比丘国、灭法国、大天竺国。此外还包括在人物对话间透露的乌弋国、斯哈哩国、月陀国、高昌国、本钵国、净乐国、流沙

① 张廷玉《明史》,中华书局1974年版,第8512页。

② 张廷玉《明史》,中华书局1974年版,第8598页。

③ 吴承恩《西游记》,人民出版社2008年版,第115页。

④ 吴承恩《西游记》,人民出版社2008年版,第784页。

国、贫婆国八个国度。因此,唐僧一行人的取经路上共出现了二十一个人间国度。而这二十一个国度有虚有实,现实有所记录的国度如哈咇国、高昌国以及天竺国,虚构的国度如宝象国。但即便是在历史上确有记录的国度也并非与现实完全一致,都是经过想象和艺术加工的产物。如文本中出现篇幅较长的天竺国与唐代天竺便有所不同。不同之处主要有两点。其一,唐朝时期的天竺是一个分裂国家,而在小说中是一个统一国家。其二,根据《大唐西域传》表述,"印度之境,疆界具举,风壤之差,大略斯在,同条共贯,粗陈梗概。异政殊俗,据国而叙"①。唐朝天竺国与中原风貌不同,但在《西游记》中借唐僧之口表述天竺"观其声音相貌,与中华无异"②。明代时期自不必说,自《大唐西域传》始玄奘将天竺更名为印度,不再有"天竺"之名。

综上所述,西域在历史上是一个动态的地理概念,带有浓厚的政治色彩,会随着政治观念和地理知识的变化而变化。但其概念一般用于指代一种异域,即为华夏文明之外的化外之域或非我族类的文化③。《西游记》文本中的西域形象虽沿用异域概念但与历史上的西域有所不同,具有虚构性。

二、西域形象的建构

《西游记》中,妖怪形象作为塑造西域形象的重要叙述要素,主要指那些由动物和植物幻化成精的妖魔鬼怪,它们具有兽人神等多重性格,但兽性往往表现得最为突出,是野蛮与未开化的代表。《西游记》中的妖怪形象主要出现在西域境内。在唐玄奘出行西域之前,便有洪福寺的徒弟语重心长道:"师父呵,常闻人言,西天路远,更多虎豹妖魔,只怕有去无回,难保身命。"④到法门寺时,众僧七嘴八舌议论西域情景。有的说"水远山高",有的说"路多虎豹",有的说"峻岭陡崖难度",有的说"毒魔恶怪难降"。可见,大唐境内的人民对于西域都只有路途艰难,多虎豹妖魔,荒蛮落后的负面印象。其次,《西游记》中斩杀妖怪的故事情节也只出现在西域境内,在大唐境内从未发生。大唐境内妖怪甚少,只有一处,为双叉岭的寅将军、熊山君和特处士。面对中原境内的三只大唐妖怪,太白金星也只是将唐僧暗中放出,未对妖怪加以惩治,相比之下西域境内的妖怪都或吃尽苦头,或丢掉性命,二者命运天壤之别。

① 玄奘、辩机著,季羡林等校注《大唐西域记校注》,中华书局2000年版,第218页。

② 吴承恩《西游记》,人民出版社2008年版,第793页。

③ 欧阳哲生《"西方":一个逐渐清晰的观念》,《北京日报》2018年9月10日。

④ 吴承恩《西游记》,人民出版社2008年版,第105页。

异域形象学认为文本中的人物形象在塑造时其实隐含了自我与他者的等级关系，它通过一组组对立关系：如未开化与文明的，野蛮的与有教养的，人与动物（人性或兽性存在）建立起来[①]。而《西游记》中的妖魔形象由动植物幻化而来，属于非人类范畴，与象征文明的人类形象相反，代表野蛮与落后。作者通过把妖魔化的西域形象与无妖魔的大唐形象构成对立关系，强调二者相异性，将西域形象加以矮化，成为贬义的他者形象。

《西游记》中除妖怪外还有神奇的物产，它们皆有治病救人，长生成仙的功能。在第二十四回中出现的人参果不仅外貌奇特，“三千年一开花，三千年一结果，在三千年才得熟，短头一万年才得吃”，果子模样“如三朝未满的小孩”，“四肢俱全，五官咸备”。而且功效神奇，“闻一闻，活三百六十岁，吃一个，就活四万七千年”[②]。最重要的是这种神奇水果仅生长于西牛贺洲五庄观，也就是西域境内。第七十五回出现的火枣，与前文第七回出现的交梨同是传说中的仙果，吃后可以羽化登仙。书中也写比丘国国王在宴会上向寿星寻求祛病延年之法，寿星便赠予火枣三颗，国王吞后身轻病退，得以长生。此外西域境内琪花瑶草甚多，“果然西方佛地，与他处不同。见了琪花、瑶草，古柏、苍松”，“左右有瑶草鲜花，前后有乔松翠竹”[③]。诸如此类神奇物产不胜列举，展现了一幅乌托邦化的异域图景。

然而，在西域中除上述物产可长生不老外还有一物有同样的功能，那就是人肉，而吃人肉是只存在于西域的野蛮风俗。食人风俗具体表现为文中反复出现的唐僧肉以及第七十八回出现的小儿心肝。“吃唐僧肉可长生不老”这种认知第一次出现是在书中第二十七回，白骨精称唐僧乃是“金蝉子化身，十世修行的原体”，“吃他一块肉，长寿长生”[④]。小儿心肝则出现在第七十八回的比丘国中，书中写将小儿心肝做药引，“单用一百一十一个小儿心肝，煎汤服药，服后有千年不老之功”[⑤]。可见在“西域”的神奇之处不仅在于有珍贵新奇的物产，还在于有伤天害理的食人风俗，野蛮风俗在一定程度上消解了西域形象的乌托邦属性。

比较文学形象学认为形象应兼具现实性体验和奇幻性期待两个原则，二者之间，理论更强调后者，即异域形象是根据他者形象的缺席而进行的创造式想象，包含作者个人化的虚构，或褒义或贬义，自带意识形态和乌托邦两种迹象。《西游记》中西域形象强调与历史真实的不一致。它将西域形象妖魔化，用以维护古代中国对“天朝”以外诸国的社会集体想象，是意识形态化的现象；对西域

① 孟华主编《比较文学形象学》，北京大学出版社 2001 年版，第 170 页。
② 吴承恩《西游记》，人民出版社 2008 年版，第 210 页。
③ 吴承恩《西游记》，人民出版社 2008 年版，第 875 页。
④ 吴承恩《西游记》，人民出版社 2008 年版，第 238 页。
⑤ 吴承恩《西游记》，人民出版社 2008 年版，第 708 页。

境内各色物产加以神奇的描述,在一定程度上否定了中原文化中假定负面的异域形象,激发了人们对于西域世界的向往,是乌托邦化的功能。

三、《西游记》的生成语境

所有的异国形象,包括文学虚构的异国形象,都处于意识形态和乌托邦两极间的张力之上,也就是整合功能和颠覆功能的张力之上。而意识形态和乌托邦所整合或颠覆的内容正是历史社会现实,换句话说就是社会集体想象物。这就要求我们在探究异域形象时应当具体考察作品的生成语境以及作者的处境和创作方式,发现社会集体想象物和文学形象之间的某种关系。因此追溯《西游记》中的西域形象的形成原因,应当回到《西游记》的生成语境中去。《西游记》虽是集大成之作,但百回版《西游记》的作者基本可以认定是吴承恩,成书时间为明嘉靖二十一年,因此分析重点将放在吴承恩生活的明代中期。

长生不老是一种永恒的社会意识。历史上在中国占据主要地位的宗教有三个,分别是儒教、佛教、道教。而在三教中,各自的生死观不同,儒家强调现世,佛家重视轮回,只有道家将长生不老作为长久目标。唐朝时期是我国道教全面发展的繁荣时期之一,"唐皇朝崇奉道教,主要是出于政治上的利用,信仰的因素倒是次要的,李唐皇朝利用老子姓李,攀附为同宗,尊老子为'圣祖',自称是老子的'圣裔',以利用老子在历史上的广泛影响来提高唐宗室的社会地位"①。到明朝时期,历代皇帝对道教仍旧颇为尊崇。明太祖重视道教伦理部分命道士编成斋醮仪范,明成祖崇奉真武神,整修道观,建斋设醮,到明世宗时期对道教的推崇达到一个高峰,嘉靖皇帝醉心长生,宠信道士邵元节、陶仲文,遍寻灵芝炼丹制药。道士数量也在这个时期呈现猛增的趋势,光是在明初洪武年间就已经达到九万六千余人,之后随着道教的备受推崇只会有增无减②。自上而下的统治在一定程度上影响了人民,从而促使道教世俗化,成为人民世俗生活的重要组成部分。明朝年间,灾害频繁,处九渊之难③,死伤无数,据邓云特先生研究:"明代共历二百七十六年,而灾害之烦,则竟达一千零一十一次之多,是诚旷古未有之记录也。"④自成化十四年到嘉靖十五年间寒潮不断,"冻死人民

① 任继愈《中国道教史》,上海人民出版社 1990 年版,第 245—246 页。

② 任继愈《中国道教史》,上海人民出版社 1990 年版,第 606 页。

③ [加]卜正民主编,潘玮琳译《挣扎的帝国:元与明》(《哈佛中国史》第五卷),中信出版社 2016 年版,第 67 页。

④ 邓云特《中国救荒史》,商务印书馆 1993 年版,第 30 页。

不算”,嘉靖二十三年,干旱频仍直到崇祯十七年为止,天气干燥,良田焦土,赤地千里 ,引发瘟疫和饥荒,死亡的阴影笼罩在每个人的头顶,“人民相食,枕籍死亡,满城满野”①。就是在这种长身不老的集体无意识和自然灾害逼迫的双重作用下,激发了明代中期的人们对于生存的渴望,长生的希冀。因此在这场灾害危机中,道教的宗教功能开始派上用场。道士通过展开祈祷、祭告活动来祈福消灾,稳定社会秩序,传导希望,安抚了民众因为饱受灾害而产生的恐慌心理。同时道教中关于长生不老的信念与民众对生存的希冀不谋而合,从而演变为一种社会风气,民间常态。吴承恩虽信奉儒家,但在这种社会环境下也不免受到影响,并且在作品中体现一二。

此处出现的问题乃是,吴承恩为何会把长生的希望寄于西域呢?关于这个问题主要有两方面的原因。首先是因为地理环境的阻隔。《汉书 · 西域传》中记载:“道狭者尺六七寸,长者径三十里,临峥嵘不测之深,行者骑步相持,绳索相引,二千余里乃到县度,畜队,未半坑谷尽靡碎,人堕,势不得相收视,险阻危害,不可胜言。”②可见西域多戈壁荒漠,道阻且长,很少有人前往。而《西游记》的作者吴承恩便自小生活在淮安,最远不过去往北京,足迹集中于江浙, 从没涉足西域各国,乃至于他笔下的西域景观大都与江南明丽的风光、民俗有关, 缺少戈壁沙漠等异域风光的描述。也就是说吴承恩无论是描写西域的自然山水,还是社会风俗, 都因缺少对西域的实地体验,受视域限制,只能凭借自己的想象,借鉴历代流传典籍去描绘西域形象,所以在一定程度上将西域妖魔化的同时加以神秘化和神圣化。另一方面是由于明朝在经历了一个世纪的蒙古统治后,一心致力于防范来自亚洲腹地的民族或国家的新的威胁。因此朝廷采取了闭关锁国的政策,限制与外国,尤其是北部和西北部国家的交往。这其中只有永乐皇帝不同,但永乐皇帝支持与亚洲腹地国家交往的原因只是因为他面临因篡位而导致的继位正统性问题,而解决这个问题的最好的办法之一就是吸引大量外国使节涌入,归化,“使节来的越多,永乐皇帝在他自己人民的眼中看起来就越具有正统性”③。因此永乐皇帝的时代是独一无二的例外,明代大多时候仍旧采取的是闭关锁国的政策,与外邦文化较少接触,所以中原地区的人民对于西域缺乏了解。人们对于西域的知之甚少,使西域始终蒙着一层神秘面纱,激发了人们的想象,成为诸多神话故事的发源地。

但是也正是因为这种不甚了解,“我者”在对其有着美好幻想的同时,产生

① [加]卜正民主编,潘玮琳译《挣扎的帝国:元与明》(《哈佛中国史》第五卷),中信出版社 2016 年版,第 71 页。

② 班固《汉书》,中华书局 1962 年版,第 3887 页。

③ [美]牟复礼、[英]崔瑞德编,张书生等译《剑桥中国明代史》,中国社会科学出版社 1992 版,第 195 页。

误读。“中国人在理论上已经发展起了一套对付外国人的体制,他们在大部分历史时期中运用这一体制。在这种体制之下,中国被视为中心王国,而其余的国度都被打上属国的标签。中国皇帝被认为比所有其他统治者优越,后者通过定期向中国君主朝贡来表达对中国皇帝的尊崇和承认他们的‘属国地位’……这是一种接受中国的世界秩序的象征。”①而《西游记》诞生的明朝中期,中国与西域各国便维持着这样的中心国和附属国的关系,西域各国派遣使臣入朝贡献方物,随后明朝皇帝颁赏使臣同等价值或者更为丰厚的礼物带回自己的国家,明王朝成为四周国家公认的天朝上国。就是在这样的文化背景下,明代中国多数人对中土的文化群落充满自信,抬高中原文化,歧视外邦文化,甚至将“域外”视为蛮荒愚昧、鬼怪盛行的代名词,这种意识正是中原文化对于异域文化的集体想象物。同处一个时代下的吴承恩虽然对当时的社会有诸多不满,但也认为中国乃世界中心,应受万国敬仰,按照自我的主观意愿与文化需要进行有关西域形象的表述与建构。

《西游记》中的西域形象是个人叙述和社会需求的结合,即折射出民众对于长生不老的追求,又体现了中国文化中的“中原中心主义”意识。

四、结语

《西游记》中的西域形象具有双重属性,一方面它是盛产神奇异物的极乐之乡,另一方面,它又是风俗落后,妖魔遍野的蛮荒之地。《西游记》所塑造的西域形象是一个纯粹的文化他者,是基于“中原中心主义”意识形态建构诉求之上所创造的一个他者形象。作者在“中原中心主义”视野内,将世界上所有与本土不同的地方都被理解为需要再编码与归类的客体:要么是野蛮落后之地,要么是浪漫的桃花源。而正是在这样的认知中,吴承恩将作为文化他者的西域塑造成为意识形态化和乌托邦化的双重形象。因此我们可以断言,《西游记》中的西域形象正是意识形态化和乌托邦化共同作用的结果,也是长生不老的生命意识和“我族中心主义”意识形态叙事化的产物。

(作者简介:康健,山西晋中人,淮北师范大学2017级文学院研究生。王倩,淮北师范大学文学院教授。)

① [美]牟复礼、[英]崔瑞德编,张书生等译《剑桥中国明代史》,中国社会科学出版社1992版,第196页。

《蜃楼志》官员形象浅析

李闪闪

《蜃楼志》①一书主要是以洋商之子苏吉士的读书交友、爱情婚姻和经商生活为主线开展的故事，描绘了一个包含洋商、官府、盗匪、女性、市井的现实社会，其中突出表现洋商和官员的人物形象，是一部极具岭南地方特色的小说。《蜃楼志》成书之后屡遭禁毁，文学史上对此表述很少，直到上世纪二十年代郑振铎先生在巴黎发现其书，并给予很高的评价，"无意在巴黎得一读之，真是欣慰无已"，并感叹"名作之显晦，真是有幸与不幸之分的！"②这部著作对研究清朝社会有着不可忽视的作用。

一、《蜃楼志》写作背景

《蜃楼志》是清代庾岭劳人编著，对于作者其人目前无可考，只能通过罗浮居士的题序得知"劳人生长粤东，熟悉琐事，所撰《蜃楼志》一书，不过本地风光，绝非空中楼阁也"。作者托言明嘉靖年间事，但根据书中所描写的社会生活，目前学界认为是清中后期社会，且现存最早刊本为清嘉庆九年。

康熙二十四年清政府为了海防安全设立粤、闽、浙、江四个海关，"其中唯粤海关监督主要由皇帝从内务府中钦派。自此，通商口岸设关都实行海关监督制度"③。本书中作者重点表现地官员赫广大的职责是监督粤海关税，清朝通过广州十三行来控制对外贸易，而十三行是乾隆中期以后朝廷特许建立的具有政治、经济双重作用的外贸垄断机构。关部作为清朝重要的税收监督部门关系着清朝的财政情况，而以赫广大为中心的关部以及地方官员却利用职权谋私利，制造冤假错案，营造太平盛世的假象来获取个人利益。戴不凡曾说："这位海关钦差大人的胡作非为，百般搜刮聚敛，不同于一般小说的贪官，有那个时代及职务上的特征。"④根据清史记载，乾隆年间最重大的贪污案有三起，两淮盐引案、甘肃捐监冒赈案、贪污国库钱财案，其他大大小小贪污案不断，虽有严格的贪污

① 庾岭劳人著《蜃楼志》，华夏出版社 2013 年版。本文所引的小说原文均出自本刊本。

② 转引戴不凡《小说见闻录》，浙江人民出版社 1930 年版，第 277 页.

③ 《广东省志·海关志》，广东人民出版社 2002 年版，第 1 页。

④ 戴不凡《小说见闻录》，浙江人民出版社 1930 年版，第 278 页。

惩治制度,但执行过程中没有严格遵守,惩治效果不佳。《蜃楼志》中查检关部赫公“清查税饷,共亏空一百六十四万零四百两零一钱六分五厘”。皇帝对他的处置不过是“看守祖宗坟墓”,使其改过自新,只是把下人正法。清代中后期有严重的财政困境,国库入不敷出。这都来自于皇权下的政治腐败,作者能够大胆批判腐败的官府,揭露官场现状,可敬可叹。

“其书言情而不伤雅,言兵而不病民,不云果报而果报自彰,无甚结构而结构特妙,盖准乎天理国法人情以立言,不求异于人而自能拔戟别成一队者也。说虽小乎,即谓之大言炎炎也可”(罗浮居士漫题)。全书没有非常明显的教化意味,但在叙述中慢慢渗透着因果报应,正是“不云果报而果报自彰”,贪财好色者、欺压百姓者皆受到惩罚。目前学界对《蜃楼志》中的官场社会研究重视不够,对苏吉士以及书的版本、作者等考证较为充分。

二、官员人物形象分类

《蜃楼志》中作者提到的官员有二十多位,每个官员都有其独特的性格特征和处事方式。根据官员为民的态度、做事的能力等方面对其进行以下分类:

1.贪财好色者

明清时期商品经济的发展,市民文化的繁荣给中国传统文化造成了巨大冲击,在儒、释、道三教的共同影响下,程朱理学虽占正统地位,但他所宣扬的礼教在某种程度上已经无法约束人的思想。《蜃楼志》中描写的贪财好色者以赫广大、乌必元、牛藻为代表。其中赫广大是作者谴责的主要对象,本书第一回开篇直接描写了赫广大的品性,“且说这关差姓赫名广大,号致甫,三十内外年纪,七尺上下身材,为人既爱银钱,又贪酒色”,又“侍妾十余辈,生女八人,还未有子。因慕粤东富艳,讨差监税,挈眷南来”。作者毫无情面地写关差爱财好酒色,读者不必通过具体故事便可知人物的善恶。新官上任三把火,赫公初到查关税,并以漏税之名抓捕苏万魁等洋商,美名“原以上筹国课,下济民生也”,实则捞取钱财供自己享乐。作者借下属杜宠之口来表现关部的贪婪,“我也不甚晓得。昨日大爷从上面下来,同几个爷们说,老爷出京用的银子太多了,现今那一家有人坐索,须要设法张罗。看起来,无非要措办几两银子的意思”。从下人话语得知关部抓捕苏万魁等洋商无非是多捞取些钱财来弥补出门的亏空,狮子大开口索取五十万,得到钱财却“日日拜客请酒”。“再说赫公谋任粤海关监督,原不过为财色起见。自从得了万魁这注银子,那几千几万的,却也不时有些进来”,当财欲得到满足时，便想着别处欢乐，“这老赫终日守着这一班雌儿，渐渐的觉得家味平常，想尝这广东的野味”，便叫乌必元给他送选几十名女子，从中选用八个色艺俱佳的伺候自己。对此仍不满足，时时打听粤中的美女，后慕名乌家小乔容貌，不管“官之女，不可为妾”的理，强娶小乔，可惜小乔父亲是个贪财势力的小人，“说关部闻得我家小乔容貌，要聘他为二夫人，事成之后，还许我兼署盈库事务，我已含糊答应”，父亲为了权位和钱财贪利卖儿，不惜将女儿送入虎口，实在可恨。小乔嫁入赫府后郁郁寡欢，赫公让乌必元劝其女儿：“你在家中一样的会说会笑，而且笑的时候多，我还不时吆喝，为什么到了这里一点儿笑容都没有？大人原爱你，只嫌你这一样。他说只要你笑一笑，还要升我的官呢，你就算尽了点孝心，笑一笑罢！”何为孝心，为了父亲的一己私利却要女儿苟且偷生。如作者所说“假如乌必元果能强项，也好正言厉色，明白开导一场，老赫又管你不着，难道怕他来硬摘了木戳、砍了脑袋不成？无奈这势利小人，就是海关不要，他也巴不得自己献出，况且有人来说了一声，自然双手奉送”。为官已到如此痴迷，弃亲情不顾，实在可怜又可恨。在第十五回，假僧人携赫公四妾逃走，并无财物丢失，反把责任推给乌必元，“老赫明知是四姬的衣服，却不肯认，说道：“我这里是偷去二十万饷银，并无别物，你拿这东西来搪塞，希图狡卸么？你既是保举他，必然晓得他的下落，想是你串通偷盗的了！”一旦出事便不念情谊，伤害自己一分一毫必除之，可怜乌必元一心想要升官，难料祸事降临，也是因果报应。

再如牛巡检，作者所用笔墨不多，借乡勇之口来展示。第十回乡勇们反映从前抓住洋匪官府会给赏钱或者职衔，如今反要给官府钱，否则便被认为假的，甚至有人会花银子买洋匪报功，一乡勇说“哥哥不知，就是这里巡检司牛藻。从前我们拿住洋匪，被他卖放了许多，最贪赃、最可恶的”。为了贪得钱财竟然拿国家安危、百姓太平开玩笑。钱典史想要娶寡妇未遂，便设计陷害并贿赂牛藻，牛巡检帮助钱典史“合法”抢民女，结果逼死两命。搜剿忠义之士霍武的财物，看到五锭大银子，作者用了“饿眼”二字，真实且形象地展示巡检的贪婪、可恨的面貌。

2.买官卖官者

捐官自秦代以来就有，明清较为泛滥。本书中提到了清代社会的捐官现象，另一方面作者在肯定科举考试选拔的人才。“科举考试作为明清两朝重要的选人制度，实行的必要性和作用不容忽视，小说中频频提及的清廉考官和忠义之士无不是科举出身,小说人物在品评士人时,也常将科举与品行相关联。”①作者在书中对参加科举考试做官者持褒义的态度,像李匠山、卞如玉、申荫之等人,作者把他们塑造成清廉正直之人,他们能够以天下为己任,关心国家、社会、百姓。而买官卖官者作者持讽刺态度,第一回赫广大的关部缺,“闻得关差此缺系谋干来的,数万金恐不足以了事”,又如乌必元“本无经纪,冒充牙行,恃着自己的狡猾,欺压平民,把持商贾,挣下一股家私,遂充了清江县的书办”,后来为了升官把女儿送给赫广大做妾,不顾女儿死活,亲情在权力和财力面前竟一文不值。再如被赫广大害死的董材,“自初在广充当埠商,娶了家小后,因有了亏空,被抚台递解回籍。他因恋着粤中,做些手脚,改姓钻谋。这口书办向例一年一换,都要用银子谋干的,油尾的缺,向来是三千花边钱一年,包进才改了四千,所以被高才捷足者夺去”。官员不再是为民做事,而是为财为官,为官为财。小说《二十年目睹之怪现状》:“自从开捐之后,那些官儿竟是车载斗量,谁还去辨甚么真假。我看将来是穿一件长衣服的,都是个官,只除了小工、车夫与及小买卖的,是百姓罢了。”②官员的真真假假,谁真正的爱民如子?官职不过是谋求财富的一种手段。第十七回中苏吉士清远逃灾,赫公派人到苏家搜人,下属打杂东西、偷取财物,关部仗着势力无证强闯民宅,百姓安定生活无任何保护,政府官员职责何在,封建统治者在自掘坟墓。

3.清正廉洁者

作者在本书中塑造鲜明的两类官员一类是以赫广大为代表的贪财好色者,一类以申公为代表的清正廉洁者,形成鲜明的对比。申公是唯一一个贯穿全书的正直官员,对官、商之事非常明白。“申公虽是个观察降调,却也不肯废弛公事,捕盗、盘盐、海防、水利诸务,极其勤慎。公事之暇,诗酒遣怀。署中高朋满座,诗社联标。”身在官场能够明确国家职责,洁身自好,对待官场沉浮淡然从之。在贬谪之地遇到学生赫公,赫公说“师傅谪官,将来很可恢复。学生遇有便处,定当出力一谋。”申公表现却很平静,“这仕途升降,久已不在心窝,只要不误我的酒场诗社许多狂兴就是了”,对仕途的淡然心态似有晚明山人之风气,魏晋之风流,在争名夺利的官场社会更显可贵。作者极力褒扬的人两广总督庆公,“是个国家的长城,庶民的活佛,智勇兼备,文武全材”以及上官益元“两榜出身,居官清正,断事明敏。遇着那安分守己的百姓,爱如子孙;那奉公守法的绅衿,敬如师友;遇着那刁滑的棍徒、夤刺的乡宦、皮赖的生监,视如眼中之针,依法芟除,不遗余力”。对于这两人作者所用笔墨不多,但表现却很直接。庆公在任

① 王玉超《明清科举与小说》,商务印书馆2013年版,第178页。

② 吴趼人《二十年目睹之怪现状》,人民文学出版社1981年版,第507页。

时，招募乡勇来抵抗洋匪，乡勇俸银"皆出宦囊，并未动一毫国帑"，离任时乡勇之事未完成，能够安排有威望的申公完成此事，可见是个廉正、为国为民的好官。作者借申公口"这里自庆大人去后，胡制军不识机宜，屈抚台又是偏执性子，洋匪案件日多，我虽闲曹，恐亦未可久羁于此。况赫致甫近来越发骄纵，将来必滋事端"，从侧面反映了庆公是个办实事、负责任的官员。以及后起之秀李御史、袁侍郎等，能够奉公执法、惩恶扬善。

4.才力不足者

在褒贬之间作者还塑造了态度不是很明确的官员形象。"却说抚粤使者屈大人，清正有余，才力不足，更有一种坚僻之性，都是着了那时文书卷的魔头。各处事都如猬毛，他却束手无策。从前因海关奏了洋匪充斥，自己受了申饬，很不耐烦，后因沿海一带地方骚动，虽已会同督臣奏闻，却又打听得海关据此参奏，晓得这巡抚有些动摇，也叫人打听赫广大的劣迹。"他身上缺乏强烈的对官场社会的爱憎情感，很执拗，虽不贪财，但也无政绩，属于官场中随波逐流的人。贺斯光"提标第一员勇将，臂开两石之弓，手提百斤之棍，任公向来用为先锋，战无不克。奈他恃勇轻敌，更有信陵君醇酒妇人之癖"。作为剿匪将士不能严肃军纪，研读兵法，何以剿匪成功？所以粤东地区一直洋匪横行，社会动乱。知县公羊生在审判霍武时，不辨真假用刑逼供，无果收监，后来因为事情闹大，"有关自己前程"，再次提审霍武，为官断案不去纠察原因，用刑、收监，一旦涉及自身利益才去查明，为官不为民。

5.相互倾轧者

书中还提到官员之间相互倾轧的现象，申公与宰臣冲抑不和，申公被贬，后冲抑贪赃枉法被处罚。"可笑那班科道，平时不见风力，到了冲抑赐死之后，拿着一张绵纸搓就的弓、灯心做好的箭，左手如抱婴儿，右手似托泰山，对着那死虎乱射，说有什么依附的小妖，又说有什么伏戎的余莽，乞亟赐诛殛，以彰公道。"位高权重之时趋炎附势，倒下时便落井下石，官员不同心，想着睚眦必报，为一己私欲拿百姓当儿戏。"小的仔细想来，那税银是明明因洋匪太多、商贾少了收不起，并不是那个侵渔的。此刻屈大人因报了'贼匪歼除，海洋宁谧'，加了一级，人家得了好处，我们倒代人受过，将来赔补额税，屈大人难道帮我们不成？依小的意思，老爷将这洋匪充斥、商贾不通的情形奏上一本。现在各处禀报劫掠案件，不下五十余处，去春董材的被劫自经，今春姚副将又因不能剿办洋匪，督抚参了，这都是证据，不是我们扯谎。"从赫公下属包进才的话语我们可知洋匪横行，屈大人却说天平，虽然包进才有自己的私欲，但通过作者描写现实，包进才所说属实,知情不报涉及自身利益便互相举报。正是看多了官场的沉浮不定,苏吉士即使有做官之才也不愿从仕。

三、官员形象的叙述方式及意义

《蜃楼志》中的官员形象描写与晚清谴责小说中的官员形象相比较为单一、直接,对于人性格、品质的描写,作者往往不多言赘述,直接表现。笔者根据书中对官员人物形象的直接描写汇成如下表:

官员	人物描写	作者态度
赫广大(海关监督)	三十内外年纪,七尺上下身材,为人既爱银钱,又贪酒色。因慕粤东富艳,讨差监税,挈眷南来。(第一回)	贬低
申公(广粮厅)	申公虽是个观察降调,却也不肯废弛公事,捕盗、盘盐、海防、水利诸务,极其勤慎。公事之暇,诗酒遣怀。署中高朋满座,诗社联标。(第二回)	褒扬
乌必元(河伯所)	本无经纪,冒充牙行,恃着自己的狡猾,欺压平民,把持商贾……遂充了清江县的书办。(第五回)那悲欢苦乐,如何勉强得来?爹爹要想升官,何不再养几个会笑的女儿,送与总督、巡抚,还可以升得知府、知州,不强似盈库大使么?(第九回)	贬低
屈强(抚粤使者)	屈抚台又是偏执性子。(第四回)。清正有余,才力不足,更有一种坚僻之性,都是着了那时文书卷的魔头。各处事都如猬毛,他却束手无策。(第十六回)	贬低
上官益元(知府)	两榜出身,居官清正,断事明敏。遇着那安分守己的百姓,爱如子孙;那奉公守法的绅衿,敬如师友;遇着那刁滑的棍徒、夤刺的乡宦、皮赖的生监,视如眼中之针,依法芟除,不遗余力。(第十六回)	褒扬
公羊生(海丰县知县)	一榜出身,五年作宰。为人虽则贪财,却不残酷。生平嗜酒,不论烧、黄。(第十二回)	平淡
任恪(提督军门)	是个智勇兼备的元戎。(第十三回)任公纪律精严。(第十九回)	褒扬
贺斯光(提标中军)	提标第一员勇将,臂开两石之弓,手提百斤之棍,任公向来用为先锋,战无不克。奈他恃勇轻敌,更有信陵君醇酒妇人之癖。(第十三回)	贬低

续表

官员	人物描写	作者态度
冲抑(宰相)	大权在手,黜陟自由,睚眦必报,婪赃舞弊,辜负圣朝,擢发难数。(第八回)	贬低
庆喜(两广总督)	是个国家的长城,庶民的活佛。智勇兼备,文武全材,也系功勋之后。(第三回)	褒扬
牛藻(巡检)	"这里巡检司牛藻,从前我们拿住洋匪,被他放卖许多,最贪赃、最可恶的。"(第十回)逼死寡妇管氏和公公两人。	贬低

从上表来看,作者在描写官员形象运用第三人称的叙事视角,更加客观地表现官员形象。同时,对比手法使得讽刺愈加明显。作者往往用"话说""且说""再说""却说"等娓娓道来将要描写的人物形象,或者借用他人之口来评价其人物,如借乡勇之口来表现贪婪可恶的牛巡检,其后通过故事展现人物的具体形象,给读者留下清晰的印象。以第三视角的叙述方式来展现官员形象,清晰明了地表现为官为民的立场,无情地揭露批判贪财好色、草菅人命的官员,极力赞扬为官淡泊名利、清正有才的官员。中国自古讲求"学而优则仕",对于做官的追求从未减退。《蜃楼志》中描写的官员形象具有其代表性,对我们研究岭南社会有一定的重要意义。

首先,《蜃楼志》描写了以广州地方为中心的官员,广州是最早受资本主义影响的地方,作者通过粤海关与十三行的关系来展现官场的贪婪、腐败,在粤海关的残酷压榨下广州十三行逐渐萎缩,阻碍经济的正常发展。作者大胆批判官场的黑暗,揭露官场腐败现象。明清以来实行的捐纳制度使吏治更加腐败,官员捐纳获得官职上任后大肆捞取钱财,压榨下层民众,造成更为严重的腐败,进而引发社会动荡。《中国丛报》曾经引用外国职员的话:"老实说,广州政府的官吏,没有一个是干净的。"①官员赫广大、乌必元等的贪婪好色,申公与冲抑和和赫广大与屈强之间的倾轧现象,形象地刻画出官场社会贪污受贿、徇私舞弊、草菅人命的残酷现状,对了解清朝中后期的社会有一定的参考价值。

其次,作者在正直官员身上寄寓自己的理想。作者利用善恶有报、因果轮回说来警戒世人。尽管官场存在徇私舞弊、贪污受贿,但作者依旧对统治阶级充满期待和希望,叙写赫广大被惩处、冲抑被处罚、申公等贤士人被重用、姚霍

① 转引蒋祖缘、方志钦《简明广东史》,广东人民出版社1993年版,第388页。

武受到封赏由盗匪变功臣并投奔朝廷来展现“不云果报而果报自彰”,相信善恶有报。作者创造正直贤臣来执政的现象,现实中实现的可能性微乎其微,这只是作者的一个理想。书中第一回提到“凭将落魄生花笔,触破人间名利关”,官场、商场沉浮不定,复杂多变充斥着整个社会,然而作者态度是淡然的,他以一种平和、客观的态度反映粤东地区的官商情况。在结尾作者虽然营造了一派和平安定的景象,但他也有自己的不确定,或者说对朝廷的不信任,在二十四回结尾借李匠山的话来说,“天下的事,剥复否泰,那里预定得来?我们前四年不知今日的光景,犹之今日不能预知后四年的光景也”。对朝廷美好期待的同时又有些许的不信任,正直贤士能够执政也是作者的一个理想。

四、结语

综上所述,所谓的康乾盛世不过是历史的表象,社会的腐败已从根基腐朽,清朝的太平盛世已是过去式,洋匪横行、白莲教起义、政治腐败,作者揭露了一个真实的危机重重的社会。正如郑振铎先生说:“对于社会黑暗面的布露与攻击,始于《蜃楼志》等诸作,而以《二十年目睹之怪现状》《官场现形记》为全盛期的代表作。”[①]《蜃楼志》开启了谴责小说的先河,深刻剖析清中后期的社会问题,暴露了官场的腐败,海关制度的不合理,官吏的贪婪等,对研究粤东历史有着不容忽视的史料价值。

(作者简介:李闪闪,女,安徽淮北人,暨南大学硕士研究生。)

① 郑振铎《郑振铎古典文学论文集》,上海古籍出版社2009年版,第344页。

《缀白裘》中花部戏漫谈

刘明妍

乾隆年间的戏剧已是大繁荣之样貌,昆曲折子戏日臻成熟,各地方戏剧也不甘落寞,而此时剧本选编的案头化倾向却是愈来愈重,因此戏曲选本如《缀白裘》者,出现的恰逢其时。《缀白裘》因为其"选录的曲文和说白都一律以戏班的演出本为依据,并不以传奇的文学剧本为标准"①,而成为戏曲选本中难得的"实用歌本"。梁章巨的《浪迹续谈》中亦有:"每观剧,必摊《缀白裘》于几,以手按板拍节,群目之为专门名家。"②这也说明选本之如《缀白裘》,当是有其他剧本集难以替代的妙处;亦从侧面反映出了凡所演剧无出《缀白裘》所录者,因而《缀白裘》当是收录了当时最时兴最常演的剧目。"取百狐之腋,聚而成裘"③,其实从名字我们便可以看出,《缀白裘》的戏曲选编,并不是地毯式的百科全书般的剧本搜救整理,它更像是当时流行出名的折子戏"精选本"。换句话说,能入选《缀白裘》中的折子戏,必定是当时深受观众喜爱的、时常能于戏台之上观见的精良戏剧。《清稗类钞》中有云:"嘉、道之际,海内晏安,士绅燕会,非音不樽。而郡邑城乡,岁时祭赛,亦无不有剧……《缀白裘》之集,犹乾隆时本也。"④这说明,《缀白裘》中收录的折子戏果是"乾隆时剧",并且哪怕是到了嘉道时期,《缀白裘》作为乾隆年间的本子,依然是戏剧演出主要依据的选本。

因此,钱编《缀白裘》作为戏剧选本的重要意义,并不是其中史无前例地收录了三十二部(共计五十四出)花部戏剧,而是钱编《缀白裘》既然昆乱通收,就意味着乾隆年间的戏曲舞台上已有不少花部戏风靡于世,屡被搬演:如其中收录的《借靴》《花鼓》《思凡》等戏皆见于《太古传宗索弦调时剧新谱》,或被《纳书楹曲谱·补遗》列为时剧。然而钱编《缀白裘》既已扩为十二集,却仍然只有第六集的部分与整个十一集为花部剧本,也就从侧面反映了当时虽是花雅共存,但昆曲仍以其独特的魅力、成熟雅致的戏曲风韵占据着更为主导的地位。除此之外,便是花部剧本的辑录顺序也能使我们将当时戏坛的场景样貌窥探一二,须知十二集《缀白裘》编纂工作必不可能一蹴而就,就 2005 年中华书局再版的汪校本的钱编《缀白裘》再版说明中,便有:"至乾隆二十八年(1763),苏州宝

① 钱德苍《缀白裘》再版序,中华书局 2005 年版,第 1 3 页。
② 梁章巨《浪迹丛谈三谈续谈》,中华书局 1981 年版。
③ 李宸《缀白裘》(第二集序),中华书局 2005 年版。
④ 徐柯《清稗类钞》,中华书局 1986 年版。

仁堂书坊主人钱德苍袭用《缀白裘》之旧名,开始新编流行剧目,第二年即刊行了《时兴雅调缀白裘新集初编》。此后每年刊行一或二编,至乾隆三十九年(一七七四年),出齐十二编,合刊行世,是为宝仁堂刊本。"[①]也就是说,钱编《缀白裘》的完成,历时十一年,除却当中的第六集有些许花部剧本之外,便是十一集的全编。十一集的编纂工作当在乾隆三十九年(一七七四年)之前,但也不会太早,而就在乾隆三十九年(一七七四年),魏长生便率领秦腔戏班逐鹿京师,掀起了京城戏园中第二次花雅之争的腥风血雨,并在乾隆四十四年(一七七九年)代表花部争胜成功,"大开蜀伶之风,歌楼一盛"[②]。不得不说,钱编本的《缀白裘》,在第十一集中以花部入全编的创举,当具有极强的先导性,也从侧面反映出了当时的花部戏剧演出势头正盛的强劲风貌。

一、《缀白裘》中的"花雅互鉴"

我们作为历史的先知,已经知晓在那数次的花雅之争中,昆曲最终不敌花部戏而败下阵来,门庭寥落、市场萎靡,后至昆曲传习所而命悬一线、一脉相承,可这到底是后话。在《缀白裘》的编纂年代,昆曲势犹峥嵘,而花雅之间的关系也并不是一味的如同水火,相反是两相借鉴,更是出现了数量不少的"花雅同本"的现象。

(一)花雅同本

所谓"花雅同本",当是两剧吟咏一事,通常为其中一部率先搬演,影响颇大,另一部则将原声腔、唱法、身段做出相应的改编,合成新剧,以适本家。

1.《探亲·相骂》

《探亲·相骂》一剧,录于《缀白裘》第六集,为花部戏,在当时颇受欢迎。然《清稗类钞》中有云:"实则此剧纯用吹腔,固犹是昆曲之面目也。惟服装做工,则因时会而迁移……"[③]所以《探亲·相骂》一剧,虽以花部戏闻名,但其应始于昆班,"为昆曲中梆腔杂剧"。

2.唐英与其改编的昆曲

唐英其人,自是生活在"花雅争胜"的大环境下,然而他与一般的士大夫文人对花部戏剧的看法迥异,他反对案头化日益严重的剧本创作,反而更欣赏花

① 钱德苍《缀白裘》再版序,中华书局 2005 年版,第 1—3 页。

② 张庚、郭汉城《中国戏曲通史》,中国戏剧出版社 2006 年版。

③ 徐柯《清稗类钞》,中华书局 1986 年版。

部戏剧演出中所流露出的生机和活力。他认为"来看豆棚闲话，今非纸上空谈。有声有色有波澜，演出当场活现"①。他是昆曲向花部戏剧学习的标杆之人，《缀白裘》当中的《打店杀僧》(第十一集)被他改编成昆曲的《十字坡》，而《缀白裘》中的《戏凤》(第十一集)则被他改编成昆曲的《梅龙镇》。除此之外，《缀白裘》中的《打面缸》及《借妻》亦被他改编成《面缸笑》和《天缘债》。

因此，我们虽然常说昆曲为"百戏之母"，然而昆曲也并非无所改变，止固己长。而我们反观花部戏，虽多发于田亩乡野之间，其作者也并非是什么名扬天下的饱学之士，可是"经过长期舞台实践的考验和广大观众的鉴定，具有很强的生命力"②。而这样被筛选出来，录入《缀白裘》中的剧本，自然亦是花部戏中的精品。因此，当我们在翻看这样的戏曲底本之时，并无须因为花部戏剧的发展对昆曲时有借鉴而感慨良多，戏部之间的交流毕竟是相互的，《缀白裘》里的《打店杀僧》等一系列剧目，也曾作为昆曲剧本创作的母本而被仿写改编。

(二)腔调韵律的融合与流变

众所周知，花部戏在形成之初，只称"乱弹"，并非与昆曲泾渭分明，而"乱弹诸腔"本身亦在互相影响。在有关的演出记载中，有"若郡城演唱，皆重昆腔，谓之堂戏。本地乱弹只行之祷祀，谓之台戏。迨五月昆腔散班，乱弹不散，谓之火班……而安庆色艺最优，盖于本地乱弹，故本地乱弹间有聘入班者"③。这很好地说明了各声腔剧种演员之间的互动，而反映到剧本上，《缀白裘》中各剧本中昆乱及乱弹各腔的杂糅互通则是该选本十分鲜明的特色。

1.《牧羊曲》《青冢记》及《闹店夺林》

《牧羊曲》收录在《缀白裘》第一集中，列为昆腔剧本，而在其《望乡》一折中，却夹杂有《回回曲》，内容与《霓裳续谱》卷七【秦吹腔花柳歌】大同小异："高高山上一庙堂，姑嫂两人去烧香。嫂嫂烧香求儿女，小姑子烧香求少郎。"④而收录于《缀白裘》第六集当中的《青冢记》，虽被列入梆子腔，但须知《缀白裘》第六集的《凡例》说道："梆子秧腔即昆弋腔……是编中，凡梆子秧腔则简称'梆子腔'；梆子乱弹腔则简称'乱弹腔'。"⑤是以《青冢记》实为昆弋腔剧作。然而在其《出塞》一折中，却有《西调》和《西调小曲》等民间小调杂糅其中，当可见剧本内部"花雅互通"之妙。

---

① 张发颖、刁云展《唐英集》，辽沈书社1991年版，第306页。

② 张庚、郭汉城《中国戏曲通史》，中国戏剧出版社2006年版。

③ 李斗《扬州画舫录》，中华书局2007年版。

④ 王廷绍《霓裳续谱》，中华书局(上海编辑所)1959年版。

⑤ 钱德苍《缀白裘》第六集凡例，中华书局2005年版。

《闹店夺林》收录于《缀白裘》第十一集,是十分经典的花部戏剧。其事虽可见于《六十种曲》中的《义侠记》传奇,然《义侠记》毕竟是昆曲剧目,科白均为官话。而到了《闹店夺林》中,则店小二的科白便都改为苏州方言了。然而《闹店夺林》却又并非完全用本地腔调演绎,其中的唱腔以秦腔和吹腔为主,这实在是花雅的流变中又包含着乱弹诸腔的融合了。

然而花脸用苏白,却也不是乱弹诸腔的独创。早在乱弹诸腔兴起之前,也有很多的昆曲剧目花脸用苏白。李渔的《闲情偶寄》中有:"可怪近日之梨园,无论在南在北,在西在东,亦无论剧中之人生于何地,长于何方,凡系花面脚色,即作吴音,岂吴人尽属花面乎?"虽然李渔对各地方戏中的花脸苏白持不赞成态度,但这毕竟是康熙年间戏坛现状。而到了钱编《缀白裘》中的乱弹诸腔,也沿用了早年昆曲中"花脸苏白"的传统,这也是"花雅互鉴"的实例。

2.《梆子驻云飞》《梆子山坡羊》《梆子皂罗袍》及其他

众所周知,《驻云飞》《山坡羊》《皂罗袍》等都是曲牌名,若是在昆曲剧目中以曲牌连缀体的方式出现在戏文中,却也不足为奇。但在《缀白裘》第六集中,有《落店》一折,录为杂剧,当属花部戏,只是既属花部,应用腔调,通篇不见曲牌方是正理。若是花雅分壁未明,偶用曲牌亦无大碍。然《落店》一折,则出现了【梆子驻云飞】这样吹腔化的曲牌:

> 离乡背井,露宿风餐不暂停。叠嶂穿山径,怪石危峰岭。红日渐西沉荒凉僻静,远望前村,草舍茅庐近。快趱前程,早觅个旅店安身。①

无独有偶,在《偷鸡》一折中,开篇便是【梆子皂罗袍】:

> 遥想当年结义,胜如管鲍陈雷。心中辗转自猜疑。(末)我有衷肠诉伊。俺为人岂肯忘恩负义?杀姣妻,教人忿恨难容!(合)今夜里身投旅店,寂寞凄惨。黄齑淡饭身无所依。饭寒二字甘心意。②

而在《雪拥蓝关》第一折《叹途》中,则又有【梆子山坡羊】:

> 一片下长空,随风飘荡。剪鹅毛,露芦花,难寻真相像。顷刻间,云布万里;霎时间,现山花,龙穴舞癫狂。③

① 钱德苍《缀白裘》,中华书局 2005 年版。
② 钱德苍《缀白裘》,中华书局 2005 年版。
③ 钱德苍《缀白裘》,中华书局 2005 年版。

所谓【梆子驻云飞】【梆子山坡羊】等，其实是扬州的梆子艺人在昆弋腔中加入吹腔糅合而成。而吹腔本身，便是板腔体的前身，此时虽未发展成熟，但自身特点已显，只是披着曲牌体外衣的长短句而已。但毕竟由于无法短时间内与曲牌划清界限，因此腔调如【梆子驻云飞】者，都是昆曲曲头转唱吹腔。"在曲牌前加上腔调之名，或直接以腔调命名，意味着彼时曲牌比起腔调来，已变得不太重要。暗示了腔调正在逐渐取代曲牌的发展趋向，这是曲牌体走向板腔体发展过程中一个不可或缺的现象。"①

这也是花雅两部在漫长的发展过程当中的一小段进程，我们可以很明显地感觉到昆曲对花部戏曲腔调发展方面的影响，这同样也是"花雅互鉴"的一个方面。当然，除了吹腔化的曲牌，花部戏中也会完整引入某个曲牌，如《缀白裘》第十一集中《杀货》里的【梨花儿】【急三枪】；《打店》里的【风入松】《夺林》里的【四边静】，都是曲牌。然而毕竟与昆曲中的曲牌连缀不尽相同，花部戏中的曲牌，只是偶一为之，之后便会转入梆子腔或乱弹腔，但仍不失为"花雅互鉴"的有力佐证。

二、市民阶层的价值取向与花部戏中人物形象的流变

以上是从声腔曲调的方面对钱编《缀白裘》中的花部戏剧做出相应的分析，以窥探在《缀白裘》的成书年代，当时戏曲舞台上最原始本真的样貌，那便是——花雅争胜之时又互相借鉴，两相融合，且因乱弹诸腔尚未成熟，因而其之于声腔曲调上对昆曲多有依赖而又各有特色。然而戏曲除了外在的声腔曲调，内部的情节人物亦是十分重要的组成部分；花部戏曲之所以别于昆腔，而自有模样，除了腔调，也体现在"花部原本于元剧，其事多忠、孝、节、义，足以动人……其音慷慨，血气为之动荡"②。花部戏有相当一部分都出自历史题材小说、话本、戏剧，就钱编《缀白裘》中三十二出花部戏而言，便有十五种之多。而前文所说，《缀白裘》既为乾隆年间"时剧"，这些出自历史题材的花部戏，必然在当时颇受欢迎。而故事的人物原型经历了长时间的流变，到了花部戏中，或许已和最初的人物形象有了很大的不同。本文或撷取几例着重分析，以探究当时喜好花部戏曲的市民观众的价值取向和审美趣味。

① 李连生《板腔体的形成与戏曲声腔演化的特征》，《学术研究》，2007 年第 1 期，第 134—136 页。
② 中国戏曲研究院《中国古典戏曲论著集成》中国戏剧出版社 1959 年版。

(一)“正剧式”的人物形象变迁

《缀白裘》第六集序中有“词之可以演剧者,一以勉世,一以娱情,不必拘泥于精粗雅俗间也”①。故《缀白裘》中花部戏,虽有原型发于《水浒传》《说唐全传》《正德游龙宝卷》等的一系列人物形象,然而毕竟粗精兼备,雅谑各异。故暂先将那些有“勉世之功”,讲“忠孝节义”的历史人物形象归为“正剧”式,以供探究。

1.关羽·貂蝉

《斩貂》一折,收录于《缀白裘》第十一集,演说水淹下邳擒吕布后,关羽斩杀貂蝉事。此剧中的关羽丝毫不被女色所诱,剧中有“权臣篡位,即董卓父子;妖女丧夫,即貂蝉也!想起来此事儿令人可恼!”而此剧中的貂蝉,却是个机灵狡诈的女子,当关羽问及“虎牢关上谁弱谁强”时,她为自保,便道出“论英雄三将军天下无双”。而当关羽问及自己的丈夫时,貂蝉说出了“我儿夫三姓奴臭名难当”②之语,被关羽斩于月下。本事不见于正史《三国志》。而在《三国志·关羽传》中,水淹下邳之后却有:“曹公与刘备围吕布于下邳,关羽启公,布使秦宜禄行求救,乞娶其妻,公许之。临破,又屡启于公。公疑其有异色,先遣迎看,因自留之,羽心不自安。”③由此可知,关羽于水淹下邳之后,当真欲迎娶一位女子,但这女子是秦宜行的妻子,而非吕布之妻。但是毕竟有这个原始情节存在,而且从史料记载中也可以发现,关羽并非后世小说戏曲中那样不近女色,只一腔义胆忠肝的英雄人物形象。

而在《三国演义》中,关羽以忠义见长,“千里走单骑”“华容道义释曹操”“战长沙”等情节单元都能很好地表现出其忠义两全的英雄形象,可“不近女色”这一点,并没有十分明显的体现。而反观貂蝉,关于貂蝉的记载皆不见正史,而在《三国演义》中,貂蝉虽是容貌淑丽,但绝非祸国妖女,她作为连环计的重要参与者,对于“灭董卓之大计”,“救国民于水火”都有不世之功。而这两人的形象,在后世的戏曲剧本编写中,都有着或多或少的改变。可是在《三国演义》中,这两人并没有什么关系,或许是说三国事中关羽与貂蝉的戏曲、讲话太多,故而毛宗岗在为《三国演义》写凡例时有:“后人捏造之事,有俗本演义所无,而今日传奇所有者,如关公斩貂蝉,张飞捉周瑜之类,此其诬也,则今人之所知也。”④

---

① 钱德苍《缀白裘》第六集序,中华书局2005年版。
② 钱德苍《缀白裘》中华书局2005年版。
③ 陈寿《三国志》中华书局2011年版。
④ 罗贯中《毛评本三国演义》中华书局2009年版。

如今我们所能找到的，最早写有关于关羽和貂蝉故事的记载，当时元杂剧《关大王月下斩貂蝉》，如今其本已佚。《车王府藏戏曲全编中》录有《斩貂》，为明人之本，大致情节却与《缀白裘》中无异。只有问话一节，《斩貂》中问的是"三国中谁弱谁强"[①]，而貂蝉却不似《缀白裘》中辱骂自己丈夫，反倒是说出了"三国中论英雄男儿吕布"之语，还算是颇有胆气。可见从《三国演义》到明人的《斩貂》再到《缀白裘》中收录的《斩貂》，貂蝉的形象从济危救难的弱女子，到机警狡诈的祸国妖女，有了不小的改变。而关羽则在忠义之外，又添了不近女色一层，显得更为高大。然而到了现代新编川剧《貂蝉之死》，关羽和貂蝉的形象则又发生了变化，在此剧中关羽与貂蝉有非常唯美的爱情故事，关羽忠义依旧，却是铁血英雄更添一丝柔情，而貂蝉则是美丽女子常怀救国之心。关羽与貂蝉的形象流变跨度如此之大，不可不说是与观众的价值取向和审美趣味有关。现下如何暂且不论，而《缀白裘》的成书期间，为何《斩貂》中的关羽与貂蝉会有如此的形象呈现，却是值得思考的事情。

花部戏发于田亩之间，戏曲故事多为下层市民所喜，"天既炎暑，田事余闲，群坐柳荫豆棚之下，侈谭故事，多不出花部所演"[②]。而下层市民既然作为花部戏的最主要观众，那他们的价值取向和审美趣味，便成为了决定一出戏是否受欢迎的重要因素之一。焦循在《花部农谭》中有："余忆幼时随先子观村剧。前一日演《双珠天打》，观者视之漠然。明日演《清风亭》，其始无不切齿，既而无不大快。铙鼓既歇，相视肃然，罔有戏色；归而称说，浃旬未已。"[③]因此《斩貂》中关羽与貂蝉形象的变迁，必定与当时的市民心态、文化审美有着不可分割的密切关系。

(1)潜伏在男权文化中的"女色祸国"论

在民国著名作家张恨水的《金粉世家》里，有着这样一段话："天下万物，大半都是雄的要好看，雌的不要好看，只有人是反过来的，因为一切动物，不论雌雄，各人都有生存的能力，谁不求谁。那雄性的动物，要想作生殖的工作，不得不想法子，得雌性的欢心。所以无论什么禽兽都是雄的羽毛长得好看，雌的羽毛长得不好看。甚至于一头蟋蟀儿，也是雄的会叫，雌的不会叫。人就不然了。天下的男子，他们都会工作，都能够独立。女子也不能工作，也不能独立，她们全靠男子养活。要男子养活，就非要男子爱她不可。所以她们极力的修饰，极力的求好看。请问，这种情形之下，女子是不是男子的玩物?"[④]中国社会在长期

① 黄仕忠《清车王府藏戏曲全编》广东人民出版社2013年版。

② 焦循《花部农谭》(中国古典戏剧论著集成)，中国戏剧出版社1959年版。

③ 焦循《花部农谭》(中国古典戏剧论著集成)，中国戏剧出版社1959年版。

④ 张恨水《金粉世家》，陕西师范大学出版社2007年版。

的农本位自然经济条件下,男性占有天然的主动权,在手握经济命脉的同时,也就掌握了政治、文化话语的主动权。女性于男性,不过是满足种族延续和声色情欲的物件而已,正因为长期受这样的观念影响,男子在追逐女性的美貌时,若是被女性的外貌所困,事业热血付诸东流,在与同性的角逐中败下阵来,那是要被同性耻笑的。因此,大部分的男性在对待拥有倾国倾城美貌的女子时,态度都格外谨慎。他们并不觉得自己沉迷于声色的责任在己,而是将"误国"这样的一顶大帽子扣在了美貌的女性头上。

因此,在中国历代更迭传承的男性心理中,拥有绝色的女子可以是他们追逐的对象,然而在获得了情欲的满足之后,他们不负责任的将之抛弃的做法却总能找到开脱的理由。如在元稹的《莺莺传》中有:"大凡天之所命尤物也,不妖其身,必妖于人。使崔氏子遇合富贵,乘娇宠,不为云,不为雨,为蛟为螭,吾不知其所变化矣。昔殷之辛,周之幽,据百万之国,其势甚厚,然而一女子败之,溃其众,屠其身,至今为天下僇笑。予之德不足以胜妖孽,是以忍情。"①而后世有关"女色祸国"的论断也从未终止过,贯休诗歌中有:"君不见西施绿珠颜色可倾国,乐极悲来留不得。"②皎然也有诗云:"每笑石崇无道情,轻身重色祸亦成。"③而到了宋代话本《刎颈鸳鸯会》中,步非烟的悲惨遭遇却被说成是"蛾眉本是婵娟刀,杀尽风流世上人"④。所以,在中国古代传承的男性审美中,有绝色容颜的女子,譬如"貂蝉",大多不祥,必须除之而后快。

而到了清代的乾隆年间,乱弹诸腔在全国范围内的遍地开花使得大众审美通过戏曲演绎的方式表现出来成为可能。而看似繁荣的"康乾盛世"下,依旧有一大批穷苦不堪的百姓。乾隆年间民谣有:"公公糊灯笼,婆婆拔蚜虫,儿子做佣工,媳妇做裁缝,一家无闲口,还是一样穷。"而在钱编《缀白裘》成书后的二十年,即1793年英国马嘎尔尼使团副使斯当东说道:"遍地都是惊人的贫穷……人们衣衫褴褛……我们扔掉的垃圾都被人抢着吃。"在这种状况下,富丽堂皇高雅雕琢的水磨调显然已不太适应下层人民的审美,是以花部诸腔便以强劲地势头迅猛地发展。而花部剧本的作者,"都不是什么知名之士,大多是和戏曲班社接近的下层文人,或各剧中的戏曲艺人自己。"因此,他们也与下层观众保持着相当一致的审美。

而由于在男权社会当中,充当着维护社会稳定,创建社会繁荣的都是男性,当他们在社会的角逐中败下阵来,成为了社会最底层的一员时,则会遭到上层

① 元稹《莺莺传》(唐代传奇评注),上海古籍出版社1980年版。

② 贯休《贯休诗集系年笺注》,中华书局2011年版。

③ 中华书局编辑部《全唐诗》,中华书局1991年版。

④ 李剑国《宋代传奇集》,中华书局2001年版。

阶级的压迫和嘲讽:“尊之则为将,卑之则为虏。”而在这种情况之下,观戏,除了有日常的消遣娱情作用外,或许还包含着底层群众的理想寄托。当诸如《斩貂》这样一类以传奇英雄人物关羽为主人公而撰写的戏曲在戏台上搬演时,热烈的气氛和丝丝入扣的表演艺术很难不让底下观剧的人产生一种自我假设的归属感和认同感。在《诗人与白日梦的关系》一文中,弗洛伊德认为:“人的本能冲动,由于在人类文明社会中受到压抑而无法得到满足,不得不‘升华’并通过迂回曲折的途径来寻求宣泄,获得象征性的满足。”是以,观剧和剧本创作的“现实失落者们”是不会允许《三国志》这样的正史记载中有“好色”这样明显不太美好的属性出现在“关羽”的身上的。不仅如此,关羽作为一个忠义两全的传奇英雄,形象高大,必定是“不近女色”的,“不近女色”这样的属性与关羽是这样的相得益彰,故而哪怕是“貂蝉”,也只能被无情地斩杀,这样才更能显出关羽的英雄气度。

而另一方面,在同性之间得不到尊重与爱戴时,失意的文人们则往往会转向在社会角色扮演中更为卑贱的女性身上来寻找安慰。这也是为什么《聊斋志异》中落魄书生们总是会遇见冰雪聪明又温柔体贴的狐妖女仙们,而《虬髯客传》中的红拂女如此被世人称许的原因。失意的文人们寻不到通往达名显赫富贵庙堂的路途,只能将梦想和愿望寄托于女子们的“慧眼识珠”。而正是因为在同性的角逐之中败下阵来,使得他们根本没有机会获得高于其他同性的显赫地位来行使统治或压迫的权利;是以,他们对女性的要求往往显得更为苛刻,以彰显自己作为男性的先天优势。譬如缠足,“男性在女性的娇弱无力中感受到占有者的孔武有力,当他发现自己虽然不能主宰自己的命运,却可以轻易地决定他人的命运时,上帝的感觉就完全弥补了他在男性竞争中的失意”。因此,纵然从晚明以来,社会风气大开,纵情声欲,追求享受的价值观念逐渐形成,然而这毕竟只是男权社会中对禁锢已久的社会礼教进行冲击,于女性而言,其作用并不大;而在这样的思潮影响下,享乐主义之风日盛,存在于一夫多妻制度下的女性处境更为严酷,这或许也是为何明清之际“裹脚”之风愈演愈烈的原因。而对于此时出现的花部戏《斩貂》而言,作为一个陪衬关羽英雄形象的女性,她从《三国演义》中那个为报王司徒养育之恩,为天下大义而献身的弱女子,变成了一个可以说出“我儿夫三姓奴臭名难当”此等不忍驻听之语的女子,也就不难理解了。事实上,在当时的观众看来,说出如此台词的貂蝉,自己也是身侍三夫,在明清女性生存环境日益严峻的情形下,这样“不贞”的女子,怎么还能苟活于世呢?所以《斩貂》此剧中,貂蝉骂自己丈夫的同时亦是在骂自己,而这样一个祸国殃民的“妖女”,又长着倾国倾城的美貌,又身侍三夫,关羽这样忠义两全,不近女色的大英雄,怎可能真的接纳她成为妾侍呢?因此,关羽斩貂蝉,不但是对自身形象的完善,也是维系男权社会的秩序和尊严。而这在当时的底层民间,乃是通行的价值观,因此这部剧选入《缀白裘》,也就不足为奇了。

(2)广为流传的"关帝"信仰

不必等到后世的《三国演义》对关羽的形象进行加工美化,事实上,史料记载中的关羽就已经是当世英豪了。《三国志·先主传》中有:"张飞、关羽勇而义,皆万人之敌,而为之将。"而《三国志·刘晔传》中有:"诸葛亮明于治而为相,关羽、张飞勇冠三军而为将。"而在《季汉辅臣赞》中,则有:"关、张赳赳,出身匡世,扶翼携上,雄壮虎烈。籓屏左右,翻飞电发,济于艰难,赞主洪业,侔迹韩、耿,齐声双德。交待无礼,并致奸慝,悼惟轻虑,陨身匡国。"而关羽身上散发出的浓厚的兄弟情义和忠君道义,正是民间百姓最欣赏最喜爱的地方。后世的君主,出于这样或那样的原因,更是一再对关羽进行加封,关羽这一形象,在逐步深入人心的同时,也经历了"侯而王,王而帝,圣而天"的过程。

由于宋徽宗一生笃信道教,在道教与佛教两相争胜的社会背景下,如"关羽"这样具有广泛群众基础的"本土信仰",便被纳入了道教神仙谱系,称作"崇宁真君"。后又被封为"忠惠公",而到了宋徽宗宣和五年时,关羽就已经是"义勇武安王"了,因此仅徽宗一世,便加封了关羽四次。而到了清代,清圣祖努尔哈赤从小便与汉人结交,熟读《三国演义》一类的历史小说,因为喜爱关羽,金兵入关之前便已将关羽当作战神来看待,每次出征之前必拜关羽神像,称作"关玛法"(即满语的"关爷爷"),由此,关羽便由道教受供奉的神仙演变成了守护神。世祖入关后,在顺治九年更是加封了"忠义"二字,称"忠义神武关圣大帝"。在清朝统治者眼中,有意识地抬高关羽的信仰地位,便能从侧面使"忠义"二字深入人心,而如此这般,便能够有效地淡化和缓和民族矛盾,因此,"关帝"民间信仰的根深蒂固,也与朝廷的有意推动有着密切的联系。

到了乾隆时期,关羽的形象便不再只是单纯的"英雄"了,他蕴含着千年流传下来的信仰和崇敬。也因此,在诸如《缀白裘》中所录的《斩貂》等剧在台上搬演时,必不可能触犯众怒而表露出关羽的一丝丝不好来。丘振声先生对于"关羽与貂蝉"的问题,曾经有过这样的言论:"关羽的这种行为,本来在封建统治阶级中是司空见惯的。……不过,被人奉若神明的关羽,有这样一件风流韵事,总是不体面的,有伤风雅;还是抹掉为好。《斩貂》这样的戏大概就是出于维护关羽的尊严而创作出来的。"而笔者认为,丘先生的话固有道理,"关羽斩貂蝉",当是与当时将关羽奉若神明的信仰意识有着密切的关系,然而《斩貂》这样的戏,究竟也并不是凭空产生的,但是不同版本的"关羽与貂蝉"中,关羽对貂蝉的态度愈加严苛,恐怕是与信仰的不断加深有关。

2.罗成

钱编《缀白裘》中有《淤泥河》一出，收录于第十一集，事演唐将罗成之死，亦属历史题材正剧。然而通观史料，并未发现罗成其人，只《大唐秦王词话》中有"罗成，字士信"。而唐史中确有罗士信其人，据《旧唐书·罗士信传》："大业中，长白山贼王簿、左才相、孟让来寇齐郡，通守张须陀率兵讨击。士信年始十四，固请自效。须陀谓曰：'汝形容未胜衣甲，何可入阵！'士信怒，重着二甲，左右双鞬上马，须陀壮而从之。"当可看出，罗士信乃是少年成名的骁勇之将，武功奇高，又孤傲自信。然而隋唐之际的骁勇名将，还有一人与罗士信经历极为相似，那便是秦琼。秦琼与罗士信一般，都是齐州历城人，且也是年少成名，只比罗士信稍长；更为相似的是，二人都是张须陀部将，且出身也并非显赫，但情谊深厚。《旧唐书·秦琼传》中有："隋末群盗起，从通守张须陀击贼帅卢明月于下邳。贼众十余万，须陀所统才万人，力势不敌……人皆莫对，唯叔宝与罗士信请行。于是须陀委栅遁，使二人分领千兵伏于芦苇间……二人超升其楼，拔贼旗帜，各杀数人，营中大乱。"可随着讲述隋唐之际英雄人物的小说、戏剧逐渐成熟完满，或许是罗士信与秦琼的个人经历太过相似，若是要做到《水浒传》那样，一百零八好汉，各有性格，那这两人各自的形象便都要进行调整跟完善。而罗士信其人，性格争强好胜，又清冷孤傲，这倒不像是平民子弟会有的个性，倒像是官家儿郎的秉性，一身奇高的武艺也不像是平常人家的子弟，倒像是家学渊源颇深。因此，在逐渐与秦琼的历程特征区别开来的同时，罗成诞生了。他顶替了罗松的出生背景，成了幽州守将罗艺的儿子，是个艺高人胆大，清冷孤傲又桀骜不驯的"冷面寒枪俏罗成"。或许是因为这样的背景下反隋入瓦岗显得格外有力道，有看点；而像罗成这样的翩翩少年郎也的确是较为美好的英雄形象。因此，在罗成最初出现的《大唐秦王词话》到钱编《缀白裘》的《淤泥河》中，罗成的外观形象都格外受到偏爱。在《大唐秦王词话》第三十六回《徐军师招降罗士信，单驸马追逼小秦王》中有："善武能文压俊英，眉清目秀貌超群。豹头稳带盔凝雪，虎体牢拴甲挂银。飞虎鞴，玉麒麟，团花巧织素罗新。长枪铁简应无敌，勇猛西方白虎神！"到了《淤泥河》中，罗成为小生应工，有"生扮罗成，白扎巾，白扎额，白杆枪挂剑上"。后世京剧，豫剧和秦腔中也常演罗成剧，如《锁五龙》，由《罗成叫关》演变而来的小生折子戏《罗成》等，紫金冠，小生莲团绣花褶子，斜挎黑马褂，白绣花箭衣，银枪宝剑，煞是好看。

而《淤泥河》中的主要情节，乃是罗成之死。在罗成首次出现的《大唐秦王词话》中，罗成与苏定方的交战背景，乃是太子与李元吉和他积怨已久，便借着征讨刘黑闼之事，要蓄意置罗成于死地。这个情节大纲，后世一直沿用。只是在《大唐秦王词话》中，乃是秦王与二王合兵征讨，遣罗成与程咬金先去与二王接应,并无《淤泥河》中"只为三弟世民倚仗功高,欺凌兄长,孤家与建成哥哥设计,在父王面前告他谋为不轨,意欲置他于死地;不料父王念他有功之子,姑宽不究,只削了他的兵权,散去护卫,将他监禁天牢,不准交接朝士"之情节,也无"恰好遇着幽州罗成,私到太原来探世民……我想世民手下能征惯战之将,独有罗成为最,要除世民,必先逐一去其牙爪"之背景。而《淤泥河》中如此交代,只会让罗成看起来,是陷入了更为危险更孤立无援的境地,与之后罗成的死两相对比,则悲壮之气更显。除此之外,《大唐秦王词话》中,罗成出兵的过程倒并无太多波折,略带迷信思想,但远远不及《缀白裘》中悲凉。而到了《说唐全传》中,罗成挂先锋印对阵苏定方的前情即做了较大的改动,当时较为接近《缀白裘》中的情节了,且增加了《大唐秦王词话》中没有的"责打罗成"的情节:"'既如此,死罪饶了,活罪难免,分付就军前捆打四十御棍。'那武士把罗成推将转来,不由分说,打了四十御棍,两腿直打得皮开肉绽。"因为身上受伤,是以罗成只好带伤上阵。此时的建成、元吉形象已然往大奸大恶,残害忠良的方向发展,而反观罗成,则是铁骨铮铮,保家卫国的英雄形象。在《缀白裘·淤泥河》的情节设计当中,罗成不但带伤上阵,更是发展到了"二王不发一兵一卒,遣我爹爹一人征讨"(罗成孩儿罗春语)。需要注意的是,在《说唐全传》中,跟在罗成身边的乃是副将罗春,而到了《淤泥河》中则变成了儿子罗春,这样的转变看似意义不大,可是父子亲情断非一般可比拟。见到父亲受这样屈辱,罗春的内心煎熬更甚,也因此后面《血疏》一折,字字泣血,惨不忍读。在这里我们便能很明显地看出戏剧的冲突观念较小说为甚。且作为花部戏代表作的《淤泥河》,与《斩貂》一样,并不怕人物太过片面的形象塑造会使得人物的形象失真。或许因为在底层民众的审美价值观念中,快意恩仇的明艳泼辣,远比凄婉朦胧的美感更吸引人。因此《花部农谭》中焦循在谈到观《清风亭》之感受时,会说道:"其始无不切齿,继而无不大快……归而称说,浃旬未已。"而除此之外,《淤泥河》情节中所做的改动,亦有罗成因未能取到苏定方首级,而不得入关,只得在关外过夜,这也直接引出了《血疏》一折。该折尽是罗成唱词,做工较少,为的是将满腔冤情极力抒发,戏文中有:"打臣四十黄荆棍,负痛登时又遣征……二王传令四门不放进,马饿人饥野地存;等候天明重征战,只恐疲癃难保死和生。"对比《大唐秦王词话》及《说唐全传》,则悲凉之气更甚。

(二)市井人物的形象变迁

1.武大郎

《搬场拐妻》收录于《缀白裘》第六集,演武大郎与潘金莲搬家雇佣驴夫,而驴夫将潘金莲拐跑之事。本事不见于《水浒传》,武大郎的形象也较之《水浒传》中有不小的改变。在《水浒传》中第二十四回《王婆贪贿说风情，郓哥不忿闹茶肆》中，武大郎首次登场便有外貌描写："这武大郎身不满五尺，面目生得狰狞，头脑可笑，清河县人见他生得短矮，起他一个诨名，叫做'三寸丁谷树皮'。"而在《缀白裘》中，武大郎的外貌形象也延续了水浒传中原有的设定。然而与《水浒传》中描写武大郎的出场，便是和武二打虎归来形成鲜明的对比，以期引出下文潘金莲勾引武二的场景不同，《搬场拐妻》作为一出"二小戏"，武大郎的形象多半是取到打诨逗笑的作用。

所谓"小戏"，是"当各地方剧种(特别是新兴的花部乱弹戏)，还处于未尽成熟而多半在农村流行，或刚刚进入城市的初期，创作演出的作品"。多半取自日常生活，戏剧风格也大多是以打诨戏谑为主。而在钱编《缀白裘》编纂到第六集的时间(即公元1768年左右)，则恰好是花部戏剧刚刚开始兴盛，多半还处于"郭外各村，于二八月间，递相演唱，农叟渔父聚以为欢"的阶段。而观《搬场拐妻》中武大形象，则具有浓厚的"小戏"特色。为表现"武大"的矮小，应工武大的丑角或用"矮子步"，文中有："(贴)你走便走罢了，为何把身子摆到东来摆到西？像什么模样！(丑)你不知道矮人有多少便宜之处。(贴)有什么便宜？(丑)做衣只消三尺长；走到街坊不恍荡，妇人女子多来笑。(贴)笑什么？(丑)笑我这样好模样。"言语场景，均令人发笑。

而《搬场拐妻》中的武大，除了外貌形象与《水浒传》中一脉相承之外，性格却不似《水浒传》中那般懦弱，同样在《水浒传》中第二十四回，武大向弟弟介绍自家近况时，有："我近来取得一个老小，清河县人不怯气，都来相欺负，没人做主。你在家时，谁敢来放个屁？我如今在那里安不得身，只得搬来这里赁房居住……"足以见武大其人懦弱，而《搬场拐妻》虽敷演武大从清河搬到阳谷之事，前情却大不相同："只因清河县年荒岁欠，难以度日，我们搬到阳谷县去寻个买卖才好……"将《水浒传》中因受欺负而不能安生之事一概抹去，更有甚者，因为驴夫与潘金莲的数次眉来眼去，《搬场拐妻》中的武大发觉之后，并不是忍气吞声，而是要与驴夫比个高低，"我人儿虽小，人小力大，我的拳棒厉害！"足以见得，《搬场拐妻》中的武大形象已经有了较大的改动，或许是暗合了底层民众弱小亦能取胜的心理，这里的武大已经不畏侵犯，会奋力抗争。

2.时迁

《落店偷鸡》收录于《缀白裘》第六集，为一出插科打诨的热闹戏，事见《水浒传》第四十六回。时迁作为《落店偷鸡》中的主要人物，乃是水浒英雄一百零八号汉之一"鼓上蚤"，其人物事迹均不见史料记载，亦不见于《大宋宣和遗事》，或为《水浒传》中的原创人物。时迁在《水浒传》中的首次出场的地点，乃是在杨雄和石秀杀死潘巧云，准备投奔梁山的古墓林，当时的时迁正在林中盗墓,而后与杨雄、石秀在林中相遇,相约一起投奔梁山,夜宿店家,时迁偷鸡被发现,继而三人被捉进祝家庄。此情节在《水浒传》中被一笔带过,情节的重心在后文的梁山泊"三打祝家庄"上。而《落店偷鸡》则是将这个过渡情节展开,编成一出以戏谑耍笑为主的花部戏。《落店偷鸡》中的时迁,"贼"性得到加强,相比《水浒传》中排座次时担任走报机密步军头领,或后世的京剧中《雁翎甲》中的英雄气概,《落点偷鸡》中的时迁,则是丑角应工,以偷窃成性、市井泼皮的小毛贼形象出现在世人眼前。该戏从时迁与杨雄、石秀的相遇开始,《水浒传》中只用:"时迁道:'节级哥哥听禀:小人近日没甚道路,在这山里掘些古坟,觅两分东西。'"简明介绍时迁当时的状况,且言语正经,不似奸猾之人。而到了《落店偷鸡》中,剧本作者将"盗墓"一事扩展开来,通过时迁与杨雄和石秀的一来一去的言语戏谑,来达到愉悦观众的戏剧效果:"(小生,末)你这般身上如何去得?(丑)去不得?我有出奇的好衣服……(下场披龙袍,歪带冲天冠上)哥,你看好么?(小生,末)吓!这是王陵里的东西,你盗了出来,是犯禁的。还不脱下来撩掉他……(丑)……我想这个衣服又不是我自己银子钱买的,我就撩掉了走罢。(小生,末)头上帽子也带不得。(丑)罢了,拿下来。咦!二位哥瞧,这是金子打的,放在地上。(小生,末)做什么?(丑)踹扁了,藏着走。"

而到了投店情节后,《水浒传》中的时迁虽然偷盗功夫了得,一开始却并没有与店家多做纠缠,也不曾偷盗东西,只是到后来因店家肉卖完了,担心杨雄、石秀没有肉吃,不好下饭,因而偷了店家的报晓鸡,"小弟却才去后面净手,见这只鸡在笼里。寻思没甚与哥哥吃酒,被我悄悄把去溪边杀了,提桶汤去后面,就那里挦得干净,煮得熟了,把来与二位哥哥吃"。而到了《落店偷鸡》中,时迁便是三番两次的戏弄店家,偷盗店里的东西:"(末)吓!手中的是什么东西?(丑)是个镟子。(小生,末)哪里来的?(丑)是那个店家的,搁在柜上……"随后又偷了店家的帽子、茶杯、最后方是偷鸡。是以同样是"偷鸡"的情节,《落点偷鸡》中则将情权之下,不得已而为之的"偷"转变成了"惯偷"。剧中和《水浒传》中杨雄和石秀对于时迁偷鸡的态度也大为不同。《水浒传》中仅是"杨雄道:'你这厮还是这等贼手贼脚!'石秀笑道:'还不改本行。'"而到了《落店偷鸡》中,则是:"(小生,末)无义之物,我们不吃。"这样的改动,则更将时迁的毛贼形象凸显出来,从《水浒传》草莽英雄的形象渐渐流变至平凡而又卑下的市井小人物,时迁在《落店偷鸡》中,便表现出了浓浓的市井风味。实际上,这样具有插科打诨性质的热闹戏,花部中并不占少数。不必敷演君臣国家帝王将相之类的历史大事,这样由市井小人物为主人公的戏剧往往更能以其轻松戏谑的戏剧风格和真实可感的人物形象而获得下层观剧群众的眼缘和喜爱。正如钱编《缀白裘》第十一集序云:"且夫戏也者,戏也;固言乎其非真也。而世之好为昆腔者,率以搬演故实为事者,其间忠臣孝子,义夫节妇,奸谗佞恶,悲欢欣戚,无一不备……若夫弋阳梆子秧腔则不然:事不必皆有征,人不必尽可考。有时以鄙俚之俗情,入当场之科白;一上氍毹,即堪捧腹。此殆如东坡相对正襟捉肘,正尔昏昏欲睡,忽得以诙谐讪笑之人,为我持羯鼓解醒,其快当何如哉!"如序中所言,花部戏如《借靴》《借妻》《打面缸》者,亦得其妙。

三、钱编《缀白裘》中花部戏禁戏研究

如前文所述,《缀白裘》收录的戏剧既为"时剧","都是当时戏台上通行的本子,"那么其中的任何一出折子戏在当时必定有十分深厚的群众基础,否则必不可能在戏台上长演不衰。但是钱编《缀白裘》中收录的花部戏剧,如《买胭脂》《上街连厢》《花鼓》《打面缸》及《戏凤》等都在同治八年被放进了《翼化堂条约》的附录《永禁淫戏目单》中,而在《(翼化堂条约)立议永禁淫盗诸戏》中,《偷鸡》《打店杀僧》这样的水浒戏也被列入了禁戏的行列。甚至连《缀白裘》本身,也被当作"急宜删定,诚目前要务"的禁戏合集。钱编《缀白裘》既然为当世最受欢迎的"时本",内里收录的折子戏却变成了官府严打整饬的禁戏,或许与君臣二元对立的思想大环境下,以浓郁的民间色彩为特色的花部戏本身所蕴含的某些庸俗低下的审美趣味及内中包含的反抗暴政反抗剥削压迫的思想暗流有关。

(1)抚顺安民与反抗压迫

康乾盛世之后,各地人民由于不堪忍受朝廷的剥削压迫而奋起反抗,如川楚之地就爆发了大规模的白莲教起义,镇压这次的起义耗尽了清朝廷多年累计起来的人力物力,康乾盛世之下贪官污吏的贪污腐败以及富商大贾对中下阶层百姓的残酷剥削的严重后果便开始慢慢逐渐显露出来。是以魏源的《圣武记》中有"川楚之役,则诸将会饮,虽深箐荒麓间,蟹鱼珍错辄三四十品,而赏伶犒仆之费不与焉。凡粮台地,玉器裘锦成市,馈献、赂遗、赌博,挥霍如泥沙";而《清史演义》中则有:"累朝元其,已被和珅一人,斫丧殆尽,才一内禅,才一改嘉庆年号,白莲教徒,即骚然四起,岂仁宗之福,果不逮高宗?若酿之也久,则发之也烈,谁为之?孰令致之?"是以,在这种社会大环境下,原本只为声色娱情,取于《水浒》诸事的折子戏如《神州擂》《打店杀僧》之类,便在当下添上了一层与众不同的政治含义。乃至到后来,余治在《翼化堂条约》中有言:"《神州擂》一出,其主将陈元摆列擂台,招集义勇,其意固欲团练一方,杀尽梁山大盗,为国灭贼者……顾竟至为逆贼所败……看戏之人,则异口同声,无人不笑陈元之败绩而

快梁山之得胜者。呜呼,人心死矣!无怪乎结党争雄者效尤日甚。”

因此,为了维护戏曲、小说等传播范围广、流传速度快的文学作品体裁的教化作用,清朝统治者在与如雨后春笋般不断冒出的地方小戏和地方流行诸腔逐渐压倒昆曲,而显示出其扎根于底层群众所特有的生生不息的活力相斗争时,“戏改”成效甚微,且速度太慢,为此,清朝统治者下令直接禁戏,理由大体为诲盗倡乱,有伤风化:“淫词小说,向干例禁,乃近来书贾射利,往往镂板流传,扬波扇焰,水浒、西厢等书,几于家置一编,人怀一箧。原其著造之始,大率少年浮薄,以绮腻为风流,乡曲武豪,借放纵为任侠,而愚民鲜识,遂以犯上作乱之事,视为寻常。地方官漠不经心,方以为盗案奸情,分歧叠出。殊不知忠孝廉节之事……”而民间在这样的禁戏风潮下,却并没有就此将那些深受观众喜爱的,但被列入禁单中的折子戏完全抛弃,而是另寻他法:“且风闻正阳门外大栅栏内,于是日晌午时,正开场演戏,突来一人,不知说了一个什么暗号,抽身即走,即收场不演矣。”是以,当时君臣二元对立下的统治阶级以“抚顺安民”为旗帜进行的思想钳制与底层民众的坚决反抗可见一斑。

(2)统治阶层的形象维护与猥亵粗俗的情节曲词

《世宗实录》有云:“历代帝王后妃及先圣先贤、忠臣烈士之神像,皆官民所当敬奉瞻仰者,皆搬做杂剧用以为戏,则不敬矣……”在民间盛演的小戏中,却有诸如以历代帝王为主要人物而敷演人物故事的剧目如《戏凤》者,深受观众喜爱。《戏凤》收录于《缀白裘》第十一集,讲述明武宗夜游梅龙镇,偶进酒家见到店主之妹李凤姐,因贪其美色而与之调笑,最后将李凤姐收入后宫之事。情节大抵为帝皇外出巡游之时的风月事,但经过民间文人的笔调修改,其情其状便少了七八分天子之气而像是寻常饮酒作乐的纨绔子弟了。如在店中要李凤姐亲自给他斟酒:“(贴)要怎么样一个斟法?(生)要你的手满满斟上一杯递与我手才算。(贴)难道奴家的手上有糖?(生)无糖。(贴)有蜜?(生)也无蜜……(贴)军爷,你好混账!奴家好意与你斟酒,你为何将我手心招了一下……”如此情状下的正德皇帝,倒不像是一朝天子,反而像是个行为孟浪的好色之徒。是以,为了维护最高统治者的威严和至高无上的权利,诸如《戏凤》这样的花部剧目,在官府的紧密监控下生存空间是极其有限的。是以《大清律例》有:“凡乐人搬做杂剧戏文,不许妆扮历代帝王后妃忠臣烈士先圣先贤神像,违者杖一百;官民之家,容令妆扮者与之同罪;其神仙道扮及义夫节妇孝子顺孙劝人为善者,不在禁限。”

而除此之外,一些市井人情戏诸如《打面缸》《买胭脂》等亦在禁戏之列。究其原因,当与其中颇多淫词艳语,审美趣味底下有关。如《买胭脂》中有:“(小生)……好不丰韵人也!恨不得一口将他吞。”科白中亦有“开门,小生亲贴嘴”等做工提示。而《吉星台》中,更有:“(贴)那宫是女孩子做的,你做什么宫?(付)大姑娘,你不晓得,如今好男风的多着咧。”众所周知,钱编《缀白裘》收录的乃是“时剧”,因此《打面缸》《买胭脂》一类戏剧内夹杂着许多猥亵情词也与当时的社会风尚不无关系。晚明以降,社会风气大改,帝王权臣的享受重乐逐渐扩展到了社会的各个阶层,《万历野获编》中有:“国朝士风之敝,浸淫正统而糜烂于成化。至宪宗朝,万安居外,万妃居内,士习遂大坏。万以媚药进御……”而此时的程朱理学所构建的封建道德观也出现了一定程度的崩坏,心学至王阳明,则对百姓的日常生活进行了肯定,认为理也在日常衣食住行之中,到了李贽的“从民之欲”更是逐渐发展到了“好货”“好色”的享乐拜金的程度。是以市民风尚便是如此,而当时刻书技术已大大普及,加上民间戏班本身为了维持生计所出现的不可避免的商业性,因此才有了《啸亭杂录》中所说的,“近日有秦腔、宜黄腔、乱弹诸曲名,其词淫亵猥鄙,皆街谈巷议之语,易入市人之耳;又其音靡靡可听,有时可以解忧,故趋附日众,虽屡经明旨禁之,而其调终不能止,亦一时习尚然也。”如此一来,便引来了朝廷更加严厉的禁戏旨意:“盖淫词秽说,最为风俗人心之害,例禁綦严,但地方官奉行不力,致向存旧刻销毁不尽,甚至收买各种,叠架盈箱,列诸市肆,租赁与人观看……凡民间一应淫词小说……限文到三月,悉令销毁。”因此,花部诸腔所演剧目,亦是在与朝廷的禁戏措施进行不断的博弈、抗争的状态下发展的。由于其强大的生命力,诸如《打面缸》《花鼓》等戏虽屡屡遭禁,但依旧保留在川、汉等地方戏的剧目中,正因如此,我们今日方才能有机会在戏台上欣赏到这样从清中叶便开始流行,几经波折方才保存下来的民间小戏。

是以,《缀白裘》作为一部规模宏大的戏曲选本集,真实地反映了乾隆戏坛的情状样貌,即处在花部乱弹日益兴盛与昆曲的逐渐式微的动态过程之中。《缀白裘》史无前例地从戏曲剧本摘录的角度还原了当是花部戏曲的发展概况,简而言之,《缀白裘》的剧本收录布置,便已带有了日后花部戏曲繁荣的前瞻性。

(作者简介:刘明妍,女,淮北师范大学文学院2016级研究生。)

恩施鹤峰傩愿戏漫谈

陈桃红

傩文化作为中国古老的文化现象,历史悠久,源远流长。它起源于原始巫术,傩祭、傩仪与傩舞都是古老的驱鬼逐疫的巫术活动。世界上各个民族在其原始时期和蒙昧阶段,都不同程度地存在过巫术盛行的时代。当时,巫术被广泛应用于人们生活生产的各个领域,它不仅渗透到人们的信仰之中,还深深地存在于当时人们的原始知识和使用技艺中。这充分反映了远古时期人们对客观世界的控制意识,是原始人在生产力和社会力比差悬殊的情况下,企图通过仪式符咒等手段来战胜"超自然力"的一种技术和愿望。

中国古代的巫文化相当发达,春秋战国以前,巫师的身份最初是通神、事神、降神,到了后期,其技能和知识扩大为占卜、预言并以之为王室和国家的军事、政治活动服务,而巫师们所进行的驱鬼逐疫的祭祀活动就被称为"傩仪"或"傩祭"。我国现存的傩仪中还保留有很多巫术的法事,比如"翻叉""杀桦""衔红耙齿"等,可见傩与巫术有着深厚的渊源关系。

傩祭是傩文化的最初形态,到商周时期,傩祭被当作关系着国计民生的重大祭典,已经具备了相当完备的形态。

一、文化事象

文化事象是指当一种现象以同样的形式反复出现时,其中就含有规律性,成为某一历史时期、某一国家(民族)或地域文化发展中带有典型和标志作用的事情。当一种现象以同样的形式反复出现时,其中就含有规律性,成为某一历史时期、某一国家(民族)或地域文化发展中带有典型和标志作用的事情。如行业禁忌、建安风骨、原始巫术、中国戏曲的程式化动作、宫廷服饰以颜色和样式代表等级等。在恩施鹤峰的傩愿戏中我们能看到很多的文化事象。

(一)战争徭役

在我国古代战争和徭役紧密联系在一起,徭役是政府强制性向人民派遣的军役、劳役等,与赋税共同构成了中国古代人民的赋役负担的徭役在先秦时已经存在,《诗经》中便有不少以此为题材的诗歌。秦汉之际,形成比较正式的徭役制度.秦时男子满17岁,汉时满23岁,须在地方和京师各服兵役一年,是为正卒;每个男子一生必须戍边一年,是为戍卒;另外还须再为地方政府服劳役一月,是为更卒,官富人家则可以银抵役。其后历代徭役制度不一,唐代中期之后百姓交役钱。宋代就出现了募役(雇人服役)、助役(津贴应役者)、义役(买田以供役者)等多种形式。元代曾将大部分徭役专业分拨给一部分人户世代担负,如站户(负担驿站铺马)、猎户、盐户、窑户、矿冶户、运粮船户等。就轻重来说,唐之前徭役比较繁重。唐之后徭役负担相对减轻。我国自古即有力役、兵役之征,如《周礼》:"用民之力,岁不过三日。凡起徒役,无过家一人。"此力役也。《司马法》:"四井为邑,四邑为邱,四邱为甸。甸出甲士三人,卒七十二人。"此兵役也。历代力役、兵役制度虽异,而役民则一。

秦朝统一后,大兴土木,徭役繁重。主要体现在修建阿房宫、建造骊山陵墓、修筑长城、修建驰道四个方面。这四大工程劳民伤财,造成人口锐减。比如修长城,有史书记载每年征用劳工数量多达四十万人,死亡人数更是不计其数。有史书记载了当时的惨象:"民歌曰:生男甚勿举,乍女甫用脯。不见长城下,尸骸相支柱。"而在恩施鹤峰的傩愿戏中"徭役"主题也得到了深切的体现。秦始皇下令修建长城,"家有三丁抽一子,家有五丁抽二名。三丁抽一五抽二,孤单独子也要行。若是有人抗抽丁,斩尽杀绝不容情"。书生范杞良来到长城上,发现众人吃的是麦米饭,喝的是苦菜汤,于是大骂秦王无道:"抽丁筑城犹还可,活重食少太不仁。谁个不是父母养,怎能把人当畜生。"范杞良大骂秦王可能是由剧作家杜撰而来,但也的确从另一个侧面反映出修筑长城的艰辛以及人们对沉重徭役愤慨与无奈。

以战争徭役为题材的文学作品在我国并不少见。《诗经》之中大量的诗歌表达了奴隶们常年辛苦劳作却衣不能避寒、食不能果腹的痛苦心情。如《豳风·七月》之中的主人公一年四季都在劳作,从一月到十二月几乎没有休息的时间,尽管如此,依然过着艰辛贫寒的生活。《唐风·鸨羽》写一个长年在外服役者,遭受不得安居的痛苦,反映了徭役对农业生产和家庭生活的破坏。

战争徭役主题的反复出现其实是有着深刻原因的。徭役制度在我国长期存在,即使是在唐朝徭役有所减轻,后代也出现了以银抵役的方式,但这毕竟是富人逃避徭役的方式。但是徭役制度也出现了其他的方式,下层的穷苦百姓一直承担着繁重苛刻的地租以及各种理由繁芜的杂役。因此这类主题作品更能击中百姓柔软又脆弱的神经。它们深切坦露出士卒征战生活的那种艰辛与隐忧。与此同时,久戍不归亲人离散让征夫不得不长久地哀叹与感伤。征夫们遥远又深切的感伤与哀吟,必然会引起广大思妇们深沉的共鸣。毫无休止的战争再叠加上繁重摇役,造成了征夫与家人天各一方,这种沉痛隐忧便在作品中无限地弥漫开来。

当然它们不仅深刻地表现出战争的巨大破坏性,细致地描摹出当时征夫思妇们的痛苦。也从另一个层面上表现出国人对家国的那种深切的热爱以及同仇敌忾抵御外敌的坚定信念。也正是由于这种热爱与信念共同铸造了中华民族坚强团结的伟大民族精神。《拷打小桃》中钱逢相虽然是风月老手,在夫人外出祭祀时强迫了侍女小桃。但是,当抵御外敌之时却丝毫不贪生怕死,以文官的身份与外敌死磕十几年,就连对手都不得不感慨他坚强的毅力,后来在二子钱真、钱贵的帮助下终于一举击败敌手,胜利班师回朝。

战争徭役主题在傩戏中的出现与其说是迎合了下层群众的心理,更不如说是表达了他们埋藏在内心深处的情感。人们借助傩戏借助这种古老的话题来表达民族的情感。

(二)"梦"元素的母题

"梦"总是给人一种朦胧虚幻的特征,它是人类的一种正常的心理行为,没有人会否认自己做过梦。"日有所思,夜有所梦"是一句流传十分广泛的俗语。人们很早之前就把"梦"这一心理行为和日常生活相关照起来。在我国古代"梦"带有一种朦胧而又神秘的色彩。因此在《诗经》以及之后的大量文学作品中,关于"梦"的描写是一个非常重要的部分,无法忽略也无法替代。《诗经》和《周礼》中的很多篇章就写到了占梦的活动,春秋战国时期的文人大多深受魂灵崇拜的迷信思想影响,因此他们在整理典籍编写著作的时候总是自觉或不自觉地将这种观念投射到作品中去。在作品之中他们或是探讨梦的形成因素,或是记录传说中的帝王以及知名人士的梦,当然也有一些自己凭借想象描绘出来的梦境。这些文人通过这些手段来达成自己的政治目的。

"梦"元素主题在戏曲中也经常出现,宋金戏曲里反复出现。洪迈《夷坚志》支奎卷三有"独脚五通"条,记新安吴十郎"梦一脚神来言:'吾将发迹于此。汝能谨事我,凡钱物百需,皆可如意。'"吴晨起寻屋侧,乃独脚五郎之毁庙,遂积资缮茸。神感其诚,令其"钱充塞,遂日以多,遂营建华屋。方徙居之夕,堂中得钱龙两条,腹满皆金银。自后广置田土,尽用其物"。后每值时节朔,必杀双羊、双猪、双犬并毛血祭祀,合家跪拜。金院本中有《独脚五郎》当演吴十郎梦神而发家事。《青琐高议》载:张俞蹭游骊山并题诗,后梦一仙童引至蓬莱第一宫,"俞升殿,左右赞拜,仙赐坐。俞偷视,高髻堆云,凤钗横玉,艳服霞衣,琼环瑶佩……"

在恩施鹤峰的傩戏之中,"梦"元素也是得到了很多运用,被反复搬演。在《父子会》中随仙师修行的田子珍忽然梦见开花结果,不思其解的他便去询问仙师,结果师傅告诉他这是父子团圆之兆。“昨夜忽得一梦,梦见先开花,后结果,不知端的,前去问师傅,他讲到,此乃父子必有团圆之兆”,结果真的如梦所兆,父子在古庙之中得以团圆。

《孟姜女》中由于大骂秦王不得不逃亡的范杞良,谁知逃亡之后还是被抓捕回去,临行之前便得一梦,于是便觉得此行必定凶多吉少:“昨夜三更得一梦,此梦梦的好惊人。一梦墙上去跑马,墙头跑马难转身。二梦枯井万丈深,枯井是个害人坑。三梦天云中灯一盏,半盏明来半盏昏。四梦峨眉月儿少半边,月过十五不团圆。”抓捕之后的范杞良果然如他梦中所征兆的那样立即被斩首。屈死的范杞良托梦给娇妻,让她去长城之上寻找自己的尸骨:“人死如灯灭,犹如汤浇雪。若要还魂转,海里捞明月。我乃范杞良鬼魂是也。要到范家庄前,梦中会妻……若是念得夫妻情,你到长城走一行。若是不念夫妻情,紧守闺门不起身。心想把话多多讲,忽听金鸡叫两巡。重重把你推一掌,轻轻巧巧出绣门。”

同样,在《鲍家庄》中也有类似状况的描写。华岳老祖欲收关寿宝为徒弟,便向寿宝来托梦:“叫声寿宝你是听,细听老道说分明……今日就要上山林,不要失误大事情。将身来在洞中存,十八般武艺传你身。”随后关寿宝就唱道:“适才南柯得一梦,一身冷汗湿衣襟。梦中明明说得清,盘蛇洞中老师尊。说是与我有师徒分,要我上山学法灵……”

“梦”元素的母题为何会长久不衰呢?首先国人大多喜欢大团圆的结局,这是中华民族传统的审美心理所造就的。梁祝的蝴蝶翩翩起舞,焦刘的相思树也郁郁葱葱,无论其中过程有多艰辛复杂,主人公们经历了多少险象环生的险局剧作家们总忍不住给他们加上一个相对美好的大团圆结局,仿佛所有的苦难都是在为这个大团圆的结局做着铺垫。这个时候,“梦”的作用就被凸显起来了。它连接了死生,连接阴阳,连接神人,作为“桥梁”的梦,往往在整个戏剧中发挥着至关重要的作用。神仙或是魂灵借助“梦”这一虚幻的手段来指引主人公传达消息。其次神秘主义思想的影响,中国人相信天地鬼神,认为万物有灵。极具神秘主义色彩的梦给作品营造了一层幽暗、朦胧的氛围。“天”“人”之间无障碍的交流总会给人一种神秘的感觉。而这种神秘感自然和命运的观点相关,梦与命运一样,由于其神秘性无法为人们所认识,却能够被人感觉到,因此也便打上了神秘性的印记。

(三)神仙道化

元末明初夏庭芝的《青楼集志》把杂剧分为十类,“神仙道化”是其中一种。明代朱权《和正音谱》中列有“杂剧‘二科’”,其中排在首位的就是“神仙道化”。

在中国戏剧的大舞台上"神仙道化"从来就不是形单影只、身单力薄的。

神仙道化剧的盛行必然具有多种因素,与当时的社会现实、政治状况以及人们的精神面貌、社会心理有着莫大的关联。因此,笔者认为有以下几点原因。其一,对生命短暂的恐惧和长生不老神仙逍遥的向往。佛教归结了人生八苦:"生苦、老苦、病苦、死苦、爱别离苦、怨憎会苦、求不得苦、五阴炽盛苦。"对于个体生命来说死亡意味着生命进程的结束,也意味着一切事物的彻底终结。由此可想而知人们对于死亡的恐惧是多么深切,生命的短暂,死亡的突如其来往往让人们措手不及。因此死亡成了古今中外哲人常谈不衰的永恒话题。或许正是由于对生命短暂的恐惧才让人们产生对长生不老的向往。《山海经》就有关于"不死药"的记载,秦始皇更是痴迷于寻求各种神仙丹药。其二,面对激烈的现实矛盾和政治弊端,大多采取冷漠的旁观态度,甚至消极避世,超然物外。像《城南柳》《升仙梦》《刘行首》诸剧,几乎如出一辙地敷演道祖临凡度脱有"半仙之分"的世间男女或柳精树怪飞升仙界的故事,被度脱者总是留恋世俗享乐,顿不开"金枷玉锁",真人遂以仙界"不生不灭"百般引诱,再加以用"六道轮回"进行恐吓,然后略施小计,说破来历,或故意设置险恶"镜头",迫使被度脱者悟道归真。在这些剧作里,很少接触到社会生活中的灾难和痛苦;偶有涉及,也多表现得淡漠和麻木。其三,统治者认识到戏剧的社会教化作用,利用仙道剧中的羽化登仙,极乐世界麻痹人们的思想。因此在神仙道化剧中机械生硬的神道说教和使用神秘法术的机会明显增加。如《升仙梦》劝人入道的理南是"劝修行,省气力,访蓬莱阆苑,寻真采药,容易躲人间是非,成仙了道寿命期"(第二折[南越慜好]),在元末明初,甚至还出现了铁拐李这样专搞妖术(《玩江亭》)、空言长生(《金安寿》)的度脱者形象。其四,佛道文化对国人的深厚影响。如宋代的真宗、徽宗均推崇道教,因此求仙问道的母题在戏事中频繁出现。剧作对佛、道观念的表述也十分集中和明确。如《竹叶舟》中吕洞宾对全真教修持方法的把握:"只要养的这精神似水,炼的这骨髓如酥,常日把那心猿意马牢拴住,一任教陵移谷变,石烂的这松枯。"(第一折[混江龙])《城南柳》中吕洞宾对全真教宇宙观的概括:"觑百年浮世,似一梦华胥,信壶嘴乾坤广阔,叹人间甲子须臾,眨眼间白石已烂,转头时沧海重枯,箭也似走乏玉兔,梭也似飞困金乌。"(第一折[混江龙])这段话可谓抓住了全真教"持壶观世"的精髓。

在恩施鹤峰傩愿戏中也很容易发现她们的倩影。傩堂杂戏的《韩湘子化斋》中表现得尤为明显。作为八仙之一的韩湘子修仙有很多不同的版本。在恩施鹤峰傩堂杂戏《韩湘子化斋》中讲述了湘子度妻的故事:"贫道韩湘子,娶妻林英,终南山上修行妙道,猛然心血来潮,袖内八卦掐指一算,算的明白,原来是林英在相府思念贫道,要到百花园中祭奠与我。贫道有心下凡度她一番,如有缘度她上山，若是无缘，自归仙山……”“望着终南吹口气，一个蒲团落下地，蒲团生来圆又圆，佛祖面前几千年，小姐踏上蒲团子，去会湘子不费力。”这里的韩湘子极力渲染仙境的美好，他以赖和尚之口向妻子林英叙述神仙的高超本领以及逍遥自在的生活，期待“度”妻。与以往神仙道化剧有所区别的是这里的韩湘子更具有“凡人”的气息，“度妻”并不是因为林英的“慧根”“天分”之类，而仅仅只是妻子在家思念与他。

除了韩湘子度妻之外，吕洞宾也度白牡丹。同样，在傩堂杂戏《洞宾点单》中吕洞宾由于接了王母娘娘的懿旨下凡渡回白氏牡丹。于是吕洞宾带着道童前往白牡丹所在的药铺，只是在与白牡丹的一一“过招”中，吕洞宾却是吃了败仗，反被白牡丹嘲笑“有朝一日婆家去，一胎生下你俩道童”。

在“渡化”之外，神仙在傩戏之中也承担着重要的角色。在傩堂正戏《孟姜女》中孟姜女千里迢迢寻夫，在寻夫途中幸得太白金星的帮助：“凡人走来半个月，仙家走来半时辰。我赐你紫云铺在鞋头上，半个时辰到长城……龙凤门你蹬三脚来喊三声，万里长城一齐崩……我今赐你灵丹药，渡得你夫还转阳……”孟姜女用灵丹果然救活了夫君范杞良，于是夫妻双双团圆。同样在傩堂正戏《拷打小桃》也出现了类似太白金星作用的观音大士。钱真、钱贵寻找父亲，在梦中观音大士给他们传授本领，指点迷津。兄弟二人得观音大士指点之后顺利打败敌人并与公主成亲。父子三人团圆，班师回朝，共享荣华富贵。

在恩施鹤峰的傩戏中我们看到神仙道化仍然占重要的分量，但应该看到的是这里的“神仙道化”并不是为了宣扬那种消极避世、快活逍遥的态度的。他们并不是像在传统的戏剧中为失意的文人雅士提供一方精神的乐园。这里的神仙更多的染上了生活的气息，他们更多意味着百姓对美好生活的向往，并且承担着“救世主”的功效，救人们于危难水火之中。

（四）六月六晾晒衣裳

六月六虽然不如清明、端午、中秋、除夕等传统佳节那样影响广泛深远，但是在很多民俗中也是不可或缺的重要一员。关于六月六的由来以及风俗很多。“六月六，晒红绿。”这是在长江流域流行得比较广泛的一句谚语，是指每年农历的六月六日.家家户户要将自己的衣被等物搬到户外曝晒一番，以免虫蛀和霉变，人们将这一天便称作“天阴节”。六月六初为神诞节，因相传为大禹的生日而得名。晋人皇甫谧《帝王世纪》载：“鲧纳有莘氏，臆胸折而生禹于石纽。郡人以禹六月六日生，是日熏修裸飨，岁以为常。”大文豪苏轼在其《过濠州涂山》诗中的自注亦云：“淮南人传禹以六月六日生，是日数万人会于山上。”当为礼拜大禹。

到宋朝时,真宗皇帝为了巩固其统治地位,故弄玄虚,伪称梦见神人,当降天书。天书果然降临了,而且不止一次,真宗便钦定第二次降天书的六月六日为“天贶节”,诏令京师停止杀生一天,并亲率百官到上清宫举行仪式,这便是天贶节的来历。到了南宋,朝廷又将六月六日定为崔真君的诞辰。据《梦粱录》载:“六月初六日,敕封护国显应兴福普佑真君诞辰乃磁州崔府君,系东汉人也。朝廷建观在暗门外,聚景园前,灵芝寺侧,赐观额名曰显应。其神于靖康时高庙为亲王日。出使到磁州界,神显灵卫驾,因建此宫观,崇奉香火,以褒其功。此日内庭差天使降香设醮,贵戚士庶,多有献香化纸。”

虽然各地习俗不同,“晾晒”却是很多地域的重要环节。在周先旺等著的《恩施州》中就记载道:“六月六晒衣裳相传一位土王于这一天遇难,血染战袍。为了纪念这位遇难土王,家家户户晒衣裳,寓意晒干血衣战袍之音。”这在恩施鹤峰傩愿戏就得到了体现。傩堂正戏中的《姜女绣花》中许孟姜的父亲许百万就对姜女说道:“儿呀,五月五日梅花开,六月六日晾晒衣裳,你去也不去?”于是许孟姜带着混童和丫鬟梅香去晾晒衣裳,“混童挑起箱和笼来笼和箱,百花园中晾衣裳。端箱抬笼打从姑娘绣房中过,抬头观看景致花花多哥呀衣呀……”

(五)面具

提到傩戏,那么面具必是其中绕不开的一项了。关于研究傩戏面具方面的论文有很多。李海平的硕士论文《中国傩面具及其文化内涵》就比较详细地介绍了中国傩面具的分类、审美特性、宗教民俗内涵。王丽的硕士论文《云南傩戏面具民俗文化及造型艺术研究》比较全面地谈到了云南傩戏面具的概况、民俗文化内涵、分类造型艺术特征、影响其面具造型的影响因素,以及对其的传承与保护。

恩施傩戏面具是湖北祭祀木雕中的一个特殊种类。古代,面具称象、魌头,也称假面、代面和大面。在民间则叫脸壳、脸子或鬼脸等,它起源于远古时期的乐舞。傩戏是原始乐舞中的一种主要表演形式。面具在傩戏的表演当中承担着不可或缺的重要角色。“摘下面具是人,戴上面具是神。”面具不仅是造型艺术的一个特殊领域,而且是傩戏造型艺术的重要手段,是傩戏最为重要、最为典型的道具,是傩戏与其他戏剧的主要区别和标志。作为一种文化现象,傩戏及其面具至今仍广泛流传于恩施土家族地区。傩戏面具在恩施当地叫作“脸子壳壳”,大都采用白杨木经砍形、挖凿、粗雕、细刻打磨而成,然后经过涂色、勾描、上光油等几个制作过程,属于一种彩绘木雕艺术。在艺术风格上,恩施傩戏面具注重整体效果。刀纹刚柔相济。夸张而有节,变化而有度,一套地域风格突出的独特的脸谱模式,体现其造型图式的象征美感。

二、剧本内容

傩戏是下层群众借助“傩”“神”带有神秘主义色彩的方式来达到酬神娱人的目的。相比之下人们更容易将研究的目光聚集到“傩”这种古老的仪式上，去探讨她的民俗、宗教、文化等方面的价值。但不可忽略的是傩戏的剧本也具有很大的研究价值。她用文字这种固态的形式将传统的东西保留下来，给我们以无限的研究空间。本文将从以下几个方面来探讨恩施鹤峰傩愿戏剧本。

（一）神非万能

古今中外，“神”在人们的心目中都有着特殊的地位，具有特别的意义。“神性”的至高无上永远制压着人性。如果说我们在古希腊神话当中还能窥测出“神”带有一丝“人”性，他们可以风流成性争风吃醋也会制造冤假错案甚至他们也不总是散发出智慧的光芒，那么我们可以说中国的“神”则要高高在上得多。自带光环的漂浮在高空中的神永远带着悲悯的眼神俯视着卑微的匍匐在他们脚下的人群。神仙快乐逍遥的生活更是凡人难以企及的，生活在下界的人们只能忠善纯良、小心翼翼地期待着上苍的保佑。

傩戏最初的目的是酬神，感谢神灵赋予的安宁生活同时表达出对未来美好生活愿望，期待能够得到神灵的庇护。人们赋予这种仪式以繁琐的过程，生怕一不小心走错了哪一步就得罪了神灵。因此，我们很容易发现神的高高在上以及人的卑微弱小。在恩施鹤峰的傩戏中我们也很容易发现人们对于神的敬畏态度。但与此同时不能忽略的是“神”在这里似乎也并非万能的，他们也拥有着世俗之人的苦恼与烦忧。

傩堂杂戏中开山老祖在下海洗澡之时一时疏忽大意被海鬼偷了兵器——神斧，无奈之中的开山老祖只能走到城中请人占卜询问神斧的下落。大字不识一个的算命先生念了一番金木水火之类的，开山老祖便愈加坚信算命先生所说的是他所丢失的神斧，最终在算命先生的指引之下找到了神斧。

田子珍的妻子由于美貌被豪强武宣王掠走，一心求告的田子珍却被武宣王抓走，甚至想在后花园中活活烧死他。幸得仙师帮助的田子珍便跟在仙师的身后修行。但是修行之后的田子珍在古庙中偶遇自己的一双儿女却连他们的衣食住行问题都无法解决，而是需要向人乞讨才获得食物。

原本高高在上的神又是如何降至这一步的呢？首先人的意识觉醒。由于时代科技的发展，人们越来越敢于挑战自然。人的力量得以体现，人们在朦朦胧胧中感受到了自身力量的强大。“人定胜天”“逆天而行”这样的词汇出现在人们的脑海之中。匍匐在大地上人们逐渐敢于抬起腰身直视曾经敬仰万分的神了。这种意识的出现促使人们不自觉地转移傩戏目的:由酬神更倾向于娱人。于是我们能在傩戏看到大量语言幽默诙谐、气氛轻松活泼的人之间的对话,积极主动地迎合观众的寻求欢乐的心理。其次是功利性的驱动人类对神的无限尊崇与敬畏在很大程度上是期待获得神灵的庇护。我们通常说“无事不登三宝殿”,登三宝殿是解决问题的方式之一。但当人们发现有些问题即使登了三宝殿依然无法解决,那么对神灵的期待自然会减少,那种敬畏自然也会降低。

(二)苦难意识

中华民族一路风风雨雨走来,其中的艰辛自是不必提。长期面朝黄土背朝天的生活让中国人民对苦难有着自我深刻的理解。他们站在辽远的土地上面对着苍茫的原野,以自己的生命体验去感悟人生体证痛苦。中国的先民们早早地对人生对生命对命运有着自己的见解。这种苦难意识深深地浸润在中国人的血液中。他们在《七月》絮絮叨叨地诉说着一年四季的艰辛劳动,吃着粗糙的粮食。在《采薇》中袒露着对家的思念,对行军生活的无奈……因此,这种痛苦给人的感觉是淡淡的,细水长流的,它不是那种大开大合的纵横捭阖的痛苦,它所营造的沉痛隐忧,不会过于激烈,却又一直存在。

生而为人是一种命运,无论他是心之所向,还是拒不承认。然而,更为悲惨的是“人”这一物种除了接受宇宙、自然等无法抗拒的力量带给人类的苦难与困境外,还要不断地品尝“人”自己给自己酿造的苦酒,在人类自身设置的泥潭中苦苦挣扎,无法自拔。人类的苦难在于对自己的丑恶、缺失、局限的无奈与无能,对人类本性的永远的无能。当然,人类的苦难更多地来自于人类自己的野蛮与丑恶,而这种野蛮与丑恶又是人性的真实的一面,难以剔除难以割舍。

虽说国人大多喜欢大团圆的结局,但这并不意味着国人拒绝苦难,拒绝痛苦。在前面我们就谈到过,傩戏的目的在于“酬神”“娱人”,困难意识在傩戏之中也有着深刻的体现。《南山耕田》中劳工谢文清出场就唱道:“天不平,地不平,长工命苦不是人……一事不到三声吼,穷人不如富家的猪……鸡叫头遍忙起走,半夜三更睡草铺,四五六月蚊子咬,寒冬腊月光屁股,有钱之人好刻骨……”在谢文清的大段唱词当中就已经表明了长工的劳苦与艰辛,发出了人不如猪的感叹。这种感叹农事繁忙,工作辛劳却“衣不中身,食不中口”的作品最能引发人们的认同与感叹。

在《孟姜女》中这种苦难意识更是得到了显现。本是文弱书生的范杞良自愿代替两个哥哥去服徭役,修筑长城。书生意气的范杞良看到挑夫们艰难的生活忍不住破口大骂,谁知被小人听去,向秦王告了密,愤怒之下的秦始皇撤销了范杞良的官职,并让他去修建长城。随后更是派人将逃跑在外的范杞良抓捕回来处以腰斩之刑。秦始皇一人的私欲造就了天下的苦难,使得人们妻离子散,家破人亡。可是,这里的苦难并不是宇宙大自然等不可抗拒的力量造成的,造成这一切痛苦的根源恰恰是人类自身。长城上的累累白骨正是对这种人为苦难的深切控诉。

在恩施鹤峰的傩戏中我们可以看到其中并不缺乏对苦难的直接描写,有为衣食所忧的农民,有思念夫君的怨妇,更有被豪强压迫的贫苦百姓。但是,结局的时候作者总忍不住要给他们加上一个温情的结局:让穷苦之人遇上达官贵人,让受压迫之人遇上神仙佛祖,总会让人逢凶化吉遇难成祥。

(三)语言特色

不同的人,不同的作品,不同的阶层所使用的语言具有各不相同的风格特色。在恩施鹤峰的傩愿戏中,我们可以感受到作品的独特魅力。

1.数字的广泛运用

翻开恩施鹤峰傩戏的剧本,我们可以发现数字的运用十分广泛。很多人物的开场白自我介绍中就有数字的运用:“大哥天边拜玉帝,二哥地府拜阎君。三哥担山来塞海,四哥担山塞海门。只有五哥年纪轻,青面獠牙不像人……”从家中的大哥一直介绍到自己,恩施鹤峰傩戏中这种“附带家门”式的自我介绍并不少,数字的铺成给人以震撼,直接让人看到人丁兴旺,家族的繁荣,这也符合中国人传统的家族观念。除了这种自我介绍中使用的数字,恩施鹤峰傩戏中的动作也喜欢用数字来一一拆解:“一穿爹爹绣球帽,二穿爹爹锦绣袍,三穿爹爹黄丝绦,四穿爹爹粉底皂。”连续数字的运用让人联想到动作的紧凑一贯,却又条理分明,简洁又清晰。连续数字还被喜欢运用在岁月的介绍中,《姜女绣花》中就有大段的叙述:“一绣迎春花儿开得早,二绣百花满园香。三绣桃花朵挨朵,四绣栀子花儿靠粉墙……”一套唱词下来,每个月份代表性的花朵将一年四季十二月的时令一笔带过。

2.语言直白诙谐

前文谈过傩戏的目的是酬神娱人,这也就注定了傩戏的语言风格绝不是佶屈聱牙、艰深晦涩的。恩施鹤峰傩戏的语言在总体上呈现出一种通俗易懂、诙谐有趣的特点。尤其在人物对话之间故意设置小障碍,更是使得整个戏剧增添了不少乐趣。在《毛货郎卖货》和《姜女绣花》中表现得尤为明显。毛货郎故意将日常生活中常见的事物用谜语的方式说出来,让人不知所以:“叫梅香,仔细听,我的货物样样新:上笼下,下笼上,箍郎颈,抱郎腰,一寸长,硬过钢,一尺长,软跟跟,对面笑,夜夜要,皮面麻、肚里光,当中顶个肉桩桩。”其实这些不过是帽子袜子衣领腰带针线等日常生活用品罢了,并且毛货郎还把枕头称为“瞌睡的妈”,让人忍俊不禁。

傩戏是我国文化艺术的一块瑰宝,无论是她的民俗价值、宗教文化价值都值得我们去研究探索。

(作者简介:陈桃红,女,安徽池州人,淮北师范大学2016级硕士研究生。)

论中国古代游艺的审美特质

陈士部

在中华民族五千多年的灿烂文明中,健康愉悦、生动活泼而又形态多样的古代游艺文化是一种独具民族特色的文化存在样式。中国古代游艺是指中国古代各种游戏或娱乐活动的统称,是古人意在娱情取乐、消闲助兴的一种精神文化活动。作为一种游戏的艺术、技艺,中国古代游艺文化种类极其繁多,主要有节日游艺、儿童游戏、文字游艺、斗赛游戏、季节游戏、歌舞观赏游戏、杂艺游戏、智能游戏、驯化小动物游戏和助兴游戏以及博戏等几个大类。

虽然中国古代游艺与古典艺术分属两种不同的文化样式,相比于后者,前者由于往往同民俗文化相共生,有着更强的现场性、亲身性和竞技性等主体性特征,但两者同时又存有某种"家族相似性",分享着一定的文化因子。针对"家族相似性"问题,维特根斯坦指出:"我想不出比'家族相似'更好的说法来表达这些相似性的特征,因为家族成员之间的各式各样的相似性就是这样盘根错节的:身材、面相、眼睛的颜色、步态、脾气,等等,等等。——我要说:各种'游戏'构成了一个家族。"[①]各种游戏之间固然有其"家族相似性",中国古代游艺与古代文艺审美其实也存在着这种"家族相似性"。在我看来,中国古代游艺与古代文艺审美之间的"家族相似性"集中体现在两者的自由性、娱乐性与审美性等精神因素方面,我们由此可以见出中国传统文化的诗性特质。中国传统文化具有浓郁的诗性特质:"中国文化的本体是诗。而精神方式是诗学,其文化基因库就是《诗经》,其精神峰顶是唐诗。总括起来说就是:中国文化是诗性文化。或者说诗这一精神渗透、积淀在传统社会的政治、经济、科学、艺术各个门类中,并影响、甚至是暗暗地决定了它们的历史命运。"[②]作为中国传统文化的组成部分,中国古代游艺文化表征着中国传统文化的精神内涵与存在方式,它必然拥有这种诗性特质、审美特质。

毋庸置疑,中国古代游艺活动与古代文艺审美活动毕竟是两种不同的文化存在样式:前者是活动主体的具身性在场,而不是后者那种虚拟化的灵性在场;就活动对象与活动方式来说,前者有着工具性的操作世态,而后者则有着更为鲜明的文化符号的运演性构思。但同样毋庸置疑的是,中国古代游艺活动与古代文艺审美活动都是创造性的精神存在,两者必然会分享彼此的精神特质。就

---

① [英]维特根斯坦《哲学研究》,陈嘉映译,上海人民出版社 2005 年版,第 38 页。

② 刘士林《中国诗哲论》,济南出版社 1992 年版,第 2 页。

活动主体与活动对象的精神性关联而言,中国古代游艺的审美特质主要应从如下三个方面去加以开掘:

1.“游”的精神超越性。在中国古典文化典籍中,“游”字出现频繁,如“游于艺”(孔子)、“逍遥游”与“内游”(庄子)、“卧以游之”(宗炳)、“神与物游”(刘勰)和“游心”(郭若虚)等。在文艺作品中,既有曹植的《游观赋》,又有陶渊明的《游斜川(并序)》,还有柳宗元的《始得西山宴游记》,另有王安石的《游褒禅山记》等。可以说,中国传统文人以一种“游”的生活方式、“游”的审美情趣以及“游”的创作方法,建构起属于自己的生活方式和文化之道。对于中国古代游艺活动而言,不论是“六博投壶”,还是“棋槊以自娱”,抑或“斗鸡走马”,都是传统文人内心的“游戏冲动”。这种“游戏冲动”如同审美活动一样,在“游于物”中,尤其是在精神的“逍遥游”中,中国文人实现了对人生和世界的诗性领悟,“游”成为一种审美的生存方式和理想的人生境界:“在中国古代美学思想中,对于存在的诗性之思的结晶,便凝结成为以‘游’为核心审美范畴和精神实质。”① 像唐代吕从庆《钓鱼》中所说的“我志不在鱼,毋问寡与多”,王昌龄《独游》中所说的“神超物无违,岂系名与宦”等,都是传统文人祈求审美化生存的明证。“游观”与“游心”相互生成,正是在这种即景即心的生活体验中,中国古典文化完成了自己的生命精神的诗性传达。游艺活动、文艺审美活动中的精神之“游”既关乎具体的审美经验,又关乎深层的审美体验;既离不开身体的感官,又不排斥心灵的体悟。“游”是从具体物象的感性形态开始,经由人类主体的心灵感悟,最终上升到具有超越性的人生体悟的整个过程。

在中国传统文化中,可以说,儒道释诸家都是借助精神之“游”的思想力量建构各自的“本体论情结”。而之所以如此,最关键之处在于“游”之审美方式解答了人生根本问题,即精神生存的自由问题,这种文化境域同西方学者苦苦寻觅审美与游戏以对抗异化现实是大异其趣的。游艺、审美活动之“游”是游艺、审美主体与游艺、审美对象的率性交流与自由对话,在这种对话中,中国传统文人审美地见证了理想的人生境界,获得了更多的诗性生存智慧。新儒家大师方东美指出:“对儒家言,超化之,成为道德宇宙;对道家言,超化之,成为艺术天地;对佛家言,超化之,成为宗教境界。”② 正是因为如此,在深层次的精神结构中,中国古代游艺文化与文艺作品都必然隐含古人对“至道”“仁德”的体认与企求。这种对“至道”“仁德”的体认与企求巩固、加大中国传统文化的传承效力,使中华民族文化精神的重塑拥有了思想之根、精神之源。

2.“通”的精神畅达性。在某种意义上,同“游”密切相关的范畴就是“通”,

---

① 刘方《中国美学的历史演进及其现代转型》,四川巴蜀书社2005年版,第97页。

② 方东美《生生之德》,黎明文化事业出版社1989年版,第288页。

"通"是"游"的条件,"游"是"通"的明证。在中国古典文化典籍中,"通"字出现的频率也很高。经笔者以"通"字全文检索电子版《四库全书》,可以得知其涉及的文献达74024卷,计547138条。单是在刘勰《文心雕龙》中,就有"旁通而无滞"(《原道》篇)、"体要与微辞偕通"(《征圣》篇)、"亦有疏通之美"(《铭箴》篇)和"义贵圆通"(《论说》篇)以及"神用象通"(《神思》篇)、"会通合数"(《体性》篇)等,共达71处之多。可见,刘勰"论文叙笔"是非常重视"道之文"本身的圆通、圆备的,这也是他"乘一总万,举要治繁"文艺思想的体现。在中国古典诗性文化中,"通"所含带的诗性观念势必同"游""远"与"忘"相关。如果说,"坐忘"或"禅定"是实现"游"的主体条件,"远"则是实现"游"的外在对象保障,"通"则是"忘"与"游"达至审美境地的内在精神状态。此四者间的精神关联,可以从柳宗元所说的"气烦则虑乱,视壅则志滞。君子必有游息之物、高明之具,使之清宁平夷,恒若有余,然后理达而事成"(《零陵三亭记》)中,得到较为深入的体悟。

众所周知,儒家有"君子和而不同,小人同而不和"的伦理判断,"和"的精神其实也是中国古典美学的核心精神。如果说,这种"和"的诗性真理体现了一种"纯同"的真理,倒不如说是体现了一种因彼此沟通交往达至的"异中之同"的"通"的真理,即庄子所言的"交通成和"(《庄子·田子方》),并最终趋于"道通为一"(《庄子·齐物论》)的审美本体论的判定。鉴于这种"通"的精神畅达性,在中国古典文艺实践中,我们还时常能见到颇具民族特色的艺类融合的现象,舞文弄墨是信奉"文以载道"的传统文人的基本文化素养,无人不通,琴棋书画也是许多文人抒情遣兴的生存手段,而创作和评论鉴赏没有明显的人为分工,往往创作者本身也是理论家、批评家,同时也往往是某种游艺的高手。苏轼《跋君谟飞白》有云:"物一理也,通其意则无适而不可。分科而医,医之衰也;占色而画,画之陋也……如君谟,真、行、草、隶,无不如意,其遗力余意,变为飞白,可爱而不可学,非通其意,能如是乎?"既然"物一理也,通其意则无适而不可",传统文人便能在琴棋书画等诸种游艺中获得了精神的豪迈与放达。为此,我们就不难理解,像对弈、投壶、蹴鞠和荡秋千等古代游艺活动也会在依凭技艺在合目的性的通达中获得审美愉悦的精神体验。

3."化"的精神自洽性。归根于"缘身性"的具化思维,与"通""游"有诗性关联的另一重要概念就是"化"。为此,在中国传统文化语境中,虚实相生、形神兼备、情景交融、物我冥合、文质彬彬、疏密相间、浓淡相宜、计白当黑和静动结合等命题所牵涉的思想精神,都离不开"化"这个极其重要的中介。邵雍《观物内篇》有云:"雨化物之走,风化物之飞,露化物之草,雷化物之木……性应雨而化者,走之性也;应风而化者,飞之性也;应露而化者,草之性也;应雷而化者,木之性也……"《中庸》则云:"赞天地之化育。"明代罗汝芳更是将天地万物视为人身,并以"身之化"来解释天地万物:"吾之此身,无异于天地万物,而天地万物,亦无异于吾之此身。"①"盈天地之生,而莫非吾身之生;盈天地之化,而莫非吾身之化。"②既然"身物本一体","天地之化乃吾身之化",那么,在游艺活动、审美活动中,活动主体及其对象自然会超越二元截然对立的主客体分立格局而进入物我冥合、身心一如的诗性境界,从而经由主体对象化与对象主体化的忘我境地便可指认浑融一体的审美体悟至境。

这里的"化"正是指认阴阳范畴(包括其统摄的有无、虚实、形神、动静、骨韵、浓淡、密疏、干湿、文质、心物和情景以及平仄等次级诗性范畴)所内含的两种对举的文化元素张力性存在的思想格局。具体而言,这些范畴在物我的互化过程中呈现出一个诗性妙悟的过程:"'感物'('物感')→'超物'→'神化'('凝神'),是中国古代心与物之间互相作用、层层境深的艺术体验的三部曲,也是主客体由对立走向融一的过程。"③文艺审美活动、游艺活动最终都会将文艺审美主体、游艺主体引至主客体交融的精神自洽的至道境地。东汉边韶《塞赋》从塞戏言及阴阳相配、刚柔相济、文武兼备的为人处世之理与治国之道,由此及彼,由浅及深,从而赋予塞戏以浓厚的文化蕴涵。同样,晋代张华的《游猎篇》基于阴阳变化之理指出,"至人""达士"同祸福、等生死、浑荣辱的生存智慧,借伯阳(即老子)之口告诫人们,游猎不能过度,否则会有害于养生与修德养性。在这里,"道"与"艺","道"与"文"以及"道"与"技"等形成了一种本末、始末或源流浑融的诗性逻辑,正是借助这种"化机",人的游艺活动拥有了通神悟道的审美功能,甚或说,中国传统文化借此拥有了诗性的特质。

可以说,正是"游""通""化"的诗性哲思功能,最终使中国古代游艺活动拥有了审美特质;也可以反向说,中国古代游艺活动与中国古代文艺审美活动本身使"游""通""化"等范畴拥有了哲学意义上的本体论、生存论的内涵。这里"游"的精神超越性、"通"的精神畅达性与"化"的精神和谐性牵涉到几个关键性问题,仍需作进一步的交代:首先,实体既然要在时空中存在,"通"在时空两方面都有所表现,"是故法象莫大乎天地,变通莫大乎四时"(《周易·系辞传》),而能效天地、合四时的是"大人"或"圣人",许慎《说文解字》即云:"圣,通也。"这就是"圣人"能够达至的"视通万里""耳听八方"的澄明境地;而对于一般凡夫俗子来说,则必须经由"坐忘"或"禅定"的修身方能"达道"。不论是伦理之道还是审美之道,或是修禅之道,皆是如此。这就是"感而遂通"的奥秘

---

① 罗汝芳《罗汝芳集》,凤凰出版社2007年版,第220页。
② 罗汝芳《罗汝芳集》,凤凰出版社2007年版,第387页。
③ 姜耕玉《艺术辩证法》,江苏教育出版社2002年版,第75页。

之所在，同时也是“道艺”“道技”抵达审美形而上学境界的深层原由。

其次，在魏晋玄学思潮中，“玄”与“远”和“道”发生了本体性关联，而转化成一种标示趋于无限至境的美学范畴。耐人深思的是，后来王士祯的“神韵”说也与“远”有关，王士祯撰写《丙申诗序》时提出“典”“远”“谐音律”“丽以则”等四个标准，有学者指出：“在这四字纲领中有一‘远’字，为王氏后来提出神韵说作了铺垫。”①，“照王士祯等看来，其基本特点之一是远”②。我们不用深思就会知晓，文艺活动、游艺活动的精神性存在样态便是借助这种“玄”与“远”之理而“达道”的。陶渊明《饮酒（其五）》中所言的“采菊东篱下，悠然见南山”是如此，杜甫《观公孙大娘弟子舞剑器行（并序）》中提及的“昔有佳人公孙氏，一舞剑器动四方”同样是如此。

再者，更重要的是，“通”“远”与“韵”最终成为文艺美学范畴总是离不开审美主体的诗性感悟。也就是说，只有经由审美主体拥有精神超越性的诗性感悟，才能最终达成通脱、高远而富有神韵的审美境界。在中国古典艺术，“视通万里”言明通过艺术主体的想象和联想，实现主体和外物的连接；“耳目内通”则言明在感物过程中主体内在感知，即主体对外物的感悟主要通过心灵来实现。“人禀七情，应物斯感，感物吟志，莫非自然”（刘勰《文心雕龙 · 明诗》），“灵心妙悟，感而遂通”，“气韵本乎游心”（郭若虚《图画见闻录》），文艺主体正是在“物感”“神感”“冥感”或“游心”的审美体验中见证“道之文”的感性显现。恰如宗白华先生所言：“空明的觉心，容纳着万境，万境浸入人的生命，染上了人的性灵……灵气往来是物象呈现着灵魂生命的时候，是美感诞生的时候。”③宗先生之言关涉着“通”“远”“化”等范畴所蕴含的文艺美学意义的诞生地，或者说，容纳万境的空明之心就是指认了文艺美学的至境。在我看来，中国古代游艺与古代文艺审美在此有了它们思想精神的交集之处，如同马融《围棋赋》中所铺写的一样，“扶疏布散兮，左右流溢”的棋势同样也是心智灵气往来的体现，或者说是对弈者灵魂生命的表征。

由此可见，尽管古代文艺审美活动同古代游艺在外在形式上也是有其互文性牵涉的，比如有些古代游艺活动本身往往借助音乐或舞蹈来拉动气氛，但我们更应该注意到，在思想精神上，古代文艺审美与古代游艺所存有的内在精神性的关联。质言之，其道理也很简单：审美活动与游艺活动毕竟都集中体现了活动主体的内在精神的整合特征，“‘志’与‘气’‘才’‘性’‘情’的贯通，是人的精神主体的整合，作家之所以能够进行有效创造的几种重要的主观因素都被揭

---

① 胡家祥《气韵：艺术神态及其嬗变》，中国书籍出版社 2013 年版，第 126 页。

② 胡家祥《气韵：艺术神态及其嬗变》，中国书籍出版社 2013 年版，第 128 页。

③ 宗白华《艺境》，北京大学出版社 1987 年版，第 177 页。

示出来了,它们之间的相互激发、相互作用,而后有诗的产生"①。一般说来,游艺与文艺审美有其共同的文化源起动因,两者都来自于生活实践的激发,而这种被激发的有效性同时又是生活实践活动培养起来的,两者都有来自身体的源初心理冲动,而这种源初心理冲动必然有着共同的心理机制。进而言之,游艺活动与文艺审美活动彼此有着共同的历史起点与衍生机理,两种活动都会牵动出主体对象化与对象主体化的互化态势,并共同指向活动主体的情感世界,其活动本身也都具有象征性、审美性的文化特质。

不管怎样,在人类学意义上说,人的自由性、娱乐性与竞争性的精神存在必然会使古代体育与游戏产生交集,正如英国人类学家马林诺夫斯基所说的那样:"游戏,游艺,运动,和艺术的消遣,把人从常规故辙中解放出来,消除文化生活的紧张与拘束。"②正是因为如此,体育竞技("百戏")、游艺与文艺审美有了始源性的关联,并引发了后世学界无尽的理论想象,时至今日,它们仍是人们精神文化生活不可或缺的存在样态。中国古代游艺和古代文艺都是中华民族传统文化的瑰宝,不论是当今的游艺活动还是文艺审美活动,都应该重视开掘中国优秀传统文化的思想资源,继往开来,从中开拓出新的人文精神天地。在当今"国学"热潮中,中国古代游艺所蕴涵的民俗文化精神、审美文化精神值得我们密切关注,并在中西古今的文化对话中使其得以发扬光大。

(作者简介:陈士部,男,文学博士,淮北师范大学文学院教授,研究方向:文艺美学。)

〔本文系教育部人文社科规划基金项目"比较视野下中国古典美学的身体之维研究",项目编号为17YJA1008;安徽省高等学校质量工程重大教学改革项目"文艺学类课程教学传承优秀传统文化路径研究",项目编号为2017jyxm0952的阶段性成果。〕

① 陈运良《中国诗学体系论》,中国社会科学出版社1992年版,第88页。

② [英]马林诺夫斯基《文化论》,费孝通等译,中国民间文化出版社1987年版,第80页。

学术争鸣与评介

学术务求真　争鸣贵立诚

——答杨大忠先生

莫其康

《文学与文化》2014年第3期刊发了杨大忠的《〈关于施耐庵籍贯"习称"及其他〉辨——再与莫其康先生商榷》(以下简称"杨文")①,研读后甚是纳闷:我与杨大忠素昧平生,在"施学"上从未有过"商榷",从何谈起"再与我商榷"?通观"杨文",以学德、学理及学术规范考量,算不上真正意义上的商榷文章,而是一篇以形而上学思想方法统领,学术失范、逻辑混乱、玩弄文字游戏的骄妄之作,不得不撰文作答,以正视听。

一、奇文共欣赏

我与马成生商榷之文,始刊《文学与文化》2011年第4期,收入凤凰出版社2012年出版的《施耐庵研究》前作了修订,《中国古代小说网》2011年12月21日对修订稿予以全文刊载。马先生曾以《"事实一件抵万金"——答莫其康先生》②,我又撰《奇文共欣赏 疑义相与析 ——也答马成生先生》③。杨大忠对此竟然不顾,事隔近三年,侈谈的只是马先生对我的文章进行了"有理有据、针锋相对的论辩",而对我"也答马成生先生"的文章缄口不谈,这哪里是"商榷",分明是自说自话,蒙蔽读者!

不仅如此,"杨文"还玩弄断章取义、偷换概念、转换论题、歪曲篡改等伎俩,抹黑拙作。

一是断章取义。

"杨文"总体上就是一篇断章取义之作,论争中凡对己有利的就引述,对己不利的,或回避,或省略,或删改,或歪曲,刻意剪裁,误导读者。如,在"关于施

① 下文所引杨先生文字,均出自此文,不再一一注明。

② 马成生《"事实一件抵万金"——答莫其康先生》,《菏泽学院学报》2012年第4期。

③ 莫其康《奇文共欣赏 疑义相与析 ——也答马成生先生》,《菏泽学院学报》2013年第6期。

耐庵‘里籍’的问题”首节中,采用间接转述和摘述,刻意将拙作中“即便郎瑛所称的‘杭人罗本贯中’,事实上亦并非‘杭人’。郎瑛所称‘杭人罗本贯中’,明眼人一看就知道,是言其寄籍,‘钱塘施耐庵’亦是如此。这正如钟嗣成《录鬼簿》记载关汉卿、王实甫为大都人一样,均是就其寄籍习称而言,并非为其里籍”①的论据删去,为其诡辩服务。再如,在此问题的第二节中引述拙论时用了一个省略号,故意省略了“因为施耐庵曾和钱塘发生过极密切的关系,并在那儿生活过较长时间,且有一定影响之故”和“旧本《水浒》‘引首’说,‘试看书林隐处,几多俊逸儒流’,也许这正是指的在那‘书林隐处’‘大有有心人在’的一种注解也说不定”等论据,以售其私。又如,在此问题的第四节中,杨氏刻意删去拙作中“如唐代柳宗元是河东人,故而人称柳河东;北宋王安石是江西临川人,故而人称王临川,等等”论据,而反问我“这是什么逻辑?”“杨文”删略了拙作的论据,倒打一耙,妄责我的观点“纯属臆测,为想当然之论,没有可靠的证据作为支撑”。这与掩耳盗铃有什么两样?

二是刻意偷换。

如,“杨文”在“关于施耐庵‘里籍’的问题”这部分中,将拙作中“像施耐庵这样一位伟大作家”偷换成“中国所有的经济学家”,将“发生交往”偷换成“慕名前往”。再如,在此部分中,杨氏以间接转述、摘述和“弱归纳”的手法,将单独概念“施耐庵”“罗贯中”偷换成普遍概念“明代学者”,称明代学者“都将《水浒传》的作者归结为‘杭州人’而非‘兴化人’”。又如,在“关于施耐庵‘长期生活在杭州’之说”这部分中,将拙作中的“兴化一带”偷换成“兴化”,将“好些是兴化独有的”减去“好些”,说成是“兴化独有的”,为己所用,违反了同一律。

三是删改和转移论题。

“杨文”对拙作指出马成生著作《杭州与水浒》(以下简称“马著”)中的问题,采取删改和转移论题的方法予以回避。如,拙作与马成生商榷的五个问题,被“杨文”删改成四个问题,回避了“马著”“关于‘从善本容与堂《水浒传》来看,错别字尚有不少’之说”的问题,默认了“马著”之错;将拙作第一部分的标题“关于郎瑛‘杭人罗本贯中’与‘钱塘施耐庵’之说”,转移成“关于施耐庵‘里籍’的问题”,回避和默认了“马著”“关于郎瑛‘杭人罗本贯中’与‘钱塘施耐庵’之说”中的舛错;将“关于古代南北方分界和诸地距离之说”删改为“关于诸地距离之说”,回避和默认了“马著”“关于南北方分界之说”之错。对于无法回答的问题,“杨文”则施以反问转移论题。如,对我提出的“如果钱塘是其里籍,钱塘籍志为何无其人记载,如果施耐庵是杭州人,怎么在杭生不见故居,死没有

① 莫其康《关于施耐庵籍贯“习称”及其他——与马成生先生商榷》,《施耐庵研究》,凤凰出版社2012年版,第318页。

坟茔?”的问题,“杨文”自知理屈,只得以反问转移论题。

庄邦指出:“争鸣不能偷换概念、断章取义。理论研究少不了使用特定的概念来表达特定的内涵。任何置原文于不顾,不深入分析、不实事求是而别有用心地采取偷梁换柱、混淆视听,刻意制造分歧、矛盾和冲突的做法,都只会扰乱正常的舆论环境。”“现在,有些所谓的‘学者’,面对具有特定意涵的问题,习惯于通过偷换概念、转移问题来达到自己的目的。”[①]不知杨先生读后作何感想?

四是机械式类比。

如,在“关于施耐庵‘里籍’的问题”中,拙文的表述是:“钱塘(临安)曾是南宋首都,为南宋遗民的集中地,在元朝来说是江南的文化政治中心,像施耐庵这样一位伟大作家,与钱塘的‘书会’‘书林’发生交往,并为说话人和书店编写过如《水浒》那样唤起遗民爱国反元思想的讲史书之类,也是大有可能的。”而“杨文”说:“按照莫先生的逻辑,上海作为现今中国的金融中心,是不是中国所有的经济学家都会慕名前往?其他地方岂不是没有经济学家了。”其将“中国所有的经济学家”与“施耐庵这样一位伟大作家”相类比,这两个对象属于不同对象,两者属性无相同或相似之点,根本无法类比。即便如他所说“中国所有的经济学家”与上海“发生交往”(笔者按:如参会、考察、讲学等),也不会得出在“其他地方岂不是没有经济学家”这样的荒谬结论!显然犯了“机械类比”的逻辑错误。这里“杨文”采用“绑扎稻草人”的手法,将自己的想法强加于我,捏造为“莫先生的逻辑”,这是不道德的。再如,在关于“‘双施合一’之说”这部分中,杨先生指责我对“‘元朝辛未科进士’七个字避而不谈……此种做法,是自作聪明,以为天下人看不出来。这与高俅采纳王瑾的建议,有意读破句读破坏梁山的招安计划又有什么两样”。将我类比成阴毒老吏王瑾,将对“‘元朝辛未科进士’七个字避而不谈”类比为“有意读破句读破坏梁山的招安计划”。这两者风马牛不相及,根本无法类比,同样犯了“机械类比”的逻辑错误。

五是多处硬伤。

如:“杨文”导语中将我不足一万二千字的拙作虚夸为“洋洋洒洒近三万字”。在“关于施耐庵‘里籍’的问题”中,将“明嘉靖四十四年(1565)的进士”王圻,误说成是“明万历十七年(1589)”的进士;将汪道昆的《〈忠义水浒传〉序》误说成《水浒传序》。在“关于施耐庵‘长期生活在杭州’之说”中,将拙作列举的“词例”,误说成“事例”;将处在江淮官话和吴语交会点上的当涂方言,误说成“属于吴方言区”,如此等等。其文指责我所谓的“似有学风不够严谨之嫌”,恰恰成了他的自我写照。

---

① 庄邦《争鸣有底线,不能玩“帽子戏法”》,《中国社会科学报》2014年10月8日。

六是形而上学的方法论。

“杨文”将施耐庵与施彦端、兴化与钱塘、“播浙遂”与“播流苏”、“轶诗遗曲”与《水浒传》中的诗词、文物史料与“文本内证”、文物史料与民间传说等概念及论题，从有机整体中人为地割裂开来，刻意地对立起来，一味僵守本本，以混乱逻辑和玩弄文字游戏蒙蔽读者，这是不科学的。

二、疑义相与析

（一）关于施耐庵的“里籍”

1.关于“明代学者都把《水浒传》的作者归结为‘杭州人’而非‘兴化人’的问题”

“杨文”说：“除了郎瑛、高儒、胡应麟之外，出生于明弘治十六年（1503）的田汝成，其《西湖游览志余》中就认为《水浒传》的作者是钱塘人；出生于明嘉靖四年（1525）的汪道昆，在《〈水浒传〉序》中，认为《水浒传》的作者是‘越人’；明万历十七年（1589）的进士王圻，在其《续文献通考》中认为《水浒传》的作者是‘杭州人’。可知，上述所提及的明代学者都把《水浒传》的作者归结为‘杭州人’而非‘兴化人’。难道这些明代学者说的话全都不可信？”其实，对《水浒传》的作者，明代学者各人的说法并不尽相同：高儒说“钱塘施耐庵的本，罗贯中编次”，郎瑛说“乃杭人罗本贯中所编”，胡应麟说“元人武林施某所编《水浒传》”，田汝成说“钱塘罗贯中本者，南宋时人，编撰小说数十种”，王圻说“《水浒传》罗贯著，贯字贯中，杭州人”，汪道昆说：“故老传闻：洪武初，越人罗氏，诙诡多智，为此书共一百回……嘉靖时郭武定重刻其书。”①杨氏在间接转述和摘述时则称上述提及的明代学者“都将《水浒传》的作者归结为‘杭州人’而非‘兴化人’”，这是有违文献记载的，是不符合事实的。

一是兴化市新垛镇施家桥村有施耐庵墓，白驹曾有以供奉施耐庵为始祖的施氏宗祠，遗址尚在，这是客观存在的事实。

二是兴化施家三桥及周边的张舍、清水湾、何家桥、施童、圣家舍等 8 个庄舍（现分属兴化新垛、大营两镇）和今大丰白驹一带，聚居着施耐庵后裔数千人，每逢清明都有到施家桥施耐庵陵园祭祖的习俗，施氏的总根子在施家桥。这也是客观存在的事实。

---

① 朱一玄、刘毓忱编《〈水浒传〉资料汇编》，南开大学出版社 2002 年版，第 117—119 页。

三是可以佐证施耐庵家族的历史凭证有：(1)神主牌；(2)族谱(第一世彦端旁皆注字耐庵)及其附属资料：王道生作《施耐庵墓志》与杨新作《施处士墓志》(让)，陈广德作族谱序，施埁作《建祠记述》，袁吉人作《耐庵小史》等；(3)出土之施让地券。

四是二十世纪八十年代出土的《施廷佐墓志铭》(砖刻)内元德生彦端，彦端生以谦，以谦(让)生景□等四人与墓葬本人共五代人的名字记载，其中彦端、以谦、景□三代与以前之族谱记载完全符合。还有国贻堂释满家手录《施氏家簿谱》内载第一世彦端字耐庵与1952年收集到的七八本族谱记载相同，与神主牌的记载亦相同，此数种文物资料构成施彦端即施耐庵之主证。

五是有施耐庵与友人顾逖的赠答诗和赠给鲁渊、刘亮的《秋江送别》遗曲可证。顾逖、鲁渊、刘亮皆为同时代在同地区活动的真实人士。这是施耐庵在元末明初活动于兴化与江南的明证。

六是兴化、大丰、江阴、张家港、淮安等地至今仍流传于民众口头的大量传说，这些传说与元末明初的社会背景和施祠木榜材料相符，又与明清笔记不悖。

七是以上各种材料与《元史》《明史》等正史和元代诗文集如《诚意伯集》《东维子集》《梧溪集》《夷白集》等文献资料，均直接或间接相符。

八是有关张家港河阳山假墓的记载对于兴化施耐庵真墓不失为有力的反证。

以上资料可证，兴化、大丰两地施姓认为是其始祖的施耐庵，即是《水浒传》一书的作者。兴化白驹场即是施耐庵的里籍。对此，刘冬先生已有《施耐庵文物史料辨证》①一文详论，这里不再赘述。

现有文物史料和最新研究成果证明，郎瑛所说“杭人罗本贯中”，田汝成所说“钱塘罗贯中本者，南宋时人”，王圻所说“《水浒传》罗贯著，贯字贯中，杭州人”，汪道昆所说“越人罗氏”②，皆是错误的，全都不可信。罗贯中并非钱塘人、杭人、越人，而是山西太原人(一说“山东东平人”)。杭州仅是罗贯中的寓居地，并非是其故里。同理，高儒所说的“钱塘施耐庵”、胡应麟所说的“武林施某”，也是不准确的。杭州仅是施耐庵的寓居地，并非是其故里。杨氏以间接转述和摘述的手法，玩弄文字游戏，偷换概念，曲解原文，将《水浒传》作者施、罗二公混为一谈，并不明指哪位作者，是故意蒙蔽读者。

2.关于“施钱塘”

这里涉及“姓名学”的问题。“姓名学”是以人为核心的名分载体学问，除

① 刘冬《施耐庵文物史料辨证——兼答〈施耐庵文物史料辨析〉》，《施耐庵研究》，江苏古籍出版社1984年版，第389页。

② 朱一玄、刘毓忱编《〈水浒传〉资料汇编》，南开大学出版社2002年版，第117—119页。

了姓名外,还有别名、称号、誉名、笔名、艺名、衔头、绰号、字辈、排号、尊号、族号、碑名、谥号等不同类别。以里籍冠以“姓”名世的人物是有其来历的,名人名世的情况各有不同,怎可一概而论?苏轼、陆游分别是以号“东坡居士”“放翁”名世的。如按杨氏的“弱类比”,苏洵、苏轼、苏辙父子三人,都以同一籍贯“眉州”冠以苏“姓”,皆叫“苏眉州”,势必混同为一人,岂不成天大的笑话?关汉卿的籍贯,有解州、祁州、大都等不同说法,怎能如杨氏所类比的也称其为“关大都”?而施耐庵的生平资料旧籍记载极少,仅知有明人笔记中的“钱塘施耐庵”,怎不可将此习称简括为“施钱塘”?而“兴化施耐庵”却与其不同,明人笔记中没有这样的习称记载,所知的是《施氏家谱》《兴化县续志》等文物史料的载述,我们有什么必要将施耐庵也套称为“施兴化”?杨氏将柳宗元(柳河东)、王安石(王临川)的别称方式及“钱塘施耐庵”(施钱塘)的习称简括方式,不加区别地死搬硬套到其他名人身上,明显有悖常理,是根本行不通的。

3.关于“三问”(“如果钱塘是施里籍,钱塘籍志为何无其人记载?”“怎么在杭‘生不见故居,死没有坟茔?”“怎么在杭至今未见施后裔族群?”)

(1)针对我的第一问“如果钱塘是施里籍,钱塘籍志为何无其人记载”的问题,杨氏自知理屈,未能正面回答,而是转移论题施以反问:“如果苏北进士施彦端真是《水浒传》作者施耐庵,何以《元史》《明史》及淮安、泰州、扬州等府志,对此人毫无记载?《兴化县志》旧本亦无记载,仅汪伪组织县长所修之续志《补遗》中附有所谓王道生所撰《施耐庵墓志》与所谓《施耐庵传》而已。而《施耐庵墓志》与《施耐庵传》则是彻头彻尾的伪造之物,前贤已将其驳得体无完肤,不能征信也。”

众所周知,小说在古代被视为不经之谈(小说家虽然自成一家,但被视为不入流者),《水浒传》描写和歌颂的又是农民起义,长期遭到封建统治阶级的禁毁,故而造成施耐庵生平事迹正史不载,方志空缺。这是令人遗憾的事情。对于这样一个显而易见的常识问题,杨氏犯得着明知故问吗?

至于说“仅汪伪组织县长所修之续志《补遗》中附有所谓王道生所撰《施耐庵墓志》与所谓《施耐庵传》而已”,杨氏也是不明就里。我们知道,《兴化县续志》有四处载录施耐庵史料:卷一《施隐士墓》,卷十三《施耐庵传》,卷十四《施耐庵墓志》,卷十四《艺文志》书目小说家类载:“《水浒》,施耐庵著。”并非如杨氏所说仅汪伪组织县长所修之续志《补遗》中附有所谓王道生所撰《施耐庵墓志》与所谓《施耐庵传》两处而已。

《兴化县续志》,也并非如杨氏所说是“汪伪组织县长所修之续志”。《兴化县续志》的实际编纂者应是国学大师李详等,而汪伪政权窃取了前人的成果。黄俶成认为:“《兴化县续志》的施耐庵史料与汉奸李恭简无涉,而与国学大师李详有关。”“《兴化县续志》的编纂当推至19世纪之末……民国八年,兴化县知事赵兴霙再次倡修,委邑人李详任总纂,顾永葵任协纂,魏克三等任分纂。至1927年,《续志》基本定稿,因经费原因未能刊行。这当中,李详对《续志》的编成起了决定的和主要的作用。”“由于李详是李恭简的先人,又很有名气,李恭简并不敢完全抹杀李详的功劳。他在《续修兴化县志弁言》中也说得清楚:‘审公为恭简族太高祖行。前稿具在,新增惟戊辰(1928)后事,体例一依《梁志》,庶旧稿不至散亡,新政有所稽考。’1945年,李恭简被我苏中行署镇压,《兴化县续志》的许多藏主便将李恭简亲笔写的这篇《弁言》撕去,以致后来许多读者便无法得知《兴化县续志》编撰的真实经过了。从《续志》的成书过程可以看出,《续志》刊行时虽用李恭简之名,但除了1928—1943年的国民党党务史以及汪伪政权史外,都是国学大师李详先生所手定,施耐庵资料与李恭简无涉。我们不能因为李恭简名声之臭就将《兴化县续志》的许多宝贵史料弃之不顾。”①

至于杨氏所说“《施耐庵墓志》与《施耐庵传》则是彻头彻尾的伪造之物,前贤已将其驳得体无完肤,不能征信也。”完全是信口雌黄!王道生的《施耐庵墓志》,在学界存在争议,这是不争的事实。而认为《施耐庵墓志》可信的学者大有人在,其中吕乃岩和欧阳健的观点尤为令人关注。吕乃岩说:“关于王道生所写的《施耐庵墓志》,曾由何心、戴不凡、张国光几位先生提出批评,认为是伪作。后来刘冬、张惠仁两先生对他们作出有力的反驳,认为王道生所写《墓志》是可信的,此后未见有人再作出答辩。两方辩论的具体内容,此处不予重述,在我是同意《墓志》是可信的。”②欧阳健说:“王道生的《施耐庵墓志》,有些学者不承认,理由是发表的时间比较晚,有造假的嫌疑。其实民国对地方志修撰非常重视,省有省志,府有府志,县有县志,乃至山、镇都有志。这些地方志都是研究中国历史的重要资料,学术界给予很高的评价。1918年,方志大家李详(李审言)倡续《兴化县志》。他是中央研究院特聘的十二个研究员之一,还有鲁迅、胡适,李详的威望当时远高于鲁迅和胡适。李详对编方志有系统的理论,亲自编写了很多方志。《续志》坐办兼分纂人刘仲书,到白驹镇调查古迹名胜,见施氏宗祠供有施耐庵先生神主,疑即《水浒》作者;又到施家桥借得《施氏家谱》,见有淮安王道生作《施耐庵墓志》和施耐庵《家传》,便抄了下来。李详审订后以为:‘施耐庵先生因为著《水浒传》而坐过大牢,也因为著《水浒传》享了大名,可惜他的生平事迹,不独胡欧张梁四种县志未采入载明,就是他的子孙谈到他的真相,也是讳莫如深。现在民国成立,文字既不为科举所束缚,人物又不为专制政体所限制,县志有所记载,从此更没有什么顾忌,那末,大文学家的施耐庵,我们

① 黄俶成《施耐庵与〈水浒〉》,上海人民出版社2000年版,第221—223页。
② 吕乃岩《试说罗贯中续〈水浒〉》,《北京大学学报(哲社版)》2008年第2期。

可以从宽采访他的古迹和遗闻,一一载入《补遗》栏中。'〔刘仲书《施耐庵历史的研究(稿本)》,藏兴化市图书馆〕……王道生《施耐庵墓志》完全可以放心地用作文献。"①

《纪念文化部关于施耐庵身世调查60周年暨〈施耐庵文物史料考察报告〉发表30周年学术座谈会述要》指出:"上世纪初以来陆续发现的《施氏家簿谱》《处士施公廷佐墓志铭》等文物史料,在那个缺少功利思想的年代,应该说是确凿可信的,由此可以确认兴化施耐庵的存在。至于在学术界存在一些认识上的分歧是可以理解的。在我国备受歧视的通俗小说的传播过程中,出现某些记载可疑,或者故老传闻失实的情况,并不奇怪,应从总体上看待它的真实性。解读上的细微歧义,不构成是非问题。王道生的《施耐庵墓志》也可能存在这一情况,但不可一概否定。该墓志是较完整的文献,由于发表时间较晚,与胡瑞亭的版本有简繁之分,先后之别。1952年文化部调查团《再次调查有关施耐庵历史资料的报告》认为,经鉴定'原稿《施耐庵墓志》和《兴化县志》上所载的原文是毫无出入的'。1982年的调查因故没有看到这份报告,留下了遗憾。"②

试问杨先生,《施耐庵墓志》与《施耐庵传》何时被多少"前贤"批得体无完肤,又何时被哪些权威部门确证为"彻头彻尾的伪造之物"?杨氏不妨认真研读以上引录的文献,全面深入地梳理施耐庵研究的学术史。

(2)针对我的第二问——如果施耐庵是杭州人,"怎么在杭'生不见故居,死没有坟茔'"的问题,"杨文"亦无法正面回应,而是转移论题,避开"生不见故居"的问题,只引刘操南和黄霖之说予以反问:"难道苏北地区真有施耐庵的墓吗?我们来看看苏北所谓施耐庵墓的来历:此墓乃民国三十二年(1943)兴化人民公建,'施彦端明时不与施耐庵挂钩;追溯原委,民国公建之施耐庵墓,可知其为近世附会也'。""其实,苏北大地何止一个施耐庵墓,我们再看当代学者黄霖先生的一段话:'我真想不到江苏人中不但有人说大丰有施耐庵的墓,而且还有人说常熟也有同一位小说家的墓。中国人民政治协商会议常熟县委员会一九六〇年编写的《常熟地方小掌故》第一辑《施耐庵墓》条:恬庄西有河阳山,山南有文昌阁,相传其旁有明初施耐庵(写《水浒传》的著名作家)墓,今已无遗迹可考。我想,编写者也必有根据,故本想查一查它的来龙去脉。但转而一想,这类传说毕竟是传说,正如兴化、大丰的种种传说一样,它们究竟还有多少?又有多少学术价值?'学风严谨的学者,大概不会相信这些所谓的施耐庵墓地吧。"

果真如此吗?非也!1943年抗日民主政府兴化县县长蔡公杰所撰施耐庵

---

① 欧阳健《古代小说作家考证的信与疑》,《内江师院学报》2012年第1期。

② 林骅、史实整理《纪念文化部关于施耐庵身世调查60周年暨〈施耐庵文物史料考察报告〉发表30周年学术座谈会述要》,《文学与文化》2012年第5期。

古墓碑文就记载得很清楚："施氏之墓在庄之北，以年久失修，一抔黄土，状殊冷落。……爰重修其庐墓，以为后人风，或不为非乎？于竣工之日，因题其颠末。"赵朴初于1982年12月手书的《重修施耐庵墓记》记载得更为明确："施耐庵墓始建于明初，兴化县抗日民主政府于一九四三年复修，中华人民共和国成立后墓列为江苏省一级文物保护单位，一九八二年省人民政府拨款重修，爰书以志。"可见，杨氏所谓的"难道苏北地区真有施耐庵的墓吗？"和引据刘操南所谓的"民国公建之施耐庵墓，可知其为近世附会也"（笔者按：此公故意将抗日民主政府于1943年"重修""复修"施耐庵墓，篡改为"民国公建"施耐庵墓）是完全不符合事实的。至于引据黄霖在《宋末元初人施耐庵及'施耐庵的本'——兼析兴化、大丰'新发现'恰恰证明其地确无施耐庵》一文中所说的"江苏人中不但有人说大丰有施耐庵的墓"，显然有误。实际上施耐庵的墓在兴化而不是大丰，而常熟河阳山有施耐庵墓（衣冠冢）也是事实。当地人赵关虎保存的1931年在施耐庵墓前拍的一张老照片尚存，老百姓称此墓为"招魂墓"，其实"是明代八房巷徐八都堂所建。原来元朝末年，施耐庵曾隐居于滚塘岸徐捷家教书，替徐家选了'三元宝地'，还帮助徐家订了'徐氏家规'"[①]。针对黄霖的文章，喻蘅和林同撰《〈靖康稗史〉编者是〈水浒〉作者吗？——兼质黄霖同志"白驹确无施耐庵"之说》[②]予以反驳，至今未见回应。

（3）针对我的第三问——"怎么在杭至今未见施后裔族群"的问题，杨氏抬出马先生关于"施耐庵，其姓'施'字，可能来自其家族，因为，施姓本是杭州传统的一个大姓，如'施家桥'，既是杭州城北一座桥名，又是一个村名和一片土地名"的说法，是经不住推敲的。当然马先生说的是"可能"，现有的文物史料证明，根本就没有这种"可能"。如有可能，杭州的施族后裔早就将《施氏家谱》公之于众，认祖归宗了！中央文化部调查团也就不会来兴化"施家桥"而去杭州"施家桥"或苏州"施家桥"调查！"神州何处无施族，唯有此乡认祖宗！"即使1975—1976年间全国开展声势浩大的"评《水浒》"运动，兴化施家桥的施氏后裔并未因此动摇，清明仍一如既往地去"施墓"虔诚祭拜。兴化"施家桥"一带的施姓后裔才真正是施耐庵的后裔，这里有经专家鉴定已被公布为国家二级文物的《施氏家簿谱》和江苏省公安厅"刑事科学技术鉴定书"等一系列文物史料可证。杨氏在这里引据马先生的说法，没有丝毫根据！

杨氏说什么"要证明苏北施耐庵的里籍、籍贯的问题，需要拿出过硬的证据，要么是文献记载（当然这记载是要真实的，没有作伪的成分），要么是出土文

① 陈世海、吕大安主编《河阳山传说施耐庵》，凤凰出版社2013年版，第108页。

② 喻蘅、林同《〈靖康稗史〉编者是〈水浒〉作者吗？——兼质黄霖同志"白驹确无施耐庵"之说》，《复旦学报（社科版）》1982年第6期。

物(文物要明确记载施彦端与施耐庵为同一人)。既然拿不出,难免令人无法信服”。

刘冬认为:“不一定每项因素都有确证才能判断。甚至某一两特定之点被充分肯定,即可肯定其全体。例如某只苹果被布幕遮去了一半,我们根据另一半也可以认出它是苹果。《黄昏中的托尔斯泰》那幅画,并看不见托尔斯泰的眼目口鼻,但根据其侧面的轮廓,就认得出他是托尔斯泰。自然这也需要观察者的眼力的。”①

陈辽说:“采用系统方法是可以解开施耐庵之谜的。自然,也一定有人说,除非出土文物证明施彦端即施耐庵即《水浒传》作者,否则我是不相信白驹的施彦端即施耐庵即《水浒》作者的。如果有人硬要持这种态度,那也只好由他去。但是如果施耐庵研究者都持此种态度,那还要什么研究工作者呢?只要等出土文物就行了。我相信,众多的施耐庵研究者是不会采取这种态度的。”②

平心而论,施耐庵的里籍问题,从现有的文物史料来看,已经能够证明。1952年文化部调查团南下调查的四位成员中,徐放③、谢兴尧④、钱锋⑤都认为《水浒》作者施耐庵是兴化一带人,聂绀弩晚年在给盐城地委和何满子等人的信函中,表露了他对《水浒》作者施耐庵的异常关注和悄然转变的心态⑥。其实,早在1953年聂绀弩就对“施耐庵根本没有这个人”的说法提出了批评:“说施耐庵根本没有这个人,是因为关于施耐庵的身世的材料出奇地少。岂止施耐庵,罗贯中的材料又何尝多呢?……在这样的书里找不出太多的关于他们的材料,就认为根本没有这个人,也是武断。”⑦这才是聂绀弩的真实态度。新中国成立初校订出版的《水浒》(七十一回本)出版说明中就讲:“《水浒》一书,过去相传是施耐庵的作品,但施耐庵的历史材料,人们所知甚少。因此,关于《水浒》的作者,是有不同看法的,甚至有人怀疑施耐庵是一个假名字。最近有人从江苏《兴化县续志·文苑》里找到他的墓志和传记。从这两个文献来看,施耐庵这个历史人物是完全无可怀疑的,而《水浒》是施耐庵的创作,也无可怀疑。”⑧1982年4月25日,张志岳、朱一玄、范宁、刘操南、何满子、刘冬、张啸虎、袁世硕、李灵

---

① 刘冬《施耐庵文物史料辨证》,《施耐庵研究》,江苏古籍出版社1984年版,第389页。

② 陈辽《用系统方法解开〈水浒〉作者施耐庵之谜》,《施耐庵研究》,凤凰出版社2012年版,第113页。

③ 徐放《再次调查有关施耐庵历史资料的报告》,《明清小说研究》1986年第4辑。

④ 谢兴尧《梁山泊的水与施耐庵》,《堪隐斋杂著》,山西古籍出版社1998年版,第131页。

⑤ 莫其康《钱锋谈1952年施耐庵身世调查》,《博览群书》2012年第6期。

⑥ 莫其康《1952年、1982年施耐庵身世调查成果的检阅与思考》,《贵州大学学报》2012年第5期。

⑦ 聂绀弩《〈水浒〉是怎样写成的?》,《人民文学》1953年第6期。

⑧ 《水浒》(七十一回本),人民文学出版社1952年版,第1页。

年、王俊年、卢兴基、张惠仁、章培恒、王立兴、马蹄疾、欧阳健等十六位专家学者于扬州萃园签署的《对江苏省新发现的关于〈水浒传〉作者施耐庵文物史料考察报告》①(以下简称《考察报告》),经过30多年的历史检验,证明是实事求是的。尽管在不适当的行政干预下,后来个别人的观点有所变化,但绝大多数学者的观点始终没有变。

"从文化生态学的研究角度看,兴化位于江淮之间里下河地区腹部,四面环水,具有'水浒摇篮'赖以产生的锅底洼、荷叶地、芦苇荡、千垛埆、水浒港等独特的历史地理环境,有着丰富的与施耐庵有关的民间传说。用系统研究的方法来分析,《处士施公廷佐墓志铭》《施让地照》是'地下之材料',《施耐庵墓志》《故处士施公墓志铭》是'纸上之材料',山东、江苏、浙江绵延千里、流传百年的施耐庵轶闻传说是'口述史料',它们既相互联系,又相互支持,是有机的整体。历次调查所获取的出土文物、家谱和民间传说等三重证据,在兴化白驹场施耐庵身上,大体上都能合榫,可以判定元末明初的兴化人施彦端即施耐庵,就是《水浒传》的作者。这是运用文化生态学和系统方法取得的研究成果。"②已出版的中国社科院文学所研究员孙一珍的著作《明代小说史》,在《水浒传》一章中,径署作者施耐庵是兴化人,可见这已是大多数学者的共识。

张惠仁早就在所著《水浒与施耐庵研究》一书中设专章③对施彦端即施耐庵进行考论,从名讳学的微观层次,从古人命名、取字、称号的关联性方面,"'解开施肇瑞、施彦瑞、施耐庵的名字号之奥秘,使一切反对者都噤若寒蝉'(喻蘅教授语);为论证施耐庵乃实有其人,乃现今苏北兴化、大丰一带施族祖先,起了重要作用"④。冯其庸为《水浒与施耐庵研究》所作之《序》指出:"读张惠仁的文章,我似乎觉得有一种'放心'之感!"常征所作之《序》亦指出:"我对张惠仁君的论辩十分欣赏。""我认为从考据学的角度看,都是不易之论。"

施耐庵身世的考证,经历了太多的反复,值得认真总结和反思。之所以今天在学术界仍存有歧见和争议,是因为根子通在1952年、1982年施耐庵身世调查的成果未得彰显。拙文《1952年、1982年施耐庵身世调查成果的检阅与思考》指出:"1952年、1982年施耐庵身世调查成果是显而易见、厚重而丰硕的,然而由于不适当的行政干预,致使调查成果未能彰显。""当年参与调查的学者而

① 《对江苏省新发现的关于〈水浒传〉作者施耐庵文物史料考察报告》,《江海学刊》1982年第4期。

② 林骅、史实整理《纪念文化部关于施耐庵身世调查60周年暨〈施耐庵文物史料考察报告〉发表30周年学术座谈会述要》,《文学与文化》2012年第5期。

③ 张惠仁《水浒与施耐庵研究》,延边大学出版社1988年版,第113页。

④ 《施耐庵生卒年研究有突破——访北京市社科院研究员张惠仁》,《北京社会科学》1999年第3期。

今大都谢世,其成果来之不易,弥足珍贵。本着对历史负责和前辈学者劳动成果的尊重,在其他地方没有发现任何实质性否证的情况下,现在是到了坚决采信施耐庵身世调研成果,可以认定兴化白驹场施耐庵《水浒》著作权的时候了。"①

王晓秋指出:"当前,社会上有一股历史虚无主义思潮,就是对历史研究实事求是原则的破坏和挑战,其形形色色的表现颇具迷惑性。""对历史虚无主义思潮,我们需要提高警惕。历史决不能任意颠覆,随便戏弄。我们必须坚持实事求是原则去研究历史,尊重与维护历史的尊严。"②在施耐庵研究中,同样有一股历史虚无主义思潮,有人认为施耐庵是"子虚乌有",有人认为施耐庵是"神龙见首不见尾"的人物,全面否定《施耐庵墓志》及其他文物史料,无视 1952 年、1982 年施耐庵身世调查成果。冯其庸说过:"我认为'施耐庵'三个字是金子制成的,在我国的文学史上一直放射着强烈的光芒,他是我们的骄傲。我们犯不着在证据不足的情况下自己摘掉这个伟大的名字。""无端造作假古墓借以唬人、捉弄人和讹诈人,固然可厌;但轻易地要把真的说成假的,要抹去我们民族历史上的光芒,那也是对我们民族的罪过。"③冯先生的这些话,确系真知灼见,对当今"施学"研究不无指导意义。我们务必本着对历史负责和前辈学者劳动成果的尊重,善待自己的历史遗产和长期形成的研究传统,绝不容许不负责任的怀疑和责难、任意颠覆和肆意苛求,以支流否定主流,以个别现象否定本质,坚决反对历史虚无主义,尊重和维护历史的尊严。马、杨二位先生不信服"苏北施耐庵",这无妨施耐庵里籍的真实存在和综合认定。

(二)关于施耐庵"长期生活在杭州"之说

拙作《关于施耐庵籍贯"习称"及其他——与马成生先生商榷》无意否认施耐庵较长时期乃至长期"生活在杭州"之说,只是认为此说目前尚缺乏足够的证据,着重指出的是杭州并不是施耐庵的出生地,而是施耐庵的流寓地。

杨先生在此部分中妄责我"莫名其妙""文法与逻辑完全不通",说什么"试问宋元明文献中有关于'里下河'与杭州相联系的记载吗?《水浒传》中有'里下河'吗?既然没有,马先生的《杭州与水浒》为什么要凭空论述'江淮之间里下河地区'呢?莫先生岂不是强人所难?"杨先生于此将"里下河地区"与"里下河"混为一谈,拙文从未使用"里下河"的概念,而说的是"里下河地区"!杨先生先得搞清楚"里下河地区"的概念,怎能"以己昏昏使人昭昭"?《百度百科》

---

① 莫其康《1952 年、1982 年施耐庵身世调查成果的检阅与思考》,《贵州大学学报》2012 年第 5 期。

② 王晓秋《历史岂能任意颠覆》,《人民日报》2014 年 11 月 20 日。

③ 冯其庸《张惠仁〈水浒与施耐庵研究〉序》,延边大学出版社 1988 年版,第 3 页。

的释义是：里下河地区位于江苏省中部，西起里运河（是连接长江与淮河的运河），东至串场河（将一线的富安、安丰、梁垛、东台、何垛、丁溪、草堰、小海、白驹、刘庄十大盐场串联起来的复堆河），北自苏北灌溉总渠，南抵新通扬运河，总面积13500余平方公里，“里下河地区主要有海安、兴化、东台、大丰、高邮、江都、姜堰、淮安区、建湖、宝应、阜宁等城市”。《水浒传》中怎么不涉及“里下河地区”中的地名？从淮安到润州必须经过连接长江与淮河的运河——里运河。这里我同样引用马先生的一个例句“《水浒传》第九十回，宋江平方腊，进驻淮安时，当地的官员对宋江诉说：‘前面便是扬子大江……隔江却是润州。’”就能说明问题。关于宋元明文献中涉及“里下河地区”城市中人和事的记载不胜枚举，凭什么一厢情愿，处处都得“与杭州相联系”？

对杨先生进一步与我商榷的两个问题，分别作复如下：

1.关于王道生《施耐庵墓志》问题

杨氏质疑我“在文中已不再引用被前贤批得体无完肤、已被确证为伪物”的王道生《施耐庵墓志》，大概莫先生也认识此墓志不能服众，故弃而不取；但莫先生大概又觉得弃之可惜，于是间接引用王道生的结论而不注明出处。关于所称王道生《施耐庵墓志》“被前贤批得体无完肤、已被确证为伪物”的问题，“杨文”在第一部分“关于施耐庵‘里籍’的问题”的“三问”第一问中已有论述，这里又重复提及，前已置辩，此处不赘。倒是要问问杨先生，我在哪里间接引用王道生的结论而不注明出处？“从作者将《江湖豪客传》易名为《水浒传》的变化历程来看，可以看出故里地名‘水浒港’对《水浒传》成名的直接影响。’”这分明是我的结论。我在《水浒争鸣》第10辑撰《〈水浒传〉与兴化》，对此有专节阐述，怎么是间接引用王道生的结论？明眼人一看就知道，文中“作者”指的是施耐庵并非王道生，杨氏为何张冠李戴，硬要说成王道生“他怎么可能易所谓的《江湖豪客传》名为《水浒传》呢？”

王道生的《施耐庵墓志》是一篇较为详细的记载施、罗二公情况及关系的第一手资料，明确指出罗是施的门人。施耐庵著《水浒》最初的书名为《江湖豪客传》，并说施耐庵每一著作必与门人校对，“其得力于罗贯中者为尤多”。其中所说《三国演义》《隋唐志传》《三遂平妖传》等，历来都知是罗贯中的著作，而《墓志》却说都是施耐庵的著作。对于这一错误，吕乃岩认为：“《墓志》是王道生遇罗贯中若干年后写的，可能记忆有误，或是当时误听，或是后来误记，罗贯中当时是不可能这样说的。生活中误听误记的事，有时发生也不足为奇，决不能因此否定《施耐庵墓志》的真实性。罗贯中续《水浒》是否受到其师的嘱托，不得而知，但可知施耐庵生前把《水浒》书稿交到罗贯中手里是完全可能的。因此罗贯中才得以续写《水浒》。《墓志》中说《水浒》初名《江湖豪客传》，顾名思义，这只能是指现今《水浒传》的上半了。《江湖豪客传》落在罗贯中手里,由他续成了一百回的《水浒传》,《水浒传》当然从罗贯中后人传出。因此在传闻中才有《水浒》由罗贯中作之说。"①

欧阳健说:"施氏十六世孙施占鳌于咸丰壬子(1852)所写《庵公生原迁籍志》,记淮安袁吉人陪他步达施耐庵的书室,及袁林甫介绍施耐庵的事迹云:'庵公书斋平屋三间,中有积土,隔有木桌凳,窗楞下间贯中寓。……大人(袁林甫)对鳌云:'庵公著《水浒传》到七十五回,小人当道,奏主。……圣旨下,庵公接旨,随至金陵下狱。时庵公五四,居狱七载。狱中作《封神榜》一部。军师刘伯温伺至狱宅,目过其书,乃叹矣,代奏太祖,耐庵书悠(谬)。主公准本,耐庵释回。耐庵回此闭门作述,每一成稿,隔山门人贯中校对。时耐庵体弱,年七十五辞世。'这份材料出自施氏后人转抄,错误不少。但它至少可以证明,直到咸丰二年(1852),淮安还流传着施耐庵与罗贯中的传说,且能确指施罗的住房与书斋。关于罗贯中与施耐庵之关系,此文用了'隔山门人'的提法,尤为别致,适可证明他非'及门弟子'。联系《三国志通俗演义》卷十一《诸葛亮二气周瑜》,叙及'拖篷船'时有夹注云:'此船极快,两浙人呼刳子船,淮南呼艇船。'据此,'知罗贯中曾活动于两浙及淮南一带,故对于当地的舟船及方言颇为熟悉。'(章培恒、马美信:《三国志通俗演义》前言,上海古籍出版社1980年版)他来到过淮安,应是没有疑问的。"②而且自明以来,均是"施罗"并提。罗贯中为施耐庵门人的说法,是真实可信的。欧阳健指出:"关于罗贯中与施耐庵的关系,近年来出现了某种企图加以弱化甚至完全抹杀的倾向,这是不符合事实的,对中国小说史研究来说,也是非常危险的。"③

2. 关于《水浒传》的方言

兴化古称昭阳,战国时期为楚国昭阳大将军的封邑;汉初分封诸侯,又属于吴王刘濞的封地。兴化这一带因受到吴楚文化的交替影响,被称为"吴头楚尾"。因而"这一区域的方言十分特别,兼有吴语和淮语的特点……在词汇上吴语淮语的都有,总的来说吴语多一些,占70%"④。《百度百科》认为兴化方言属于"江淮官话泰如片"。杨先生的家乡马鞍山市当涂县,紧邻南京,古属扬州地,春秋时亦为"吴头楚尾"。"从周边方言分布来看,当涂县西面和北面与江淮官话区接壤,东面和南面是吴语区(宣州话)毗邻,当涂县就处在官话和吴语的交

---

① 吕乃岩《试说罗贯中续〈水浒〉》,《北京大学学报(哲社版)》2008年第2期。

② 欧阳健《罗贯中研究三题》,《东南大学学报(哲社版)》2003年第5期。

③ 欧阳健《罗贯中研究三题》,《东南大学学报(哲社版)》2003年第5期。

④ 佚名《江苏方言》,http://rwtz.t56.net/index.php? m = content&c = index&a = show&catid = 12&id = 1973.

会点上。从县内方言分布上看,县境以东北—西南画线,可分为三个方言带,西北沿江一带是江淮官话,东南濒石臼湖一带是吴语宣州话,中间则是一条宽阔的官话吴语夹杂的过渡带。"[①]"百度·江淮官话"词条认为当涂方言(大公圩地区除外)属于"江淮官话洪巢片中的淮西片",并非如杨先生所说"属于吴方言区"。兴化与当涂相距200多公里,这一"吴头楚尾"区域存在一些方言的相互影响和类同,就不足为怪了!如果仅凭一些方言上的类同,而没有文物史料的佐证,就谬推出当涂"与施耐庵也扯上了关系",这与盲人摸象有何不同?

至于"杨文"提及的刘世德根据对施耐庵史料的辨析得出十五点结论,早已受到多位学者的反驳,最具代表性的当数刘冬的《施耐庵文物史料辨正——兼答〈施耐庵文物史料辨析〉》[②]和卫诗、林同的《评刘世德施耐庵文物史料辨析》[③]。至于《水浒》中出现的"儿尾词",并不如杨先生所说它仅仅流行于杭州某一地段,是杭州所独有。水浒故事发生在北宋时期,北宋的官话就是带"儿尾词"的,河南开封、安阳和山西祁县等地话中都有。我们不能因为《水浒》中有"儿尾词",就说其作者是杭州人,关键是需要文物史料的佐证。即便施耐庵真"长期生活在杭州",而施耐庵的出生地又不在杭州;即便杭州元素多多,而《水浒》后部分又是罗贯中续作,这些皆构不成兴化施耐庵的否证。兴化、大丰提供的证据不仅仅限于《处士施廷佐墓志铭》、杨新的《故处士施公墓志铭》和王道生的《施耐庵墓志》,还有国家二级文物《施氏家簿谱》和《施让地照》《施奉桥地券》,江苏省文保单位"施耐庵墓"和"施耐庵故居遗址"等。这些文物史料构成的证据链,其权威性和公信力自不待言,岂是明清笔记中的只言片语所能撼动的!

杨先生还采用"弱归纳"手法,说什么"何心、张国光、李永祜、徐朔方、袁世硕、黄霖、刘世德、蔡美彪、刘操南、马成生、洪东流诸位先生对施耐庵的严密论证……对于论证施耐庵就是苏北的施彦端并没有任何帮助",此说言过其实,遑论"严密"?很显然,袁世硕就不应归列其中。他认为:"原籍兴化、流寓江南的施耐庵与钱塘施耐庵,在里籍上并无矛盾。"[④]他在2012年4月给"纪念文化部关于施耐庵身世调查60周年暨《施耐庵文物史料考察报告》发表30周年学术座谈会"来函说:"30年前应邀参加施耐庵文物史料考察活动,原本对《水浒传》作者问题,无所适从,几天的考察、参观,使我萌生了一种自以为最贴近历史事

---

① 沙织燕《当涂境内的吴语》,http://blog.sina.com.cn/s/blog_4e72c01001000a6t.html.

② 刘冬《施耐庵文物史料辨证》,《施耐庵研究》,江苏古籍出版社1984年版,第389页。

③ 卫诗、林同《评刘世德施耐庵文物史料辨析》,《汉中师院学报(哲社版)》1985年第1期。

④ 袁世硕《〈水浒传〉作者施耐庵问题》,《东岳论丛》1983年第6期。

实的判断:《水浒传》的原创者施耐庵,原籍兴化(大丰),流寓杭州。"[①]应该看到,刘冬、张惠仁、章培恒、欧阳健、喻蘅、吕乃岩、王春瑜、黄俶成、王同书、顾启、刘兆清、姜光斗等学者都有研究文章,分别对何心、张国光、徐朔方、黄霖、刘世德、蔡美彪、刘操南诸先生的论述,作出有力的反驳。值得注意的是,许勇强、李蕊芹在全面爬梳文献的基础上,对从明末清初周亮工到当代张国光、徐朔方诸先生关于施耐庵研究中的托名说和集体创作说演进脉络进行了勾勒,并对这两种学术假说的缺陷进行分析后指出:"有的研究者往往采取从书本文献到书本文献的研究方法,忽略了出土文献和口头文献的价值。那些否定施耐庵的学者,主要是从存世文献的角度进行研究考证,却忽略了地下出土文献和民间传说的学术价值。王国维先生早在80年前就提出了著名的二重证据法,按照二重证据法的观点,兴化出土的施耐庵文物和'不雅驯'的地方传说自然是具有重要研究价值的文献资料,值得我们进一步研究发掘。"[②]可谓公允之论!

(三)关于诸地距离之说

拙文第四部分"关于古代南北方分界和诸地距离之说",文字计26行,杨先生截取其中的5行作辩,显然以偏概全。

他妄责拙论"大谬":"《水浒传》中或许存在一些地理、生活方面的错误。应该明了,《水浒传》是小说作品,不是历史地理教科书……古人缺乏地图等认知工具和便捷的通讯、交通设施,囿于见识,书中出现一些差错是难免的,或有隐情。"不知何谬之有?李在敬说得好:"古时交通不便,文人闭门虚构,写的又非正史,应是常有的事,文采如苏东坡,他所写的赤壁赋,地理环境就不对,可为一大例证。"[③]

杨早所撰之文更是绝妙:"幸好,总是会有人脑洞大开。他们不去讨论四大名著的艺术价值,不去研究写作时代与人物索隐,不去纠结文学史地位与小说技巧,他们认死了'地理'这个问题,一锄锄深挖细掘,史料传说实地考察,一起上阵,用一个个的细细分疏的问题无比雄辩地证明了:施耐庵罗贯中吴承恩你们这帮路痴!这些伟大的小说家们,为什么会成为路痴?我想又得归罪于中国薄弱的地理传统。我相信,施耐庵罗贯中吴承恩跟当时的万千出色的读书人一样,从经典中获知了无数的名城名胜,说起它们的得名渊源,治所变迁,甚至风

---

① 林骅、史实整理《纪念文化部关于施耐庵身世调查60周年暨〈施耐庵文物史料考察报告〉发表30周年学术座谈会述要》,《文学与文化》2012年第5期。

② 许勇强、李蕊芹《从阙疑到悬想:施耐庵托名说与集体创作说检讨》,《菏泽学院学报》2011年第1期。

③ 李在敬《梁山泊是施耐庵的故乡》,台湾《"中央"日报》1992年11月20日。

土习俗，都能头头是道，侃侃而谈。但你要他们搞清它们的地理位置，尤其是在大中国的范围内的相对定位，他上哪儿去了解呢？没有精确的地图哇。施、罗二人，据说都参加过元末明初的战事，对经战过的地方，定不陌生，可是你要他连河南江西，四川云南，都能搞清搞楚，这就是强人所难了。”“如果你哪天运气好真穿回明朝清朝，就可以去当面数落施耐庵罗贯中吴承恩：你们这帮路痴！”①

（四）关于“双施合一”之说

1.关于杨氏所云《施氏家簿谱》中“‘字耐庵’三字出自一人之手，乃是令人哭笑不得之论”

杨氏引用马成生和洪东流的只言片语对“‘字耐庵’三字出自一人之手”的观点予以反驳，本不足怪，也无济于事。众所周知，肯定“‘字耐庵’三字与《施氏家簿谱》字迹为同一个人所写”的结论系江苏省公安厅（82）公文检字第80号《鉴定书》所作，具有权威性和可信度。冯其庸、章培恒等大多数学者均予认同，并非如杨氏所说的“莫氏说”“莫先生认为”。冯先生认为：“这旁加的三个字，与原来抄写正文的是一个人的笔迹，只要仔细辨认就可以看出，尤其明显的是那个‘字耐庵’的字，与相邻的四个‘字’笔势完全一样，‘耐庵’两字虽未找到同样的字，但仔细分析其笔势，与正文抄写者的笔迹也完全一样。这说明这三个字，虽系旁添，实际上是一个人写下来的，很显然是抄漏后补添上去的。这种情况并不难理解，试想我们现在抄写东西，能保证一字不漏吗？如果我们抄漏了又自己补抄在旁边，别人却说这不能算数，因为是旁添，这我们能同意吗？因此，这施谱上抄漏后原笔旁添的三个字，我认为应与正文一样看待，不能因为旁添而不承认它的重大的史料价值。”“何况在封建社会里，施耐庵是个危险人物，思想带有叛逆性，在这种情况下，如果不是他们的老祖宗，又何必要旁添上这个具有强烈的危险性的人物呢？”②章先生也认为：“‘字耐庵’三字的笔迹与《施氏家簿谱》其他诸字相同，当亦为满家手笔，而非他人窜入。”③

冯先生认为“字耐庵”三字为“旁添”，而杨先生非要说成“夹批”！杨氏且引卢兴基之说“虽然经过正式鉴定，与谱文系同一笔迹，也不能排除系乾隆原谱整理抄录后添加上去的可能”，但这丝毫不影响“施彦端即施耐庵”的结论。卢先生的观点非常明确：“《水浒传》作者施耐庵是不是江苏兴化一带施姓一族自认的祖先施彦端？本文从我国通俗小说的文学生态和传播史出发，认为一个地区口耳相传中的错杂纷乱、疑信参半，恰是它历史悠久的证明。而清代晚近施

① 杨早《施耐庵罗贯中吴承恩你们这帮路痴》，《博览群书》2015年第5期。

② 冯其庸《走自己的路——王同书〈施耐庵研究论集〉序》，《社会科学战线》1987年第3期。

③ 章培恒《施彦端是否施耐庵》，《复旦学报》1982年第6期。

姓谱系、碑志的文字楦入,是《水浒》普及以后与口传系统的合流,施彦端应即施耐庵。"[1]杨先生何必"哭笑不得",何不向江苏省公安厅质询,何不与冯其庸、卢兴基诸先生商榷?

2.关于对"元朝辛未科进士"七个字避而不谈问题

杨氏于此妄责我"狡猾""老谋深算",试问杨先生,拙作对"马著"所涉及的"施学"问题是否都要无所不包地展开论谈?诚如你言"《商榷》的内容过于繁富",如此再将"元朝辛未科进士"等问题论谈下去,难道期刊篇幅就没有限制?为此这里不得不占用一点篇幅以袁世硕、欧阳健、陈建华三先生对"元朝辛未科进士"的认识作复。袁世硕说:"当时有种风气……称讲史书的艺人为贡士、进士、解元。""施耐庵在说话门庭里被称作进士,也是极有可能的事。"[2]欧阳健认为:"《浙江通志》著录元代选举,时因沿袭旧志而致误,而旧志之致误,又各有其复杂情由。元文宗至顺三年八月驾崩,至顺四年会试,秉政者是悖逆比董卓更甚的燕铁木儿。此科后被政敌攻为科场舞弊与腐败,导致科举的罢废。故至顺四年进士要撇清与燕铁木儿的关系,不致留下'附逆'与'行贿'的恶名。'至顺二年辛未余阙榜',是时局与心态双重变化的产物。"[3]陈建华认为:"施耐庵确为'元朝辛未科进士',但这是'乡贡进士'。"[4]此三说有待考定,拙作对此并未论及,借此杨氏说我"妄图蒙混过关","此种做法,是自作聪明,以为天下人看不出来。这与高俅采纳王瑾的建议,有意读破句读破坏梁山的招安计划又有什么两样"云云,这简直不值得一驳!王瑾系阴毒老吏,怎可"弱类比"?

3.关于《处士施公廷佐墓志铭》的价值

拙作引用了16位专家学者签署的《考察报告》和复旦大学教授、书画篆刻研究专家、白驹籍人喻蘅的《施耐庵四世孙廷佐墓志铭校读札记》(以下简称《校读札记》),将"曾祖彦端会元季兵起□□□家之"中的三个"□"字(乃字迹模糊不清之处),分别认读为"播浙遂"和"播流苏",这二者并不矛盾。

喻蘅认为:"对于施廷佐《墓志》残损文字的重新校读,不但不会影响该《墓志》作为证实施彦端即《水浒传》作者耐庵的重要文物,相反,却更提高了它的史料价值。首先'会元季兵起,播流苏,家之'是一条具有特殊历史背景的线索材料,在时间、空间上找到耐庵与张士诚起义军行踪的联系……特别是当时苏、湖、杭一带都属江浙行省,'流苏'的去向自然不排除'播浙'。大丰、兴化的其

① 卢兴基《解开"施耐庵之谜"》,《明清小说研究》2012年第4期。

② 袁世硕《〈水浒传〉作者施耐庵问题》,《东岳论丛》1983年第6期。

③ 欧阳健《〈浙江通志〉元代选举科目正讹——兼辨"至顺二年辛未余阙榜"之由来》,《明清小说研究》2012年第1期。

④ 陈建华《施耐庵"元朝辛未科进士"试证》,《明清小说研究》1985年第1期。

他文物资料中已涉及施耐庵在浙江钱塘、吴兴等地区的行踪，现在又证实了'流苏'，则其他一切与'流苏'有关的'播浙'资料，自然更属可信。"①

喻蘅对《墓志》中"关键性的一段文字作必要的笺注和论证"后进一步认为："像施彦端这样一个文学上具有卓越才能的高士，在此时'播流苏'，必然是受吴中人文荟萃的风气和士诚招揽人才的政策影响而来的……现在施廷佐《墓志》上记载的'播流苏'，无疑证实了上述矛盾统一于选择了合作之路。这和当时张士诚治下的某些人士由徘徊观望态度而终于合作的情况是很相似的。因此，'播流苏'是一条具有深邃内涵的历史信息。""白驹施氏（耐庵）宗祠世代相传有'吴兴绵世泽；楚水封明禋'的门联，笔者曾撰文论述它与耐庵一生行踪的关系，认为施耐庵虽然投奔苏州张士诚，但却把家室安置在浙江吴兴。这一重要民俗资料，具有连接史实轶失的线索价值。"②

综上所述，《考察报告》和《校读札记》将三个"□"字分别解读为"播浙遂"和"播流苏"，二者并不矛盾，"校正了'播浙（遂）'为'播流苏'，决不等于否定'播浙'事实，更不等于否定施彦端即施耐庵"③。

而杨先生自作聪明，想当然地认为"播浙遂""播流苏"自相矛盾、抵触龃龉，"《处士施公廷佐墓志铭》对于证明《水浒传》作者没有任何参考价值"。并妄责我的结论有许多无法圆融的漏洞，"这恰恰是一个学风严谨的学者所忌讳的"。殊不知，杨先生的这番"高见"只能适得其反。读者诸君不妨认真研读喻蘅的《校读札记》，孰是孰非，自会一清二楚。鄙以为，这一解读上的歧义，纯属学术问题，可以见仁见智，何必强求一律，说什么"让人无所适从"！毋庸置疑，《考察报告》和《校读札记》对"播浙遂""播流苏"解读上的歧义并没有影响《处士施公廷佐墓志铭》对证实施彦端是施耐庵的重要价值。

至于"杨文"所论及的杨钟淮关于施耐庵生卒年的观点和例举的"掇、掼"等方言土语以及在注释中提及的"在浦玉生先生辨文的基础上"三处，这在收录于凤凰出版社 2012 年出版的《施耐庵研究》一书中早已删除，《中国古代小说网》可以查阅。按照"前文服从后文"的原则，2014 年 8 月 15 日才发表的"杨文"，应该与我 2011 年 12 月 21 日刊载在《中国古代小说网》上的修订稿"商榷"才对，怎能刻舟求剑、弃新取旧，杨先生的"商榷"太不讲规矩了吧？

4.关于轶诗、遗曲

杨氏妄称施耐庵的轶诗"庸俗鄙陋，文无足采，哪像《水浒传》中的诗词文风"，真乃大言不惭，闻所未闻！李华丰、童斌认为："《秋江送别》……此曲的风

① 喻蘅《施耐庵四世孙廷佐墓志铭校读札记》，《上海师范大学学报》1990 年第 4 期。
② 喻蘅《施耐庵四世孙廷佐墓志铭校读札记》，《上海师范大学学报》1990 年第 4 期。
③ 喻蘅《施耐庵四世孙廷佐墓志铭校读札记》，《上海师范大学学报》1990 年第 4 期。

格不仅和两首轶诗的风格相同,更为重要的是和《水浒》里一些诗的风格相同。它们明显的共同特点除表现在通俗明朗、开放不拘和直抒胸臆的写作手法上,还表现在句意、韵味以及遣词组句的一致和相类上。”“不难看出遗曲和诗歌风格上的一致,再从两者所反映的思想情绪来看,它们相类和一致之处也极为明显。”“这真实生动地说明了《秋江送别》和两首轶诗以及《水浒》的作者为同一人。”①皋古华、曹晋杰认为这首赠答诗“出处清楚,并无可疑”②。彭海指出:“《秋江送别》里,〔沉醉东风〕小曲里,‘经水驿,三篙波绿,问山程,一骑鞓红’里的‘三篙波绿’,卢俊义被梁山好汉活捉的故事,写了‘三篙’的:渔人使铁篙撑开,一个赤条条地拿着一条木篙,船头上立着一个,倒提着铁锁木篙。”“《秋江》七则套曲《沉醉东风》里‘一骑鞓红’的鞓红腰带,在《水浒》里也是三次出现。”“以上‘三篙’和‘一骑鞓红’在《水浒》里的句型,只能是施氏写作的确凿内证。”③

喻蘅指出:“更可喜的是《耐庵散曲》的重见天日,曾使一些当代词曲专家如吕贞白、任二北先生叹为观止。刘冬、王同书先后发表赏析的文章,打开了读者的眼界。《遗曲》一经阐发,其对耐庵行踪的佐证作用,大大超过了它本身作为元曲上乘作品的文学价值。”④由王起主编,洪柏昭、谢伯阳选注的《元明清散曲选》⑤已将此曲收入,由隋树森任顾问并作序、贺新辉主编的《元曲鉴赏辞典》对此曲进行了赏析⑥。由此可见曲学界对施耐庵这套散曲的著作权已予认可。黄俶成说:“自从我与刘冬先生从两条渠道分别公布施公《秋江送别》以后,未见有人再提关于这套散曲的作者应属其他人。”⑦而杨氏竟然对此曲予以否认,是没有任何科学根据的。

“你向西来我向东”与《水浒传》中“你在东时我在西”句式相同。喻蘅说:“‘你向西来我向东’‘隔钱塘南北高峰’,把施耐庵和鲁渊分别的去向说得很清楚,鲁渊家在淳安,地处浙西;施要回到杭州,自然在淳安之东。而且‘隔钱塘南北高峰’明确指出耐庵飘泊的所在地为杭州。”⑧刘冬根据支伟成编纂的《吴王

---

① 李华丰、童斌《略论施耐庵轶诗和遗曲的价值》,《施耐庵研究论文集粹》,中国文联出版社2013年版,第141—142页。

② 皋古华、曹晋杰《再论〈水浒〉作者为白驹施耐庵》,《盐城工学院学报》2004年第3期。

③ 彭海《施耐庵写〈水浒传〉的内证——耐庵散曲和水浒传诗词对勘》,《施耐庵研究》,凤凰出版社2012年版,第315—316页。

④ 喻蘅《吴兴绵世泽　楚水封明禋》,《明清小说研究》1987年第6期。

⑤ 王起主编,洪柏昭、谢伯阳选注《元明清散曲选》,人民文学出版社1988年版,第189—190页。

⑥ 贺新辉主编《元曲鉴赏辞典》,北京燕山出版社2006年,第60—61页。

⑦ 黄俶成《施耐庵与〈水浒〉》,上海人民出版社2000年版,第119页。

⑧ 喻蘅《施耐庵四世孙廷佐墓志铭校读札记》,《上海师范大学学报》1990年第4期。

张士诚载记》,考证出"送别的地点是在苏州"①;浙江淳安学者方长才认为"秋江送别"的"地点是在严州梅城的东关驿"②;张家港民俗专家吕大安认为:"第二曲:落尽丹枫,莽莽长江烟水空。别情一种,江郎作赋赋难工",系'秋江送别'的点题之笔,将作此曲的时令(深秋)、地点(长江之滨)交代得十分清楚。全曲之末记'耐庵施肇瑞谱于秋灯阁。据包文灿先生考证,元季许氏在杨舍北面的斜桥所建庄园中筑有'秋屏阁';'秋灯阁'就是'秋屏阁'。"③此三说录以备考,但送别地点都没有说到杭州,而杨氏想当然说什么"即使真来杭州送别友人",这是不切实际的。杭州只是施耐庵的漂泊地,而不是"秋江送别"地。

方长才指出:"为什么要煞费心机地去伪造一个施耐庵和鲁渊往来的诗呢?而且诗文那么和《水浒》中的诗风相像呢?何况这些诗也不是施姓子孙能撰写得出的。""从《水浒》写睦州城宋江平方腊的情况也有力地说明兴化、大丰县的文物史料和传说大部分是正确的,不是胡编出来的,彦端是施耐庵,施耐庵是元末明初白驹场人。那种既提不出《水浒》作者是谁的新佐证新史料,又一味的一股劲的抓住史料中某些矛盾而全盘否定大丰县的文物史料的态度和做法是不可取的。"④

5.关于施耐庵的传说

徐放说:"在苏北兴化一带,有关施耐庵的传说,用施家后人或一般群众自己的话来说,都是听上人讲的,是故老相传,一代一代流传下来的。"⑤周梦庄说,日本出版实为上海所印的《推背图索隐·序》就载有朱元璋偕刘伯温访见施耐庵的故事⑥。今天施耐庵故里串场河两岸兴化、大丰一带盛传的许多施耐庵的传说,流传已久,这些传说已列入江苏省非物质文化遗产名录。杨氏引张国光语说什么"只不过是民国以来的传说耳","是胡瑞亭的文章发表以后才逐渐传开的",显然不符合事实。

对"三年成水浒,七月作封神"一类的民间传说需要进行科学分析。由于口耳相传,难免真伪混杂,如民间将《封神演义》的作者兴化人陆西星误传为《水浒传》作者施耐庵,将"居狱七载作《封神》"误传成"七月作《封神》",这在传说中

① 刘冬《笑煞雕龙,愧煞雕虫——施耐庵遗曲〈秋江送别〉三读》,《施耐庵研究》,江苏古籍出版社1984年版,第359页。

② 方长才《试谈施耐庵遗曲〈秋江送别〉的时间和地点——兼析施耐庵的行踪》,《耐庵学刊》总第10期。

③ 吕大安《施耐庵套曲〈秋江送别〉创作时间与地点之我见》,《河阳山传说施耐庵》,凤凰出版社2013年版,第221页。

④ 方长才《睦州、水浒与施耐庵》,《耐庵学刊》1988年总第6期。

⑤ 徐放《再次调查有关施耐庵历史资料的报告》,《明清小说研究》1986年第4辑。

⑥ 周梦庄《〈水浒传〉作者问题》,《水浒传事物杂考》,《耐庵学刊》2014年增刊。

是常有的事,不足为怪。由此就将民间传说不加分析地一概排斥,显然是不对的。对待有关施耐庵的民间传闻,应该从根本上反省思维方法。历史传闻历来是史书的材料来源之一,没有传闻,也就没有了司马迁的《史记》;相反,书本上的记载,如只言片语的私家书目和笔记资料,也不一定完全可靠。兴化、大丰一带存在的许多有关施耐庵的传说,有些即使自相矛盾,也不能视为空穴来风,更不应谤之为"痴人说梦",可与文物史料相互印证。

至于杨氏引刘操南之说质疑明清时期的几部兴化史乘"于施耐庵之著《水浒传》无只字提及""其时施彦端尚未与施耐庵挂钩"云云,由此否定《兴化县续志》的可信,这是缺乏起码的文史常识。卢兴基认为:"我国的通俗小说在古代所处的生态环境是很不好的。它从民间说书走来,不登大雅之堂,受正统文人的鄙视,正史缺乏记载,又常常有倡乱淫亵的恶谥。16 世纪明代嘉靖以后,随着商品经济的发展,城市繁荣,开始有文人投入,从事评点、鼓吹以至创作,也大多不愿表露自己的真姓名,往往另取一名号冠在书前。施耐庵的署名大体也是如此。"①可见,明清时期的几部兴化史乘"于施耐庵之著《水浒传》无只字提及",乃属情理之必然。

杨氏将《兴化县续志》说成"用成书于 20 世纪 40 年代的材料研究明代伟大作家施耐庵的生平材料",显然违背事实。施墓、施祠、《施氏族谱》这些分明是明清时期的文物史料,怎么会是 20 世纪 40 年代的材料? 黄俶成指出:"《续志》的编者并不是'没有见到有关《墓志》的其他任何资料',而是看到了包括施墓、施祠、《施氏族谱》在内的一系列文物史料。""《兴化县续志》载录施耐庵史料正是以施祠、施墓、《施氏族谱》为基础的。""我们对《兴化县续志》中的施耐庵史料若不加分析地盲目引用是错误的,若因其中有讹误成分而一概否定,更是错误的。"②

"杨文"最后引据马幼垣、李伟实之说,也是站不住脚的。对施耐庵的认识,并不是如马幼垣所说的"向来一无所知""等于给攀附依托者、捕风捉影者开张空白支票"。近百年来,关于施耐庵生平事迹的出土文物、历史资料、民间传说和众多专家学者若干的论证文章见诸报端,即便《辞海》也是说"其生平事迹,旧籍记载绝少,传说亦多参差",马幼垣先生怎能主观武断地将文物史料及研究成果一笔勾销,说成"一无所知""捕风捉影"? 至于所谓"攀附依托"之说,更属无稽之谈。兴化是历史文化名城,自古昭阳多俊杰:"扬州八怪的杰出代表、享誉海内外的艺术大师兼文学家、思想家郑板桥,著名文艺理论家刘熙载,文脉绵

① 卢兴基《解开"施耐庵之谜"》,《明清小说研究》2012 年第 4 期。

② 黄俶成《〈兴化县续志〉施耐庵史料考析》,《施耐庵研究》,凤凰出版社 2012 年版,第 187—192 页。

长、代有英杰的江淮望族李氏家族(状元宰相李春芳,史学名儒李清,'昭阳诗派'代表人物李沂,'万邦总宪'李楠,'梦天画仙'李鱓,扬州学派殿军李详及诸贤),'中原才子'宗臣,著名道教学者陆西星,泰州学派传人韩乐吾,经学名家任大椿、顾九苞……皆踵出其乡。兴化自五代设县一直到清末,计有300多人中举,考取进士100多名,其中文武状元各一名,明代更有3人位居宰辅。明万历年间任兴化知县的湖北潜江人欧阳东凤因此盛赞:'兴化僻处东海,斥卤之地,赋重民罢,物力少诎,而人文蔚起,学问好修不减邹鲁。若乃省阁名公、朝廷元辅、谏垣台宪、秘书藩臬、心膂股肱之佐先后踵出乎其乡,诚缙绅之渊薮、人才之都会也。'"[①]兴化根本无意"攀附依托"乡先贤施耐庵,所做的一点工作不过是正本清源而已。

至于杨氏引李伟实所谓的"元明之初的施耐庵也不可能是描写一百单八将的《水浒传》小说作者"云云,此说差矣!"宣扬《水浒》作者不可知的观点,或宣扬《水浒》成书于明嘉靖年间的观点,乍看是一个纯学术问题,其实质是两种不同的对《水浒》精神的解读。对施耐庵的考证,应符合《水浒》产生于元末明初的传统记录。《水浒》面对动荡年代、天翻地覆的变化,宣传'造反有理',就显得顺理成章;明嘉靖时期,商品经济活跃,如果这时写《水浒》,就是'教人犯法,破坏稳定'。几乎所有企图否定《水浒》价值的人,包括刘再复的'假晶'理论,都是将成书年代定在明中叶,可见不是偶然的。考定施耐庵元末明初的家世生平,实际上是捍卫了《水浒》的不朽价值。"[②]事实上,《水浒传》成书于元末明初自上世纪30年代以来逐渐成为主流的观点,代表者有鲁迅、郑振铎和袁世硕、李永祜、欧阳健、萧相恺、苗怀明等。李伟实所谓的"成化弘治说",根本不是如杨大忠所标榜的"切中肯綮之论",而是有违创作背景的乖戾之说。

杨氏妄责我"提出的各条证据,没有一条是经得起推敲与反复论证的,苏北施彦端与钱塘施耐庵根本不能'合一'"之说,是完全经不住唯物辩证法和系统论分析的。列宁说过:"罗列一般例子是毫不费劲的,但这是没有任何意义的或者完全起相反的作用。因为在具体的历史情况下,一切事情都有它个别的情况。……如果不是从全部总和、不是从联系中去掌握事实,而是片段的和随便挑出来的,那么事实就只是一种儿戏,或者甚至连儿戏都不如。"[③]列宁精辟的论断,似乎就是针对杨先生所说,用在其身上,再确当不过了!

"施彦端就是施耐庵",这是许多专家学者经过长期的实际调查和深入研究

① 莫其康《自古昭阳多俊杰成因探微》,《江苏文史研究》2014年第4期。

② 林骅、史实整理《纪念文化部关于施耐庵身世调查60周年暨〈施耐庵文物史料考察报告〉发表30周年学术座谈会述要》,《文学与文化》2012年第5期。

③ 《列宁全集》,人民出版社1958年版,第23卷,第279页。

得出的科学结论。“施耐庵是兴化人”,不仅有两谱(《施氏家谱》《施氏家簿谱》)两志(《施耐庵墓志铭》《处士施公廷佐墓志铭》)可证,且有兴化市新垛镇施家桥村“施耐庵故居遗址”尚存。胡瑞亭的《施耐庵世籍考》记述得很清楚:“今秋瑞亭奉公调查户口,迤逦长途,按户编籍,至兴化属之白驹镇有施家桥者,见其宗祠中,所供一世祖,讳耐庵,心窃疑焉,询其族裔,乃悉即著《水浒》之施耐庵。”①1943 年抗日民主政府兴化县县长蔡公杰在施耐庵古墓前建坊所撰碑文中亦记述:“邑之东北隅有施家桥者,施氏之故庐也。考施氏族谱所载,先生避张士诚之征而隐于此。”丁正华、苏从麟的《施耐庵生平调查报告》,篇首就指称“施耐庵故乡——兴化县老圩区施家桥”②。徐放的《再次调查有关施耐庵历史资料的报告》开篇亦认为“施氏故乡兴化县”③。侯忠义的《施耐庵的故里在兴化》④和朱恒夫的《〈水浒传〉作者为江苏兴化人》⑤,均持论公允。拙文《施耐庵到底是哪里人?》⑥对此亦有专门的论述。

章培恒认为:“说施彦端就是施耐庵,本来很难使人相信。因为《水浒》旧本署‘钱塘施耐庵的本’,其人自当为钱塘人,与白驹的施彦端什么相干?但是,前几年出土的《处士施公廷佐墓志铭》却有这样的记载:‘……生曾祖彦端。会元季兵起,播浙,遂家之。及世平,怀故居兴化,遂白驹。生祖以谦。’可知彦端确曾长期‘家’于浙。因此,他曾被视为浙江人甚或曾经入籍浙江,都不是不可能的;而钱塘正是浙江的省会。这样,施彦端跟施耐庵不可能是同一个人的最根本的原因,就不复存在了。”“总之,我的看法是:根据现有的材料,我们今天可以承认施彦端即施耐庵。”⑦盐城耆硕周梦庄亦谓“施耐庵是兴化人可无疑”⑧。

海峡两岸合作发展基金会顾问、台湾专栏作家协会秘书长、山东郓城籍学者李在敬认为:“兴化县即是梁山泊。施耐庵的故里兴化县施家桥,据查勘其地理环境,为四面环水,周围阡陌纵横,如不熟悉路径,很容易迷路,而这水乡泽国的风貌,与《水浒传》中对梁山泊的描述非常相似,施氏笔下的梁山泊似是以其故里为蓝图而撰写的。根据此一发现,《水浒传》七十回本,似应为施耐庵所作无误,同时也可证明,他写《水浒》虽以位在山东西南部的梁山泊为《水浒传》的地理背景,但他未到梁山泊实地勘察地形,而以故乡施家桥的地理环境为设想,

---

① 胡瑞亭《施耐庵世籍考》,《新闻报》1928 年 11 月 8 日。

② 丁正华、苏从麟《施耐庵生平调查报告》,《文艺报》1952 年第 21 号。

③ 徐放《再次调查有关施耐庵历史资料的报告》,《明清小说研究》1986 年第 4 辑。

④ 侯忠义《施耐庵的故里在兴化》,《兴化日报》2012 年 4 月 25 日。

⑤ 朱恒夫《〈水浒传〉作者为江苏兴化人》,《明清小说研究》2000 年增刊号。

⑥ 莫其康《施耐庵到底是哪里人?》,《中华读书报》2014 年 12 月 10 日。

⑦ 章培恒《施彦端是否施耐庵》,《复旦学报》1982 年第 6 期。

⑧ 周梦庄《〈水浒传〉作者问题》,《水浒传事物杂考》,《耐庵学刊》2014 年增刊。

而加以构写的。”①

王同书指出：“连当年持否定论最强烈的中国水浒学会执行会长、湖北大学教授张国光先生（他曾表示‘死也不信’）也已认同我们的观点，并恭立在白驹施耐庵纪念馆像前与刘冬老（江苏社科院文学所老所长，力主白驹施耐庵即《水浒》作者的专家），握手言欢，留影志念，何谈其他。”②

可喜的是，由中宣部批准，文化部、中国文联、财政部主办，中国美协承办的“中华文明历史题材美术创作工程”，公布的第131项选题关于“四大名著”的简介中将“钱塘施耐庵”与“兴化施彦端”认定为同一个人：“施耐庵（公元1296—1371年），名耳，又名肇瑞，彦端，字子安，号耐庵。”③这是权威部门对主流学术成果的认可，是对先贤的告慰。回良玉同志所撰《我所认知的水乡情韵》一文，对“施耐庵是兴化人”④予以进一步确认，是完全符合历史事实的，充分反映了文化界广大有识之士和施耐庵故里人民的共同心声，这实在是一件令人振奋的事！若是先贤泉下有知，应当甚感欣慰吧。

许勇强、李蕊芹认为：“在古代小说作者、版本等问题的研究上既要充分利用现存文献，尤其是早期文献，又要以积极健康和开放的心态面对新文献和地下出土文献，更要考虑到古代小说地位卑下的客观现实，对待民间口传文献不能够轻视，要客观辩证地进行分析，找出其科学的合理的一面为我所用。此外在学术风气上要提倡实事求是的作风，切忌随意否定和怀疑古人，片面的利用材料和肢解割裂材料。”⑤杨氏无视整个施耐庵研究的学术史和已取得的成果，戴着有色眼镜，以只言片语及支离破碎材料肢解割裂以文物、史料、传说“三重证据”有机构成的考证系统，以个别否定一般，充分暴露其思想方法的狭隘和悖谬。我们与马成生、杨大忠先生在“施学”研究中的根本分歧，就是方法论的不同。我们是坚持唯物辩证法与系统论，践行陈云同志提炼出的“十五字诀：不唯上、不唯书、只唯实，交换、比较、反复”，采取唯实、系统、辩证的研究方法，反对抓住个别可疑之处，攻其一点不及其余，然后全盘否定的方法。“没有调查就没有发言权”，这是经典名言、通行常识。杨氏根本就没有到江苏省文物保护单位“兴化市施耐庵墓（陵园）”和兴化市新垛镇施家桥村“施耐庵故居遗址”做过田野考察，没有对文物史料进行全面深入的梳理研究，不知有何发言权？有何底

---

① 李在敬《梁山泊是施耐庵的故乡》，台湾《“中央”日报》1992年11月20日。

② 王同书《事实胜雄辩　学术务求实》，《耐庵学刊》2006年总第17期。

③ 《“中华文明历史题材美术创作工程”150个选题公布》，《人民网—时政频道》2012年5月25日。

④ 回良玉《我所认知的水乡情韵》，《新华日报》2014年9月8日。

⑤ 许勇强、李蕊芹《从阙疑到悬想：施耐庵托名说与集体创作说检讨》，《菏泽学院学报》2011年第1期。

气撰文作“辨”?

中国自古就有“道德文章”之说,“学术务求真,争鸣贵立诚”,应该成为“施学”研究坚守的原则和底线。“真理永存信念在,得失不计自加鞭。”这是我的学术追求和人生感悟,愿与诸位同好共勉之!

(作者简介:莫其康,泰州市历史学会副会长、泰州历史文化研究所研究员。)

冯其庸“《红楼梦》六十三回与中国西部的平定”商榷

朱光东

红楼梦有没有排满思想,是红学一大问题。而对第六十三回一段文字的理解,又是双方争论的焦点。这段文字是:

> 宝玉听了,喜出意外,忙笑道:“这却很好。我亦常见官员人等多有跟从外国献俘之种,图其不畏风霜,鞍马便捷。既这等,再起个番名,叫作‘耶律雄奴’。‘雄奴’二音,又与匈奴相通,都是犬戎名姓。况且这两种人自尧舜时便为中华之患,晋唐诸朝,深受其害。幸得咱们有福,生在当今之世,大舜之正裔,圣虞之功德仁孝,赫赫格天,同天地日月亿兆不朽,所以凡历朝中跳梁猖獗之小丑,到了如今竟不用一干一戈,皆天使其拱手俛头,缘远来降。我们正该作践他们,为君父生色。”

对于这段文字,潘重规认为是站在汉人立场“大骂异族”,胡适认为“是一个旗人作者颂扬满洲帝室的威德”①。俞平伯承认这是明显的民族主义,但怀疑是有正书局老板在印刷时加进去的。刘梦溪认为这段描写“是表现作者反满思想的特笔”②。

最近,冯其庸先生在《红楼梦学刊》2009年第六期发表了“《红楼梦》六十三回与中国西部的平定”一文。文中提出:

> 《石头记》的这一小段情节和文字,极有可能是乾隆二十年扫平准噶尔,彻底解决了清朝定鼎以来顺、康、雍三朝想做而未能做到的事而增写进去的。
>
> 曹雪芹在《石头记》里,忽然出现了变调,变讽刺抨击为热烈的歌颂,如说匈奴、犬戎“两种人自尧舜时便为中华之患,晋、唐诸朝,深受其害”。这是讲边患已是历经各朝,国家和人民深受其害。接着说:“幸得咱们有福,生在当今之世,大舜之正裔,圣虞之功德仁孝,赫赫格天,同天地日月亿兆不朽。”这一段完全是正面对朝廷的热烈歌颂,而且歌颂到“同天地日月亿兆不朽”。这确是异乎寻常的歌功颂德,一点也不含别的杂意杂音。下面说:“凡历朝中跳梁猖獗之小丑,到了如今,竟不用一干一戈,皆天使其拱手

---

① 潘重规《红楼血泪史》,广西师范大学出版社2006年版,第69页。

② 刘梦溪《红楼梦与百年中国》,中国编译出版社2005年出版,第383页。

俛头,缘远来降。”这里所说的“历朝中”,实际上着重点是康、雍、乾三朝。说“拱手俛头,缘远来降”,历史事实如上面所述,确是有不少西部的部族首领,因不堪达瓦齐的蹂躏,都先后来降,以上这些话,都符合当时的历史真实。……最后贾宝玉说:“如今四海宾服,八方宁静,千载百载不用武备。咱们虽一戏一笑,也该称颂,方不负坐享升平。”这段话,正是反映了百年边患,给边地人民造成了死亡相继,朝不保夕的痛苦,一旦和平突然降临,从此人民的生命财产得到了保障,所以,人们从心底里产生了幸福感和感恩的心情。这段话,也完全可能是曹雪芹发自内心的对西部平定的歌颂。

笔者认为,冯其庸先生的观点值得商榷。范文澜《中国通史》第一编第三章中写道:

西周最紧急的外患是西北方戎狄族的入侵。戎狄族散布地域很广,陕西西部北部,山西河北极大部分都是戎狄族居住地。商周人称他们为戎狄,又称为鬼方、混夷、犬戎、犬夷、獯鬻、猃狁(音险允 xiǎn yǔn),表示对他们的憎恶(战国以后称胡,又称匈奴)。

也就是说,“匈奴”“犬戎”就是胡虏、夷狄。而满洲在古代汉民族眼里就是胡虏、夷狄。岳飞的诗句“壮志饥餐胡虏肉,笑谈渴饮匈奴血”,把女真人称作“胡虏”“匈奴”。陈亮《水调歌头·送章德茂大卿使虏》中“尧之都,舜之壤、禹之封,于中应有,一个半个耻臣戎”的诗句则把女真称作“戎”。女真是“戎”“匈奴”,而满人是女真人的后裔,当然也是匈奴、犬戎。顾炎武说“君臣之分犹不敌华裔(夷)之防”(《日知录》卷七《管仲不死子纠》),“华”指汉族,“夷”就是满洲。

满洲在汉人眼里是“胡虏”,满洲自己也知道自己在汉人眼里是“胡虏”。徐述夔诗句“大明天子重相见,且把壶儿搁半天”①,“壶”与“胡”同音,被指讥讽清廷。徐被戮尸,株连极广。

耶律(辽)历史上是宋朝的敌国。辽被金灭亡后,金成为宋朝的主要敌国。耶律是中华之患,女真(金)自然也是中华之患。所以清廷规定:“凡宋明人著作中称辽、金、元为敌国者,俱应酌量改正。如有议论偏谬者,仍行签出拟销。”②红楼梦骂“耶律”为“中华之患”,指桑骂槐地骂满洲自古是“中华之患”,毫无疑问是汉民族的立场。

① 转自《清代禁书总述》,王彬主编,中国书店1999年版,第509页。

② 王彬主编《清代禁书总述》,中国书店1999年版,第262页。

总之,骂辽、金、匈奴、夷、胡、虏、戎、狄在清代都是被绝对禁止的。潘重规先生指出:"雍正十一年,清廷为此重申禁令,凡刊写书籍,一律避胡虏夷狄等字,再犯者照'大不敬'律治罪。"①陈垣先生在《旧五代史辑本发覆》中,详细地揭示了清朝的忌字,其中"忌犬戎第五"②。康雍乾三朝的文字狱,要禁止的就是"诋毁"夷、胡、虏、戎、狄的字眼和思想。

如反映岳飞抗金的《精忠传》因"指斥金人之语"于1782年被禁毁③;《古今评录》因"书内《匈奴》五种……语极偏驳"被列入被抽毁书目④;史著《辽金小史》因记述辽金历史被禁毁⑤;《金小史》因叙及女真起源等于1777年被禁毁⑥。《金志》因"内载女真事迹,语多干碍"于1782年被禁毁⑦;明人著作《松筹堂集》因内有"犬戎""夷狄"等字眼,犯了清朝禁忌,于乾隆四十四年(1779年)被禁毁⑧;明人著作《八编类纂》因"其边类中有干碍,所载辽、金二代体例,大为狂谬"⑨而遭全毁;《昭代芳摹》一书,因内有"夷狄之患"等字样,于乾隆四十四年被禁毁⑩。不胜枚举。顾炎武指出:"君臣之分,犹不敌华裔之防"⑪;王夫之提出:"不以一时之君臣,废古今夷夏之通义。"⑫这些民族主义思想遭到朝廷的禁止。

因此,红楼梦大骂犬戎、契丹、匈奴是中华之患,与清廷的立场是绝然对立的。实质是指桑骂槐,骂满洲是中华之患,而不是骂准噶尔。

范文澜在《中国通史》中写道:"黄帝族与炎帝族,又与夷族、黎族、苗族的一部分逐步融合,形成了春秋时期称为华族、汉以后称为汉族的初步基础。"⑬华夏民族建立的国家就叫中国。历史上的"四夷",指中国四境的民族,是华夏族对非华夏族的统称,是与中国相对的概念。《春秋》曰:"内诸夏而外夷狄。""不以中国从夷狄,不与夷狄之执中国也。"华夏民族与"四夷"的斗争,贯穿中国历史的始终。范文澜《中国通史》第一编第三章中写道:

---

① 潘重规《红楼血泪史》,广西师范大学出版社2006年版,第111页。
② 王彬主编《清代禁书总述》,中国书店1999年版,第11页。
③ 王彬主编《清代禁书总述》,中国书店1999年版,第237页。
④ 王彬主编《清代禁书总述》,中国书店1999年版,第173页。
⑤ 王彬主编《清代禁书总述》,中国书店1999年版,第271页。
⑥ 王彬主编《清代禁书总述》,中国书店1999年版,第236页。
⑦ 王彬主编《清代禁书总述》,中国书店1999年版,第236页。
⑧ 王彬主编《清代禁书总述》,中国书店1999年版,第405页。
⑨ 王彬主编《清代禁书总述》,中国书店1999年版,第73—74页。
⑩ 王彬主编《清朝禁书总述》,中国书店1999年版,第544页。
⑪ 任继愈主编《中国哲学史》第四册,人民出版社1979年版,第32页。
⑫ 同上,第72页。
⑬ 范文澜《中国通史》第一册,人民出版社出版1978年版,第19页。

> 西周最紧急的外患是西北方戎狄族的入侵。戎狄族散布地域很广,陕西西部北部,山西河北极大部分都是戎狄族居住地。商周人称他们为戎狄,又称为鬼方、混夷、犬戎、犬夷、獯鬻、狎狁,表示对他们的憎恶(战国以后称胡,又称匈奴)。周都镐京,接近戎狄,汧渭两水中间,是西戎入侵的路线。……宜臼的母亲是申侯的女儿,申侯勾结犬戎攻周,杀幽王于骊山下。西周积累的货物宝器,全被犬戎掳去,西周灭亡。

因此,《汉书》卷九十四下匈奴传曰:"《书》戒'蛮夷猾夏',《诗》称'戎狄是膺',《春秋》'有道守在四夷',久矣,夷狄之为患也!"以后的"五胡乱华""安史之乱"、宋、辽、金的战争直至蒙古灭宋,清灭明,都是历史上中原汉民族与北方游牧民族的斗争史。而古代的民族斗争是极其残酷的。如女真侵宋,"东及沂、密,西至曹、濮、兖、郓,南至陈、蔡、汝、颍,北至河朔,皆被其害,杀人如刈麻,臭闻数百里,淮泗之间亦荡然矣"①。

同样,清侵明,实行掠民为奴、屠城、圈地等暴行,也给汉民族造成巨大灾难。

因此,"这两种人自尧舜时便为中华之患"这句话反映的是中国古代的民族斗争史,是《汉书》"久矣,夷狄之为患也"和明人著作"夷狄之患"的翻版,当然是站在汉民族立场上骂夷狄为"中华之患"。正如刘梦溪先生指出:"结合《红楼梦》产生的明清之际的具体背景,宝玉的话难道还有第二种解释么?作者在这里是站在种族的立场上来驱遣他的人物甚为明显。""可以说是表现作者反满思想的特笔。"②

冯先生把'历朝'理解为康、雍、乾三朝也缺乏依据。作者说"这两种人自尧舜时便为中华之患,晋唐诸朝,深受其害",意思十分明白,即这两种人自古就是中华之患,"晋唐诸朝"不仅指晋唐朝,还包括自尧舜起的中华诸朝。因此"历朝"指的是自尧舜起的中华诸朝,而绝非康雍乾三朝。

关于"幸得咱们有福,生在当今之世,大舜之正裔,圣虞之功德仁孝,赫赫格天,同天地日月亿兆不朽"一段,潘重规做过很好的论述。潘重规写道:

> 清初一般不忘故国的文人,像孔东塘在《桃花扇传奇》初上场时,何尝不是大喊"又到上元甲子,尧舜临轩,禹皋在位,处处四民安乐,年年五谷丰登,今乃康熙二十三年,见了祥瑞一十二种"这一类"口是心非"的颂扬话。不过到了收场"诌一套哀江南,放悲声唱到老"的时候,他的真意便流露出

---

① 邹逸麟《中国历史地理概述》,上海教育出版社2005年版,第226页

② 刘梦溪《红楼梦与百年中国》,中国编译出版社2005年版,第382—383页。

来了。这正与俗话说的“猪油拌狗屎”是一样的情况！……如果有人以为这样的一派恭维话，就算是诚心颂扬异族，那真是够天真的了！何况在清朝时，满蒙是主子，汉人才是奴才。我们试看乾隆二十年三月的上谕……“夫蒙古自我先世，即倾心归附，与满洲本属一体，乃目以胡儿，此与自加诋毁者何异？非忘本而何？”这话讲得透彻极了！满蒙本属一体，南人哪能高攀？饶你怎么颂扬满洲，亦抵不了毒骂蒙古匈奴的罪恶！清帝心里何尝不明白他和匈奴蒙古在汉人心目中都是“夷狄”，都是“一丘之貉”。你如毁谤他一个，即使毁谤他两个；你恭维他老大是圣贤，却骂他老二是猪狗，他还会领你颂扬的情吗？①

红楼梦诞生于血雨腥风、风声鹤唳的文字狱时代。时人记录道：“今人之文，一涉笔唯恐触碍天下国家……人情望风觇景，畏避太甚。见鳝鱼而以为蛇，遇鼠而以为虎，消刚正之气，长柔媚之风，此于世道人心，实有关系。”②在这样的背景下，红楼梦如果没有排满思想，如何会连篇累牍地大骂“腥膻”“匈奴”“耶律”“犬羊”“犬戎”“夷狄”“中华之患”？作品第一回脂批云：

武侯之三分，武穆之二帝，二贤之恨，及今不尽，况今之草芥乎？

“武穆之二帝”指岳飞恢复中原的壮志未酬，意思很明白。“武侯之三分”则来自陆游的《书愤》。全诗如下：

早岁那知世事艰，中原北望气如山。楼船夜雪瓜洲渡，铁马秋风大散关。塞上长城空自许，镜中衰鬓已先斑。《出师》一表真名世，千载谁堪伯仲间！

前四句写杀敌报国收复失地的壮年之志，后四句写壮志难酬的暮年之悲。但诗人悲愤而不消极颓废，而是以坚持北伐、死而后已的诸葛亮自期，抒发了收复失地的强烈愿望和无比深沉的爱国之情。

李盘《挽先兄维曼大司农》悼南明隆武朝的李长倩，其二云：

不向青山正首丘，愿倾热血溅刀头。出师表上风雷动，转饷筹空日月

① 潘重规《红楼血泪史》，广西师范大学出版社2006年版，第70—71页。

② 严迪昌《清诗史》，浙江古籍出版社2002年版，第656页。

愁。蝴蝶三更思汉鼎,子规万里怨吴钩。英魂到海流无尽,张陆应同把臂游。[1]

亦以诸葛亮北伐比抗清。可见红楼梦有没有排满思想问题,是一个不应回避的问题。事实可能正如刘梦溪先生所言:"总之《红楼梦》有没有反满思想,是红学的一个绝大的题目,至为重要,作为红学的一桩公案,历来为研究者所注意,对此一问题的探讨,将把对《红楼梦》思想倾向和思想性质的研究引向深入。"[2]

(作者简介:朱光东,汉族,1962 年生,1982 年广西大学哲学专业毕业,业余红学研究者。工作单位:防城港市政府办。)

---

① 严迪昌《清诗史》,浙江古籍出版社 2002 年版,第 161 页。
② 刘梦溪《红楼梦与百年中国》,中国编译出版社 2005 年版,第 383 页。

以诗传诸世，以诗传斯人
——王志清先生新著《王维诗传》品读

潘 鸣

王维，代表着盛唐之音，因卓著的诗篇传颂于世；王维诗，可谓是王维生命的掠影折光，虽则斯人已矣，然其诗持续传写着其人的伟大。以王维之诗还原王维的人生轨迹、寻绎王维的心路历程，实事求是，兼具弘通的鉴识与剀切的叙论，这正是王志清先生的新著《王维诗传》（河北人民出版社 2016 年版）所呈现给我们的。

诗传：赓续与新创的共鸣

在传统的论述语境中，“诗传”初指关于“《诗》三百”的注解评议，《汉书》已有“申公始为《诗》传，号《鲁诗》”的记载，南宋杨简的《慈湖诗传》同属此类；后因编纂诗之总集多附列诗人小传，“诗传”又见诸相应总集的题名，如清人王昶的《湖海诗传》，费振刚先生主编的“中国历代名家流派诗传”丛书亦循此例。就《王维诗传》来说，其本质更接近于两《唐书》或《唐才子传》中王维传叙之传统，暨以撰叙其事、传述斯人为宗旨；而其之所以立“诗传”之名，缘自诗歌在此具备着不可或缺且举足轻重的地位。

陈伯海先生的《唐诗书总目录》（上海古籍出版社 2015）汇录了截至 2000 年的有关唐诗之书目约四千种，是书“第四编：评论及资料”列出专注王维相关研究书籍 18 种——起于 1936 年上海商务印书馆铅印本杨荫深《王维与孟浩然》，迄于 1999 年台北联经出版公司印行的皮述民《王维探论》——其中柳晟俊《王维诗比较研究》（1999）第一编即为“王维评传”，而刘维崇《王维评传》（1972）、卢渝《王维传》（1989）、张清华《诗佛——王摩诘传》（1991）、毕宝魁《王维传》（1998）等著作亦径冠“传”名、明标“传”体。新世纪以来，自林继中《栖息在诗意中：王维小传》（河北大学出版社 2000）开始，直到近年仍有诸如吴伟静《王维诗传：边塞仙郎的幽篁心曲》（文汇出版社 2013）等问世。概言之，在现代研究与当代阅读的视野内，王维传的相关写作可谓薪火承袭，而王志清先生的这部新著自然是这一书写传统的延续与发扬。

《王维诗传》突出体现了作者长期以来的关注重心和研究趣尚,更是对其本人学术传统的赓续和升华。王志清教授致力于王维研究逾数十载,一如其在《王维诗传》前言中的自述:“已经在各种学刊发表王维研究文章40余篇……(专著如《纵横论王维》《王维诗选》等)……写罢《王维诗选》后,自感留有不少遗憾,留有许多不尽之言,或者说激生出许多新见,我于是迅即投入到《王维诗传》的写作。”诚然,《王维诗传》堪称前著《王维诗选》的接续,倘若就全书之构架作微观之分解,不难发现以诗歌为主体的文本细读是其关键,而这似与此前诗选中的评骘阐析是意绪相通的。然需指出,这部诗传又绝非诗选或诗论的汇编,其固然立足文本、多从品读诗歌切入,但相关赏鉴并非孤立的,也不会仅局限在“就诗论诗”的层面上;通读《王维诗传》我们发觉——王志清教授传写王维,是有意在振叶寻根、知人论世的过程中由摩诘其诗追溯其人,形成一种闳阔的观照。

尤值肯定的是,《王维诗传》还包涵了作者显著的创新意识。后记自陈:“(书中涉及王维)犯案舞黄狮子的问题,公主援手的问题,‘三次出使’的问题,一生分期的问题,辋川庄购置与经营的问题,等等。就这些问题而发表与众不同、也不同于自己之前的见解,算是些‘新东西’吧?”的确,植根于文本细读,注重把握历史情境的脉络,这样掷地有声的创新乃至颠覆,信为作者的一贯特色。《王维诗传》不单着眼于他人已有的学术成果,而且勇于审视自我,故其新创能获得学界同仁的一再认可:陈铁民先生的序文、吴在庆先生的跋语均不约而同地认可甚或强调了本书“新见”“新说”的意义。

可读性,于学术中蕴诗心

可读性,是王志清教授在书后记中对《王维诗传》特点的总结。其寓意除上文提到的因学术之新创俾有“新东西”可读之外,还包括追求“语言的文学性”和“从诗的角度来读(王维),读其诗性人生”。作为一部内涵丰富、洋溢着浓厚诗性情怀的学术专著,《王维诗传》所蕴苦心孤诣,殊非率尔操觚。

《王维诗传》的叙述语言,切合了王志清先生著作一向的鲜明特色。无论是十多年前的《纵横论王维》,抑或是三五年前的《唐诗十家精讲》,还是近两年来的几部诗选——尽管分属专论、精讲、诗注评,各有其不尽相同的体式——然对语言表述的自觉重视,一直以来却又是一脉相承的。吴相洲先生在评价《纵横论王维》时,曾特别称赞了其表述语言的“优美和精到”。董乃斌先生在为《唐诗十家精讲》所作的序言中更是称其“表述上除雄辩滔滔外,还有一个特点是活泼生动……确实体现着志清教授讲课和为文的个性色彩，勇抒己见，热情洋溢，直言无忌，挥洒自如”，因而绝不会“与别人的著作混同”。诚哉斯语，这种富于辨识度的表达个性，有着注重锤炼且极具“审美激情”的表现风格，其在《王维诗传》中依旧时时闪耀并熠熠生辉。书后记云，“得益于散文诗的写作”，命笔之际会追求语言的“抒情性”。而“诗传”体裁又决定了这样的“抒情性”必然要服务于全书的“叙事性”。以抒情之语言实现叙事之表达，洵属《王维诗传》的一大优长；叙事与抒情交织并举、相得益彰，势必在开卷有益的同时带给读者别致的阅读体验。

《王维诗传》前言指出：“（本书写作时）立足于诗之文本，而在诗与史两边游走，交界模糊，一方面以诗为史料而补证史乘，一方面则以史为鉴而通解诗意，诗史互为发生，也互为验证。”应该说，兼综诗史二元，合理借鉴“史蕴诗心”的观点，确乎表现出作者解读思路与研究方法上的新变；难得的是个中并未局限于罗致故实、订编年谱的固有方式，而能通过学术导向的专题申叙，将原本平面化的诗文与对应的人、事、情统合起来——诗衍其情，诗征其事，诗、事、情三者共传其人，“在‘诗史互证’中实现与古人‘同情’的客观真实”（语见前言）。《王维诗传》最终要品读的毕竟是王维其人，而读王维贵在读其真。陈铁民先生就特别肯定此书之求“真”，其序云：“志清基本上靠王维的诗来说话，靠王维的经历来发言，给我们展现了一个立体多面的王维，具有历史的真实、艺术的真实和文化心理的真实。”信然。王志清教授深明“真者，精诚之至也；不精不诚，不能动人”的要义，因此，《王维诗传》的写作力求有据可凭、有的放矢，力臻学术之严谨与诗意之性灵的平衡——而这亦成为保证全书可读性与学术水准的有力支撑。

善于发问，也显现出《王维诗传》匠心之妙运——这既包括了按修辞意义划分的疑问、反问抑或设问，也表现为与情感力度相关的询问、追问乃至质问。志清教授的学术研究本就具有强烈的“问题意识”，并善于借助问题促进论析的深化与拓展；《王维诗传》的撰写亦不例外，许多发问在段落章节之中甚至还发挥着推波助澜、潜气内转的功能。譬如，在谈到因舞黄狮子获罪遭贬一事时，作者连抛数问，疾若鼓点——“不可思议、也需要深究的是：伶人为何要舞黄狮子？谁叫舞的？舞给谁看的？自古黄为天子色，这‘黄狮子舞’是专供皇上欣赏的，难道王维他们连这点起码常识都不懂吗？”带着一连串的质疑，书中顺势展开了王维“被出济州”背后隐情的探佚。又如，论及王维宠辱无心、以诗会友的送别之作，作者从诗艺的解析转入到对于心境的追绎——“读王维的这些诗，总感到他有一种别样的痛苦，而且仿佛是在忏悔什么，仿佛是在洗刷自己。王维为什么要反反复复地自解自责呢？他是深怕朋友怨于己而罪于己吗？……（居官而未得举荐友人)这是王维自身个性所决定的。故而,王维便多主观上的自责了。”显然,伴随着问与答的递进,王维的悬悃幽衷也借此而逐渐明晰起来,其在受众眼中的形象势必也愈加丰满。展卷细读,这样的闪光之处并不鲜见。要之,书中此类恰切的发问,寓情笔端,助力文脉,能够更好地表达意旨,并极大增强了学术作品的可读性,指引着广大读者由诗及人、走向王维的内心。

由诗走近——走不近的王维

王志清先生在王维研究领域浸润多年,王维在其学术研究中一直处在核心地位;对志清先生来说,王维亦已意味着一种情结。在 2014 年出版的《王维诗选》导言中,进至研究深水区的志清教授坦诚自道:“蓦然间,我发现自己一下子改变了许多,甚至感到走近了王维,虽然我一直以为王维是走不近的。”此论很好地诠释了王维之于王志清教授的深切感悟。

早在新世纪初,王志清先生就曾用“走不近的王维”来涵括其研究王维之心得体会(见《纵横论王维》初版卒章);数年之后,历经积淀、扩充、乃至重写,相关文字又进一步被改题为“走向王维的劳苦之勇”(《纵横论王维》修订版卒章)、“走近王维”(收入 2007 年版散文集《文心雕虫》)。由“走不近”到“走向”乃至“走近”,无疑反映了志清先生阅读王维、论析王维的思想嬗变;诚如那句“推石上山的西西弗斯”的自喻,王志清先生从未停止关于王维的守望与探索——近几年来,志清先生的王维研究活力依旧、专著第出,而《王维诗传》正是其“走近王维”的最新成果。

《王维诗传》广及王维研究的各方面,几乎囊括了诗人存世的各篇代表作,也悉心回应了与之牵涉的各项议题。王志清先生坚守着严肃审慎的学术立场,明确反对各种媚俗的恶搞或戏说;是书探讨王维的生平际遇,既充分揄扬其大雅风神,也并不讳言其性格弱点。《王维诗传》的撰述,不同于预设结论的生硬灌输,而是保持着谦逊、商榷的态度以及“了解之同情”,通过反复推问与比较阅读,启发人们参悟思考、并从中走近王维。书中在诗人、作者与受众之间巧妙地构成对话,营造了多维的叙述体系。具体到行文上,诗传也与王维各阶段的心绪相契合,其固然不乏犀利骏爽之处,但仍以从容致远的气质为主,有时也特别谨重纡徐。作者独具拔群之慧眼,注重人物内在观念与外部境况的发展演化,因而能够走近历史的真实,借此还原一个完整的王维。正如吴相洲先生所说:“志清教授堪称王维解人……(诗传的解读是)透过诗语探察王维内心世界,破解王维言说的独特密码。”

王志清先生在《王维诗传》前言中对本书如此定义："只想充当个王维诗歌的导读者，引导读者读诗，按照诗人的生平经历读其原诗，而不想通过虚构和想象对历史事件进行重新选择、安排和表现……此诗传特别想做到的是，一切都主要由其诗来言说，进而佐以史证，进而成为'诗传'性质的'史传'，进而让读者认识一个诗性而又真实的王维。"纵览全书，我们发现其中确实没有什么想象性的发挥，甚至也鲜有环境描写（包括场面、景物等）与心理刻画（包括动作、语言等）。志清先生毕竟视《王维诗传》为学术著作而非文学创作，其阐叙的一切依据都可溯源到以史册稗闻为主体的古文献特别是唐人文献。书中拒绝让"历史人物从口中说出'故事性'的言论"来建构一种"戏剧化"的假象，这样的做法在一定程度上甚至比传统史籍的叙事范式更显严正，这应是我们透过其优美周致的传叙语言而有所认识的。正是借助类似的叙述语境，《王维诗传》事实上成功塑造了一位真切但仍存距离感的王维——且这种距离感又绝非遥不可及，而是可以努力走近的。

可以笃定，《王维诗传》是一部值得再三品读的佳作，全书以解读王维为重点，相关探讨是从其诗入手，逐步走近其人的。王志清先生通过《王维诗传》，还原了一个更趋真实的王维，传叙了一个愈加全面的王维，也展现出一个不同以往的崭新王维。然而这部诗传的问世并不意味着相关研究暂告一段落。王志清先生已酝酿在未来推出一部《王维诗学》，用以接续《王维诗传》的研究，全面阐述王维诗的不朽成就。我们相信，《王维诗学》必将与《王维诗选》《王维诗传》一道构成互补的三元体系，为恢复王维的应有面貌、发掘王维的历史贡献继续给予建设性的助益。

（作者简介：潘鸣，文学博士，上饶师范学院讲师。）

《古典文献学术论丛》稿约

一、《古典文献学术论丛》由淮北师范大学文学院组稿，黄山书社出版，计划一年出版一辑。

二、本书主要收录以古典文学为中心而展开的各种专门性研究文章，下设学术史与学术方法研究、古典文献研究、海外汉学研究、古籍版本研究、安徽文献研究、文献与文学研究、文学专题研究、谱牒研究、书评等版块。内容、主题、字数均不限。

三、文稿采用页下注的方式给引文标注，凡来稿，本编辑部即聘请专家进行审阅，不同意修改者敬请说明。来稿文末请注明作者真实姓名、供职单位、职称、详细通讯地址、电子邮箱、电话等，以便联系。

四、来稿可以是纸质也可以是电子版。纸质文稿请寄：安徽淮北师范大学文学院《古典文献学术论丛》编辑部(邮编 235000)。本编辑部欢迎电子文稿，电子文稿请发送至邮箱：renrong224@ sina.com 或 jiyunlu@ 163.com。